CAROLINE MYSS es doctora en Teología por el Mundelein College de Chicago, periodista, escritora y una de las mayores voces de la espiritualidad en todo el mundo. Sus libros, verdaderos best sellers —siempre vinculados al misticismo, la conciencia y la medicina energética—, han sido traducidos a numerosos idiomas. Myss imparte conferencias y seminarios por todo el mundo y desde 2003 tiene un instituto educativo, CMED, que ofrece programas de desarrollo personal.

Anatomía del espíritu

La medicina de la energía

El poder invisible en acción

El Contrato Sagrado

Las siete moradas

Desafiar la gravedad

Arquetipos

Papel certificado por el Forest Stewardship Council®

MIXTO
Papel procedente de
fuentes responsables
FSC® C117695
www.fsc.org

Penguin
Random House
Grupo Editorial

Título original: *Entering the Castle*

Primera edición en B de Bolsillo: abril de 2019
Tercera reimpresión: octubre de 2022

© 2007, Caroline Myss
c/o The Marsh Agency Ltd.
© 2008, 2019, Penguin Random House Grupo Editorial, S. A. U.
Travessera de Gràcia, 47-49. 08021 Barcelona
© 2008, M.ª Cristina Martín Sanz, por la traducción
Diseño de la cubierta: Duró Estudio
Imagen de la cubierta: Moxduul / Istockphoto

Printed in Spain – Impreso en España

ISBN: 978-84-9070-842-2
Depósito legal: B-5.326-2019

Impreso en QP Print
Molins de Rei (Barcelona)

BB 0 8 4 2 B

Las siete moradas

CAROLINE MYSS

Traducción de M.ª Cristina Martín Sanz

*Para Tom Lavin, el primer compañero verdadero de mi alma,
sin quien jamás habría entrado en mi propio castillo.
Todo mi amor*

Índice

SEGUNDA PARTE
EL VIAJE DEL ALMA

Prefacio

Las siete moradas es muchas cosas: una guía acerca de la vida y la época de santa Teresa de Ávila, esa extraordinaria santa y maestra contemplativa del siglo XVI; una guía para gozar de su maravilloso texto de meditación, *El castillo interior*; y, por último pero no menos importante, una guía para el alma: una guía hermosa, tierna, radiante, cariñosa, amorosa y auténtica, que nos conduce por el territorio de nuestro espíritu.

El misticismo en general y la contemplación en particular son temas tan asombrosamente vastos y a menudo confusos que, sobre todo si uno es un neófito, pueden resultar mortalmente abrumadores para el alma, en especial cuando ésta se halla buscando algo, si no exactamente simplista, al menos sí lo bastante simple como para asentar lo que podría suponerle confusión, caos, miedo quizás, o sufrimiento. Así pues, lo que me propongo es ofrecer brevemente al lector unos cuantos puntos de referencia experimentales, sencillos, que tal vez lo ayuden a comprender algunas de las ideas centrales de la espiritualidad mística o contemplativa. Primero enunciaré siete de las ideas fundamentales del misticismo, y después trataré de proporcionar al lector una base empírica, muy viva y directa, sobre cada una de ellas.

Las ideas centrales, planteadas de forma meramente teórica, pueden resultar más bien áridas y abstractas. Helas aquí: (1) cada uno de nosotros posee un yo interior y un yo exterior; (2) el yo interior vive en un ahora eterno, atemporal; (3) el yo interior constituye un gran misterio, o un vacío y una inconsciencia puros; (4) el yo interior es divino, o se encuentra en perfecta unión con el espíritu infinito que radica en una identidad suprema; (5) el infierno es la identificación con el yo exterior; (6) el cielo es el descubrimiento y la comprensión del yo interior divino, la identidad suprema; (7) el yo divino es uno con el todo, dado en gracia y sellado en gloria.

A continuación vayamos en busca de la experiencia de cada uno de los puntos señalados. ¿Una misión difícil? En realidad no, porque usted ya es consciente en este preciso momento de todas esas ideas, y las está experimentando plenamente, según afirman los místicos. Así que, vamos allá.

En primer lugar, recuéstese en su asiento y relájese, haga unas cuantas inspiraciones y deje que su conciencia repose con naturalidad en el momento presente, y que capte simplemente algunas de las cosas de las que es consciente aquí y ahora.

Fíjese, por ejemplo, en algunas de las muchas cosas que alcanza a ver, cosas que van surgiendo ya sin esfuerzo en su percepción. Puede que haya nubes flotando en el cielo, hojas meciéndose al viento, gotas de lluvia en el tejado, el perfil de la ciudad vivamente iluminado en contraste con la oscuridad de la noche, o un sol brillante en el horizonte y a punto de iniciar su viaje por el cielo. Para captar esas cosas no se requiere ningún esfuerzo, sencillamente surgen en nuestra conciencia, de manera espontánea y sin esfuerzo; así, sin más.

De igual modo que hay nubes flotando en el cielo, también hay pensamientos flotando en el espacio de nuestra mente. Fíjese en que tales pensamientos afloran a la superficie, permanecen allí unos instantes y después se van. La mayoría no los elige usted; los pensamientos se limitan a emerger de lo que parece ser la nada o el vacío, desfilar frente a la pantalla de nuestra conciencia y luego disolverse de nuevo en la nada. Lo mismo sucede con las sensaciones del cuerpo. Podemos sentir molestias en los pies; sensación de calor en la tripa; hormigueo en las yemas de los dedos; una excitación intensa alrededor del corazón; un cálido placer que nos recorre el cuerpo entero. Todas estas sensaciones aparecen por sí solas, permanecen unos instantes y después se van.

Al mirar dentro de mí y fijarme en los pensamientos y sensaciones que surgen en el espacio de mi conciencia, también puedo percibir eso que se llama mi yo o mi ser. Son muchas las cosas que quizá sepa de mí mismo: unas me complacerán, otras me irritarán, y otras directamente me horrorizarán o me asustarán. Pero al margen de lo que piense de eso que se llama mi yo, lo que parece claro es que hay numerosas cosas que puedo saber de él.

Incluso parece ser que hay varios de esos yoes, hecho anunciado por un sinfín de libros de psicología moderna. Está mi niño herido; mi duro superego; mi yo desengañado y hasta mi implacable escéptico; mi sempiterno controlador, que intenta controlarme a mí y a todos los demás; mi anciano sabio y mi anciana sabia; mi yo que busca la espiritualidad; mi yo temeroso, que permite que el miedo tome demasiadas decisiones por mí; mi yo alegre, que busca una corriente constante de alegría y felicidad en éste y en todo momento; por nombrar tan sólo los más destacados...

Pero observe que todos estos yoes tienen algo fascinante: todos son algo que yo puedo ver, que puedo percibir, que puedo sentir y conocer y hasta describir, de muchas formas. Todos pueden verse... pero ¿qué o quién es el que los ve? Todos esos yoes que acabo de observar, ver, sentir y después describir, son objetos visibles. Pero ¿cuál es el sujeto, el yo real, el verdadero espectador de esas cosas vistas, el verdadero conocedor de esas cosas conocidas?

Ahora, en este preciso instante, trate de obtener una buena impresión de sí mismo, intente percibir lo que llama «su propio ser». Procure verse o sentirse con toda la claridad que le sea posible. Fíjese en que una vez que consiga verse o sentirse o tomar conciencia de su propio yo, lo que estará viendo será un objeto, no un auténtico sujeto. Es decir, el ser que estará viendo —el ser al que usted llama yo y al que considera un ser real— de hecho es un objeto. Ni siquiera es un yo real ni un sujeto real, sino simplemente un objeto o algo que puede ser visto. Todo lo que usted sabe de sí mismo, todo aquello que está acostumbrado a llamar su yo, no es un yo ni un sujeto de verdad, sino un montón de objetos, un montón de cosas visibles. Pero ¿qué o quién es el espectador, el sujeto real, el yo real?

Para empezar, no intente ver su verdadero yo, porque cualquier cosa que pueda ver será sólo otro objeto, otra cosa que puede ser vista, y no el espectador en sí. Como les gusta decir a los místicos, el verdadero yo no es esto ni aquello. Antes bien, cuando intente entrar en contacto con ese yo o sujeto real, empiece por desprenderse de todos los objetos con los que se ha identificado previamente. Todo lo que pueda ver o saber de sí mismo no constituye en modo alguno su verdadero yo, sino que es otro objeto. Así que déjelo, suéltelo, y empiece a dejar de identificarse con lo que pensaba que era su yo. Haga este ejercicio diciéndose a sí mismo:

«Tengo pensamientos, pero no soy mis pensamientos. Tengo sensaciones, pero no soy mis sensaciones. Tengo deseos, pero no soy mis deseos. Tengo necesidades, pero no soy esas necesidades. Tengo placer intenso y dolor insoportable, pero no soy ninguno de ambos. Tengo un cuerpo, pero no soy mi cuerpo. Tengo una mente, pero no soy mi mente. Todas esas cosas pueden ser vistas, pero yo soy quien las ve; todas pueden ser conocidas, pero yo soy quien las conoce; todas ellas son meramente objetos, pero yo soy un sujeto real, un verdadero yo, no una pieza, un objeto ni una cosa, todo ello pasajero. Yo no soy pensamientos, deseos, cuerpo, mente, esto ni aquello.

»Entonces, ¿qué o quién soy yo?»

Antes de continuar, digamos que, según lo que prueba el experimento que acabamos de hacer, tenemos al menos dos yoes, o dos tipos de yo: el que puede verse y conocerse y el que no puede ni verse ni conocerse. Existe el espectador desconocido, y existen todos los pequeños yoes visibles. Los filósofos les dan nombres peculiares: el yo trascendental (o el YO SOY puro, que nunca puede ser un objeto, ni verse ni conocerse) y el yo empírico (o ego empírico, que puede ser visto, conocido, experimentado y objetivizado).

Aunque el espectador trascendental no puede ser visto —en tal caso sería sólo un objeto más— de todos modos ve toda la majestad frente a sí. Al no ser visto, lo ve todo; al no ser conocido, lo conoce todo; al no ser sentido, lo siente todo.

Por esta razón, al verdadero yo suele llamárselo testigo. Es testigo de todo lo que ocurre, pero él mismo no puede ser convertido en un objeto, ya que como verdadero sujeto que es no puede ser objetivizado. También se lo llama mente espejo, porque refleja de manera espontánea y sin esfuerzo todo lo que surge, pero no lo aprehende ni lo retiene. El verdadero yo constituye un profundo misterio en cierto sentido, algo que nunca puede ser visto y que no obstante ve el universo entero ante sí. Es un inmenso vacío y, sin embargo, de él parece brotar el mundo en su totalidad.

Por el momento, siga preguntándose a sí mismo: «¿Qué es este yo mío?» Siga intentando penetrar en esa pregunta, intentando pensar al que piensa, sentir al que siente, ver al que ve. Conforme vaya adentrándose en ello, preguntándose: «¿Quién soy yo?», y vaya desembarazándose poco a poco de todos los objetos que creía ser, y mientras intente ver al que ve, no verá nada concreto en realidad, no verá cosas, procesos, sucesos ni objetos en particular (o, si los ve, serán sólo más objetos, exactamente lo que intenta evitar). Más bien, a medida que vaya relajándose y penetrando en el espectador, lo único que hallará será la sensación de ir librándose de objetos, de librarse de las pequeñas y limitadas identificaciones con objetos a los que solía llamar yo. Dicho de otro modo, lo único que encontrará será no otro objeto, sino un ambiente de libertad, independencia y liberación, liberación del dolor y el tormento de identificarse con un montón de pequeños objetos que vienen, se quedan un momento y luego se van, y mientras tanto le producen una laceración. Según los místicos, cuanto más se acerque a su verdadero yo, mayor será la sensación de libertad infinita.

Mientras reposo en el conocedor desconocido, en este yo puro o testigo, es posible que perciba algo más acerca de dicho yo: que no se mueve; no se ve afectado por el tiempo ni por el movimiento, por la fecha ni por la duración. Este testigo transparente es consciente del tiempo, de ahí que en sí mismo sea atemporal o que exista en el ahora atemporal. El testigo tiene conocimiento de pensamientos pasados, pero los pensamientos pasados ocurren ahora; y el testigo tiene conocimiento de los pensamientos futuros, pero los pensamientos futuros ocurren ahora. Y cuando ocurrió el pasado real era un momento presente, y cuando ocurra el futuro real será un momento presente. Lo único de que tiene conocimiento el testigo, lo único real, es un presente inacabable, un único momento del ahora a través del cual pasa el tiempo pero que en sí mismo no se ve en absoluto afectado por él, sino que más bien vive en la eternidad. Y la eternidad no significa un tiempo que dura para siempre, sino un momento carente de tiempo. Wittgenstein lo vio con claridad: «Si tomamos la eternidad como algo que significa no una duración temporal infinita sino la ausencia de tiempo, la vida eterna pertenece a los que viven en el presente.»

Así que, ahí va otra pista: Cuanto más cerca está uno del verdadero yo, más vive en la eternidad, más vive en el presente atemporal, que abarca pensamientos del pasado, el presente y el futuro, puesto que todos están ocurriendo en el ahora atemporal. De manera que, piense cuanto quiera en el pasado y el futuro: pero verá como todo surge en el presente.

Llegados a este punto, los místicos contemplativos hacen una de sus afirmaciones más polémicas, tan polémica que casi parece fruto de la psicosis, y aun así la gritan con voz potente al mundo entero. Dicha afirmación la proclaman de forma idéntica en todas las culturas conocidas, en todos los períodos conocidos de la historia escrita y en todas las lenguas humanas conocidas, y lo hacen de manera tan coherente y unánime que muy probablemente se trate de la afirmación espiritual más universal que haya hecho nunca la humanidad: que cuanto más cerca está uno de su verdadero yo, más cerca está de Dios. Y cuando uno llega a conocer del todo el verdadero yo, éste se ve como algo plenamente unido, incluso idéntico, a Dios o la Divinidad o el espíritu mismo, en lo que los sufíes denominan la identidad suprema.

Ahora bien, está claro que esto no significa que nuestro yo empírico sea Dios, ni que fulana de tal sea la Diosa, sino que nuestro yo trascendental —nuestro yo infinito y eterno— es Dios o espíritu. O, dicho con mayor precisión, el espíritu no es de ninguna manera algo independiente o separado del yo trascendental de todos los seres sensibles. El yo trascendental de todo ser sensible es el espíritu que yace en dicho ser, y el espíritu es el verdadero yo de todos los seres. Y eso significa que el cien por cien del espíritu se halla presente en nuestro verdadero yo, en nuestro sentido más profundo y radiante del YO SOY.

Hagamos ahora una pausa para echar un vistazo a nuestra lista de afirmaciones místicas, puesto que ya las hemos tocado en su mayoría:

1. Cada uno de nosotros posee un yo interior y un yo exterior. Hemos visto que el yo exterior (o ego empírico) es el yo que se puede ver, mientras que el yo interior (o yo trascendental) no puede nunca convertirse en objeto de ningún tipo, sino que constituye, entre otras cosas, una sensación de libertad y una gran liberación de lo conocido, de lo finito y del ego empírico.

2. El yo interior vive en un ahora atemporal y eterno. La eternidad no significa un tiempo que dura para siempre, sino un momento carente de tiempo, que resulta ser este momento exacto, cuando se ve correctamente como un presente inacabable que abarca todo el tiempo. El verdadero yo es consciente de este momento siempre presente, interminable, eterno, a través del cual pasa todo el tiempo y que, sin entrar nunca en la corriente del tiempo en sí, permanece como testigo impasible del mismo.

3. El yo interior constituye un gran misterio, o el vacío y la inconsciencia puros. Precisamente por no poder conocerse ni objetivarse nunca, el verdadero yo es la nada absoluta, el misterio en estado puro, un conocimiento desconocido en curso, o un vacío cognitivo, o simplemente el gran misterio de nuestro ser.

4. El yo interior es divino, o perfectamente uno con el espíritu infinito que yace en una identidad suprema. Tal como lo expresó santo Tomás, si el ojo estuviera coloreado de rojo, no sería capaz de ver el rojo; pero como es transparente o no rojo o incoloro, es capaz de ver los colores. De igual manera, como el yo interior ve el espacio, él mismo es no espacial, o infinito; y como ve el tiempo, él mismo es atemporal, o eterno. Y ese yo infinito y eterno es donde habita el espíritu en usted y en todos y cada uno de los seres sensibles. El número global de yoes interiores no es sino uno. Toda persona siente exactamente lo mismo que usted cuando penetra en su propio testigo o sentido del YO SOY. Dado que el verdadero yo no posee objetos ni cualidades, no puede ser diferente en nadie; es el mismo resplandor divino y radiante en usted, en mí y en todos los seres creados por el espíritu.

5. El infierno es la identificación con el yo exterior. El infier-

no no es un lugar; no es un sitio al que vamos cuando estamos muertos; no es un castigo que nos es aplicado por algo o alguien. Más bien es nuestra actividad constrictora, pecadora, separadora, de equivocarnos al escoger un yo con el que identificarnos. Nos identificamos con lo que no somos, nos identificamos única y exclusivamente con el ego empírico, el yo que puede verse, y esa identidad enclenque, finita, temporal, limitada y lacerante no es otra cosa que el infierno. El infierno es un horrendo caso de confusión de identidad. Hemos olvidado quiénes somos y lo que somos, un yo trascendental conectado directamente al espíritu, que habla con las palabras de Dios y brilla con el resplandor de la Diosa. Pero nos identificamos sólo con el yo finito, el yo objetivo, el yo que puede verse, y no con el yo que ve, el yo divino, infinito y eterno.

6. El cielo es el descubrimiento y la comprensión del divino yo interior, de la identidad suprema. Los místicos de Oriente y de Occidente llevan mucho tiempo proclamando que el Reino de los Cielos está dentro de nosotros, porque el hecho es que el YO SOY es la conciencia de Cristo, el espíritu mismo, la divinidad en mí y semejante a mí. El verdadero yo de todos y cada uno de nosotros es el verdadero yo que comprendió Jesús de Nazaret —«el Padre y yo somos uno»— y esa comprensión, de forma bastante simple, le hizo dejar de ser un Jesús temporal para transformarse en un Cristo eterno, transformación que nos pide que recordemos y repitamos en nosotros mismos.

Por supuesto, esto no significa que mi ego empírico sea Cristo, ni que sea Cristo mi yo personal. Creerlo así supone un delirio esquizofrénico. Nadie está diciendo que mi yo personal sea espíritu, sino que el testigo trascendental de ese yo personal es uno con el espíritu que hay en todos los seres. Su yo trascendental es Cristo; su yo personal es usted.

7. El yo divino es uno con el todo, dado en gracia y sellado en gloria. En un momento dado, conforme uno reposa en el testigo interior sintiendo el ambiente de libertad, la sensación misma de un yo interior en pugna con un yo exterior a menudo se disipa al ser vista como la fantasía que es, y deja tan sólo la sensación de lo que los místicos denominan lo gustoso. Mi yo tras-

cendental da paso al «ser tal» no dual, o lo que Meister Eckhart llamaba *Is-ness*. Porque el espíritu no es sólo el yo de todos los seres, sino el «ser tal» o el *Is-ness* o la realidad inmutable de todas las cosas. A la libertad con respecto a cualquier objeto se agrega así la plenitud de ser uno con todos los objetos. Ya no soy testigo de las montañas, soy las montañas; ya no siento la Tierra, soy la Tierra; ya no veo el mar, soy el mar; ya no rezo al espíritu, soy el espíritu. Es tan perfecta la coherencia con la que el mundo, sagrado y profano, surge en una sola pieza, que no logro encontrar fronteras —ni una sola frontera fundamentalmente real— en el universo entero. Existe sólo el sentido radiante, que todo lo invade, profundamente divino del YO SOY, en el que todos los mundos surgen y caen, nacen y mueren, explotan en el ser y se pierden en el olvido, arrastrados por la única cosa que se halla siempre presente, hasta en los confines del mundo: ese definitivo misterio que hay en el vacío y en la liberación, en la libertad y la plenitud, fundamento y meta, gracia y gloria, este yo mío que ya no consigo encontrar, mientras las gotas de lluvia, en su insistente inmutabilidad, golpean dulcemente el tejado, produciendo un bello sonido semejante al latido de un corazón, *zum, zum, zum...* así... tal cual...

Lo que necesitamos es un mapa de carreteras, una guía que nos saque de nuestro ego y nos lleve a nuestro yo trascendental, que es uno con lo divino, basado en su naturaleza inmutable o *is-ness*. En todo el mundo, cada cultura ha elaborado muchas de esas guías, pero toda cultura cuenta con un puñado de guías selectas que son veneradas por encima del resto. En Occidente cuesta trabajo encontrar un texto más querido y respetado que *El castillo interior*, de Teresa de Ávila. Las tradiciones más contemplativas tienen caminos de meditación que constan de varios pasos bien claros para pasar del infierno de nuestro yo exterior al cielo del yo divino (y en última instancia a la unión no dual de ambos). Las siete moradas de santa Teresa —cada una de las cuales es explicada a continuación por Caroline Myss en un lenguaje bello, claro y radiante— no son sino siete pasos de ese camino extraordinario que conduce a nuestro yo más profundo, o alma, comprendido en la nube del inconsciente, otorgado por una gracia inmerecida e inexplicada, y realizado en el vivir diario: una realización que se hace más honda conforme este momento se disuelve en el momento de la revelación divina, aquí mismo, ahora, con esta Tierra transformada radicalmente para dejar de ser un infierno en vida y convertirse en un paraíso viviente, y conforme el tiempo se ve como el rostro en movimiento de la eternidad, y los yoes exteriores como ornamentos del yo divino y de la realidad inmutable y radiante de todos los mundos y todos los universos.

¿Desea averiguar si esos puntos esenciales del misticismo que tan brevemente hemos apuntado aquí son en realidad verdaderos? Bueno, le voy a decir lo último que a mí personalmente me encanta del auténtico misticismo contemplativo: que es científico, en el sentido de experimental, empírico, probatorio. Pruebe a hacer el experimento interior en siete pasos según santa Teresa tal como se enseña en este libro, y véalo usted mismo. Es un experimento científico interior. El presente libro se basa plenamente en las siete moradas de santa Teresa, explicadas y desarrolladas de manera bellísima, clara, compasiva, alegre y maravillosa por mi amiga Caroline Myss, para quien la bien amada santa Teresa dejó de ser sólo una mujer espiritual que había escrito un magnífico manual práctico para convertirse en una santa que le salvó la vida, le mostró su alma, despertó su corazón y la colocó en el inacabable, siempre actualizante, atemporalmente cumplido camino del esfuerzo personal.

Y, querida Caroline, yo sólo sé que santa Teresa diría amén a este luminoso libro, fruto de la llamada que supuso para ti, una llamada a todos nosotros para que seamos místicos sin monasterio en un mundo dolorosamente necesitado de un toque de lo divino —Dios o Diosa divinos—, el verdadero yo que radica en todos y cada uno de nosotros, el yo que mira esta página y lee cada palabra escrita en la realidad inmutable de su propio corazón, que puede oír siempre que quiera, y sobre todo siempre que llueve, resonando como un eco en el bello sonido de sus latidos, *zum, zum, zum*... así... tal cual...

KEN WILBER

Ken Wilber es autor de más de veinte libros, el más reciente de ellos *Integral Spirituality* [Espiritualidad integral]. Sus últimos trabajos pueden encontrarse en *www.kenwilber.com* y también, junto con cientos de otros maestros espirituales contemplativos (incluidos diálogos con Caroline Myss) en *www.integralinstitute.org*.

Un prefacio demasiado personal

El verano anterior a mi quincuagésimo cumpleaños, estando en la cocina de mi casa en la ciudad, de pronto me di cuenta de que no tenía una verdadera práctica espiritual. «Ironías de la vida», pensé, teniendo en cuenta que doy conferencias sobre espiritualidad con cierta frecuencia y fluidez. Aunque la idea me dejó tocada, me la quité de la cabeza diciéndome que al rezar con regularidad y contar con una educación católica, una titulación superior en teología y una biblioteca personal bien pertrechada, repleta de textos sagrados, ya tenía el cupo cubierto de sobra.

Poco después, aquel otoño, empecé a interesarme por el tema de la generosidad y el servicio a los demás, y el porqué de que tantas personas se sientan impulsadas a ayudar al prójimo. Para indagar sobre el tema, envié un mensaje electrónico a través de mi página web en el que pedía a la gente que me contase anécdotas de ocasiones en las que hubieran recibido un gesto inesperado de bondad o en las que ellos mismos hubieran socorrido a alguien de alguna manera. Esperaba recibir aproximadamente un centenar de cartas, pero en el plazo de tres semanas llegaron más de 1.400. Las leí todas. Algunas tenían hasta seis páginas, otras menos de tres líneas, pero todas me llegaron directo al corazón. A veces, cuando ya llevaba leídas sesenta o setenta, me ponía a llorar por la ternura y la gratitud que transmitían, a menudo por la bondad de desconocidos.

Me quedé estupefacta al ver el poder que poseemos las personas de cambiar, y hasta salvar, la vida de otro ser humano. Los autores de las cartas relataban historias de personas y ángeles que habían intervenido en su vida con palabras, actos, alimentos, ropa, amabilidad, abriéndoles una puerta, ofreciéndoles refugio y devolviendo la dignidad a quien se había quedado sin hogar. Esas historias eran regalos vivientes de gracia, pruebas vivientes de la acción de Dios en la Tierra, y también yo sentí la necesidad de transmitirlas. Quise que otras personas —usted, lector o lectora— supieran el poder que tienen en realidad y lo mucho que importa cada acto que realizamos en la vida.

Con el tiempo, tales historias se convirtieron en la base de mi libro *Invisible Acts of Power* [*El poder invisible en acción*], y con dicho libro llegó el comienzo de mi práctica espiritual.

Mientras escribía *El poder invisible en acción*, estudié textos sagrados de todas las tradiciones en busca de las citas y parábolas perfectas que resaltaran los relatos de actos invisibles del libro y que ilustraran la naturaleza universal del carácter sagrado de los actos de servicio. Había empezado a desconectar el teléfono nada más llegar a la oficina, a fin de concentrarme en la lectura, de modo que en la oficina (y en mí) se percibía una calma poco característica. Una mañana, en la paz de mi despacho, me vino a la memoria un recuerdo de mi época universitaria, una conversación con una monja que me dijo: «Acuérdate, Carol, de que leer una plegaria es lo mismo que pronunciarla. La gracia llega de ambos modos.» Sentí un escalofrío por todo el cuerpo, no de carácter sentimental, sino místico, que me produjo una sensación de reverencia y asombro.

En lo más hondo de mi alma, me di cuenta de que durante aquellas semanas pasadas en mi despacho en realidad había estado en un retiro, un retiro mudo e inconsciente en el que me había sumergido en enseñanzas sagradas. Las maravillas de seres humanos que habían respondido a mi interés por el servicio al prójimo me habían llegado al corazón. Justo detrás de ellos venía lo sagrado. Durante todo ese tiempo, mientras yo creía que estaba investigando, de hecho me había introducido en el dulce santuario de la oración y la contemplación.

En una revelación fugaz, vi que había invitado a Dios a entrar directamente en mi vida. Y en aquel instante luminoso, rebosante de luz, me vi absorbida en la conexión entre Dios y el amor, me quedé sin respiración y caí presa de un ataque de epilepsia.

Bien, avancemos deprisa en el tiempo. Una vez que me hube recuperado de aquella pesadilla, supe en mi interior que no sufría ningún trastorno que me provocara ataques, lo que más adelante fue confirmado por los médicos. Sin embargo, sí comprendí que, como dice W. B. Yeats en su brillante poema titulado *La canción del Aengus errante*, «tenía un fuego ardiendo en la cabeza» y en el corazón, pero sobre todo en el alma. Había descubierto mi alma. De hecho, sentía como si se me hubiera clavado en el alma un haz de luz que la iluminaba y me llamaba hacia ella.

Es muy arriesgado hablar en nombre de Dios, sobre todo con un tono de autoridad absoluta. A veces pienso que las personas que van dando explicaciones de cómo «piensa» Dios que han de comportarse los seres humanos deben de parecerle completos idiotas a la divinidad. Pero sí es posible hablar con integridad de nuestras propias experiencias con el Dios que ha venido a nosotros de manera individual. Y es desde esa posición que comparto mis experiencias con usted. De dichas experiencias puede extraer la orientación o la inspiración que desee.

Yo estoy convencida de que lo divino se encuentra en todas partes y existe incluso en los detalles más íntimos de nuestra vida. Todo lo que experimentamos hoy tiene su propósito en lo que suceda mañana; a veces, pasan años sin que ese propósito se haga evidente. Sin embargo, Dios nos prepara para nuestro viaje espiritual, por muy complicado, doloroso o exigente que pueda resultar. Por esta razón, la paciencia, la confianza y la fe deben ser constantes en nosotros; no podemos, y desde luego no debemos, intentar siquiera creer que sabemos lo que es mejor para nosotros. Lo divino nos revelará el plan que tiene para nosotros, y tenemos que estar abiertos para recibirlo. Tras este pequeño consejo, quisiera contar por qué y cómo me enamoré de Teresa de Ávila, cuyo trabajo de toda una vida sobre el alma constituye el cimiento de este libro, así como de mi propio viaje espiritual y mi práctica personal.

Tras aquel súbito despertar del alma en mi oficina, me mudé de mi casa en la ciudad a una antigua mansión victoriana que había reformado. Comencé a trabajar con un director espiritual a quien veía al menos una vez por semana (que por cierto es seguidor de Jung y teólogo católico, una persona a la que estoy convencida de que estaba destinada a conocer). Mis sueños y mi viaje interior se habían vuelto más místicos, como si me estuvieran conduciendo hacia un nuevo territorio espiritual. Aun así, en apariencia todo parecía normal: daba clases, estaba escribiendo un libro nuevo y cumplía con todos los demás compromisos profesionales. Pero por dentro ya nada era igual. Me estaba moviendo —o siendo movida— hacia otro lugar.

Como parte de mi programa docente, fundé un instituto de estudios, el CMED (Caroline Myss Education), que al principio ofrecía dos programas, uno sobre Contratos Sagrados y otro sobre Intuición y Misticismo. Un fin de semana de invierno, después de mi experiencia «luminosa», cuando estaba a punto de iniciar la primera clase de un seminario que iba a durar tres días, un alumno me preguntó: «¿Y cómo es su vida espiritual?» Normalmente yo habría dado una respuesta concisa, algo así como: «Rezo», seguido de «¿Más preguntas?», ya que siempre he defendido ferozmente mi intimidad y sólo cuento anécdotas sociales e historias similares. Pero aquella vez decidí responder a la pregunta, aunque en mis planes para aquella mañana no se incluía mi biografía espiritual sino más bien la vida de los místicos católicos como san Juan de la Cruz, san Ignacio de Loyola y santa Teresa de Ávila. La tarde estaba reservada a los místicos orientales, empezando por mi preferido, Rumi. Pero hicimos una breve digresión para hablar de mis creencias personales.

Los alumnos querían saber cuándo había empezado a creer en Dios, una pregunta que siempre me resulta graciosa. Yo siempre he creído en Dios; jamás he tenido un momento ni un instante de duda. Siempre he creído en los milagros. Me crié en un país de ensueño espiritual en que la presencia de lo divino lo invadía todo. Hace mucho tiempo que tengo una visión mística del mundo, así que enseñar a los místicos aquel día parecía algo natural.

Cuando dejé el tema de mis creencias y pasé a hablar de la vida de los místicos, otro alumno preguntó: «¿No es cierto que los ataques son un trastorno propio de los místicos?» Hasta aquel momento yo no había dicho ni una palabra acerca del tema, y me quedé un tanto atónita. «Sí —respondí—, muchos místicos sufrieron ataques. Teresa de Ávila se desmayó en numerosas ocasiones a causa de ellos.» Luego, de forma inexplicable, sentí una sensación de ahogo. De pronto me resultó imposible hablar. Jamás había perdido la compostura mientras estaba dando clase, pero aquella mañana me sucedió y tuve que abandonar el estrado llorando. Un colega me sustituyó durante el resto de la mañana mientras yo permanecía sentada en compañía de una amiga.

Me sentía extraña, vulnerable, asustada. Algo había cambiado para mí, en mí, pero era incapaz de identificarlo. ¿Iba a sufrir un segundo ataque? ¿En el estrado? No tenía ni idea, pero sentía un pánico que me provocaba náuseas.

Aquella misma tarde empecé la siguiente sesión, a pesar de todo. Siempre doy clase de pie y moviéndome por el entarimado, pero esa vez me senté en una banqueta. Tenía en las manos un ejemplar de *El castillo interior*, de Teresa de Ávila, aunque lo planeado era hablar de *Noche oscura del alma* de san Juan de la Cruz. Al subir al estrado había tomado el libro equivocado, pero no quería moverme porque me sentía muy frágil. «Bueno —pensé—, no importa.» Y di comienzo a mi charla.

«Teresa de Ávila era una monja carmelita del siglo XVI que...»

De repente sentí una presencia, una fuerza cerca de mí. Y entonces oí que decían: «Hija, sígueme.»

Era la voz de Teresa. Mi reacción inmediata fue: «No permitas que mis alumnos sepan que nos hemos conocido, Teresa. No dejes que se enteren.»

Durante los tres días siguientes hablé del *El castillo interior* como si lo hubiera estudiado toda la vida, cuando en realidad lo conocía sólo vagamente. Seguí a santa Teresa hasta su castillo y procedí a explicar a mi público lo mejor que pude las imágenes y la información sobre el interior del mismo. Aquel fin de semana, delante de todos aquellos alumnos, Dios me despertó una pasión y no tuve más remedio que seguirla. Ese mismo fin de semana entré también en el castillo interior de mi alma y di comienzo al trabajo que luego se convirtió en este libro.

De vuelta en casa después de aquel seminario, lo primero que hice fue tirar a la basura hasta la última página de un manuscrito de siete capítulos en el que llevaba meses trabajando. El lunes por la mañana llamé a mi editora para decirle que necesitaba empezar de nuevo. Ya habíamos pasado por un cambio drástico similar en otra ocasión, mientras escribía *Anatomy of the Spirit [Anatomía del espíritu]*, de modo que le conté lo ocurrido y que pensaba dedicarme a *Entrar en el castillo*. Ella me recordó el plazo de entrega y me dijo: «Adelante.»

Entonces y sólo entonces comprendí de verdad lo que había hecho. Como si regresara de unas caras vacaciones esperadas durante largo tiempo y en las que me había dado toda clase de caprichos, pequeños y grandes, volví a la tierra, a la realidad cotidiana y al duro trabajo de escribir acerca de una experiencia esencialmente inefable. Tras aquel fin de semana de excesos espirituales con Teresa de Ávila, tras aquel seminario místico, lleno de alma, con la fuerza de un vendaval, me encontré sola en la cocina de casa, a punto de empezar a escribir un libro nuevo que dos días antes ni siquiera había imaginado. Y además iba a dejarme guiar por una monja carmelita del siglo XVI. En forma de ruego, dije: «Tengo que decirte, Teresa, que acabo de poner mi carrera en juego. Más vale que esto sea real.»

Cinco minutos después llegó el correo. Traía una carta de Inglaterra, de alguien que yo no conocía. Con la carta venía un punto de libro con un mensaje al dorso escrito a mano: «Caroline, todos los días rezo por tu salud y tu protección. Que Dios te guíe en todos los pasos que des. Con cariño, Colette. Gracias por habernos iluminado el camino.»

En la parte frontal del punto, que tengo ante mí en este preciso instante, hay un dibujo de un estanque con flores, y un mensaje que reza: «Que nada te turbe. Sólo Dios basta. Teresa de Ávila.»

Tenía la prueba que necesitaba. Y ahora jamás me separo del punto.

Cambiando de tema, ya me he recuperado del todo. Estaba preparada para no curarme; para tener que hacer frente a un trastorno crónico. Ahora sé lo vulnerable que puede llegar a sentirse un ser humano. Estaba preparada para convertirme en una persona dependiente del cuidado de otros, lo que, para alguien independiente como yo, no suponía ningún consuelo. Tener que decir: «Si esto es lo que hay, pues adelante», puede ser duro de tragar, pero ser incapaz de aceptar lo que no se puede cambiar es mucho peor. Y sé que eso es así en lo más hondo de mi alma.

De todo esto nació *Las siete moradas*. Es ciertamente producto de mi alma, así como del alma de todos aquellos que me ofrecieron *El poder invisible en acción*. De no ser por ellos, ni esta obra ni el viaje de mi alma se habrían iniciado jamás. Siento una gratitud inmensa hacia todas las personas cuyos relatos inspiraron ese preciado libro.

Las siete moradas también forma parte de un despertar espiritual mucho mayor: un despertar del alma colectiva de la humanidad. Cada vez son más las personas que se sienten atraídas por las obras de los grandes místicos de las tradiciones judeocristiana y oriental. Ese anhelo de lo sagrado no pueden satisfacerlo las religiones generales, que apelan sobre todo a la mente y al corazón. Como cultura en evolución espiritual que somos, ahora estamos preparados para encontrarnos con nuestra alma.

No obstante, se requiere gran valor para llegar a conocer el alma de uno. Y es que, cuando se la conoce de verdad —y se acata su poder y se vive de acuerdo con su autoridad— lo divino viene a llamarnos. Una vez que tomamos conciencia de nuestra alma, es muy probable que nosotros mismos nos sintamos «llamados». También se requiere valor para afrontar la llamada, porque puede conducirnos a lugares de intensa luz e intensa oscuridad.

Cuando lo divino se manifestaba en los místicos de antaño, éstos veían, oían y sentían a Dios de muchas formas distintas. Lo seguían a cuevas y bosques, monasterios y *ashrams*, a cualquier sitio con tal de reunirse una y otra vez. En la actualidad, la idea de ser llamado a ese camino de intimidad espiritual con Dios puede parecer anticuada. Cuando uno piensa en los casos extremos de renuncia, hambre y mortificación que hicieron famosos a varios místicos de renombre, se llega a decir incluso que menos mal que fueron tiempos pasados.

Pero ser llamado sigue siendo posible hoy en día. Y cuando llegue la llamada, es prácticamente seguro que no nos pedirá que renunciemos a la familia y los amigos y nos recluyamos en un convento. Podemos llegar a conocer el alma, y fortalecerla, y prepararnos para esa llamada. De eso trata *Las siete moradas*: de nosotros, nuestra alma y del camino para conocer a Dios.

La plantilla de nuestro viaje hacia dentro, *El castillo interior*, es una obra de Teresa de Ávila, quien también fue llamada a escribir esa obra maestra espiritual después de haber tenido una visión del alma en forma de castillo de cristal luminoso, parecido a un diamante, que albergaba en su interior muchas facetas o moradas. Concretamente describió siete moradas, cada una dotada de múltiples aposentos. Y en la morada central vive Jesucristo, o, para nuestro propósito, Dios, lo sagrado, el alma superior, la realidad o la conciencia, y nos conduce más adentro todavía. Por nuestra ruta a través de esas moradas y en dirección al centro del alma se avanza atravesando estados cada vez más profundos de oración y reflexión. Esta visión de la estructura del alma se convirtió en el itinerario del viaje interior de santa Teresa para alcanzar la purificación (conocimiento de uno mismo y perdón), la iluminación (conciencia superior y compasión) y la unión con lo sagrado.

Cuando leí las siete moradas de *El castillo interior*, inmediatamente me di cuenta de que había encontrado el camino para proseguir el viaje que había iniciado años atrás en *Anatomía del espíritu*, sólo que esta vez contaba con una senda que conducía del espíritu cuerpo-mente hasta el alma superior. *Anatomía del espíritu* presenta el «alma práctica», el espíritu que actúa en el mundo cotidiano ayudándonos a sobrevivir. No estoy diciendo que tengamos más de un alma, sino que poseemos diferentes estados de conciencia respecto del alma. En *El castillo interior*, por ejemplo, santa Teresa advierte que aunque nos encontremos ya en nuestra alma y nuestra alma en nosotros, seguimos necesitando «entrar en el castillo [o alma]» para alcanzar el estado de conciencia profundo que nos es necesario para conocer a Dios. El presente libro es un viaje para despertar esa alma más profunda, nuestra alma mística. Cuando uno entra en el castillo, penetra más allá del alma práctica y se sumerge en la capacidad de experimentar a Dios.

De igual modo que *Anatomía del espíritu* y todas mis otras obras, *Las siete moradas* está escrito desde una perspectiva transreligiosa. No sólo va dirigido a católicos ni aun a cristianos, sino a todo aquel que anhela encontrar una llamada y seguirla. Es una búsqueda de las verdades cósmicas y unificadoras.

Cuando usted entre en su castillo, se embarcará en un viaje vital que lo transformará a usted y a su relación con Dios y con el mundo. Descubrirá que no necesita salir de casa para encontrarse con Dios y recibir la gracia. Descubrirá que la oración posee un poder sin límites, que puede curar, y que la contemplación —esencial para mantener un diálogo con el alma y con Dios— requiere algo más que simplemente retirarse en soledad.

Hace falta mucho coraje para comprometerse con el alma. Aunque nuestra alma sea nuestra compañera más íntima, es posible que necesitemos ayuda para comprenderla, para identificar sus mensajes y atender su llamada. Más que un libro, *Las siete moradas* es una guía para el alma, un texto de orientación espiritual al que podremos acudir durante el resto de nuestra vida.

He escrito *Las siete moradas* teniendo en mente en todo momento la siguiente imagen: usted, el lector, en mi despacho, sentado conmigo, frente a mí, y yo hablando con usted como si estuviéramos solos, en un debate personal y espiritual. Me imagino que le miro a los ojos y rezo con usted, le escucho y le guío hacia su castillo. En cada página de este libro hago ese viaje con usted.

Introducción
La llamada

Hace varios años, impartí un seminario en mi centro universitario de Saint Mary-of-the-Woods, que se encuentra en Terre Haute, Indiana. Duró casi una semana y se celebró durante una ola de calor especialmente intensa en que se alcanzaron temperaturas superiores a los 32 °C y un alto índice de humedad. Ya el primer día, hubo al menos diez mujeres que se echaron a llorar por el calor y se quejaron de que los dormitorios colectivos en que nos alojábamos carecían de aire acondicionado y del mobiliario necesario. De hecho, las habitaciones estaban semivacías y resultaban tristes e incómodas, provistas tan sólo de camas y luces en el techo, dado que los alumnos que las amueblaban durante el curso lectivo se encontraban de vacaciones.

A pesar de todo ello, o tal vez debido a ello, yo me sentía en casa. De regreso en mi antiguo campus, me sentía libre como nunca para enseñar. Experimentaba una sensación de libertad de espíritu y de expresión; hablé de la naturaleza de los milagros, de la vida de los santos y los místicos, de la presencia de ángeles y de la razón por la que anhelamos la comunicación con lo divino. El lugar y el entorno eran perfectos, ya que el centro universitario es a su vez un convento, la casa matriz de las Hermanas de la Providencia, y el recinto alberga una iglesia preciosa y una capilla del Santísimo Sacramento, además de una gruta que es réplica de la de Lourdes, donde santa Bernadette tuvo visiones de la Virgen María.

Mencioné a los participantes que durante la semana pensaba acudir a la capilla como solía hacer cuando era estudiante, y que también ellos podían visitar libremente cualquiera de los lugares sagrados pertenecientes al convento. Hay una capilla especial en la que siempre ha habido por lo menos una persona rezando, a cualquier hora del día, desde que se construyó hace más de 150 años. A mí siempre me ha encantado esa capilla, y hubo muchos participantes que acudieron pronto a meditar en su preciado silencio.

Al final del primer día, a nadie le importaba ya el calor, las habitaciones oscuras y espartanas, las ásperas toallas del baño ni la horrible comida que nos servían. Juntos penetramos en la enrarecida atmósfera de lo divino. Y concluimos nuestro retiro rezando en grupo en la gruta con una vela en la mano.

Aquella visita despertó algo profundo en mi alma, el deseo de encontrar una manera más directa de trabajar con aquella conciencia mística e inmediata de lo trascendente, de Dios, que todos sentimos allí.

Este libro es esa manera.

Llevo veinticinco años enseñando y escribiendo acerca de la conciencia humana y la espiritualidad, el poder personal y la intuición. En *The Creation of Health* [La creación de la salud] presenté un perfil del sistema energético humano que muestra las tensiones emocionales/psicológicas/espirituales que subyacen a setenta y cinco enfermedades. Ése fue también el primer libro en que presenté mi interpretación del sistema oriental de los *chakras,* paradigma espiritual y energético del que me serví para entender las causas de la enfermedad.

En mi siguiente libro, *Anatomía del espíritu,* ofrecía una «teología biológica» y entrelazaba el significado simbólico de los siete sacramentos del cristianismo, los *chakras* orientales y el místico Árbol de la Vida del judaísmo. En *Why People Don't Heal and How They Can* [Por qué las personas no se curan y cómo pueden curarse], adopté la postura de que no todo el mundo quiere estar sano —quieren una «heridología»— y examiné lo que hace que muchas personas tengan miedo de curarse y por tanto saboteen su proceso de curación.

Después de esos tres libros sobre la salud de mente-cuerpo-espíritu, dirigí la atención hacia los arquetipos y el inconsciente colectivo en *Sacred Contracts* [Contratos sagrados], partiendo de la suposición de que a cada uno de nosotros, antes de nacer, se nos asigna un Contrato Sagrado que debemos cumplir en esta vida. *El poder invisible en acción* me llevó por un nuevo camino espiritual, en el que examiné la naturaleza de la generosidad. Ese libro elogia los actos de bondad, pero también explora por qué la gente tiene miedo de ser generosa, cómo luchamos contra el deseo de ayudar al prójimo, y el temor de que «no haya suficiente para repartir», sobre todo cuando sabemos de forma instintiva que nuestra ayuda confiere poder a otras personas. En *El poder invisible en acción*, también relaciono la generosidad con la madurez de la intuición. Cuanto más intuitivo se es, más generoso, porque no se puede evitar reaccionar compasivamente a las necesidades de los demás. Uno desea actuar de manera invisible, anónima; no necesita obtener reconocimiento por el bien que hace, sea grande o pequeño.

Ahora, en *Las siete moradas*, quiero ayudar al lector a dejar atrás sus ideas y prejuicios sobre la espiritualidad y la intuición y entrar en una experiencia de Dios más profunda, más auténtica. Ha llegado el momento de pasar de guiarnos por la intuición a guiarnos por la revelación divina. Muchos han buscado el poder espiritual a través de la intuición, pero han terminado frustrados. Han confundido los anhelos espirituales con los golpes de intuición que los instaban a cambiar, y han pensado que podían satisfacer dichos anhelos con prácticas tales como el yoga, la meditación o el retiro espiritual. Algunos han atribuido propiedades espirituales a sus habilidades intuitivas, considerándolas dones espirituales y muestras de una conciencia más evolucionada: un error peligroso.

Una espiritualidad de intuición es una espiritualidad falsa. Aunque la intuición puede permitirnos reformar nuestra vida cotidiana dando sensación de poder espiritual —y hasta puede que obtengamos algunas directrices espirituales a través de la intuición—, ésta no es una fuerza espiritual. Es una habilidad práctica que puede desarrollarse, un asunto del ego, no del alma. Utilizar la intuición como práctica espiritual es como llegar a un punto intermedio entre las tradiciones religiosas convencionales y la experiencia, más profunda, del misticismo y del despertar espiritual. La intuición puede ser un paso hacia una verdadera práctica espiritual, pero no es una práctica espiritual en sí misma. Los clásicos y auténticos despertares espirituales o místicos no pueden convertirse en habilidades intuitivas, y las habilidades intuitivas no deben considerarse capacidades místicas. El misticismo es un asunto del alma, no del yo.

El alma y el espíritu existen en dos reinos distintos. El espíritu humano representa el sentido de lo divino que percibe el yo —el ego— en el mundo; es una expresión de la personalidad y la mente racional, mientras que el alma humana es la esencia de la divinidad en sí.

La gente ansía una espiritualidad con los pies en tierra, contemporánea, que pueda practicarse a diario. Ya no queremos trabajar al azar con una espiritualidad híbrida de intuición y prácticas cuerpomente. Queremos el poder de la oración profunda y mística y de la disciplina sin tener que aislarnos en santuarios ni adoptar prácticas extremas de privación. No queremos hacer votos de pobreza ni de castidad. No queremos renunciar a la familia ni a los amigos. En pocas palabras: queremos ser místicos sin monasterio. *Las siete moradas* nos dice cómo lograrlo.

Aunque ansiamos la intimidad espiritual con lo divino, también abrigamos profundos temores acerca de Dios y el modo en que puede cambiarnos la vida un encuentro con lo divino. Anhelamos ser guiados, pero nos aterra la revelación. Rezamos para conocer a Dios, pero tememos lo que pueda respondernos. Mahoma, por ejemplo, se refugió en una cueva a escondidas del ángel que le envió Alá para enrolarlo al servicio de lo divino. Jesús tuvo que hacer frente a sus miedos respecto de su vocación. Hay una anécdota famosa sobre Graham Greene, el gran novelista británico contemporáneo cuyos personajes luchaban contra su conciencia y su fe, que cuenta que esperó casi tres años para conseguir una cita de quince minutos en Roma con un místico contemporáneo, el padre Pío. (El padre Pío falleció en 1968 y fue canonizado en 2002.) Poco antes de la cita, Greene asistió a una misa oficiada por el propio padre Pío y observó al sacerdote mientras éste rezaba. Después, sin acudir a la cita, regresó a Inglaterra. Cuando le preguntaron por qué se había ido sin ver al padre Pío después de haber esperado tanto tiempo, se dice que Greene respondió que no estaba preparado para la forma en que aquel hombre podía cambiarle la vida. Dicho de otro modo, Greene sabía que su alma iba a recibir la llamada, que iba a hacerse cargo de su vida. Y lo único que se le ocurrió para evitarlo fue intentar alejarse de la gracia y la divinidad.

Nosotros también sabemos de forma instintiva que responder a una llamada requiere tener cierta experiencia en ser reducidos a cenizas, ya sea desembarazándose de antiguas heridas o resentimientos y permitiendo que mueran y sean sustituidos por el perdón, o empezando una carrera o una relación en un lugar nuevo, o llorando la muerte de un ser querido y saliendo de ello para iniciar una nueva vida.

Tanto miedo nos da lo divino, que a veces reconducimos nuestra frustración respecto de nuestra espiritualidad manifestándola en forma de trastornos físicos o psicológicos. A menudo mantenemos nuestros miedos a raya reorientando nuestra espiritualidad en busca de capacidades intuitivas u otras prácticas, pero lo más común es que hagamos uso de tales prácticas, como el yoga o la meditación, para combatir el estrés y mejorar nuestra salud —objetivos que no corresponden— en lugar de profundizar en nuestra conciencia y conectar con lo sagrado. Como resultado, son muchas las personas que terminan atrapadas entre mundos, llenas de deseos de buscar su potencial espiritual pero temerosas de que ello desmonte su vida cotidiana, en particular su seguridad económica. Nuestra guía, Teresa de Ávila, también se debatía entre dos mundos, incluso después de hacerse monja. Ella entendía que a menudo cuestionamos el propósito de la vida, que queremos conocer a Dios y tenerlo en nuestra vida, pero que también queremos otras muchas cosas: familia, amigos, diversión, comida y música.

Con todo, no podemos abandonar nuestro anhelo de buscar una experiencia espiritual más profunda, porque la atracción de lo divino es la fuerza más básica de nuestra vida. Kahlil Gibran lo denominó «el anhelo de sí misma que tiene la vida». Es una atracción más potente que el miedo. Por eso está usted aquí, ahora, preparándose para entrar en el castillo.

Las siete moradas le ofrece un portal que conduce a una experiencia más profunda: el misticismo. Proporciona un itinerario que permite seguir viviendo en el mundo cotidiano del trabajo y la familia y al mismo tiempo atender la llamada de una genuina práctica espiritual que aporte una conexión directa con lo divino. La instrucción mística tradicional resulta demasiado extrema para nosotros, individuos corrientes, y sin embargo somos nosotros, los individuos corrientes, quienes buscamos ahora un camino más profundo de expresión divina. Santa Teresa arroja luz sobre nuestra búsqueda espiritual al asegurarnos que la vida tiene sentido y que podemos hallar la salida a nuestras dudas y nuestros miedos.

El místico, como indica la palabra, es la persona llamada a conocer lo divino a través de sus misterios. Hoy día, mucha gente quiere que los misterios y problemas de su vida se esclarezcan y se resuelvan rápidamente, pero los místicos saben que todos tenemos una tarea más profunda: aceptar que algunos problemas suponen un desafío para la razón humana, la lógica, el orden, la justicia, la equidad y hasta el sentido común. Saben que por debajo de esos problemas existe un orden divino y sienten que posiblemente sea revelado a su tiempo. Al fin y al cabo, no tiene sentido sentarse bajo un árbol a esperar la iluminación sin la promesa de que dicha iluminación llegará en el futuro, pero esperar fue lo que hizo Gautama, que más adelante se convirtió en Buda, un ser rebosante de luz. Tampoco tiene lógica permanecer sentado días, semanas o incluso meses en posturas que silencian el cuerpo y liberan el espíritu, y en cambio eso es lo que hacían los primeros yoguis, una y otra vez, para mostrar el camino a los demás.

Es poco probable que usted sea llamado de esa manera, pero puede que su llamada también desafíe a la razón. En el castillo, usted invita a lo sagrado a entrar en su vida; aprende a rezar y a esperar, a prepararse para recibir instrucciones. Los místicos saben que sus instrucciones llegarán con las tareas que Dios les tiene preparadas. La orden: «Francisco, reconstruye mi iglesia», inspiró al hombre que se convertiría en san Francisco de Asís para reconstruir una iglesia en mal estado que había en un bosque. De haber imaginado que esa orden contenía un segundo significado, mucho más grandioso —reconstruir la Iglesia de Roma—, tal vez habría rehuido el encargo (aunque éste lo habría alcanzado de todos modos, inevitablemente, como ocurre con todas las llamadas).

Algunos místicos aguardan la experiencia pura de la gracia y lo divino. Gracia es la palabra con que nombramos el poder de Dios que reconocemos en nuestra vida. Anhelamos lograr que ese poder sea tan real que podamos sostenerlo en las manos o sentirlo como un calor que nos recorre el cuerpo. Queremos saber que esa sustancia divina es real, y que nos protege y nos sana y baja del cielo cuando así lo solicitamos. Las conversaciones de Teresa de Ávila con Dios, por ejemplo, para ella eran incluso más reales que su vida física. Ella sentía la gracia a su alrededor y en su interior. La veía manifestarse en visiones y la oía en voces. Una visión le preguntó: «¿Quién eres?», y ella contestó: «Soy Teresa de Jesús. ¿Quién eres tú?» «Yo soy Jesús de Teresa», repuso la visión. Las monjas que la vieron en sus estados de éxtasis le rogaron que les mostrara el camino hacia Dios, lo que hizo en *El castillo interior* y *Camino de perfección*.

Tal como escribió Martin Buber, «vivir significa que se dirijan a uno». Una vez que a uno lo llaman, no tiene más remedio que atender la llamada. Puede que cuando nos llamen, el cielo ya haya tomado una decisión por nosotros y no podamos sino rendirnos a la llamada divina, aunque sea la última cosa que conscientemente elegiríamos hacer. La llamada nos despierta a lo que hay más allá.

Los maestros también revelan que, ciertamente, dentro de nuestra esencia espiritual poseemos la fuerza y la fe necesarias para responder a la llamada y embarcarnos en el viaje al más allá. «Sí, aunque camine por el valle de la sombra de la muerte, no temeré. Porque tú estás conmigo, tu vara y tu cayado me confortan.» Una vez que nos abrimos a Dios, una vez que Dios envía una luz directa al interior de nuestra alma, nuestra vida se convierte en un viaje de fe. Parecerá que los misterios nos inundan hasta sobrepasarnos, pero la fe y la oración nos ayudarán a afrontar tanto lo conocido como lo desconocido.

En efecto, para las «santas anoréxicas» —Julian de Norwich, Hildegard de Bingen y Clara de Asís—, su alimento parecía provenir tan sólo de su fe. A estas pocas elegidas por la divinidad, por lo visto las mantenía únicamente la gracia que recibían durante sus experiencias espirituales, mientras que otros se habrían derrumbado por debilidad, agotamiento o locura. Su sufrimiento autoimpuesto se convirtió en la marca distintiva de la mística medieval, un extremo innecesario hoy en día, pero en aquel tiempo su ejemplo de fortaleza ante el sufrimiento —soportar un entorno severo, enfermedades, pobreza y aislamiento— inspiró a miles de personas que también vivían en condiciones extremas. Al fin y al cabo, a todo el mundo le llegan el dolor y el sufrimiento, así es la vida. Si un místico podía sufrir tanta pobreza y privaciones y aun así tener generosidad de espíritu y energía espiritual para curar a otros, fundar comunidades espirituales, escribir algunas de las obras literarias espirituales y partituras musicales más bellas del mundo, y hasta ser vehículo de milagros, no cabía duda de que había un Dios en el cielo y que se ocuparía también de otros seres humanos, más comunes.

Pero ¿qué relevancia tiene esto hoy día? ¿Cómo pueden las experiencias de unos místicos enclaustrados de hace cuatrocientos años tener una aplicación práctica a las tensiones que sufrimos en nuestra sociedad contemporánea? De hecho, necesitamos su inspiración ahora más que nunca. En la actualidad son tantas las personas que están experimentando una noche oscura del alma (así es como definió san Juan de la Cruz la alienación espiritual), que ésta alcanza proporciones de epidemia espiritual. La querida mística contemporánea Madre Teresa decía que en Occidente, el hambre de verdad «es el hambre del alma». Nadie, salvo los místicos medievales, ha proporcionado rutas tan precisas y concienzudas para el análisis de uno mismo y la introspección —ni una idea de qué es lo que espera de nosotros la divinidad.

La época de los místicos ha regresado. Este segundo gran renacimiento de la mística llevaba varias décadas gestándose, mientras nos hacíamos las preguntas que ponen lo divino en contacto directo con nuestra alma: «¿Con qué propósito he nacido?», «¿Cuál es mi camino espiritual?» y «¿Cómo puedo recibir instrucciones claras?» No se trata de preguntas corrientes. Son invocaciones espirituales, invitaciones a que Dios se acerque un poco más. Y cuando Dios las oye, eso es exactamente lo que hace.

¿Qué sensación produce la intimidad con lo divino? ¿Cómo se sabe si nuestra alma nos está llamando a vivir una expresión más profunda de lo divino para el resto de nuestra vida? ¿Ha sentido usted la llamada? ¿Cómo piensa reaccionar? Puede que lo averigüe cuando entre en el castillo.

¿PODRÍA USTED SER UN MÍSTICO SIN MONASTERIO?

He escrito este libro porque estoy convencida de que miles y miles de nosotros hemos sido ungidos para atender nuestra llamada. Espero que mi interpretación de la inspiración espiritual de santa Teresa y otros místicos expuesta en un lenguaje adaptado a los tiempos modernos le ayude a seguir su camino. Yo le acompañaré al interior de su castillo, y puedo asegurarle que reconocerá el suelo que irá pisando. Sus moradas y sus aposentos empezarán a resultarle muy familiares. Al fin y al cabo, el castillo de su alma es su legítimo hogar.

PRIMERA PARTE

Prepararse para el viaje

I
Místicos sin monasterio

El viaje al interior del alma puede empezar con un sueño. Quizás usted no se dé cuenta en el momento, pero dicho sueño le puede estar diciendo que está a punto de volver a casa, de regresar a usted mismo en cierto sentido esencial. En mi caso, a menudo una serie de «sueños importantes» me ha preparado para iniciar caminos nuevos.

Por ejemplo, en marzo de 2003 tuve un sueño en el que iba paseando por las antiguas catacumbas de Roma, mirando los muros semiderruidos ante los que rezaron y se ocultaron los primeros cristianos durante los siglos en que fueron perseguidos, arrojados a los leones y asesinados por gladiadores. Mientras exploraba aquellas grandiosas ruinas, me encontré con una piedra elevada, plana y tosca, que yo sabía que había servido de altar. Y así terminó el sueño.

Pronto tuve un segundo sueño en el que de nuevo me encontraba en las catacumbas, caminando por el mismo camino, hasta que llegué al punto en que había encontrado el antiguo altar de piedra, sólo que en su lugar había un encantador altar de mármol blanco en perfecto estado. El sueño terminó ahí. En mi tercer viaje a las catacumbas, regresé al altar de mármol blanco y encontré una vela encendida que brillaba en la oscuridad. ¿La habrían encendido para mí? Inmediatamente supe que así era. En medio de aquel sueño, en el lugar que simbolizaba la raíz de la práctica cristiana —una nueva transmisión de lo sagrado a la Tierra—, supe también que en realidad aquello no era un sueño, sino una llamada de Dios. Aquella vela encendida me llamaba a volver a mis raíces espirituales personales. A partir de entonces, emprendí mi viaje hacia la luz de mi propia alma.

Uno nunca sabe cómo lo va a abordar Dios. ¿Qué nos pide Dios? ¿Qué nos pide nuestra alma que hagamos o que seamos en nuestra vida actual? ¿Cuál es la finalidad del viaje de la vida? Cuando entre en el castillo encontrará algunas respuestas.

Ver nuestra alma como un castillo y a nosotros mismos como místicos es como tener una nueva lente a través de la cual mirar nuestra vida. Se ve con más claridad, se distinguen con mayor nitidez las formas de los sucesos y los patrones. No nos conviene servirnos de un paradigma anticuado o de un par de gafas viejas para encontrar un camino nuevo para el alma. Y no nos conviene usar unas gafas nuevas de manera errónea.

Por ejemplo, esta mañana tuve problemas con el cierre del collar. No hacía más que manotear con él en la nuca, pero no conseguía engancharlo. Así que me puse las gafas... como si eso fuera a permitirme verme la espalda.

Usted desea una nueva visión de sí mismo, más profunda, que traspase la realidad ordinaria y vea la verdad mística. No quiere intentar mirar hacia atrás. San Pablo escribió que lo invisible debe ser entendido por lo visible, y eso es lo que busca el místico: el conocimiento de lo divino, de lo absoluto. La mayoría de las personas que llevan una vida corriente no se consideraría mística, porque no entiende lo que es un místico o porque cree que los místicos residen sólo en los monasterios, siguiendo la absurda compulsión de dejarse morir de hambre. Esta opinión está pasada de moda.

Hoy en día, son muchas las personas —sin duda usted también— llamadas a vivir una experiencia más profunda de Dios, y de muchas formas. Eso es un místico, alguien que quiere entablar un diálogo directo con Dios. Ese deseo prende una llama interior que arde durante el resto de nuestra vida y nos alumbra el camino. «Una leve chispa puede dar lugar a un gran fuego», escribió Dante. Quizá sienta usted un misterioso hormigueo en su interior, una sensación de inquietud o de ansiedad que no entiende. Quizás experimente la sensación de que necesita ponerse en armonía con un orden invisible. Ésos podrían ser los inicios de su nacimiento místico. Hay personas para las que la llamada del alma se revela en un instante. Pero la mayoría de nosotros tiene que estudiar las instrucciones que recibe para entenderla y reaccionar a ella. Para ayudarnos a leer los símbolos y misterios de Dios, acudimos a los maestros espirituales: los místicos.

La disponibilidad más bien reciente de la literatura sagrada y las enseñanzas espirituales de tradiciones de todo el mundo ha acercado la experiencia de los místicos desde los monasterios hasta nuestra cultura contemporánea. La literatura sagrada remueve el alma. Muchos textos místicos, vasijas de inspiración divina, pasaron largo tiempo apartados del público general. Ni siquiera trabajaban con ellos los monjes y las monjas, porque no estaban preparados, y con lo sagrado no se juega. El autor anónimo de *La nube del no saber* advierte a los lectores que no deben hablar a la ligera de su contenido ni ofrecer el libro a alquien que no esté preparado para dedicar un tiempo a intentar entenderlo de verdad, a causa de los efectos inesperados que pudiera tener. Antes de abrir los *Escritos Esenciales* de Loyola, o *Noche oscura del alma*, o *El castillo interior*, los monjes solían rezar para entrar en un terreno de gracia, pues sabían que su alma iba a sentirse estimulada por las verdades espirituales allí encerradas e incitada a explorar los misterios que contenían. Teresa de Ávila, por ejemplo, tuvo su primera experiencia mística después de leer las *Confesiones* de san Agustín.

Hoy día, en cambio, leemos esos textos en cafeterías y en casa, a menudo ajenos al hecho de que podríamos despertar algo más profundo al leerlos. Estimular el alma tiene profundas consecuencias, pues una vez que se anuncia a sí misma requiere atención, oración, dirección espiritual; quiere expresarse mediante actos de compasión y servicio. El alma es nuestra conexión con la eternidad, la intermediaria entre la tierra y el cielo, entre nuestra vida física de todos los días y una realidad superior. Es el ojo en calma en el huracán de un mundo caótico, y sin embargo arde en deseos de llevar a cabo su propósito: comunicarse con Dios. Aguarda impaciente la oportunidad y el lugar adecuado para revelarse ante usted... su propia divinidad, el Dios que lleva dentro.

¿Qué significa «revelar su propia divinidad»? ¿Se siente lleno de temor reverencial al pensar en tener a Dios dentro? Eso es imposible, porque no puede imaginar esa sensación, tan sólo puede experimentarla. En el castillo conectará con su divinidad, y le dará a su alma una oportunidad para estirarse un poco en vez de quedarse confinada, como le pasa a la mayoría, por las actividades de la vida cotidiana, por la carrera de tener y gastar. Entonces comprenderá un pequeño fragmento del temor reverencial y el poder del que los primeros místicos se hicieron voluntariamente cautivos para toda la vida. Tal como se afirma en *La nube del no saber*, «aquellos que sienten la acción misteriosa del Espíritu en lo más hondo de su ser... [aquellos] que saborean un poco del amor contemplativo en el centro mismo de su ser... si ésos leyeran este libro, estoy convencido de que se sentirían grandemente alentados y consolados». Alimente su alma una sola vez con palabras y experiencias que sobrepasan el reflejo mental de mostrar el «contenido espiritual peligrosamente estimulante», y se iniciará el despertar.

Reflexione sobre estas palabras de Teresa de Ávila, tomadas de *El castillo interior*: «Se me ofreció lo que ahora diré [...] que es considerar nuestra alma como un castillo todo de un diamante o muy claro cristal, donde hay muchos aposentos, así como en el cielo hay muchas moradas [...] unas en lo alto, otras embajo, otras a los lados; y en el centro y mitad de todas éstas tiene la más principal, que es donde pasan las cosas de mucho secreto entre Dios y el alma.»

¿Quién podría no sentirse seducido por estas palabras? ¿Qué secretos nos tiene reservados Dios? Si usted pudiera encontrar el modo de entrar en esas bellas moradas de su alma en las que es posible establecer un diálogo entre Dios y usted, ¿acaso no lo intentaría?

Pero usted tiene un importante obstáculo que superar para poder comunicarse con Dios: la dependencia de su mente en cuestiones del espíritu. Por ejemplo, seguramente reza pidiendo ayuda o inspiración acerca de asuntos cotidianos como la salud, el trabajo y la economía o sus relaciones sentimentales, familiares o de otro tipo. Espera que la respuesta a esas plegarias llegue de manera convencional, tal vez en forma de un empleo o una relación nuevos. Y por lo general mira, escucha, palpa y estudia su modo de proceder: tiende a intelectualizarlo.

La mente, en cambio, no sirve para encontrar el camino que lleva a las aguas místicas. Tal como le dije a una persona que describía su anhelo de experimentar a Dios, y sus frustraciones, «tu mente está agotada de tanto buscar. Necesitas darle finalmente un descanso. Saca la mente del camino de tu alma». La mente, como diría santa Teresa, sencillamente no es lo bastante fuerte para realizar ese viaje. Llegar a Dios es tarea del alma. Y el alma despierta te agitará y tirará de ti hasta que te metas en el agua y empieces a tender la mano hacia lo divino. Para ayudarle a usted a entrever algunos de los retos que se encontrará en las profundidades desconocidas que va a atravesar a nado, *las siete moradas* proporciona un itinerario místico y ejercicios que le guiarán y orientarán a usted, su mente y su alma.

Todos los místicos, medievales y contemporáneos, de Oriente y Occidente, cristianos y judíos, hindúes y budistas, son conocedores de las consecuencias que entraña exponerse a las verdades místicas. Éstas son, hablando simbólicamente, cegadoras. Pueden aturdirnos, «hacernos caer del caballo y dejarnos tres días ciegos», como hicieron con Saulo en el camino de Damasco. Nos dejan en cortocircuito hasta que recuperamos la orientación. Nunca se sabe qué se puede descubrir cuando uno se sumerge en lo desconocido, en el subconsciente y el alma. Es un viaje que nos cambia por completo. Necesitamos la dirección y el consejo de los místicos que nos han precedido.

Como intuitiva de formación médica que soy, una vez hice una lectura psicológica a un hombre que, tal como descubrí al examinarlo, trataba con mercancías robadas. Le dije que había visto que era un delincuente. Él repuso que tenía la sensación de haber sido «pillado por el cielo con las manos en la masa», lo cual resultaba un tanto exagerado, le dije, pero prometió cambiar a partir de aquel preciso instante. Varias semanas después, me telefoneó para ponerme al corriente de la nueva vida que llevaba, sin cometer ningún delito, y me dijo: «Tengo que decirle que volverme honrado me está limitando mucho.»

Exponerse a la verdad le cambia a uno la vida, punto, tanto si esa verdad es una revelación acerca de la honradez y la integridad personales como una revelación divina que reorganiza nuestro sitio en el universo. Ésta es la razón por la que la mayoría de la gente huye de la verdad en lugar de correr hacia ella.

Pero los místicos buscaban refugio en los monasterios porque querían que la verdad los tirase del caballo, ¿no es cierto? Querían apariciones, estigmas y milagros. Querían mapas de carreteras místicos. El mundo exterior no era adecuado para las personas que tenían esa clase de relación fenomenal —si no escandalosa— con Dios. Puede que así fuera, pero teniendo en cuenta los problemas y retos personales, espirituales, sociales, económicos, laborales y políticos que hemos de afrontar hoy en día, necesitamos esa clase de poder aquí fuera, en el mundo. Necesitamos el conocimiento que proviene de la intimidad con Dios. Incluso buscamos esa guía espiritual yéndonos de retiro los fines de semana o pasando vacaciones en templos y monasterios, lugares seductores en el aspecto espiritual que recargan el cuerpo y el alma. Pero más que relajación y descarga de tensiones, buscamos un verdadero encuentro con el poder de la gracia. Queremos la fe del místico. Queremos percibir que lo divino se filtra en nuestras células. Queremos creer que Dios nos está mirando.

Al acoger a buscadores de todas las confesiones, los templos y monasterios comparten, tanto de forma física como simbólica, el espacio místico, los ejercicios, las oraciones y el poder de la vida contemplativa. Ayudan a crear místicos que puedan salir al mundo. El místico contemporáneo, por lo general, no reside en un monasterio. La comunidad de este nuevo místico es la humanidad en sí, no una ciudad amurallada o un claustro. Al igual que los primeros budistas, taoístas y cristianos, el místico contemporáneo está llamado a representar un poder invisible en el mundo por medio de una práctica espiritual personal, por medio del poder de la oración, viviendo de manera concienciada y practicando la compasión, y convirtiéndose en un canal para la gracia. Al igual que los místicos que cambiaron el mundo pese a quedarse enclaustrados, un místico sin monasterio presta un servicio visible en su vida personal, entre amigos, familiares, compañeros de trabajo, desconocidos y adversarios;

y de forma invisible mediante la oración y canalizando la gracia hacia el mundo exterior.

Como místico contemporáneo, usted se mide por la actitud que presenta en todas sus tareas, por su capacidad de ser un modelo de generosidad y por enfrentarse al miedo de que no haya suficiente para todos en este mundo, ya sea dinero, fama, poder, atención, éxito o posición social. Servicio místico significa modelo de calma en pleno caos, de amabilidad en momentos de cólera, de perdón en todo momento, de integridad personal, o, dicho de otro modo, vivir siendo consciente de que cada segundo ofrece la posibilidad de escoger entre distribuir la gracia o reservárnosla.

A propósito, de nadie se espera que llegue a dominar tales ideales. Nuestro objetivo no es la perfección, sino vivir de manera concienciada y de acuerdo con el grado de verdad más alto que nuestra alma pueda mantener. Uno se ejercita en vivir con la verdad hasta que ésta se convierte en parte de la propia alma. Por ejemplo, tomemos en cuenta el mandamiento de «no robarás». Para algunas personas, hacer honor a esa verdad es un hábito instintivo. Han rebasado sobradamente el punto en el que pueden sentirse tentadas a robar. Pero hay otra directriz espiritual, la de «perdonar a quienes os ofendan» o «perdona a tu hermano setenta veces siete» —todas las veces que sea necesario, pues el perdón es un camino superior a la venganza, y un alma concienciada ha de perdonar—, que pueden muy bien incumplir esas mismas personas de honradez impecable. Todavía no son capaces de perdonar incondicionalmente. Pero la vida es un viaje de ejercicio de la conciencia, no de perfeccionamiento de la misma.

Algunos de mis seminarios pueden resultar más revolucionarios para mí que mis alumnos en cuanto al aporte de un conocimiento espiritual. Por ejemplo, en un seminario extraordinario examinamos la naturaleza de la conciencia, concretamente lo siguiente:

- ¿Qué significa exactamente ser consciente y actuar de manera consciente?
- ¿Cuán consciente desea ser usted?
- ¿Cómo se actúa de manera consciente, es decir, con qué frecuencia finge usted no darse cuenta de las consecuencias de

sus actos y de lo incongruente de los mismos respecto de sus creencias, cuando en realidad sabe bastante bien lo que está haciendo?

- ¿Por qué le resulta tan difícil actuar conforme a sus creencias?
- Si le dieran la oportunidad de volverse más consciente o de tener más dinero, ¿cuál de las dos cosas escogería? (El 99% de los presentes en la sala escogió el dinero.)

La mayoría de la gente no me contestó, pero hubo un valiente que alzó la mano y dijo que no estaba preparado para llevar la vida concienciada que sabía que debía o podía llevar porque no le parecía justo. Ser «más consciente» que las personas con las que vivía le producía resentimiento hacia ellas. Le pedí que describiera lo que quería decir con «más consciente», y me contestó: «Bueno, como yo soy el único que está estudiando el tema de la conciencia y aprendiendo el poder de la actitud positiva y la necesidad que tenemos de perdonar para poder curarnos, da la impresión de que siempre soy yo quien tiene que perdonar. Todos los demás de casa se quedan resentidos porque no son tan conscientes de las consecuencias tóxicas para la salud que tiene el no perdonar o el enfadarse. Así que siempre soy yo el que tiene que ser más generoso y comprensivo. Siempre soy yo quien tiene que ver las cosas como ilusiones y de forma simbólica, mientras que el resto se las toma de manera literal y sigue con su amargura, su avaricia, su lujuria, su enfado o lo que sea.

»Para serle sincero, en este mundo, por lo visto, cuanto menos consciente es uno, más se divierte. Y otra cosa, yo no estoy dispuesto a perdonar tanto como se espera de quien emprende el camino espiritual. No estoy dispuesto a ser compasivo con todo el mundo. No lo siento así, y no puedo fingirlo. Sigo necesitando sentirme superior a otros para poder mantener mi mundo en orden. Siento que soy mejor que las personas que no tienen estudios y que las que no quieren trabajar, y no hay más que decir. Me siento superior a los violadores y los asesinos, y nadie puede convencerme de lo contrario. No estoy preparado para ver bondad en esas personas. No son buenas personas; son malas y crueles, y algunas de ellas son irredimibles, por lo menos en lo que a mí concierne. Pensar bien de ellas me parece perder el tiempo, y no sirve para nada en absoluto. Eso se lo dejo a otros.

»Y ya puestos a ser sinceros de verdad, todavía necesito exagerar, lo cual es una forma de admitir en público que sigo necesitando mentir de vez en cuando. No robo, ni cometo delitos menores ni trafico con mercancías en la calle. Pero en las relaciones personales todavía necesito "infringir la ley", las leyes de Dios y de la conciencia. Por lo tanto opto por escoger deliberadamente no ser consciente antes que comprometerme a llevar una vida consciente. A veces se hace demasiado difícil y, como he dicho, no me parece justo tener que esforzarme más que otras personas que son inconscientes.»

Tras esta confesión sorprendente por lo sincera, muchos otros reconocieron que sentían lo mismo. Llevar una vida concienciada resultaba demasiado doloroso o difícil, o demasiado injusto, y no tenían la sensación de haber recogido ningún fruto de dicha concienciación. Les parecía que tenían que mentir para poder andar por la vida. No podían dejar de juzgar al prójimo. La sola idea de tener que vivir de un modo tan concienciado les resultaba abrumadora. Eran capaces de debatir una verdad filosófica y metafísica como: «todos estamos interconectados», pero aún no podían hacerla realidad en su vida personal.

Pero eso llega con la práctica. Para eso sirve, para hacernos más conscientes, para encarnar la concienciación, para vivir de acuerdo con nuestras creencias y actuar conforme a ellas. Eso es lo que hace un místico.

A fin de comprender más plenamente este reto, echemos un vistazo a la naturaleza de la paradoja divina.

La paradoja espiritual

La paradoja es el lenguaje a través del cual Dios se comunica con nosotros. Naturalmente, nosotros hacemos lo mismo a cambio. Por ejemplo, nos deleitamos en imaginar a Dios en la naturaleza o en ver lo divino expresado en el nacimiento de un niño. En esas ocasiones —camafeos de lo divino—, la «alquimia para el temor reverencial» es perfecta. Por lo general, experimentamos esos momentos divinos cuando nos sentimos física o espiritualmente a salvo. Nuestro corazón está abierto y nuestras defensas espirituales son bajas. No esperamos oír la voz de Dios de labios de un recién nacido ni procedente de una puesta de sol, por lo que nos sentimos seguros mirando el mundo que nos rodea y podemos permitirnos el lujo de ver a Dios en todas partes.

Sin embargo, rara vez estamos abiertos para ver la presencia de Dios dentro de nosotros mismos, y tememos la intimidad con lo divino a no ser que ésta se produzca según nuestras condiciones. Cuando necesitamos ayuda, queremos que esa ayuda llegue exactamente tal como la necesitamos, exactamente cuando la necesitamos y causando las mínimas incomodidades posibles. Queremos pruebas constantes de que Dios oye nuestras plegarias y vigila nuestra supervivencia física, pero en realidad no queremos establecer contacto visual con lo divino debido a las consecuencias: después de encontrarnos con Dios, tendríamos que llevar una vida implacablemente consciente y compasiva, y pasar por alto la conducta de personas que nos rodean y siguen viviendo como nosotros vivíamos antes, conscientemente inconscientes, y tratarlas con comprensión y compasión.

Invertir tiempo y energía en aprender las enseñanzas y las prácticas de la conciencia superior, y luego decidir que preferiríamos no ser tan conscientes, nos conducirá a un caos espiritual. Nuetro temor de Dios se alimentará de supersticiones acerca de una divinidad que castiga, que nos quita nuestras riquezas y nos manda enfermedades. Y en cambio, paradójicamente, no tenemos más remedio que rezar a ese Dios para que nos ayude a conservar la riqueza y la salud... y también la fe. Intentaremos buscar a Dios en todos los lugares de la vida, pero sin querer verlo en realidad en ninguno de ellos; por lo menos no querremos verlo de una forma que haga que lo divino resulte innegablemente real.

En lo más hondo de nuestras células, sabemos que una experiencia mística de lo divino disipa las dudas. La deseamos, la tememos, sabemos que dará poder a nuestra alma para reorganizar nuestra vida y nuestras prioridades. Sabemos de manera instintiva que cuanto más místicamente veamos el mundo, más inspirados nos sentiremos para pasar a la acción. Así pues, para mantener a raya esa

conciencia mística, para conservar el *statu quo*, alimentamos deliberadamente las dudas acerca de nosotros mismos y de Dios.

En las primeras moradas del castillo abordamos el conflicto
existente entre la atracción que ejercen las emociones terrenales y
las leyes superiores. La meta es trabajar en ellas, etapa tras etapa, y
profundizar cada vez más hasta ser capaces de animar conscientemente el poder de las verdades superiores en nosotros. Animar una
verdad es sentirla, percibirla, reconocer cómo se mueve en nuestra
alma. Y con esa percepción llega la responsabilidad de implorar
fuerzas para pensar y actuar conforme a ella, vivirla, y también rogar por los «pobres de conciencia». Cuando vea, experimente, respire, sienta y sepa en su alma que Dios está en todas las personas
(aunque ellas no vean lo mismo en usted), tiene que ser usted el pa-
cificador, el que perdone, el no violento, el que cuide, el que no juzgue, porque ahora usted debe ver con claridad. Tiene que actuar
de manera unánime con su fe. Tal como escribió la gran mitóloga
Edith Hamilton: «La fe no es creencia. La creencia es pasiva. La fe,
activa.»

MÍSTICOS CONTEMPORÁNEOS

Los místicos sin monasterio proceden de toda condición social,
de todas las tradiciones espirituales y de tradiciones no espirituales.
De hecho, contar con una educación religiosa repleta de temores
reverenciales e iconos nunca ha sido algo esencial. Los místicos
contemporáneos no pueden ser encasillados, cualquiera puede ser-
lo, en cualquier parte, desde un agricultor de productos orgánicos
hasta un policía, un soldado, una pareja, unos padres recientes o un
cartero jubilado. Algunas personas que terminaron siendo los místicos más fervientes empezaron prácticamente como agnósticos e
incluso gente de la calle, como san Agustín, que fue un famoso mu-
jeriego. El místico inglés Richard Rolle de Hampole, autor de *The
Fire of Love* [El fuego del amor], escribió que había desperdiciado
su juventud en actividades mundanas y disolutas. Una experiencia
de conversión tan espectacular como la de san Francisco, quien oyó
una voz salida de ninguna parte que le ordenó reconstruir «mi»

iglesia, con frecuencia le sucede a la última persona que cabría esperar. Esa llamada repentina es lo que hace que la conversión sea tan drástica. Después de todo, no merece la pena convertir a alguien que ya es un creyente devoto. Mejor ir por alguien a quien merezca la pena perseguir. El que lucha contra una causa, una vez convertido a la misma se vuelve su mayor defensor.

Los místicos como Francisco de Asís o Teresa de Ávila constituyen una prueba viviente de que Dios existe. El cielo los llamó a cada uno por su nombre. En cierto modo, todo aquel que camina por una senda espiritual desea ser llamado por su nombre a una conexión íntima con lo divino. Nadie quiere vagar perdido en este mundo. Es posible que no todo el mundo sienta la pasión de escalar las montañas más altas, por así decirlo, pero yo no he conocido a nadie cuyo objetivo fuera quedarse perdido en una niebla de sinsentidos hasta desencarnarse. Deseamos inspiración personal, directa.

Aun cuando muchas personas son llamadas de forma repentina a ser místicos, también es posible traer el misticismo a nuestra vida y buscar activamente una experiencia más profunda de Dios. Los místicos contemporáneos buscan una nueva clase de relación con Dios, una relación de asociación para descubrir cuál es el propósito de su vida. De hecho, una manera de buscar el sentido de lo sagrado y la revelación personal es preguntarse: ¿Por qué razón he nacido? ¿Cuál es el mayor objetivo y el significado de mi vida? ¿Cómo he de ser útil a los demás?

Con estas tres preguntas estará llamando a Dios, invitando a Dios a que entre en su vida para cambiarla en algún nivel, para liberar la finalidad de su alma. Esas preguntas indican que usted está preparado para tener una relación más madura con Dios. Admite para sí y para lo divino: «Ya estoy en disposición de trabajar contigo y de que me orientes para conocer mi alma y mi destino.»

Después de hacer esta invocación, empezará a ver una diferencia significativa entre su vida en el mundo, centrada en su ego, y la perspectiva de su alma. Por ejemplo, el ego se consume con la supervivencia física; traza rutas para controlar su entorno y a todos los que hay en él. Todos comenzamos en la vida dirigidos por nuestro ego, así lo exige nuestra supervivencia. Vivimos mucho tiempo dominados por preguntas como: ¿qué es mío?, ¿cuánto puedo tener? y

¿cómo puedo hacer para sentirme más seguro? Pero al final decimos: Tiene que haber algo más que esto. Luego, sufrimos un terremoto interior que empieza a desbaratar el paisaje de nuestra vida. Nos encontramos en una encrucijada en la que la voz del alma nos insta a escoger un camino nuevo que lleva a nuestro propósito real y auténtico. Y, por si lo había olvidado, su propósito superior nunca es una cuestión de título, poder, riqueza o bienes materiales, por muy difícil que le resulte a nuestro ego aceptarlo. Su propósito superior es lo que su alma puede lograr en unión con su ego y con Dios, no en oposición a ellos.

Hacerse cualquiera de esas tres preguntas acerca del significado y el propósito de la vida es como jugar con herramientas de poder místico. Son capaces de penetrar la negativa más contundente, de derrumbar la vida más sólidamente construida y de desmantelar el andamio de mentiras más complicado. Nos llevan a desechar lo que ya no necesitamos, para que podamos cambiar de rumbo y pasar a la siguiente etapa de la vida. Esas preguntas pueden guiarnos hacia el interior del castillo.

Con frecuencia consulto a mis alumnos: ¿Cuántos de vosotros habéis formulado estas preguntas a Dios o a lo divino, o como llaméis al cielo? Ya sé que todos ellos las han formulado, pero siempre estoy deseosa de ver cuántos son capaces de reconocerlo. Por lo general, tan sólo lo admite la mitad de la clase. Los que no, se contienen por una sola razón: temen que Dios vea que lo admiten y pueda tomarlo como una invitación a cambiarles la vida de inmediato.

¿Con qué nitidez, con qué intimidad desea usted que lo vea Dios? Cuando reza para que le sea revelada su vocación, en realidad está pidiendo una vida que beneficie por lo menos a una persona que no sea usted mismo. Ése es el propósito de la vida del místico: conocer su alma y emplearla en una forma espiritualmente radical de servicio a los demás. Y el misticismo es espiritualmente radical. Para empezar, entrará en un reino de concienciación verdaderamente «extra» ordinario. En segundo lugar, su vida interior se hará más válida, más real que su vida exterior. No obstante, seguirá formando parte del mundo, como puede ver a continuación en la vida de dos místicos contemporáneos muy diferentes.

Edgar Mitchell fue astronauta del *Apolo 14*, un histórico vuelo a la Luna. En su viaje de regreso a la Tierra, tuvo una experiencia para la que no había recibido preparación alguna, según dijo. Al ver la Tierra desde el espacio, se sintió invadido por la firme convicción interior de que nuestro planeta forma parte de un sistema vivo en un universo consciente. Dos años después de su vuelo, Mitchell fundó el Instituto de Ciencias Noéticas para explorar las fronteras de la conciencia humana y las posibilidades de conseguir la paz mundial.

Otro hombre que conozco vivió una experiencia cercana a la muerte en la que se encontró con un ser luminoso que lo guió a través de un repaso de su vida. Vio ejemplos de «lo que podría haber pasado» de haber tenido el valor suficiente para tomar otras decisiones, decisiones inducidas por la fe en lugar del miedo. Se le dio otra oportunidad de vivir y regresó a su cuerpo. Actualmente lleva lo que él describe como una vida mucho más abierta y amorosa, en la que ya no tiene miedo de ser esposo devoto, buen amigo y persona honrada. Ésa es la llamada superior. Él no se sintió empujado a construir un centro de salud ni a lanzarse a un proyecto gigantesco para cambiar las cosas, sino que vive una vida congruente con su fe y con las directrices que le marca su alma. Él también es un místico.

Ser un místico sin monasterio significa tomar la decisión consciente de dejar de estar movido por el miedo, el miedo de no tener lo suficiente, de necesitar tener más para satisfacer las necesidades básicas. Y uno reemplaza ese miedo con la fe y la compasión. En efecto, uno se transforma en poderoso instrumento de la gracia de Dios. Infundida con una fuerza mayor que la nuestra —una intención, asistencia o conocimiento divinos que nos rejuvenecen espiritualmente—, la gracia es energía capaz de inundarnos de una percepción luminosa, distinta de la conciencia cotidiana. Es una motivación para el espíritu y una luz que nos alumbra el camino desde dentro.

Por lo general, un despertar espiritual se ajusta al denominado proyecto místico. Algunos encuentran su camino cuando les arrebatan todo lo que tienen, o tras la muerte de un ser querido, o por medio de alguna otra tragedia. Una experiencia de pérdida o de divorcio, en la que uno básicamente muere a la vida anterior y renace a otra nueva, es típica del místico. «Lo viejo ya pasó, ved que apareció lo nuevo» (II Cor, 5:17). Otros despiertan a un talento o un don, o son llamados a un proyecto al que simplemente tienen que dedicarse, un proyecto que tal vez no tenga utilidad lógica ni económica pero que deben abordar de todas maneras. No obstante, las experiencias que se presentan tras un despertar pueden ser tan variadas como las personas que reciben la llamada. Es posible que uno tenga la sensación de ir improvisando sobre la marcha, tomando cada día tal como viene. Uno aprende a servirse de una especie de sentido común místico, que es esencialmente una combinación de paciencia, coraje y fe en las extravagantes pautas espirituales que va recibiendo conforme sigue las instrucciones divinas. «Y no os adaptéis a este mundo; al contrario, reformaos por la renovación de vuestro entendimiento para que sepáis distinguir cuál es la voluntad de Dios: lo bueno, lo agradable a Él, lo perfecto» (Rom, 12:2). Uno también aprende a apoyarse en el poder de la oración, de la que exploraremos varias formas.

Al igual que usted, los místicos medievales deseaban una conexión con lo sagrado, pero ellos sabían cómo llevar una relación intensa con lo divino. Teresa de Ávila en particular sabía cómo penetrar en el alma y en Dios, y su itinerario y oraciones nos ayudan a encontrar nuestro camino hacia el interior del mismo castillo que ella descubrió hace cuatrocientos años. A fin de seguir esa senda mística, usted tendrá que adoptar alguna de las prácticas de nuestros antepasados medievales para sostener su alma. La oración diaria y una observancia constante del silencio, por ejemplo, eran cosas que formaban parte de la vida de aquéllos. El silencio es el oxígeno del alma, «el amigo verdadero que nunca traiciona», escribió Confucio; «la única y exclusiva voz de Dios», según Melville. En el silencio, podrá oír las directrices de su alma. Por descontado, en el mundo de hoy en día, la observancia de un silencio completo es simplemente impracticable, pero el ejercicio del silencio en nuestra vida espiritual es a la vez practicable y esencial.

He visto a gente estar de palique incesante sobre su gracia, por así decirlo. Hablan de su vida espiritual con tanta naturalidad como hablarían de asuntos familiares o de deportes. De hecho, actualmente, por lo visto es más tabú social hablar de política que de la vida espiritual de uno. En una conversación general, pueden ponerse a contar la inspiración espiritual que recibieron en momentos de oración, como si fuera lo más normal. Al parecer, la gente se impacienta con sus experiencias e instrucciones, y quiere respuestas rápidas e interpretaciones claras del cielo y de los demás. No sea como ellos; guárdese la gracia para usted. Deje que penetre profundamente en su alma, que se filtre hasta sus células, sus pensamientos, sus recuerdos, sus miedos. Permita que la gracia le ensanche el alma como tan sólo ella puede hacerlo.

Hay personas que creen necesitar la atención y la opinión de los demás para validar su experiencia espiritual como algo especial. He participado en conversaciones en que la gente se ponía a rivalizar en experiencias místicas. Por ejemplo, recuerdo una en la que una mujer le dijo a otra: «Cuando llevo a cabo una curación, se me calientan las manos y experimento sensaciones por todo el cuerpo.» La otra mujer respondió de inmediato: «Ah, yo empecé teniendo sensaciones de ésas, pero he progresado y ahora veo un resplandor que rodea a mis clientes. Ya no tengo que calentarme así. Esas cosas son de principiante.» En vez de aprender la una de la otra, su necesidad de reforzar el ego redujo lo que podía haber sido un rico intercambio a una vulgar competición, lo que demostró que ninguna de las dos era en realidad una sanadora.

Cállese su experiencia con lo divino para que no escape de usted, sino que le dé nueva forma. Guarde silencio. El silencio le ayudará a evitar entrar en juegos competitivos y de fantasías que suelen seducirnos en el mundo exterior. También ayuda a evitar las distracciones, contribuye a centrar nuestra mente ajetreada, esa que tiene que estar siempre haciendo algo, pensando algo, que tiene que estar siempre ocupada para no volverse introspectiva y permitir que la voz del alma se superponga a la suya. El silencio que estoy describiendo es un silencio que se emplea para contener la gracia que se recibe al entrar en el castillo del alma. Esta clase de silencio nos permite disfrutar del discernimiento. Llevamos el silencio con nosotros, incluso cuando estamos en compañía. Nos permite mantenernos centrados en medio del caos de nuestra vida; nos mantiene despejados, para no hacer ni decir cosas de las que podamos arrepentirnos ni tomar decisiones nacidas del miedo. El silencio es una práctica aprendida que requiere mucho más que simplemente no hablar. No hablar no es silencio; es simplemente no hablar. El silencio diario, la oración y la contemplación son prácticas tradicionales que deberá usted adoptar como místico contemporáneo fuera del monasterio, pero ninguna de ellas requiere que abandone a su familia, emprenda un negocio nuevo, se mude a otro estado, deje su empleo, se vuelva célibe ni haga voto de pobreza. Esas prácticas puede llevarlas a cabo sin cambiar nada más. Mejorarán su vida y la de todas las personas que le rodean.

Tales prácticas contemplativas se parecen a las de los místicos medievales, pero los místicos modernos difieren necesariamente de aquéllos en cuanto a mentalidad y actitud. Muchos místicos medievales —Francisco de Asís, Catalina de Siena, Meister Eckhart— eran audaces y valientes. Otros eran en extremo imprudentes y les encantaba expresar su devoción a Dios de modo espectacular. Ayunar hasta la inanición y flagelarse como penitencia eran sólo algunas de las medidas extremas a las que se sometían como forma de vida o expresión de su fe.

Por más insensato que pueda parecer hoy ese comportamiento, ellos se identificaban de forma física con el Jesús sufriente y crucificado. Querían parecerse lo más literalmente posible a esa figura; querían tocarla; pensaban que podrían ascender al cielo atravesando el mismo sufrimiento representado por esa figura de lo divino. Este punto de vista medieval puede parecernos especialmente distante, puesto que, desde la década de 1960, muchos teólogos contemporáneos ven a Jesucristo como un Cristo cósmico, un ser divino universal que representa el amor por toda la humanidad, y hoy en día tendemos a centrarnos más en las enseñanzas y la compasión de Jesús que en su muerte física.

Pero los místicos medievales veían su propio sufrimiento como una señal divina de que eran amados. El sufrimiento era su modo de tener presente a Dios en cada segundo de su vida. No querían apartar su pensamiento de Dios ni un momento; el dolor constante les servía de compañero divino, un recordatorio de que no debían distraerse. Soportaban enfermedades y discapacidades severas, y perserveraban a través de ellas en su búsqueda espiritual. Esos místicos tenían su versión del sufrimiento y actualmente tenemos la nuestra, pero incluso hoy en día el sufrimiento, la recompensa y el castigo son las tres caras más populares de Dios. Y todas se atribuyen a la voluntad divina, ahora como entonces, y aún buscamos la fuerza necesaria para soportarlas.

En la actualidad, muchas personas se causan sufrimiento ellas mismas, a menudo por razones mucho menos importantes que la iluminación espiritual, y se valen de sus heridas emocionales y de otro tipo para manipular a los demás, para hacer que se sientan culpables o dependientes. Muchos utilizan el lenguaje del sufrimiento para comunicar lo que tienen en el corazón y en la mente porque carecen de un sentido sólido del yo y no pueden decir que se sienten furiosos, heridos o asustados. Así y todo, hoy en día, más que buscar el sufrimiento, lo tememos. Y confundimos nuestro miedo a sufrir con el miedo a las consecuencias de rendirnos a la voluntad divina. Tememos que al acercarnos más a Dios no recibamos bendiciones y belleza, sino dolor y pérdida. Estoy convencida de que una parte de la vocación del místico contemporáneo consiste en desactivar esa relación de sufrimiento con lo divino y transformarla en una relación de intimidad libre de miedos.

De todas maneras, a los místicos medievales les aportaba fuerza y robustez para el alma el soportar enfermedades extremas y dolor implacable. Les capacitaba para soportar el contacto directo con lo divino. Y el contacto directo requiere resistencia. Mahoma escribió que cada revelación parecía arrancarle el alma del cuerpo; Isaías se sentía tan abrumado por su visión de Dios en el templo, que lloró de angustia. Se decía que ni siquiera los ángeles podían soportar la visión de lo divino y se protegían de Dios con las alas. Moisés no pudo fijar la mirada en la zarza ardiente. Hasta los dioses de los antiguos griegos tomaban formas de animales o de seres humanos a los que la gente pudiera mirar sin miedo y sin consumirse al contemplarlos en toda su gloria. El contacto tendrá consecuencias en nuestro mundo físico y espiritual, tanto si se trata de un mensaje como de una aparición, o la «bendición» de un don especial, por ejemplo el don de sanar o de la precognición. Y el conocimiento y las prácticas de los místicos, no sus sufrimientos, nos ayudarán a desarrollar la fuerza necesaria para resistir.

Haciendo uso de las prácticas místicas de la oración, la contemplación y el autoanálisis, *Las siete moradas* nos prepara para vivir auténticas experiencias místicas que nos ayuden a superar el miedo que nos provocan. Entre dichas experiencias es posible que haya momentos extáticos de unicidad, luz, transformación o curación, pero también es posible que haya sentimientos más negativos, de aislamiento y depresión. Varios místicos famosos pasaron por momentos de depresión. Por ejemplo, Teresa de Lisieux, *la Florecilla*, que vivió en el siglo XIX, rezaba a Dios con más intensidad y luego se sumía en un abismo de dudas. Dios, en vez de ofrecer a Teresa un anticipo del paraíso, parecía abandonarla aun cuando ella llevaba una vida de devoción total. Vivir con esa sensación de desconexión le causaba un gran sufrimiento, pero como sabía que dicha desesperación era muy común para otras personas que vivían con dudas, logró identificarse con ellas y ayudarlas a encontrar una salida mediante una devoción a Dios hecha de pequeñas cosas y tareas cotidianas, una senda de amor y confianza en Dios que ella denominaba «el caminito».

Según decía la propia Teresa de Lisieux: «El Señor no necesita de nosotros grandes hechos ni pensamientos profundos. Ni tampoco inteligencia ni talento. Él valora la sencillez. Nuestro Señor no mira tanto la grandeza de las obras, ni aun su dificultad, como el amor con que se hacen.» Probablemente Teresa no conocía el Tao Te Ching, el gran texto místico oriental, que también aconseja: «Haz lo grande mientras todavía sea pequeño», pero la similitud de sus ideas demuestra la universalidad de la visión mística. En un estilo parecido, Teresa de Ávila observó lo siguiente: «Dios anda también entre los pucheros y las cacerolas», dicho de otro modo: en nuestros actos cotidianos. Varias generaciones de cocineros de monasterios tanto de Oriente como de Occidente han señalado la importancia de la concienciación. Un cocinero del siglo XIII, el maestro zen Dogen, en sus *Instrucciones para el cocinero*, recomienda que practiquemos en todas las facetas y a lo largo de toda la vida. Teresa de Ávila dijo: «Cuando estés comiendo perdiz, come perdiz. Cuando estés rezando, reza», con lo que quería expresar que hay un momento para cada actividad y para poner en ella toda nuestra atención. Bien pudo enunciarlo como eco de las palabras de Buda, quien decía: «Cuando camines, limítate a caminar; cuando comas, limítate a comer.»

Tenga en cuenta que la vida de algunos místicos medievales llega a extremos. Sus drásticas transformaciones interiores los llevaron a cambiar el mundo que los rodeaba. Muchas de sus comunidades religiosas siguen aún activas, su fe nos inspira y su sabiduría aún nos sirve de guía, y continúa cambiándonos a nosotros y a nuestro mundo. Es probable que usted, a lo largo de su camino, no se vea sometido a las pruebas de san Juan el Divino o de Job, ni a la depresión o el éxtasis de las dos Teresas, pero es posible que haya de enfrentarse a otras paradojas espirituales. ¿Por qué iba Dios a arrojar a una persona devota como Teresa de Lisieux a un enorme mar de incertidumbre? ¿Qué utilidad podía tener hacer que una creyente se convirtiera en una persona que duda? Ahí radica el misterio que siempre ha caracterizado la relación entre los seres humanos y Dios. Nadie escapa en esta vida a alguna que otra crisis de fe ni a preguntas acerca de la dirección de su vida, por muchas veces que sus oraciones hayan hallado respuesta.

LA IMPORTANCIA DE TERESA DE ÁVILA

Cuando era abadesa y monja, Teresa era famosa por su belleza, su encanto y sus capacidades administrativas, así como por sus enseñanzas espirituales en el sentido de «no hacer prisioneros». Los hechos físicos de su vida son los siguientes: Famosa en su época por su sabiduría y sus visiones, nació en Ávila, España, el 28 de marzo de 1515, y murió el 4 de octubre de 1582. Pertenecía a una familia de conversos, judíos que se habían convertido públicamente al catolicismo durante la Inquisición. Teresa se convirtió en patrona de España, fue canonizada como santa en 1622, y en 1970 se la declaró Doctora de la Iglesia Católica, el título más respetado que se otorga a un erudito, teólogo o místico por su contribución a la iluminación cristiana.

La biografía espiritual de Teresa es mucho más fascinante. Su íntima relación espiritual con Jesucristo sirvió de inspiración a muchas monjas que decidieron llevar anillo de casadas en el momento de tomar los votos definitivos, como símbolo de su condición de esposas de Cristo. Sin embargo, al igual que muchos místicos, Teresa no empezó en la vida ardiendo en deseos de vivir una relación mística con Dios, ni siquiera de ser monja. Cuando tenía 12 años, su padre la envió a un convento a estudiar y disciplinarse tras el fallecimiento de su madre, cuya pérdida la había dejado destrozada. Durante los dieciocho meses que pasó con las monjas, a quienes encontró especialmente cariñosas y con una gran devoción espiritual, se sintió llamada a la vida monástica. Según la mayoría de los eruditos, al cumplir los 18 ingresó en la orden de las Carmelitas de la Encarnación, en contra de los deseos de su padre. Pero más adelante, éste, inspirado por el ejemplo de su hija, también tomó los hábitos.

En su autobiografía, Teresa desprecia la mayor parte de las dos primeras décadas de su vida como monja, y escribió que había descuidado a Dios y se había sentido atraída por la vida social del convento. Española hasta la médula de los huesos, llena de música, Teresa adoraba tocar la pandereta y el tambor, cantar y bailar. También le encantaba la comida: cocinarla y comerla.

Si bien en aquellos años su vida de oración resultó dolorosamente frustrante, aburrida y vacía, eso cambió cuando empezó a acercarse a la mediana edad. A los 39, Teresa sufrió un cambio místico clásico, al que podríamos denominar incluso conversión. Ya era creyente, por supuesto, pero su fe no se había vuelto experimental; era mental, habitual, y se regía por el ritual. Pero un día en concreto, Teresa experimentó su primer encuentro intensamente místico con Jesús, mientras paseaba por el corredor del convento. Se detuvo frente a una estatua de Cristo conocida como el *Ecce Homo*, y acto seguido cayó prostrada en el suelo, sollozando, porque el dolor de Jesús al ser flagelado se le hizo real por primera vez. En aquel momento, Jesús «se encarnó» dentro de ella, y Teresa lo sintió en cada una de las fibras de su cuerpo y de su alma. Cuando al fin recobró la compostura, después de varias horas de llanto, nació la Teresa mística.

A partir de aquel instante, Teresa tuvo numerosas experiencias místicas, que ella denominaba «favores divinos», porque nunca se sabe cuándo Dios va a hacernos una visita. Uno sólo puede ser voluntario receptor de la experiencia mística, que viene exclusiva y totalmente determinada por lo divino. Sus experiencias místicas fueron haciéndose progresivamente más cósmicas y trascendiendo todo lo que ella había oído o leído al respecto. Otras monjas la vieron levitar, y también experimentó estados extracorporales difíciles de describir e iluminaciones en las que tenía plena conciencia de separarse de sus sentidos y trascender las realidades físicas.

Santa Teresa refuta el mito sobre los místicos según el cual, cuando Dios nos llama, nuestra vida se transforma en una vida de sufrimiento y pobreza. En su caso, y en otros, como el del gran místico sufí Rumi, Dios consumió a Teresa y Teresa consumió a Dios, sin embargo ellos prepararon el camino para que el resto de nosotros descubriera un rico festín para el alma.

¿POR QUÉ AHORA?

¿Por qué es éste el momento oportuno para trasladar los recursos divinos desde el interior de los monasterios al mundo exterior?

En primer lugar, la «nueva era» ya ha dejado de ser nueva. Ha alcanzado la mediana edad y necesita un lavado de cara. El movimiento de concienciación humana abrió a la sociedad a muchas tradiciones espirituales y métodos de sanación alternativos. Por todas partes han brotado gabinetes de yoga y meditación y tiendas de alimentos sanos. A la segunda mitad del siglo yo la denomino la era de la psique, ya que hemos desarrollado un lenguaje y un vocabulario que nos han permitido explorar los vastos dominios de la psique y descubrir, entre tantas otras dimensiones, el poder de la intuición, los arquetipos y el inconsciente y el espíritu colectivos. La gente siempre ha sido intuitiva, por supuesto, pero nunca había ocurrido que múltiples culturas experimentasen el surgimiento de una subcultura de psíquicos, intuitivos y sanadores como el que ha tenido lugar en los cincuenta últimos años. El interés por las capacidades psíquicas ha prendido como el fuego y no ha disminuido un ápice.

En última instancia, esta liberación de la psique ha proporcionado el canal de nacimiento esencial para el yo, o la individualización, la mayor expresión del ego personal. La autoridad y la dignidad de la persona —la emergencia del yo— son los logros fundamentales del último medio siglo. Conceptos tales como expresar la verdad de cada uno, entrar en contacto con el niño que llevamos dentro y desarrollar los límites personales, son todos producto de la era de la psique y la individualización. Representan la evolución de la toma consciente de decisiones. Esa gestión del poder de la persona para tomar decisiones define a un ser humano consciente.

Otro cambio social drástico al que ha dado lugar el movimiento de concienciación humana es la libertad de seguir un camino espiritual independiente de la tradición religiosa que recibe uno al nacer. Eso ha catalizado la aparición de la mística contemporánea. Estos cambios habidos en la sociedad —la ruptura de las fronteras convencionales entre religiones y culturas y el nacimiento de la individualidad— eran esenciales para preparar el terreno adecuado a una nueva forma de practicar la mística. Así que, parte de la respuesta a la pregunta «¿Por qué ahora?» es que ya se han hecho todos los preparativos.

Aun así, en la actualidad el caos psíquico y espiritual satura y nubla nuestras ondas de radio colectivas. En los primeros días del movimiento de concienciación humana, el caos psicoespiritual era diferente: estábamos rompiendo tradiciones culturales, religiosas y sociales, la mayoría de las cuales era necesario romper. Sin embargo, con ese desmantelamiento de muchas normas y rituales espirituales antiguos, construimos un muro nuevo entre nosotros y la experiencia de lo sagrado, bloqueando así no nuestro acceso a lo sagrado, sino nuestra experiencia de lo sagrado. No estoy sugiriendo que apareciera un telón de acero entre nosotros y Dios, ni que ese muro fuera en modo alguno una reacción de castigo procedente del cielo. Lo que digo es que tradiciones tales como la misa en latín del catolicismo romano y los cantos gregorianos creaban un ambiente de reverencia que no ha sido reemplazado por rituales que inspiren lo mismo. Las misas con guitarras no ejercen el mismo efecto que un coro que inunda una iglesia iluminada por velas con las palabras sagradas y la música de los gregorianos o de Hildegard. Una vez más, no sugiero de ningún modo que la misa hubiera debido seguir oficiándose en latín ni que la gente no deba acudir a la iglesia con sus guitarras (bueno, tal vez sí estoy sugiriendo eso); pero sí digo que los rituales que generaban reverencia y un hormigueo en la columna vertebral que abría la mente y el cuerpo a la sensación de que los milagros existen se han perdido. En el esfuerzo por hacer más cercana la misa y otras formas de culto, se ha perdido el elemento de lo místico y lo milagroso, la invocación de lo sagrado.

La gente ansía ese sentimiento de reverencia y ansía lo sagrado. Ése es el motivo por el que hace peregrinaciones a lugares santos y participa en rituales sagrados de diversas tradiciones nativas. Quiere tocar, ver y sentir lo sagrado. Quiere verse arrastrada a lo sagrado por obra de una ceremonia, de un voto. Quiere algún tipo de unión con Dios que no pueda conseguirse tan sólo con la meditación, al menos no quienes no puedan estudiar dicha disciplina con un verdadero maestro espiritual.

Por esta razón los místicos y yo sugerimos, bueno, insistimos en que es necesario tener un ejercicio espiritual, una disciplina en la que todos los días se espera algo de nosotros como personas. No quedaremos abandonados a nuestra suerte, a seguir nuestro propio programa; mantendremos rituales que invocarán la gracia y generarán una conexión con lo sagrado en nuestra vida cotidiana. Tengo la certeza de que esto es necesario.

La ausencia de lo sagrado y de rituales que lo invoquen es en parte la razón de que la gente esté recurriendo al fundamentalismo, a las religiones reaccionarias. A su manera, éstas son teologías rigurosas que incluyen rituales sociales, individuales y de masas. En algunas religiones, la asistencia a esos rezos rituales o a los oficios de la sinagoga o la mezquita viene incluso impuesta por el Estado. Estas religiones ponen orden en la vida de sus creyentes dentro de un mundo caótico. Proporcionan una doctrina de creencias y un código de honor, complementos esenciales para el alma.

Lo que el fundamentalismo es para una cultura sumida en el caos, el misticismo lo es para el alma sumida en el caos. La vida del místico es disciplinada, pero, cosa extraña, poco complicada. El místico contemporáneo responde a la llamada de su alma para convertirse en una fuerza efectiva en el mundo. Su teología mantiene la intimidad divina por medio de la oración y la contemplación, llevando una vida congruente con lo espiritual y siendo un canal viviente de gracia sea cual sea la capacidad terrenal que esté llamado a servir. El místico contemporáneo ha sido llamado a vivir como poder invisible, como sanador disfrazado, persona que sabe de verdad que cada palabra, pensamiento y acto humano tiene el potencial de ayudar, consolar y cambiar las cosas. Un místico reconoce que sus buenas obras son conexiones con la bondad y el amor de Dios, extensiones de Dios. Tal como decía Rumi: «Haz un favor. Las obras del alma relucen como el oro.»

Para ser místico no hace falta tener una religión particular, ni una plegaria secreta, un *mantra* o un icono. Estamos en disposición de vivir una teología más profunda, no sólo de leer al respecto. Estamos preparados para finalmente curarnos de un pasado doloroso, para dejar de ver nuestra espiritualidad como un medio de curación y reivindicación personal. Estamos en disposición de ver la espiritualidad como un poder para la curación de los demás, para desarrollar un alma robusta. La elección del momento por parte de Dios y la necesidad humana hacen que éste sea el momento oportuno para esta nueva llamada al alma.

Se requiere paciencia y esfuerzo interior para excavar los muchos aposentos que contienen las moradas de nuestra alma. Sin embargo, en cada uno de ellos descubrirá otra faceta de su ser: sus dones espirituales, sus joyas divinas, tal como las describe Teresa de Ávila. Se necesita valentía para descubrir esas joyas que tenemos dentro, porque luego hay que usarlas y llevarlas puestas por el mundo en esta vida, porque nuestra alma no va a permitir que las olvidemos o las escondamos. Usted es infinitamente más hermoso de lo que imagina, e infinitamente más superdotado y agraciado de lo que se puede expresar con palabras.

2

Acercamiento al castillo: leer el alma

El alma ha sido descrita en bellas metáforas a lo largo y ancho de las literaturas del mundo. Julian de Norwich, una mística inglesa, escribió que Dios le había abierto el ojo interior y le había mostrado el alma, situada en el centro del corazón: «Tan grande como un mundo infinito y parecida a un reino bendito... una ciudad gloriosa.» Al igual que Teresa de Ávila, Julian vio a Dios en el centro de su alma, que para nosotros y para Dios es un lugar de paz y descanso. Rumi pensaba que el alma tenía muchas facetas; en un poema la llamó árbol extraño que unas veces da una manzana y otras una calabaza, que a veces causa problemas y a veces les pone remedio. Escribió que el alma puede ser como un bálsamo de miel que restablece nuestra salud, o que puede ser inquieta como un tigre; a veces el alma puede ayudar al corazón a alcanzar un mayor entendimiento, y a veces pone boca abajo todo lo que creemos entender.

El término «alma» proviene del latín *anima*, que significa principio vital distinto del cuerpo, nuestra esencia no física. Su carácter sagrado y su relación con Dios son ampliamente aceptados por los teólogos y los psicólogos. Jung, por ejemplo, escribió que el alma es «una entidad dotada de la conciencia de su relación con la deidad».

Aun así, incluso con la ayuda de poetas y santos, puede resultar difícil hacer de nuestra alma algo «real» y ubicar esa fuente interior de divinidad. Todos los místicos están de acuerdo en que la mente y el cuerpo son diferentes del alma. Pero el alma a menudo se ve eclipsada por el clamor de nuestro caos interno, de nuestras dudas y nuestros miedos. Sería maravilloso que alcanzar el alma fuera tan simple como cerrar los ojos y concentrarse. No es simple, pero concentrarse en el castillo y entrar en él mediante la oración, paso a paso, es la manera más eficaz de ir al encuentro de nuestra alma.

Le ruego que empiece por entender que existe una distinción muy clara entre el alma y el «alma como castillo». El alma es nuestra esencia divina, nuestro yo eterno. Imagine que muere y deja de existir por completo. No puede. Tenemos la necesidad de ser eternos, y nuestra alma está diseñada para ello. Esa parte de usted que no puede imaginar ni señalar es el punto donde comienza el alma.

El alma como castillo es una potente metáfora que induce a la intimidad mística. El castillo representa un estado de conciencia interior, más profundo, más allá de los cinco dominios mentales de los sentidos y más allá de nuestra comprensión mental del alma. He aquí un método para trabajar con esa imagen:

Imagine un castillo, no un palacio sino un castillo construido con gruesos muros de piedra. Imagine un foso que rodea ese castillo y un puente levadizo que lo cruza. El castillo se encuentra aislado, a la vista en lo alto de un cerro que domina kilómetros y kilómetros de tierras. Visualícese usted mismo como su alma, como una energía infinita, un poderoso viento que sopla entrando y saliendo del Sol. Véase a sí mismo no con su cuerpo, sino en su espíritu o su alma, como una forma de energía que se aproxima al castillo. Visualícese cruzando el puente levadizo, pasando bajo la arcada y entrando en el patio. Imagine que se ha retirado del mundo. Todo queda sumido en el silencio.

Sitúese en el centro del patio y ordene al puente levadizo que se cierre tras usted. Una vez que haya cerrado el puente, estará a salvo de todo. Permanezca en silencio y perciba el grosor de los muros que lo rodean y lo protegen. A continuación, sirviéndose de la respiración para mantenerse centrado y estable, visualice su alma, que se va fundiendo en los muros de su castillo, penetrando la fría piedra y dando vida a las paredes con la energía y el calor que despide su respiración. Usted y el castillo se están volviendo una misma cosa.

Haga de ese castillo su hogar, su red de seguridad, su remanso de paz, su refugio. Su alma como castillo es un santuario místico al que podrá retirarse siempre que necesite recobrar fuerzas, despejar la mente de escombros o recuperar el equilibrio. Es un lugar sagrado de su interior en el que puede acceder a la gracia y la inspiración divina.

Ahora que ya ha experimentado lo que es su alma como castillo mediante ese ejercicio, quiero que se proponga transformar su alma en un castillo. Haga de ese estado de conciencia del alma una parte activa de su vida normal. Practique el ejercicio de ver su vida como una llamada. Actúe conforme a dicha llamada para prestar un servicio místico al mundo. No es algo que se pueda organizar con un horario y un calendario como si fuera un empleo de cuarenta horas semanales. Una llamada no es un empleo, sino una pasión. Usted se convierte en su llamada; usted incorpora el poder que es su castillo. Su alma como castillo lo representa a usted plenamente en el mundo. Es tan activo en su vida como su mente y su corazón. Cuando se imagine a sí mismo en su castillo, cuando rece o medite, haga lo que recomendaba Buda: «Siéntate con la dignidad de un rey; y a medida que avance la jornada, sigue centrado en esa dignidad.»

Su castillo, o alma, se encuentra en un estado cercano a la perfección, aun cuando no le ocurra lo mismo a su yo. Pero la perfección no es su objetivo, sino la práctica espiritual. Una práctica espiritual es el pilar que usted necesita para poner en marcha cualquier tipo de vocación o transformación, ya sea espiritual, personal o física. No podemos cambiar nada de nuestra vida sólo con la intención, que puede convertirse en una esperanza diluida y ocasional de que lo haremos mañana: Tengo la intención de empezar a hacer gimnasia; tengo la intención de ordenar mi mesa de trabajo; tengo la intención de cambiar mis hábitos alimenticios. La intención sin disciplina no sirve de nada.

Las transformaciones personales requieren un esfuerzo interior de introspección, contemplación y oración. Uno debe aprender a amar la disciplina de la vida interior y todo lo que ésta exige. Los ejercicios que contiene *Las siete moradas* están tomados de muchas tradiciones espirituales. El camino místico occidental, por ejemplo, requiere estudiar las escrituras, meditar y orar. Tal como escribe la teóloga y ex monja Karen Armstrong en *Visions of God* [Visiones de Dios], la lectura de las escrituras la condujo a la oración, que a su vez «permitió a un monje penetrar en sí mismo y descubrir lo que necesitaba cambiar a la luz de la verdad divina [...] En las escrituras [...] el monje tuvo un encuentro con lo divino y sintió que de alguna forma misteriosa estaba estudiando a Dios mismo. Los musulmanes desarrollaron una actitud muy similar hacia el Corán. Mientras el monje estudiaba la palabra de Dios, con frecuencia notaba que su corazón ascendía hacia Dios durante breves e intensos momentos». Vivía una experiencia de conocimiento y unión místicos, en otras palabras.

Hoy en día, meditar tiene un significado muy distinto del que tenía en la Edad Media, cuando se refería a «estudio» más que a «contemplación», algo parecido a la tradición judía o musulmana, en las que el lector entona cánticos y memoriza lo escrito. Con la meditación cantada, apunta Armstrong, las palabras despiertan el alma con una especie de música sagrada y le permiten entrar en una verdad más profunda. De modo similar, en Oriente los budistas se sirven de *mantras* (cánticos o plegarias), visualizaciones y *mudras* (gestos simbólicos que despiertan el espíritu) para invocar formas del habla, el cuerpo y la mente de Buda. Al estar en contacto con estos aspectos de Buda, pretendían transformarse ellos mismos y el mundo que los rodeaba, igual que hacían los místicos de Occidente. Alcanzaban la naturaleza de Buda, el estado totalmente despierto.

En la actualidad, el análisis de uno mismo, la oración y la contemplación —las disciplinas del esfuerzo consciente— siguen siendo los mejores métodos para trasladar nuestro centro de poder del mundo exterior al mundo interior. Aun así, pese a tales ejercicios y a nuestro empeño, nos toparemos con un obstáculo tras otro, una prueba tras otra. Es un hecho comprobado para todos los místicos. Un reto recurrente será el resurgimiento del miedo de que entrar en el alma nos cambiará la vida. No hace falta dirigirse a un convento o un monasterio para someterse por completo a nuestra alma y a Dios como en los viejos tiempos. Eso era antes, y esto es ahora, y ahora es diferente. Ahora nuestro papel consiste en dar poder a la vida que tenemos y a la persona que somos —y también a la que podríamos ser— con la energía de la gracia que nos procura el escuchar nuestra alma.

El viaje hacia el interior del alma aumenta nuestra fuerza interior; nuestra alma como castillo es una fortaleza mística de poder personal. Entrar en el castillo tiene que ver con nuestra relación con Dios y con el hecho de hacerse lo bastante fuerte para recibir a Dios y entablar un diálogo espiritual con lo divino libre de obstrucciones y mediadores. Buscamos esa «alma dentro del alma», ese castillo escondido, para ir volviéndonos poco a poco, despacito, personas conscientes y congruentes. ¿Cuánto tiempo lleva usted siendo un manojo de contradicciones? ¿Cuánto tiempo sosteniendo que tiene fe pero viviendo entre dudas? ¿Cuánto tiempo lleva diciéndose que estaba decidido a llevar una vida consciente, pero en realidad ha hecho muy poco para alcanzar el objetivo de ser verdaderamente consciente? Llega un momento en que uno ha de hacer frente a sus contradicciones. Si de verdad está convencido de que esta vida tiene una finalidad espiritual y de que usted ha nacido para encontrar la suya, ¿cómo puede ser que tal convencimiento no domine su vida entera? Todo lo demás debería ser secundario o un medio para encontrar esa verdad y vivir conforme a ella.

Acercarse al castillo requiere:

1. Que trabaje usted constantemente para hacer de su alma algo «real».

2. Que deje a un lado las expectativas y suposiciones falsas. Ésta también es una tarea constante, porque usted siempre tiene (y siempre ha tenido) expectativas respecto a Dios. Cuando entre en el castillo y encuentre su alma dentro del alma, se preguntará una y otra vez: ¿Lo estaré haciendo bien? Buda enseñaba: «No te empeñes en buscar la verdad, libérate de tus opiniones.»

Para hacer del alma algo real, empiece por indentificar cómo le habla ella a usted.

¿Cómo saber si la que me habla es el alma o la imaginación?, pregunta mucha gente. La poesía puede llegarnos al alma. Una puesta de sol y una brisa cálida pueden producirnos profundas sensaciones de amor y serenidad que logren hacernos sentir como si nos elevásemos por encima de las pequeñeces de nuestra vida y fuésemos uno con un ser superior. Desde esa altitud espiritual se tiene una perspectiva más amplia de los problemas y las tensiones. Al menos en ese momento, nuestra fe en Dios es absoluta. Pero pasados unos minutos la mente vuelve a afirmarse y uno ya no puede mantener ese estado de conciencia, por más que lo desee. Pero la huella indeleble del encuentro con lo divino en ese momento único sí permanece. Ningún otro recuerdo preciado puede comparársele, y es tan poderoso que uno anhela regresar a él.

Recuerde ahora mismo un momento como ése. Dé vida a cualquier sensación que usted asocie con él. (Con «dar vida» me refiero a que concentre sus sentidos en ese recuerdo para que cobre vida de nuevo.) Véalo, tóquelo, huélalo, óigalo, gústelo. Entre en la experiencia de ese momento, de ese recuerdo, plenamente. Si logra dar vida a esa sensación de tranquilidad aunque sólo sea durante cinco segundos, esos cinco segundos le bastarán para apartarse de su mundo ordinario y establecer una conexión con lo divino. ¿A qué ha dado vida? ¿A una percepción trascendente de fusión con la naturaleza? ¿A un estado psíquico elevado en que sintió felicidad, o tuvo una visión, u oyó una voz que le guiaba, o vivió una experiencia extracorporal? ¿O ha recordado una experiencia triste, como un estado desesperado de caos interno, depresión, aislamiento o separación del mundo físico? Estos estados negativos también pueden conectarnos con una conciencia del alma. San Juan de la Cruz, por ejemplo, llamó a esta experiencia «noche oscura del alma» y describió cómo el alma «salía de sí misma y de todas las cosas» y «moría para ellas y para sí misma». Y en cambio ese aislamiento despertaba un profundo conocimiento interior de la relación del alma con Dios que dejó reflejado en su luminosa obra titulada *Noche oscura del alma*.

Tener una sensación elevada del alma es indicador de que lo divino ha penetrado en nuestro castillo con intenciones muy claras. Cuando el alma ha sido despertada por lo divino, uno siente un súbito incremento en la sensación de que algo ha cambiado o está a punto de suceder, sólo que no sabe el qué. Es posible que perdamos la capacidad de centrar la antención en nuestra vida personal o profesional, pero de modo distinto a una distracción normal.

Esas claras intenciones de lo divino, paradójicamente, consisten en enredarnos en un misterio. Por ejemplo, lo divino puede manifestarse en nuestra vida en una serie de retos cuya finalidad sea despertarnos para que dejemos de creer que controlamos nuestro mundo y a todo el que se encuentra en él. O puede que Dios nos envíe algo que soportar que al parecer no tiene ningún propósito, ningún sentido, y que es, al menos desde nuestra perspectiva, completamente inmerecido. Usted se preguntará: ¿Por qué a mí? ¿Qué he hecho yo para merecer esto? ¿Por qué tengo que soportar esto? ¿Cuál es el motivo? Puede que este misterio nos induzca a luchar por explicar lo que percibimos como una injusticia hasta que aceptemos lo que Dios ha escogido para nosotros. Aquí entra en juego el arquetípico desafío de Job. Estos misterios no tienen lógica, orden ni razón que los sustente, y de eso precisamente se trata: hemos de aprender que nuestra comprensión de los caminos de Dios, de la lógica o el orden divinos, siempre tendrá limitaciones humanas. Cuando Moisés subió al monte Sinaí, su experiencia de Dios fue una nube de desconocimiento. La mente humana no puede abarcar la enormidad de la realidad de Dios. Al igual que otros místicos, si de veras queremos conocer a Dios, tenemos que desembarazarnos de nuestras ideas preconcebidas acerca de él.

La historia de Job representa la quintaesencia de nuestra discusión con lo divino, de que debería haber justicia y orden dentro del tejido mismo de la creación. Job era un hombre muy piadoso que confiaba plenamente en Dios. Sin embargo, Dios le envió una aflicción tras otra para desmantelar su mundo perfecto y poner a prueba su fe. Job perdió su salud, su familia, sus riquezas. Sus amigos le dijeron que dejase de servir a aquel Dios suyo, que pagaba la fe con aquellos castigos tan inmerecidos. Job se mantuvo firme a lo largo de muchas tragedias, pero finalmente llegó a su límite y perdió la fe en el juego limpio cósmico. Después quiso poner a prueba a Yavé por su injusta manera de actuar con un hombre virtuoso. Cuando Yavé por fin se dirige a Job, le pregunta —entre otras muchas cuestiones portentosas cuyo fin era mostrar la insuperable diferencia que existe entre la sabiduría divina y la humana—: «¿Dónde estabas tú cuando yo fundaba la tierra? Habla, si es que sabes tanto» (Job 38:1). Job cae de rodillas, física y simbólicamente, pues rápidamente se da cuenta de la incuestionable grandeza de Dios.

El mensaje de Dios contenido en la historia de Job es que el cielo tiene un diseño y un plan mucho mayores de lo que puede mostrársele a ningún ser humano. Todo lo que se encuentra dentro de los vastos dominios de la creación tiene una finalidad que Dios conoce, incluida cada vida humana. El hecho de que Job caiga de rodillas simboliza el acto místico de rendición que todos debemos realizar para confiar en el plan que Dios tiene para nosotros dentro del inmenso esquema de la creación. Todos tenemos que rendirnos a la necesidad de que nuestro mundo esté ordenado según nuestro concepto de la justicia, la lógica y los motivos racionales. Del mismo modo que a estas alturas ya habrá tenido que aceptar que el mundo en realidad no gira alrededor de usted —que posee escasa autoridad sobre su vida y que ni siquiera el mantenerse vivo hasta la puesta del sol está en sus manos—, también deberá alcanzar la etapa de madurez espiritual en que se rinda a Dios.

La vida de Job representa nuestro deseo de que Dios recompense la bondad con bondad y que castigue sólo a quienes se lo merecen. Miles de años después, seguimos protestando contra un Dios que no observa las reglas de la justicia terrenal, aun cuando hemos comprobado una y otra vez que «merecer» no es un término que debiéramos pedir que Dios nos aplique. Job nos enseña el poder de la humildad. Y también nos enseña el poder de la resistencia, pero no sólo nuestra facultad de resistir el sufrimiento o la pérdida. La de Job es en realidad una prueba de resistencia de la capacidad mística del alma: ¿Es capaz de resistir un encuentro con Dios? Resistir una revelación del plan divino y aceptarlo robustece el alma.

Una experiencia mística satisface el alma con la prueba irrefutable de que somos íntimamente conocidos por un Dios omnisciente, pero puede resultar aplastante al revelarnos la distancia inconcebiblemente enorme que separa a Dios de la Tierra. Conozco un hombre que tuvo una experiencia mística espontánea. (La mayoría de las personas no están preparadas para las experiencias místicas, y por eso éstas resultan tan inquietantes.) En su caso, «oyó» instrucciones sobre lo que tenía que hacer con su vida y supo al instante que aquella voz provenía de Dios. Llevaba mucho tiempo rezando y pidiendo inspiración, porque hacía poco más de un año que había perdido su empleo, pero en vez de seguir las instrucciones, que le decían que se mudase a Portland, Oregón, y estudiase yoga, contó la experiencia a sus amigos, y éstos le aconsejaron que no hiciera caso de ella. Tal reacción negativa no era la esperada, y no tardó en encerrarse en sí mismo, aislarse y deprimirse, sintiéndose culpable y avergonzado. Sabía que había tenido una intervención divina, pero no era lo bastante fuerte para actuar. A su manera, había «visto» a Dios, lo que debería haber sido prueba suficiente de que todo saldría bien, por muy difíciles que fueran los días que le esperaban, pero no fue capaz de soportarlo.

Sin duda usted se estará preguntando por qué le sobrevino esa experiencia mística. Simple. Estaba en disposición de tenerla. Las experiencias místicas ocurren cuando se está preparado para ellas. Pero aun cuando su alma estaba preparada —oyó las instrucciones y reconoció que debía obedecerlas—, para llevarlas a cabo necesitaba fortalecer su fe. Necesitaba apartar la mente y el ego del camino de su alma. Cuando se pasan las riendas de la fe a manos de la mente, siempre se termina en una crisis de fe.

CUALIDADES DEL ALMA

El alma es un hecho, pero no físico. Esto puede hacer difícil entender qué es y dónde se ubica en nuestro interior. Los que han sobrevivido a experiencias cercanas a la muerte sostienen que una parte de su ser parece separarse de su cuerpo físico tras la muerte de éste, pero aunque para ellos eso constituye una prueba de la existencia del alma, para nosotros no es tal.

El alma es como una música divina que sólo Dios puede oír; es la fuerza de la resurrección sin fin; el alma es como un fuego que nunca se apaga. Estas metáforas ofrecen breves y atractivos atisbos del alma, pero en una crisis, cuando uno necesita mantener la entereza o tiene la sensación de estar solo en el mundo, uno quiere sentirse unido a su alma. Quiere estar muy cómodo en la piel de su alma, hasta el punto de no sentirse separado de esa parte eterna de sí mismo. Eso es lo que espero que consiga usted trabajando en el castillo.

Tanto la literatura sagrada como los itinerarios que describen la estructura del alma sugieren que ésta es un recipiente de poder sobre el que puede aprenderse por etapas graduales. En las siete moradas de Teresa de Ávila, y en el castillo, uno tiene experiencia de su alma a través de siete estados de conciencia y por medio de la oración, que va siendo cada vez más profunda. Uno va desvelando las diferentes cualidades de poder que contiene cada alma, cualidades todas ellas que el individuo necesita explorar y refinar, como la humildad, la dignidad, la integridad, el honor, la sabiduría, la justicia, la armonía y la resistencia. Estas cualidades, que también aparecen descritas en el Árbol de la Vida de la tradición cabalística del judaísmo, permiten al alma descubrir su propia divinidad y, a consecuencia de ello, incorporar las cualidades de luz esenciales para tener una experiencia de Dios. Un alma que posee esas características es lo bastante fuerte para entrar en contacto directo con Dios, es un alma robusta.

Merece la pena destacar que los hindúes y los budistas describieron también siete *chakras*, o niveles de conciencia espiritual, contenidos en el cuerpo. El texto espiritual judío conocido como el Zóhar, en el que aparece el Árbol de la Vida, fue escrito tras la visión de un místico en la que aparecían siete palacios o niveles del cielo y otros siete del infierno. Todos esos patrones muestran que cada nivel de conciencia es único, que tiene una finalidad, que es un centro de poder anímico creativo que debe tomar conciencia de su propia divinidad. Ese fortalecimiento gradual es la naturaleza del viaje a la iluminación o, en el lenguaje de santa Teresa, de la unión mística con lo divino.

Los maestros espirituales y los místicos de todo el mundo nos instruyen para que desarrollemos esas cualidades, que pueden acabar con el miedo, romper la atadura de una fantasía y aportarnos el coraje que necesitamos para atender una llamada aparentemente ilógica. Hay dos historias, una de ellas bastante famosa, que constituyen ejemplos perfectos de un alma con fuerza suficiente para confiar en Dios y hacer lo que él nos dice. Había una muchacha llamada Bernadette que tuvo seis visiones de la Virgen María. Al llegar a la sexta, miles de personas se habían reunido en la gruta para presenciar cómo se arrodillaba ante un arbusto. Delante del arbusto estaba la Virgen, a quien sólo veía Bernadette, y quien le aseguró que aquel domingo daría a la gente una prueba de que se le había aparecido. Mientras los presentes observaban atentamente a Bernadette con la esperanza de ver una prueba que los deslumbrase, la joven empezó a cubrirse la cara con barro y a cavar un hoyo en la tierra con las manos. Después se llenó la boca de hierba. Sospecharon que se había vuelto loca y empezaron a reírse de ella, pero Bernadette no hizo caso alguno. Al final la multitud se dispersó, sin fijarse en que en el hoyo que había cavado la muchacha había empezado a brotar un chorrito de agua. Aquel chorro de agua se convirtió en el manantial curativo de Lourdes. Bernadette personificaba la humildad, la convicción en su fe y la resistencia, entre otras muchas cualidades del alma, todas ellas repetidamente puestas a prueba en los años siguientes cuando varios investigadores de la Iglesia la interrogaron con rigor acerca de sus experiencias. A falta de testigos que pudieran acudir a corroborar las visiones, Bernadette tuvo que aguantar sola, con su alma.

La siguiente historia no es ni espectacular ni mínimamente famosa, pero también ilustra un alma fuerte. Hace años conocí a una mujer que había recibido la orden espontánea de emprender un programa de alimentación para los sin techo de su vecindario. Puede que esto no parezca gran cosa, salvo por el detalle de que en aquella época esta mujer era una persona sin techo. Lo que al parecer precipitó la experiencia fue que un día, en lo más hondo de su sufrimiento y su hambre, vio a otra persona sin techo y rezó: «Dios mío, ¿no podría yo ayudarlo de alguna forma?» La tragedia de aquel hombre sin techo hizo que se olvidara por un momento de su situación, mientras rezaba por él y no por sí misma. Inmediatamente oyó las instrucciones siguientes: «Ve a la iglesia y diles que te ayuden a iniciar un programa para dar de comer a los sin techo.» Estaba muerta de miedo, pues temía que el sacerdote la rechazara y la humillara, pero, según me contó: «Sabía lo que sabía, y sabía lo que Dios me había dicho que hiciera, y no había más que hablar.» Al día siguiente se fue a la iglesia católica de su vecindario y le dijo al sacerdote que Dios le había ordenado que pusiera en marcha un programa para dar de comer a las personas sin hogar, y que él iba a ayudarla. Y así lo hizo. Poco después fue contratada como secretaria de la iglesia y le dieron un sitio donde vivir y empezar una nueva vida.

Sin fortaleza, el alma no puede cambiar de dirección, ni asumir el compromiso de curarse, ni aprovechar las oportunidades. Por ejemplo, la mayoría de las personas, cuando se enfrentan por primera vez a un diagnóstico de una enfermedad grave, desean verdaderamente curarse. Pero los que tienen mayores posibilidades de ello son los que implican a su alma en el proceso de curación. En el preciso instante en que nuestras emociones, nuestra mente o nuestro cuerpo flaquean, el alma comunica instrucciones para recuperar la armonía. Uno ha de estar dispuesto a escuchar y actuar de inmediato según dichas instrucciones.

Por ejemplo, todos queremos tener un sistema cardiovascular sano. Es obvio que el estrés emocional es sumamente tóxico para el corazón. En un seminario conocí a una mujer que tres años antes había sufrido un ataque cardíaco. Dijo que estaba decidida a llevar una vida consciente en lo espiritual y sana en lo físico, pero que su matrimonio le resultaba agotador. Cada vez que rezaba para saber qué hacer, tenía la impresión de que debía separarse. «Pero —me preguntó—, ¿de verdad es acertado ese consejo?»

¿Era acertado el consejo? ¿Es «acertado» la palabra adecuada cuando se habla de inspiración espiritual? Le dije que ella había rezado pidiendo la mejor opción —es decir, una opción que aumentara al máximo su salud y su vida espiritual— y que dicha opción consistía en tomar un derrotero que le devolvería la salud. Que fuera lo bastante fuerte para tomar esa decisión era cosa suya. Se notaba que no iba a tomarla, porque temía estar sola más de lo que deseaba estar sana. Y en efecto, ya se había decidido, pero no estaba preparada para reconocerlo. Su alma aún no tenía la fortaleza necesaria para hacer caso de sus propias inspiraciones, para seguir el derrotero que la conduciría a su mayor potencial.

Es necesario desarrollar un alma fuerte a la vez que uno lleva a cabo las prácticas espirituales. De hecho, esas prácticas nos ayudan a hacernos más fuertes; porque no sólo estamos intentando tener una práctica espiritual habitual, sino obtener más fuerza personal. Una vida espiritual no consiste en buscar maneras de sentirse bien; no se trata de obtener asesoramiento para saber cómo permanecer a salvo en este mundo. Una vida espiritual significa liberarse de los falsos dioses, los miedos y las fantasías que nos mantienen prisioneros en este mundo. Hay que enfrentarse a esos falsos poderes y liberarse de ellos para conocer el verdadero poder de Dios. Hay que enfrentarse al hecho de que nos estamos aferrando a nuestro marido, a nuestros amigos, a nuestros hijos, para que ellos satisfagan nuestras necesidades. Hay que enfrentarse al hecho de que somos adictos y dejar de mentirnos a nosotros mismos. Una vez que nos hemos enfrentado a esos falsos dioses y esas falsas ilusiones, nos desembarazamos de ellos. Y después de eso ya no nos haremos preguntas acerca de Dios, porque habremos encontrado nuestra ruta para conocer a Dios. Hacer frente a las verdades personales y purgar las adicciones o los hábitos manipulativos requiere fuerza, valentía, humildad, fe y las demás cualidades de un alma robusta, porque no sólo estamos cambiando nosotros, estamos cambiando nuestro universo. El alma es una brújula; modificar una coordenada de nuestra brújula espiritual es modificar el rumbo de toda nuestra vida.

El viaje al interior del castillo nos proporciona un entendimiento más amplio del significado y el propósito de la vida. Nos revela grandes verdades, pero nosotros hemos de desarrollar la fortaleza suficiente para vivir de acuerdo con ellas. La mente por sí sola es insuficiente para llevar a cabo esa tarea, y el corazón es demasiado emocional. El alma nos dice: «Todo está en manos de una fuerza superior a lo que tú percibes en este momento presente. No te aferres. No permitas que la falsa ilusión de este momento te lleve al engaño. Suelta amarras. Hay en marcha otra directriz que tú no puedes ver ni oír. No estás solo. Suéltate. Ríndete.» Tan sólo un alma fuerte puede creer de verdad en esas instrucciones y tener la fe necesaria para obedecerlas. La mente puede repetirlas como un *mantra*, pero no puede obligarse a sí misma a creer.

Fortalezca su alma, es una necesidad. Empezará a fortalecerla haciendo los ejercicios de cada una de las siete moradas y de sus muchos aposentos.

Otra manera de hacer del alma algo real, de separar su particular energía de aquella de la imaginación y las emociones, consiste en traer a la memoria sensaciones o experiencias que destacan, que fueron claramente distintas o poco típicas y que sin embargo tuvieron una profunda repercusión en nosotros. Le contaré un ejemplo que refleja con exactitud el tipo de experiencia que quiero que usted busque en su archivo mental.

Mi sobrina Rachel, que en aquella época tenía 13 años, me preguntó qué diferencia había entre una promesa y un voto. Yo hice una pausa antes de contestar, la miré a la cara, reparé en que nos encontrábamos en un lugar más bien anodino, y comprendí que aquella pregunta tenía todos los síntomas de un momento de despertar espiritual. Ella estaba empezando a percibir los campos de energía, sutiles pero radicalmente distintos, que distinguen el ego del alma. Su inesperada pregunta me hizo ver que su alma había empezado a hablarle. Aquella pregunta requería algo más que una respuesta corriente; requería una ofrenda de sabiduría que Rachel pudiera guardar en su alma.

Le dije que las promesas son acuerdos que ella, como persona, adopta entre sí misma y sus amigos y familiares. Son pactos de honor. Cuando se incumple una promesa, la parte de uno mismo que informa de que se ha incumplido la palabra dada se denomina conciencia. Le pregunté si recordaba cuál había sido la promesa más importante que había hecho en su vida hasta la fecha, y ella me respondió: «No lo sé. No me acuerdo de todas las promesas que he hecho.» Entonces yo le pregunté: «¿Alguna de las promesas que has hecho ha cambiado radicalmente tu vida de alguna forma?» Ella no recordaba ninguna. Yo proseguí: «¿Has incumplido alguna promesa que hayas hecho?» Aquella pregunta le produjo cierta incomodidad, pero contestó: «Sí, supongo que sí, pero lo hace todo el mundo. Aunque procuro no hacerlo.»

A diferencia de las promesas, le dije, un voto es un pacto que hace el alma con Dios. Se hace un voto cuando uno está dispuesto a comprometerse a vivir de determinada manera. Incluso hay casos en los que uno hace un voto con otra persona y también está firmando un pacto con Dios, así que los votos son sagrados y por lo tanto tienen consecuencias cósmicas que no tienen las promesas. Los votos son tan poderosos, le expliqué, que la mayoría de las personas sólo son capaces de estar a la altura de lo que les exigen uno o dos votos como mucho, a lo largo de su vida entera. Cuando le llegara a ella, si le llegaba, la hora de hacer un voto, tendría que cerciorarse de que su alma estaba completamente de acuerdo con todo lo que dicho voto iba a exigirle. También agregué que el momento de hacer votos no le llegaría hasta que fuera adulta, de modo que disponía de unos cuantos años antes de tener que ponerse a pensar en esas cosas como parte de su vida cotidiana.

Rachel pareció aceptar mis explicaciones, y luego el momento pasó; después me propuso que fuéramos a una librería. No dio muestras de haber entendido la importancia cósmica de nuestro diálogo místico, sin embargo yo sabía que aquella conversación se le había grabado en la memoria. Reflexionó varias veces sobre nuestra conversación y nunca jamás volvió a prometer nada sin pensarlo seria y conscientemente. La brújula vital de Rachel había cambiado.

Este tipo de experiencia refleja el modo en que el alma nos va despertando paulatinamente hacia su relación con lo divino. El alma está destinada a encontrarse con Dios según un programa, por muy distraídos que podamos estar en ese momento de nuestra vida. De igual manera que superamos la pubertad para alcanzar la madurez física, pasamos por experiencias vitales para alcanzar la madurez espiritual y despertar a la presencia de nuestra alma. Una sola pregunta que provenga del alma —como la de Rachel— puede reorganizar toda nuestra cosmología.

Otro ejemplo de un alma que iba volviéndose real es el de un hombre que intentaba controlar su termperamento agresivo. Según él, no quería gritar a las personas que amaba y con las que trabajaba ni crear un caos en sus vidas, pero, como él mismo decía: «Es que antes no me contenía. Veía cosas que me molestaban y explotaba.» Además de acudir al psicólogo por lo de su mal genio, empezó a meditar, convencido de que eso le calmaría los nervios. «En realidad no me creía capaz de hacer meditación, porque sufro un trastorno de déficit de atención, y la meditacion no es para personas como yo, que tomamos Ritalin, ya sabe lo que quiero decir. Pero resulta que un día estaba intentando hacer los ejercicios respiratorios cuando de pronto me pregunté: ¿Por qué soy tan violento? ¿Tendré algo grave dentro? Dios mío, ¿qué me pasa? Y de pronto sentí una calma que me inundó de arriba abajo, no era yo, se lo aseguro. Luego noté algo muy dentro de mí, que me decía que mi vida no iba a hacerse pedazos en absoluto si dejaba de gritar... "Simplemente deja de gritar. Me hace daño." Me quedé impresionado, porque el que hablaba no era yo, pero sí que era yo... hablándome a mí mismo. Estaba haciendo daño a mi alma. De repente me di cuenta de lo violento que era, violento conmigo mismo y con los demás. Desde aquella experiencia, mi vida ha sido completamente distinta.» El alma de este hombre se hizo real de un modo que él pudiera oír y entender.

Estas historias ilustran los medios que tiene lo divino de penetrar en nuestra alma: con una sola pregunta cada vez y siguiendo un esquema. El esquema divino interviene en todas las facetas de nuestra vida. Entra en funcionamiento en el momento adecuado para que la persona se pregunte por qué las cosas ocurren como ocurren, o qué diferencia hay entre un voto y una promesa, o por qué le suceden cosas malas a la gente buena. Estas preguntas son en sí mismas preludios de despertares místicos, y le comunican al cielo que la persona está ya preparada para confrontar verdades más grandes y de más peso.

Un momento de contemplación: la conciencia del alma

¿Cuándo se ha detenido un momento, en la cotidianeidad de su vida, a preguntarse por la existencia de algo más grande que usted: una verdad o un propósito mundiales? Quizás alguna vez se haya encontrado con alguna idea, pregunta o revelación aparentemente caída del cielo, que se haya quedado grabada como un punto brillante en su radar mental, completamente nítida y diferenciada de lo que estaba haciendo o pensando en ese momento. Tal vez pensó de pronto: «¿De verdad oirá Dios mis oraciones?» O bien: «¿Para qué servirá el sufrimiento en la Tierra?» O incluso: «¿Existe un modo de servir a la paz en tiempos de guerra?» O, «Señor, ¿cómo debo entender la esencia de tu naturaleza?» ¿Alguna vez se ha preguntado qué lugar ocupan nuestros afanes en el inmenso plano cósmico?

Estas preguntas contienen una particular clase de energía psíquica que puede producirnos sensación de atemporalidad. Nos sacan momentáneamente del cuerpo y, en ese aire enrarecido, nuestra mente trasciende la conciencia ordinaria y se abre a pensamientos y percepciones acerca de la vida, Dios y la verdad. La misma ingravidez de esos pensamientos nos alerta del hecho de que nos encontramos en un ambiente superior de conciencia que está separado y aparte del personal. De pronto, un sonido o la voz de alguien que nos llama rompe el hechizo y caemos de nuevo a la tierra, conscientes de que por un instante hemos estado en «otra parte». A esto se lo podría llamar soñar despierto, pero imagine que pudiera entrar en ese estado transpersonal y trascendente a voluntad. Penetrar en ese nivel despejado de conciencia por decisión propia es lo mismo que entrar en nuestro castillo, o penetrar profundamente en nuestra alma. Como ocurre con cualquier esfuerzo interior, adquirir esa clase de conciencia dentro del castillo requiere práctica, concentración y contemplación. Por paradójico que pueda parecer, uno ha de ceñirse a su compromiso de aprender a desprenderse de la conciencia terrenal.

Como primer paso, para concentrarse tenga presente lo que se siente al soñar despierto. Se sueña despierto todo el tiempo, y no cuesta trabajo. Acuérdese de eso. Soñar despierto es una forma muy real de desprenderse de la conciencia ordinaria y trascender el aquí y ahora de nuestra vida. Soñar despierto es cambiar conscientemente del modo de supervivencia condicionado por los cinco sentidos a la percepción interna. Una de las maneras más eficaces de hacerlo consiste en repetir una plegaria o un verso que eleve nuestro pensamiento mediante la inspiración. Permítame que le sugiera la oración que sigue a continuación como ejercicio para retirar la conciencia del mundo físico del tiempo y el espacio. Dicha oración la escribió Teresa de Ávila, y yo le tengo un cariño especial, porque podría servir fácilmente a quienes son místicos sin monasterio en el mundo actual. Usted puede sustituir el nombre de Cristo por un término más universal (Dios, lo divino), si ello le ayuda a oír el alma cósmica contenida en las palabras de la santa.

TÚ ERES LAS MANOS DE CRISTO

Dios no tiene cuerpo en la tierra sino el tuyo,
No tiene manos sino las tuyas,
No tiene pies sino los tuyos;
Tuyos son los ojos con los que la
*   compasión de Dios mira al mundo;*
Tuyos son los pies con los que Él camina
*   para ir haciendo el bien;*
Tuyas son las manos con las que ahora tiene que bendecirnos.

TERESA DE ÁVILA

EL CAMINO PROFUNDO: EL EXAMEN DE UNO MISMO Y LA CONTEMPLACIÓN

Otra manera de llegar a conocer el alma es mediante el examen de uno mismo y la contemplación. Ambos van de la mano como prácticas espirituales; la primera parte de la práctica revisa la personalidad o el ego, y también la conciencia, y la segunda parte alimenta el alma.

El examen de uno mismo es rendir cuentas al alma. Uno revisa hasta qué punto vive en congruencia con las verdades que conoce y en las que cree más profundamente. Vivir en la verdad es más crucial que decir nuestra verdad. Teresa de Lisieux escribió que «era mucho más valioso hablar a Dios que hablar de Dios, porque en las conversaciones espirituales hay mucho narcisismo». En un tono similar, es mucho mejor «convertirnos» en nuestra verdad que hablar de nuestra verdad. Ésta es una práctica esencial para toda persona que entre conscientemente en el castillo del alma.

Es espiritualmente seductor imaginar nuestro interior como un castillo en el que sólo podemos entrar nosotros, un espacio secreto rebosante de gracia, un lugar de curación, una fuente de inspiración. Ese lugar interior —nuestro castillo— es real, de igual modo que nuestra alma es real, de igual modo que son reales nuestros pensamientos y nuestras emociones. No se trata sólo de palabras o un ejercicio de la imaginación activa. Son formas e imágenes sagradas que nos conducen a la esencia de la naturaleza espiritual, la unidad del alma y de Dios, psique y cuerpo, espíritu y cuerpo. Entrar en el castillo nos permite iniciar un diálogo con nuestra alma y con Dios. No me cansaré de hacer hincapié en ello, ni de decir cuán exquisito termina siendo dicho diálogo. Pero supone esfuerzo. Supone esfuerzo llegar a conocerse uno mismo, y saber por qué somos como somos, y por qué amamos lo que amamos y tenemos las pasiones que tenemos. Se requiere esfuerzo. No somos un simple acto de creación; somos complejos, creativos, conscientes e inconscientes.

Entre las muchas voces que oirá inevitablemente cuando entre en su castillo —que serán muchas, ya que cada miedo tiene una voz propia—, hay una que es un residente permanente: la de su conciencia. Al entrar en el castillo, también se entra directamente en el sistema nervioso de la conciencia. Santa Teresa localiza las actividades de la conciencia en la primera y segunda moradas.

La gente tiene miedo de su conciencia, lo que hace que resulte todavía más esencial practicar el autoexamen y la contemplación. Nuestra conciencia es la voz de la que más huimos, la voz del «en este momento no quiero hablar de eso». En nuestra conciencia hay una caja de Pandora llena de culpa, vergüenza y todos los fragmentos de nuestra sombra que de momento no deseamos —que nadie desea— confrontar. Sin embargo, el hecho de confrontar nuestra sombra, de reconocer nuestra conciencia, es esencial en cualquier camino espiritual. Uno se siente culpable no sólo por lo que dice cuando se enfada y no puede ya borrar, sino por los actos de traición que no puede deshacer. También nos sentimos culpables por las oportunidades que hemos dejado escapar debido a razones múltiples: miedo de abordar algo a solas, miedo de fracasar, miedo de lastimar a alguien que no desea que cambiemos de vida o que prosperemos o nos vayamos. Podemos sentirnos culpables simplemente por empeñarnos en trabajar con el ahínco suficiente para lograr que nos suceda algo. Afrontémoslo: siempre hay algo de lo que sentirse culpable.

Pero el castillo no es un «balneario de salud para el alma». El autoexamen y la introspección no son prácticas fundamentalmente curativas, aunque desde luego tienen ese efecto. Hay que seguir con esas prácticas se tenga o no un motivo espiritual personal, como por ejemplo trabajar el sentimiento de culpa. A continuación se ofrece un ejemplo de cómo utilizar una técnica clásica de autoexamen para trabajar el sentimiento de culpa. El objetivo no es conseguir sentirse mal consigo mismo sino comprender qué es lo que le motiva, cuáles son las fuerzas que actúan en lo más hondo de su psique y su alma.

1. Como sucede con todo esfuerzo interior, usted debe estar solo y sin que lo molesten.
2. Separe el problema de las personas involucradas.
3. Reflexione sobre sus propios actos, no los actos de los demás.
4. Busque los motivos y las razones, los miedos y las debilidades de sus actos.

Cuando descubra una motivación o un miedo, sáquelo a la luz para curarlo, lo cual requerirá un proceso completamente distinto que incluirá contemplación y oración. Es posible que también necesite la ayuda de un director espiritual o de un acompañante de espíritu, tal como describe santa Teresa a las personas que entienden el proceso de despertar y las necesidades del alma.

El examen de uno mismo es exactamente lo que implica la palabra: es la disciplina de mirarse por dentro y examinar el yo. Dios no es el único gran misterio que hay en este universo. Usted es un desconocido para sí mismo en muchos sentidos, sobre todo si todavía no conoce su máximo potencial, o el poder que tiene su alma, o, ya puestos, la profundidad de su propia sombra.

La contemplación, complemento del autoexamen, alimenta el alma. Estimula nuestra relación con lo divino. «El silencio es el amigo que nunca traiciona», escribió Confucio. «El silencio es la única y exclusiva voz de Dios», escribió Melville. Todas las tradiciones religiosas tienen una historia de búsqueda del silencio como senda que lleva a Dios, la Luz y el Camino.

El silencio es una invitación a que lo divino se acerque, a que se revele a nosotros, como una presencia más que como una guía activa. Debemos aguardar a experimentar la presencia de Dios sin una agenda, sin una lista de plegarias repleta de peticiones que abarcan miríadas de miedos e inseguridades. Ésta es una experiencia nueva para muchas personas que por lo visto carecen de paciencia para esperar a Dios. Quieren «rezar y salir corriendo», soltar la lista de peticiones que tienen en mente como quien suelta la lista de la compra a Santa Claus, y luego se dicen a sí mismas que están oficialmente protegidas por Dios porque acaban de rezar pidiendo protección.

La contemplación es la disciplina de abrirse paso a través del egocentrismo y la impaciencia. Puede que incluya soportar el aburrimiento —que a veces dura años— de esperar a que Dios haga acto de presencia. La contemplación es como caerse dentro del alma, lejos del mundo. Buda habla del mundo como «fantasía», lo que puede entenderse mentalmente, pero desasirse de las fantasías es lo que cuesta trabajo. Hay que darse cuenta de lo fuertemente entrelazados que estamos con las fantasías, como la de necesitar la aprobación de una persona determinada. A continuación, hay que ponerse a la larga y ardua tarea de examinar hasta qué punto ese apego al deseo de contar con la aprobación de tal persona da forma a nuestro carácter, nuestra integridad y hasta nuestra sinceridad para con nosotros mismos. Luego hay que calcular en qué medida cambiará nuestra vida si por fin reunimos el valor necesario para quitarnos la idea de que necesitamos desesperadamente la aprobación de esa persona. Cuando nos hayamos librado de dicha idea, nos habremos librado de la fantasía de que una persona externa a nosotros nos dirige por dentro. Pero antes, para hacer todo eso, hemos de persuadirnos a nosotros mismos, sobornarnos, encontrar la fuerza interior necesaria para hacer frente al hecho de que nuestro mundo cambiará cuando hagamos pedazos esa fantasía. Y esa fuerza la encontraremos gracias a la contemplación y la oración.

Para sumirse en un silencio contemplativo, vacío y sin acción alguna, se puede rezar y meditar, escribir o llevar un diario sobre cuestiones espirituales. Por ejemplo, asígnese este tema para escribir en el diario: «Alegría, pena, esperanza y miedo son las cuatro pasiones del alma. De las cuatro, ¿en cuál hago más hincapié yo?

¿Cómo entiendo la alegría y el alma? ¿Genero alegría en mi vida, o espero que los demás la generen para mí?»

Un momento de contemplación

Este breve ejercicio contemplativo le preparará para entrar en su castillo. Pregúntese: ¿Dónde encuentro a Dios?

¿Su primera reacción es levantar la vista, como si Dios viviera en el cielo o en el techo abovedado de su iglesia? ¿Se imagina un paisaje favorito, un bosque, un jardín? Sea sincero con su primera reacción visceral, no con una reacción intelectual. ¿Primero tiene que bajar la imagen de Dios a su corazón y a sus tripas para poder contestar: «¿Dios está dentro de mí?» ¿Piensa en Dios como algo interior, o para usted es más bien una fuerza externa? Contemple esta verdad: «Lo divino está presente dentro de mí.» ¿Puede aceptar eso y sentir la verdad de esa presencia?

Este ejercicio de contemplación lo llevará al lugar donde usted «ubica» a Dios, un lugar ya fijado, como la dirección de una calle, y que procede de una mezcla de su infancia y sus tradiciones religiosas y supersticiosas. Una de las tareas que tendrá que llevar a cabo en la primera y segunda moradas será desmantelar el Dios de sus ideales y de su infancia para poder recibir a Dios como Dios en su vida. Así como el alma no tiene ninguna ubicación física en el cuerpo, pero en cambio usted la imagina dentro de su castillo para poder trabajar con ella, para trabajar con Dios hay que imaginar su paradero.

DESVELAR A DIOS: LOS CUATRO VELOS DE DIOS

Los místicos ven la presencia de Dios en todas partes y en todas las cosas. San Francisco de Asís hizo muchas cosas, pero se le recuerda sobre todo por el día en que se detuvo a un lado del camino para hablar con un pájaro. En aquel momento, san Francisco se encontraba viviendo una experiencia mística en la que sentía, veía y oía lo divino en todo lo que le rodeaba, incluidas todas las criaturas de Dios. Él veía que Dios había creado todo lo que existe, y que todo lo que existe es una manifestación de su divinidad, incluidos los pájaros y los seres humanos.

Usted es totalmente divino. Puede que estas palabras suenen espiritualmente elegantes, pero, como ocurre con otras muchas enseñanzas místicas encantadoras, quedan huecas mientras dentro de usted no se encienda una luz y sienta esa verdad en el cuerpo, en el corazón y en la mente, igual que la sentía san Francisco aquel día, cuando fue uno con la totalidad de la creación divina.

Un día me di cuenta de que esa verdad es luz, como dicen los místicos, y pocos de nosotros podemos vivir a la velocidad de esa luz divina. Pocos de nosotros podemos soportar ver a Dios en todos y en todo, cada minuto de cada día. Podemos visitar esa verdad de cuando en cuando —tal vez en la poesía, o el retiro y el aislamiento de un monasterio, en donde nos encontramos a salvo dentro de los confines de un espacio reducido y no expuestos a un mar del pueblo de Dios—, pero pocos de nosotros somos lo bastante fuertes para generar continuamente compasión, comprensión, amor, no violencia y generosidad de mente y de corazón, con palabras y con hechos. Sin embargo, eso es lo que se espera que haga una persona que vive en congruencia espiritual: arrojar luz donde no la hay, pero no esperar que alguien se la arroje a cambio. La luz siempre vuelve, por supuesto, pero cuando dejamos de esperar que nos devuelvan luz todos aquellos a los que hemos ayudado a lo largo del camino, desaparece cierto tipo de sufrimiento.

Aquel día me di cuenta de que, dicho de manera sencilla, no somos capaces de absorber tanto Dios. Simplemente, no sabemos qué hacer con tanta verdad que nos llega tan deprisa. Nos gusta la verdad, pero en dosis pequeñas y controlables. Nos gusta aplicar la verdad cuando y como queremos nosotros, y a quien se nos antoje. Por analogía, imagine que viviera en la época anterior a la electricidad y que un día despertara en un futuro en el que existieran automóviles, aviones, luces eléctricas, ordenadores, televisores, teléfonos, CD, DVD y la CNN. En su viejo mundo tenía que esperar hasta seis meses para recibir una carta de alguien; ésa era la velocidad a la que su conciencia podía absorber e intercambiar información. Luego, de repente, se encontró en un mundo en el que la información, los detalles y los hechos le llegaban a la velocidad de la luz y cambiaban su mundo más deprisa de lo que usted podía procesar los datos. Se derrumbaría a causa de la incapacidad para funcionar a esa velocidad y con esa cantidad excesiva de información.

Ese mismo principio vale para explicar lo que ocurre cuando nos exponemos a la energía divina. Desde el segundo mismo de nuestra encarnación, el alma está en diálogo con la divinidad, y está expresando y experimentando su propia divinidad de forma instintiva. Puede ser que nuestra mente escoja creer en una senda espiritual o en un dios, pero el alma no disfruta de esa alternativa. El alma se desarrolla desde la primera bocanada de aire que tomamos, si no antes.

Al entrar en el castillo, se embarcará en un viaje que alterará la velocidad a la cual es usted capaz de experimentar a Dios. Se separará de su ego, que le comunica con el mundo sensorial y el tiempo y el espacio ordinarios, el mundo en que su relación con lo divino se manifiesta por medio de la forma física y la vida física. Por ejemplo, decimos que una curación súbita es un milagro porque sucede fuera de la velocidad de nuestro mundo sensorial. Dentro del castillo, usted experimentará a Dios fuera del tiempo y del espacio, a la velocidad de la luz. La atemporalidad es la velocidad de Dios. Somos nosotros los que no podemos con esa velocidad dentro de nuestro mundo regulado por el tiempo. La atemporalidad es un tiempo místico.

¿Cómo puede usted alcanzar semejante altitud de conciencia? Cuanto más congruentes sean su alma y su yo, más se abrirá usted a experimentar a Dios en el reino de lo místico. Trabajará estas cosas en la Primera Morada del castillo.

Los cuatro velos de Dios

Dios existe en muchas formas y con muchos disfraces, como diría santa Teresa, en los detalles del mundo en que vive y dentro de usted mismo, en el interior de su alma. A medida que vaya acercándose al castillo, reconocerá cada vez más la presencia de Dios y lo ubicará en sus manifestaciones visibles e invisibles. Ver a través de los cuatro velos de Dios también lo ayudará a ver cuatro aspectos de su alma.

La divinidad orgánica: El primer velo

Actualmente, mucha gente se cría en familias que no tienen ninguna afiliación religiosa. Sus padres no han acudido a ninguna iglesia y no han sentido absolutamente ninguna conexión con religión alguna. No están bautizados ni se les ha dado la bienvenida al mundo con un ritual que acoja al alma que llega a su nuevo cuerpo. Con independencia de lo presente o ausente que imaginen que está Dios, para algunos el resultado suele ser que Dios se convierte en un concepto o una teoría: Dios como moral, Dios como ética, Dios como poesía y metáfora, Dios como lo presentan las teologías. La mayoría de las personas que poseen formación religiosa tiende a ver a Dios como castigador/redentor, salvador/protector, Dios como padre y como hombre encarnado. Estas expresiones de Dios hacen que algunos aspectos de lo divino sean alcanzables, accesibles, al menos para una parte de nuestro sistema sensorial. Aunque no podemos ver a Dios, por lo menos podemos captar, entender, discutir, teorizar y teologizar.

Un Dios mental es quizás el disfraz más común de Dios. Como en su mente consideran que Dios es una teoría abstracta, creen que su corazón, su inconsciente, su cuerpo físico y su alma también están separados de la divinidad y no se ven afectados por ella. Con un Dios mental, el objetivo consiste en controlar a Dios en vez de ser controlados por Él. De ese modo, se ha de mantener la separación del poder interior, así como el Dios mental de la experiencia mística de Dios. Sin embargo, su ser emocional y su alma están conectados a un Dios más allá de lo que piense su mente. Mucho antes de alcanzar la etapa intelectual activa de la vida, lo divino ya ha iniciado un nuevo proyecto de construcción en el alma. Tenemos una teología en nuestra biología. Es instintiva, igual que las aves conocen su trayectoria, los castores construyen presas y las ballenas se comunican unas con otras. Nacemos con el conocimiento de las leyes naturales, a través de las cuales lo divino se revela o activa su presencia en nuestros huesos, nuestra sangre, nuestros tejidos, nuestras células. Se trata de Dios como «divinidad orgánica», en los ciclos de la naturaleza, una inteligencia orgánica inherente al orden de la vida y operativa en el nivel celular, una constante fuerza vital.

La divinidad orgánica se encarna en cada alma como un sentido primitivo del bien y el mal, del comportamiento bueno y el malo, que sirve para afirmar la vida. Los instintos son nuestra primera expresión de poder intuitivo e individual; afirmarlos nos ayuda a sobrevivir. Y como la supervivencia física es una prioridad obvia, para muchas personas su primera relación con Dios es de «alimento y fe». Es decir, a Dios se lo conoce a través de las supersticiones que se desarrollan en torno al hecho de buscar un medio para sobrevivir en el mundo físico. La supervivencia o el Dios orgánico es un Dios de «sustancia» y un recurso para obtener dicha sustancia.

Cuando intentamos controlar y poner orden en nuestro mundo externo, estamos conectando a través de nuestros instintos con la divinidad orgánica. Orden y control equivalen a supervivencia. Pero el orden termina por deteriorarse, y el control lo perdemos, porque ningún ser humano puede controlar el mundo externo, aunque todos lo intentemos y fallemos. Los instintos nos ayudan a sobrevivir en el plano físico, pero no nos bastan para entender nuestra alma ni para conocer a Dios. No obstante, en el límite de nuestros instintos se encuentra otra parte de nuestra alma y aspecto de la divinidad, uno que está debajo del desorden y el cambio.

En cierta ocasión tuve una conversación con un hombre cuyo hijo pequeño acababa de fallecer. Estaba profundamente dolorido, y al mirarlo me di cuenta de que iba a pasar el resto de su vida llorando. Aturdido porque, según su teología interior y su mapa de la vida, un padre muere antes que el hijo, no al revés, no dejaba de repetir: «¿Cómo ha podido suceder esto? ¿Por qué ha sucedido esto? ¿Por qué Dios ha hecho esto?» Nadie podría haberle dado una respuesta que aliviara su pena o que justificara la muerte de su hijo. En su teología, él creía que moriría primero. Eso era algo que se daba por sentado; para él, era ciertamente un pacto con Dios. ¿A qué mapa debía aferrarse ahora? No sólo había perdido a su hijo, además había perdido su mapa cósmico, que incluía su relación con

Dios, sus rituales espirituales y el poder de éstos. Se quedó preguntándose si de verdad habría un Dios. Para curarse, este hombre tendría que tomar en cuenta que Dios opera fuera de la estructura orgánica de la naturaleza. Dios pudo haber ordenado su mundo terrenal de modo que el verano siga siempre a la primavera, pero eso no implica que tuviera que hacerlo así. Este factor aleatorio de la naturaleza de Dios requeriría un salto de fe en la conciencia de ese hombre, porque no era capaz de imaginar un Dios aleatorio ni confiar en él. Despertar a la naturaleza aleatoria —o paradoja divina— de Dios suele ser la crisis que hace que la gente avance más allá de una relación orgánica con Dios.

Un momento de contemplación

Permítame que ahora le ponga en contacto con esa divinidad orgánica. Siempre ha estado latiendo dentro de sus células. La divinidad orgánica contiene el primer nivel del misterio, el empujón para nuestra persecución de lo místico. Aquí es donde primero nos encontramos con Dios, en la relación primitiva entre nosotros y el Dios de la supervivencia, el Dios que gobierna el renacimiento de la vida tras el caos y el desorden. Éste es el Dios que rige las estaciones, que maneja el reloj de todas las cosas, que anima todas las fuerzas vitales básicas. Éste es el Dios en el que usted ha de empezar a confiar antes de aventurarse más en las aguas profundas de su vida interior, el territorio interior de su castillo.

Usted puede decirse a sí mismo que ciertamente confía en este Dios, pero ¿de verdad está convencido de que sus necesidades básicas serán satisfechas en la vida? ¿Necesita orden en su mundo físico para sentirse a salvo? ¿Qué pide cuando reza? ¿Cuántas plegarias pronuncia pidiendo seguridad o protección? ¿Cuántas de sus plegarias nacen de su deseo de sobrevivir? ¿Cuántas plegarias pronuncia desde un estado de rendición? ¿Hasta qué punto tiene miedo de que si se rinde Dios lo reducirá a la pobreza? ¿Todavía sigue necesitando una razón para una determinada experiencia o trauma que le haya ocurrido? ¿Aún sigue cuestionando por qué el caos ha barrido su vida y reordenado los planes que tenía hechos?

El Dios orgánico es al que más tememos, aquel por el que llevamos iconos protectores y por el que limpiamos nuestro hogar y a nosotros mismos para expulsar a los malos espíritus. Éste es el Dios de las supersticiones y los miedos que nuestra mente racional debería poder exorcizar, pero que no puede porque dichas supersticiones son primitivas. Este Dios estaba dentro de nosotros mucho antes de que hubiera ningún otro Dios en nuestra mente consciente.

Conciencia y elección personal: El segundo velo

El segundo velo de Dios está en nuestra conciencia. A diferencia de los instintos naturales, la conciencia es un sistema interno conectado tanto con Dios como con el alma. Sopesa nuestras decisiones y madura con nosotros aunque no tengamos una religión o teología formal. La divinidad que reside en nuestra conciencia nos inspira para escoger ser buenos, generosos, amables, sinceros, morales y éticos, para expresar las características del alma. Nuestro ego puede echarles la culpa a tantas personas como quiera por las decisiones que tomamos, pero al cabo del día la conciencia —el alma— no asigna culpa alguna. La conciencia pasa a través de ese segundo velo de Dios para mostrarnos que el alma es distinta del ego y que siempre tenemos que distinguir entre ambos.

A diferencia de los instintos, que nos equipan para lidiar con el mundo externo y sus retos y amenazas, a los que siempre percibimos como algo que viene hacia nosotros, la conciencia se ocupa de los conflictos, fortalezas y debilidades que salen de nosotros. Con la conciencia, gobernamos y expresamos nuestra sed de poder en cada decisión. La conciencia nos acompaña en las trincheras de la vida cotidiana mientras tratamos de discernir entre lo positivo y lo negativo. La conciencia es la brújula del alma en la Tierra, maneja el flujo y el rumbo de nuestra capacidad innata para crear o destruir, incluida la vida física. Uno recurre a su conciencia para luchar contra su sombra personal, que se nutre de sentimientos de culpabilidad, rabia, egoísmo, injusticia personal y reivindicación.

Nuestra divinidad personal, también llamada carisma o gracia especial, empieza a mostrarse a través de este segundo velo en forma de anhelo de una auténtica personalidad madura y conexión con Dios. De manera inevitable, en las aguas turbulentas del mar de las decisiones, surgirán circunstancias que no podremos resolver o superar valiéndonos tan sólo de la conciencia. Usted se verá espoleado a pasar al siguiente nivel del viaje místico cuando se pregunte qué hay más allá de lo que percibe: «¿Para qué he nacido? ¿Cuál es el significado de mi vida?»

Estas preguntas atraviesan el tercer velo.

La guía interior: El tercer velo

A diferencia de la pregunta: «¿Por qué ha muerto mi hijo antes que yo?», que implora a lo divino una explicación de un suceso terrenal y el final de nuestro sufrimiento personal, la pregunta: «¿Para qué he nacido?» pide una revelación personal. Pedimos que nos sea revelado el significado y el propósito de nuestra vida, porque ya no podemos poner orden en el caos de nuestro mundo físico, o porque el orden que hemos puesto no ha logrado satisfacer algo que hay dentro de nosotros. Cuestionar el propósito de la vida invita a lo divino a acercarse, a tirar de nosotros hacia dentro para que podamos oír las inspiraciones y las revelaciones. Altera nuestra relación con nosotros mismos y con Dios, situando el viaje del alma al frente de nuestra senda vital y haciendo del ego su servidor. Esta invocación pide ver el rostro de Dios, encontrarse con la fuerza de lo divino cara a cara por medio de una instrucción directa. Es el ojo de la aguja a través del cual nuestra transformación personal pasará del caos interno a un punto de calma.

Paradójicamente, el alma prospera en el caos, porque en las agitaciones que nos empujan hacia la transformación reconoce la mano de lo divino en acción. El misterio de la divinidad orgánica radica en el orden, pero el misterio del Dios que habla por medio de instrucciones internas sale del desorden y vibra a través de instintos viscerales y debates de la conciencia. Uno empieza a expandir la conciencia y convertirla en una sensibilidad más trascendente. El poder y las consecuencias de las opciones personales se nos hacen más evidentes; nos damos cuenta de que somos responsables de las consecuencias de nuestras actitudes y convicciones, y luchamos para ser cada vez más conscientes haciendo uso de una práctica espiritual a través de la cual recibimos inspiración. Participamos con Dios en desvelar nuestro propósito.

El alma es una compañera incansable. Jamás descansa en su búsqueda de libertad y voz. Hará lo que sea preciso para liberar nuestro cuerpo físico, mente y emociones de los desechos de las falsedades y los autoengaños que nos mantienen encadenados y nos impiden ver cuál es el objetivo de nuestra vida. La gente se pregunta a menudo por qué su vida espiritual se inició con una enfermedad o un trauma; las enfermedades y las crisis vitales suelen ser la manera en que el alma finalmente consigue llegar a nosotros para tomar las riendas de nuestra vida. En el castillo hay muchas moradas. Entre ellas hay una que contiene el potencial para sanarnos nosotros mismos. Eso por sí solo ya merece el viaje.

El último velo, el cuarto, es el velo del místico.

El velo del místico: Traspasado por la luz

Un místico es llamado a entrar en una relación íntima con la divinidad. Una llamada no es un puesto de trabajo, una profesión ni una ocupación, sino una búsqueda que trasciende la vida ordinaria. El alma se convierte en un canal para la gracia. Esto lo cambia todo, y no cambia nada. Uno no sale flotando, ni se divorcia, ni se tira al monte, ni ayuna, pero sí lo inunda la pasión de ser congruente, de tener en armonía los instintos, la conciencia, la inspiración intuitiva y la relación mística con Dios. Es posible que lleve una vida completamente normal en el mundo, pero su vida interior es todo menos normal. Uno continúa con su vida externa, pero por dentro se siente más despierto, sin miedo, consciente, un recurso para los demás.

Un momento de contemplación

Usted sabe que está siendo llamado. Su alma se encuentra insatisfecha, ansía tener un objetivo. Una parte de usted sabe —porque siente una atracción superior a la razón en lo más hondo de su ser—que Dios lo está llamando por su nombre. Y se da cuenta de que debe mantener una relación íntima con Dios por encima de todo lo demás. Una vida de oración mental y algún que otro fin de semana de seminario y masaje ya no bastan como vida espiritual. Por fin termina reconociendo que necesita experimentar a Dios, y que necesita experimentar su propia divinidad, su camino hacia Dios. Penetra en el castillo, pero éste es una metáfora de su divinidad. Lo típico es que lo divino seleccione a aquellos que preferirían no ser seleccionados, pero sólo usted sabe si tiene la devoción necesaria para convertirse en un canal para la gracia. Sin embargo, esa decisión no le corresponde totalmente a usted. Lo que sí está totalmente en sus manos es la calidad de su dedicación interior para convertirse en una persona consciente.

El alma siempre lo adentrará más y más en sí mismo. Uno no puede detener ese proceso, como no puede evitar envejecer. Con el tiempo terminará entrando en el castillo, inevitablemente, porque el místico que hay en usted anhela irse a casa; anhela dejar de huir del miedo o del caos. Usted ansía poner fin a verse poseído por el miedo a no sobrevivir, a no tener suficiente comida, o dinero, o seguridad. Quiere confiar en la vida en sí y en el Dios que le dio la vida. Desea rendirse a esa misma confianza cósmica que tenían —y tienen— los místicos en que sus necesidades serán satisfechas. Desea hallar su máximo potencial y la fuerza de espíritu necesaria para liberarse de la necesidad de que otros reconozcan, aprueben y aplaudan lo que usted es y lo que hace. Desea curarse de la carga del resentimiento. Quiere liberarse de la gente a la que aún tiene que perdonar y del sentimiento de culpa que lleva consigo porque necesita ser perdonado. Quiere ser libre para vivir sin miedo, pero, por encima de todo, lo que más desea es dejar de temerse a sí mismo, a su alma y a su Dios.

Eso es lo que le espera. Por mucho miedo que le dé entrar en el castillo, el hecho es que el castillo es usted. En última instancia, éste es un viaje de valentía personal y fe; su alma sabía, desde hace mucho tiempo, que inevitablemente usted terminaría entrando en el castillo.

3

Cruzar el puente levadizo: la llave del castillo

En la Inglaterra medieval, el místico que quería hacerse ermitaño tenía que obtener el permiso o una bendición especial de su obispo. Hoy en día no se necesita un permiso especial para ir en busca de Dios, pero, aun cuando uno ya sea dueño de su alma e incluso ésta dueña de uno, es necesario buscar conscientemente la forma de entrar en ella. Cruzar el puente levadizo representa la transición de la vida ordinaria al compromiso de explorar una relación mística.

La oración es el puente que conduce al castillo. A través de la oración, la mente se aquieta. No es posible llegar al alma sólo mediante la relajación o el poder de la imaginación; éstas son meras técnicas de la mente y el cuerpo para trabajar la mente y el cuerpo. La mente no es el castillo. Para penetrar en el interior sagrado del castillo es necesario rezar y prestar atención y dedicación conscientes al viaje personal. Uno se embarca en una liturgia interiorizada, como lo habría llamado el gran cronista del misticismo y los rituales, Mircea Eliade; uno entra en un sistema gnóstico de antiguas sabidurías y prácticas. Éste es un viaje de descubrimientos, de liberación del yo. Uno refuerza el alma con vitalidad para el resto de la vida. Y por encima de todo, al entrar en el castillo uno desarrolla una relación con Dios.

La manera más eficaz de pasar de la idea del alma como castillo a penetrar efectivamente en éste es conocer el borrador del mismo antes de entrar en él. Imagínese a sí mismo al pie del puente levadizo que lleva al castillo. Dentro del castillo hay siete moradas. No son necesariamente verticales, una encima de otra, sino que más bien, según palabras de Teresa de Ávila, están colocadas «unas en lo alto, otras embajo, otras a los lados; y en el centro y mitad de todas éstas tiene la más principal: donde vive Dios».

Cada una de las siete moradas representa un lugar elevado en el alma donde realizar el examen de uno mismo y encontrarse con Dios. En cada morada uno aumenta su conocimiento del alma y adquiere mayor capacidad para experimentar y conocer a Dios. Cada morada representa una etapa de desarrollo y descubrimiento de uno mismo en la que se va retirando una capa tras otra conforme se pasa de aposento en aposento. En cada aposento se enfrenta uno a un problema o a una fortaleza, talento, reto, recuerdo, historial o herida que ejerce control sobre sí. En muchos casos uno se enfrenta a aspectos sombríos del yo que es necesario reconciliar, liberar o curar. También se descubren diversos aspectos del alma, algunos conocidos, otros desconocidos. Algunos de esos aposentos los ha abierto ya, otros los ha sellado, y otros están aún por descubrir. Su tarea es entrar en esos aposentos, despejar los escombros y descubrir tesoros ocultos y dones sin explotar que debe reconocer y desarrollar como parte de su alma. Ésta es la tarea esencial del que busca conocer el alma.

Me he percatado una y otra vez de que los aposentos de las tres moradas inferiores que contienen dones y bendiciones son los que están más fuertemente sellados y más cuesta abrir. La gente tiene miedo de estas cámaras del tesoro, porque sabe que el poder divino que contienen, una vez que sea liberado, le cambiará la vida. De hecho, el trabajo que se hace en cada morada, aposento por aposento, permite que la vida cambie. Y al realizar ese trabajo, el alma va haciéndose más robusta y sus introspecciones van siendo cada vez más ricas, más íntimas y más reveladoras. Cada morada posee tantos aposentos como necesite nuestra alma... y todavía más.

Para santa Teresa, las siete moradas son un itinerario de ascensión mística que muestra el espectro completo de lo que uno puede experimentar a lo largo del viaje para conocer a Dios conociéndose a sí mismo. Sin un itinerario, uno puede sentirse abrumado por la complejidad del alma y la magnitud de lo divino, así que el castillo contiene numerosos ejercicios de profundo análisis de uno mismo, contemplación y oración. Yo le explicaré las diferentes maneras en que usted puede experimentar a Dios, la gracia y el amor divino a medida que vayan despertando su alma y su psique.

Como peregrino nuevo en el camino del alma, usted irá avanzando por etapas, así que empezaremos examinando cuidadosamente y de forma metódica hasta qué punto está usted anclado al mundo físico y sus diversas estructuras de poder. Sus apegos son fuentes de dolor y distracción, una opinión compartida por maestros espirituales desde Buda hasta santa Teresa. Trabajará en una sola morada cada vez y luego pasará a la siguiente, pero descubrirá que hay algunos aposentos a los que necesitará regresar varias veces antes de seguir avanzando.

En las tres moradas inferiores llevará usted a cabo el trabajo importante para limpiar el alma. Allí descubrirá sus «culebras», como denominó santa Teresa a esos sufrimientos internos de la mente, el corazón y el espíritu con los que hay que encararse y después expulsar del alma. Las culebras ven mejor por la noche. Simbólicamente, atormentan la mente y corroen el corazón. La parte reptiliana del cerebro es una de las más primitivas: reacciona sin conciencia; es la parte inconsciente del tallo cerebral, y nuestra conciencia superior se esfuerza por controlarla.

Al descubrir sus culebras, debe aprender a esperar a Dios, lo que no resulta fácil. Es muy posible que se impaciente y se ilusione esperando resultados maravillosos nada más entrar en el castillo. Las expectativas son culebras de la peor clase, ya sean expectativas respecto a cómo va a ser nuestra estancia en el castillo o las que tenemos acerca de la vida. Algunas de las monjas de santa Teresa también abrigaban la expectativa de encontrarse enseguida con Dios, pero, como les dijo ella, antes hay que controlar ese sentimiento de reivindicación acerca de Dios para poder encontrarse de hecho con Él. Usted también debe dejar a un lado sus expectativas respecto del castillo, y respecto de lo que contiene y del modo en que ello puede cambiarle la vida.

El trabajo que se realiza y la manera en que uno experimenta a Dios varía enormemente entre las tres moradas inferiores y las cuatro superiores. Cuando se entra en la Cuarta Morada, empiezan las experiencias de trascendencia y de contacto divino con Dios. En la Cuarta Morada es como si lo divino acudiese a nuestro encuentro a mitad de camino de nuestro viaje al interior del alma. Y lo divino nos acompaña durante el resto del camino hasta la unión total, el despertar o la iluminación.

Dios viene a nuestro encuentro y nos arrastra espontáneamente a estados alterados de conciencia. Santa Teresa, en sus escritos, da la impresión de que esas experiencias de ascensión tienen lugar de forma natural cuando uno ya se encuentra en la Cuarta Morada, porque allí nos está esperando Dios. En la Cuarta Morada «el amor es gratis», según santa Teresa. Aquí, el corazón de cada uno se convierte en un recurso cósmico de amor, una vasija para lo que santa Teresa llamaba el «sagrado corazón», el corazón místico del Cristo cósmico o la conciencia cósmica, una fuerza universal de gracia. En este nivel de desarrollo del alma, uno puede canalizar el amor más allá de sus necesidades y motivos personales: la oración se convierte en el medio a través del cual uno deja fluir el amor fuera del alma y hacia el mundo.

A partir de la Cuarta Morada, uno es absorbido al interior de estados más profundos de gracia y conciencia espiritual, manifestaciones directas de lo divino. El alma se estira hasta alcanzar proporciones cósmicas. Cuando el alma incrementa su fuerza, se vuelve capaz de soportar expresiones cada vez más potentes de la gracia y de Dios. El objetivo sigue siendo el mismo: estirar el alma a fin de prepararla para que se convierta en un recipiente de amor divino en el mundo. En la Quinta Morada, la santidad y sus muchas expresiones se transforman en el estado de conciencia. La santidad no es una característica que nos resulte fácilmente familiar hoy en día. Cuando pensamos en lo que es ser santo, nos vienen a la cabeza los santos y los gurús, no la gente corriente. Pero la santidad es en realidad una potencia exquisita del alma que emerge una vez que ésta ha madurado hasta alcanzar su máximo. El alma se transforma en un contenedor sutil pero potente de luz que cura, transforma e inspira a aquellos a quienes ilumina.

En la Sexta Morada, santa Teresa reconoce las dificultades a las que se enfrenta la persona al buscar a Dios, incluidas ciertas «órdenes de arriba» irrazonables, entre las cuales puede que se encuentren algunas pruebas aparentemente imposibles de realizar. Pero al «Dios irrazonable» no se le puede evitar, aun cuando evitemos la Sexta Morada. El hecho es que a todos se nos da algo —o muchos algos— que soportar en esta vida que pone a prueba nuestra fe, nuestro amor y nuestra resistencia. Esos retos son inevitables y a menudo parecen injustos, pero de eso precisamente se trata, de empujarnos a aceptar sin hacer preguntas aquello que Dios considera necesario.

Por último, el alma asciende a la Séptima Morada, a una beatitud libre de todo temor en la que se encuentra conscientemente unida con lo divino. En esta morada cesan todas las pruebas que había entre la persona y Dios. Santa Teresa apenas encontraba palabras para describir esta morada, que es su árbol bodhi de la iluminación.

Llegado a este punto, de pie en el puente levadizo, es muy posible que piense: «Llevo una vida corriente en el mundo real, no en una comunidad enclaustrada. ¿Qué puedo sacar en limpio al encontrarme con mi alma? ¿Para qué voy yo a querer arriesgarme a cambiar mi vida? ¿De qué le sirve a alguien como yo, desde un punto de vista práctico, juguetear con transformaciones místicas en el mundo del día a día, el mundo de las relaciones personales, el trabajo, las hipotecas, los amigos, la familia, la política? Quizá debiera dedicarme a mantener una práctica espiritual en la que mi experiencia con Dios esté principalmente dentro de mi cabeza.»

Debería estudiar detenidamente esas preguntas, pero tal vez le sea de ayuda saber más acerca de lo que es el castillo y lo que puede aportarle el hecho de penetrar en él. Para santa Teresa, entrar en el castillo representaba exponer el alma a la presencia total de Dios. Al igual que un explorador que se adentra en ese territorio desconocido del alma, santa Teresa preparó el camino para otros, y su vida entera constituyó una muestra del poder que tiene lo que descubrió dentro del castillo.

¿Estaría santa Teresa en un convento hoy en día? Lo dudo. Estaría donde está usted: en el mundo.

Permítame que le ofrezca un adelanto de lo que contiene la Primera Morada. Me gustaría que viera que cada aposento de cada morada es una faceta del holograma cósmico que constituye nuestra vida. Nuestra alma es infinitamente más que el atisbo fugaz que pueda haber experimentado durante la meditación o en un ritual. Nuestra alma es una obra maestra de divinidad en miniatura. Su poder está unido a la totalidad de la creación. Pero no basta con leer esto y aceptarlo, y después pensar: «Bueno, eso ya lo sé. Resulta increíble, pero alcanzo a verlo.» En realidad uno no puede «oír» esa verdad y «asimilarla»; es preciso entrar decididamente en el castillo y observar esa verdad, faceta por faceta. Es preciso conectarse con esa verdad en cuerpo, mente y espíritu, de manera consciente, visceral y plena. Es preciso tener la experiencia de convertir esa verdad en algo real para usted, más allá del territorio de sus cinco sentidos, mediante el esfuerzo interior y la oración. Su objetivo se encuentra dentro del castillo, donde entenderá que el motivo por el que ha descendido a la vida física era desatar el poder de su alma sobre la Tierra. Entrar en su castillo no es un viaje que le aparte del mundo, sino que más bien le trae directamente al mundo. Le lleva plenamente al interior de su alma y a su poder en el mundo.

Cosa irónica, las personas que no están en contacto con su alma viven en el miedo y pasan la vida huyendo del mundo, aun cuando dé la impresión de que trabajan y viven en medio de todo. Sin embargo, el místico, que podría dar la sensación de haber huido del mundo, de hecho vive en él, está mucho más presente y posee mucha más fuerza. Los místicos cambian el mundo que los rodea de forma más dinámica y más positiva de lo que se puede medir. El místico actúa en el plano de lo invisible, apoyándose en Dios, la oración y la gracia. Ése ha sido siempre su estilo, y siempre lo será.

Pero, afrontémoslo, el mundo es tan seductor como aterrador, y ésa es la paradoja a la que se enfrentará usted en la Primera Morada. Santa Teresa sabía muy bien que el viaje al interior del castillo es arduo por muchas razones, empezando por que ya en la Primera Morada uno intenta buscar el modo de servir a dos señores y salir bien parado. Es decir, uno quiere continuar apegado a la dinámica del poder de la vida física y al mismo tiempo intenta dar un salto a maravillosas experiencias místicas. Pronto descubrirá que eso no funciona, pero sí le llevará a darse cuenta de que usted tiene una relación con el patrón arquetípico del caos. Cuando una situación se vuelve irrazonable o incontrolable, surge el caos. Usted mismo también puede ser irrazonable e incontrolable, de manera que el caos no sólo surge en su vida, sino que también lo genera usted, a veces sin darse cuenta, a veces a propósito. En última instancia, uno genera caos con el fin de evitar la confrontación con la verdad o con una revelación divina. Éstas son algunas de las cuestiones y directrices espirituales que examinará en los aposentos de la Primera Morada.

Para empezar a comprender la relación de su alma con el caos en la Primera Morada, por ejemplo, empezará por examinar su relación personal o del ego con el caos, incluido el descontento personal y espiritual que siente, la desorganización y el drama que fomenta en su propia vida, o la ansiedad que le produce el hecho de que pueda surgir el caos si no se ciñe a un programa firmemente organizado. Eso lo hará en la Primera Morada, porque ésta es la que está más estrechamente comunicada con su mundo exterior. Es la planta baja, el territorio del poder físico y del caos. En el aposento apropiado, se centrará en cómo genera usted caos en este mundo, cómo lo mete en su vida para distraerse a sí mismo y a los demás, para nublar su razón y la de los demás y confundir las emociones. En ese aposento se preguntará a sí mismo:

«¿Disfruto de mi capacidad para generar caos?»

«¿Con qué frecuencia genero caos en vez de calma?»

«¿Estoy más controlado por el caos que por mis revelaciones interiores? Si éstas me aconsejaran que confiara y tuviera fe en que todo va a salir bien, ¿el caos que me rodea tendría mayor poder sobre mí que el mensaje que procede de mi alma?»

Éstas son tan sólo unas cuantas preguntas de muestra tomadas de los aposentos de la Primera Morada, pero tienen el poder de cambiarnos la vida. Esta clase de introspección íntima es un acto de progresión del alma, como lo describiría santa Teresa. Aun cuando usted no tenga como fin último la unión mística, aun cuando no esté buscando atravesar las siete moradas para conocer a Dios, se beneficiará del hecho de enfrentarse a la mano de hierro con que le tiene sujeto el caos. Mejorará su vida de manera espectacular, como mínimo. Aunque sólo quiera reducir el estrés, el resultado de pasar por la Primera Morada le resultará profundamente liberador. Este autoexamen abrirá un portal cósmico y le ofrecerá un conocimiento muy ampliado de las consecuencias de sus actos y reacciones, sus motivaciones personales y sus decisiones. Será más consciente de hasta qué punto sus decisiones son un reflejo de sus motivos personales de poder. De hecho, tendrá una relación nueva, más consciente, íntima, con el poder.

Pero si su objetivo es involucrar a Dios en su vida y conocer cuál es su meta superior, el examen del caos hará que sus plegarias y su contemplación y todo su esfuerzo interior resulten más dinámicos. Ese esfuerzo consiste en algo más que observarse a sí mismo. Estará despertando su alma. A través de sus luchas internas, se abrirá a las revelaciones. Su viaje será sagrado y místico, en vez de psicológico y espiritual. A partir de la Primera Morada podrá seguir avanzando, paso a paso, hacia el centro del castillo del alma, donde Dios le estará llamando, donde él reside dentro de usted. «El reino de los cielos está dentro de vosotros», enseñó Jesucristo, y una forma de entrar en él es a través del castillo del alma. Una vez que haya llegado al centro, compartirá sus verdades y sus secretos directamente con Dios.

Santa Teresa consiguió llegar a ese lugar de unión mística y diálogo tras mucho practicar la oración, el autoexamen y la contemplación. Cuando llevaba a cabo dichas prácticas espirituales, no buscaba experiencias místicas ni forzaba momentos de éxtasis, sino que éstos le venían de forma espontánea, como regalos de Dios, a veces cuando estaba trabajando en la cocina, otras cuando estaba rezando a solas. Perseguir el camino místico es tanto una vocación como una decisión. Lo divino nos llama de maneras muy diversas; nosotros debemos escoger la forma de responderle.

Imagínese que da un paso desde su mundo cotidiano y se sitúa al principio del puente levadizo que conduce a su castillo. Deténgase ahí un momento mientras lee esto y piense en los próximos pasos que va a dar hacia el castillo.

Un momento de contemplación

La primera llamada de la creación llegó por medio de la voz de Dios cuando dijo: «Hágase la luz.» El silencio contiene luz, aunque no es el tipo de luz que podemos ver. El silencio se halla repleto de la luz de lo divino. Dicha luz sedujo y sigue seduciendo a los místicos. Un encuentro directo con esta luz es un encuentro directo con Dios. Por medio de los encuentros con esta luz llega la iluminación, es decir, la experiencia de ser absorbido hacia la conciencia divina y luego devuelto a la tierra. Uno busca silencio, soledad, calma y resolución de las dificultades no sólo porque parece una forma de ser más sana y natural; nos sentimos atraídos por el silencio porque el silencio y la calma interior son seductores. Es posible que usted se diga que tiene que apartarse de todo el estrés que soporta o que necesita un espacio propio para poder reflexionar sobre los problemas de cada día, pero lo cierto es que quiere dejar de pensar, y punto. Ese anhelo de tener silencio, ese deseo de estar a solas y sin ruido durante unos minutos siquiera, es una necesidad del alma. Puede que la mente necesite quietud, pero el alma ansía el silencio. La quietud no satisface al alma, eso tan sólo lo consigue el silencio. Usted puede empezar a buscar ese silencio en el castillo, donde Dios llena el alma de una sensación de silencio que es algo más que la quietud, algo más que la paz. Allí, Dios aquieta la mente, el cuerpo y las emociones en un estado de plegaria silenciosa que santa Teresa denominaba Oración de Silencio.

DESAPEGO ESPIRITUAL

Examinar nuestros apegos al mundo material puede parecer, al principio, una anticuada disciplina monástica que no tiene cabida en nuestra vida actual. Pero es una práctica valiosa para cambiar nuestra vida así como para curar los males. Todo cambio serio de rumbo o curación requiere que definamos aquello que ejerce poder sobre nosotros y aquello que intentamos controlar o sobre lo que ejercer poder. Hemos de localizar los fragmentos de nuestro espíritu que hemos dejado en el pasado en forma de objetos de poder

—que pueden ser cualquier cosa, desde una casa cara hasta un determinado estatus social, dinero, o bienes materiales que simbolicen autoridad para nosotros— o de personas poderosas, y desenredarlos, separarlos y recopilarlos. De hecho, eso es lo que se hace en terapia también: examinar en qué punto está uno anclado en relaciones o recuerdos. Aunque usted no esté enfermo ni recibiendo terapia, si quiere convertise en un ser humano consciente cuyo espíritu, cuerpo y mente estén integrados y cuyas acciones sean congruentes con sus valores, debe examinar todas sus relaciones con el poder.

Santa Teresa también instruyó a sus monjas para que desarrollaran un entendimiento elevado de todas las fuentes de estrés emocional, apegos y luchas de poder que se manifiestan en el mundo. Ningún muro de ningún monasterio, por muy alto y grueso que sea, puede impedir la competitividad o los celos. Pero conforme las monjas iban conociendo mejor las causas de sus luchas, trabajaban con la oración y la contemplación para distanciarse de ellas, igual que va a hacer usted.

Por muy profundamente reveladores y terapéuticos que sean los métodos de santa Teresa, ella no habría denominado curación a ese esfuerzo interior; pero nosotros sí, lo que supone una diferencia que merece ser destacada. La curación es un tema importante en la cultura espiritual contemporánea. Hemos introducido prácticas espirituales en el sector de la salud, y el resultado es que nuestro camino espiritual y nuestro camino de curación a menudo terminan siendo uno solo y el mismo. El itinerario de las siete moradas hunde sus raíces en la oración, no en la curación. Santa Teresa presumía que toda persona que emprendía el viaje al interior del castillo todavía no era consciente o no estaba despierta, pero consideraba que su alma estaba llena de gracia. Para Teresa, la única alma carente de gracia era la de una persona que no rezaba o que pecaba conscientemente. La desconcertaba que una persona pudiera despreciar el placer de la oración, de estar con Dios. De todos los muchos misterios del universo, para ella ése era el único que no tenía solución.

Santa Teresa estaba convencida, como muchos maestros espirituales, de que los apegos nos distraen de la vocación última del alma a convertirse en compañera íntima de Dios. Nuestros apegos nos aíslan de la presencia de Dios en nuestra vida; son sustitutos del contacto con lo divino. Un objeto o situación que captura el poder del alma diluye nuestra capacidad de orar con toda atención. Las enseñanzas budistas son perfectamente comparables con esta opinión: Las distracciones alejan el alma del momento presente, del aquí y ahora, que es la única realidad que debe importarnos. El resto son fantasías. Tal como enseñó Buda, la causa del sufrimiento es el apego; el fin del apego significa el fin del sufrimiento.

El desapego espiritual es el medio por el cual nos apartamos de las distracciones del poder para permitirnos experimentar el auténtico poder de Dios, que es puro amor. Es posible que no sepamos qué significa ser amados por Dios. Si la única experiencia de amor que hemos tenido es la de amar a otra persona, ¿cómo vamos a concebir lo que significa ser plenamente absorbidos por Dios? Uno descubre que es plenamente amado por Dios mediante experiencias de dependencia total de esa fuerza invisible de la Divinidad, de esa fuente de gracia y benevolencia, verdaderamente imposible de conocer, que penetra en lo más hondo de nuestra vida en nuestros momentos de mayor vulnerabilidad. Para santa Teresa, los apegos al poder terrenal de cualquier tipo (que se manifiestan como celos, recuerdos que nos atormentan o pasiones sexuales) indican que nuestra alma todavía no ha comprendido determinadas verdades acerca de su naturaleza y su objetivo. Esos apegos suelen tener origen en el miedo al abandono, al aislamiento, a la soledad, al hambre y a la pobreza. Dichos apegos causan sufrimiento, ya viva uno en el mundo o en un monasterio.

El desapego es una necesidad espiritual porque no se puede servir a dos realidades simultáneamente. No se puede ser sincero y mentiroso al mismo tiempo; no se puede estar casado y soltero a la vez; no se puede perdonar y seguir teniendo rencor; uno no puede soltarse y seguir agarrado; y no puede aceptar la realidad superior de una vida espiritual y la revelación divina y en cambio hacer cosas o sostener convicciones que desafían sus principios espirituales. Éste es el campo de batalla cósmico para el alma en lo que se refiere a los apegos. Al final del día, ¿qué poder resulta más seductor para usted: el de la Tierra o el de Dios?

Nadie responde a esa pregunta una sola vez; uno se enfrenta

muchas veces a ella. Cada vez que cierra los ojos e implora inspiración divina, en lo más hondo de su alma sabe que la respuesta siempre requerirá que usted elija entre tener fe en los invisibles dominios de Dios o en el mundo material.

Debido a esa actitud reacia a confiar, la gente pasa la vida entera de pie en el puente levadizo que conduce a su alma, sabiendo que ha sido llamada por lo divino, sintiendo el anhelo de conocer a Dios. Y sin embargo, no se atreve a cruzar el puente porque teme lo que pueda sucederles a sus apegos. Se pregunta a sí misma: «¿Y si Dios me pide mi dinero? ¿Y si Dios me quita mi casa? ¿Y si esto de explorar mi alma me lleva a terminar solitario como un monje en un monasterio?» Los apegos son el foso que rodea su castillo y que le impide acceder a él. Usted no es capaz de imaginarse a sí mismo conceptualmente libre de aquéllos, piensa que le mantienen en la Tierra. ¿Quién, se pregunta usted, sería yo sin ellos? Nuestros apegos a los bienes terrenales, así como a los traumas y penas del pasado, son, sin duda alguna, los mayores impedimentos para tener una vida espiritual. Esto es a lo que se refería Jesús cuando dijo que es más fácil que un camello pase por el ojo de una aguja que que un rico entre en el reino de los cielos. La necesidad de proteger la vida física y la base de poder en el mundo material compite continuamente con nuestra confianza en Dios. ¿De verdad cree que si Dios quisiera su dinero o su casa, usted podría impedirle que ejerciera el derecho de expropiación?

Recuerde que el desapego no significa renunciar a sus pertenencias terrenales, como hacían los místicos cuando entraban en un monasterio. Desapego quiere decir retirar la autoridad que tienen sobre usted el estatus social o el dinero o una herida emocional. Los objetos o el estatus se vuelven no esenciales cuando uno llega a conocer la verdadera autoridad de su alma y de Dios. Es entonces cuando uno se da cuenta de que aquéllos son meros sustitutos del poder y formas de protegerse del mundo. El desapego lo libera a uno de la necesidad de protegerse aferrándose a objetos que sustituyen la fe en Dios. No es necesario renunciar a ellos, pero sí es necesario ver con claridad por qué nos aferramos a ellos con tanta pasión.

Un momento de contemplación: Inspiración para desapegarse

Uno va dejando fragmentos de su espíritu aquí y allá con el paso de los años. Esos fragmentos se pegan —como los percebes al casco de un barco— a diversos lugares, objetos, personas, recuerdos y asuntos sin terminar. Aunque separarse de ellos puede resultar sumamente difícil, el desapego es una práctica mucho más natural para el alma, las emociones y la salud mental, que el aferrarse a la zona muerta del pasado. Con la práctica, va resultando más fácil, pero la práctica es rigurosa. El ejercicio siguiente de desapego es breve pero potente.

Piense en algo que para usted tenga categoría de apego, algo con lo que de verdad lucha. Usted sabe que debería haberse desapegado de esa situación, persona o recuerdo hace mucho tiempo, pero el caso es que siguen ahí. Entre en el silencio y rece pidiendo inspiración sobre cómo resolver esa situación. Vea a la persona, situación o cosa; note cómo se aferra su espíritu a ella. Pregunte: «¿Cómo podría liberarme?»

¿Qué inspiración ha oído? ¿Qué señal ha recibido de que su plegaria ha hallado respuesta? Tal vez piense que no ha rezado el tiempo suficiente o con el ahínco suficiente para recibir una respuesta a su plegaria. Pero quizá la respuesta le ha llegado tan rápidamente, tan de inmediato, que no le ha hecho caso porque llevaba mucho tiempo aferrado.

Vuelva a entrar en oración y vaya más allá de su dolor, de su orgullo, su ego, su miedo, y encárese con ese apego y con las razones por las que se agarra a él. Todas esas razones tienen que ver con el poder. Nada más. Nadie se agarra a un apego a no ser que haya alguna conexión de energía, algún poder implicado. Incluso sus recuerdos peores y más dolorosos se agarran al poder que tiene el dolor, un dolor que nos da «derecho» a pedir ciertas cosas, cierto trato, compasión y otras reivindicaciones. ¿Cuál es el origen de su apego, el poder al que usted está intentando aferrarse?

Ahora imagine que se desapega totalmente de ese objeto que ejerce atracción sobre su alma y le está robando energía. ¿Qué parte de usted lucha más para no soltarse? ¿El orgullo? ¿El miedo?

¿Cuánto es debido a la renuencia a permitir que cambie su mundo físico? Rasque los percebes, corte el cable, desconecte la fuente de alimentación. Y bien, ¿qué pasará ahora? ¿Qué cambiará?

Este ejercicio le ayudará a ver el poder de su alma y sus apegos. Armado con la visión de esa lucha básica del alma, pregúntese: «¿De verdad quiero recibir una inspiración clara y directa?» Si recibe una inspiración que hace peligrar su comodidad física, ¿estaría dispuesto a hacerle caso? Pocos son capaces de responder con un sí incondicional. Hasta los antiguos místicos que recibieron las directrices más claras en las visiones más profundas encontraron difícil en ocasiones llevar a la práctica la indicación recibida. Ese conflicto forma parte de nuestra relación con el cielo: Nos sentimos atraídos hacia Dios, temerosos de Dios, dependemos de un Dios al que no podemos ver, en quien no podemos confiar del todo, y sin embargo, a pesar de toda nuestra confusión, no podemos evitar seguir caminando hacia nuestro castillo.

Y LUEGO ESTÁN LAS CULEBRAS

Una vez dentro de su castillo, se encontrará con sus culebras. Aunque el alma humana, en efecto, está hecha a imagen y semejanza de Dios, tiene que enfrentarse a las «culebras y criaturas malignas del mundo» como parte de su viaje hacia Dios.

Nuestra psique y nuestra alma albergan las mismas culebras simbólicas que santa Teresa y sus monjas identificaron hace cuatrocientos años, a saber: el odio, los celos, la envidia, la venganza, la arrogancia, la falta de honradez y la vanidad. A algunas las llamamos por nombres distintos: recuerdos de malos tratos emocionales y físicos, sentimiento de culpa, incapacidad para perdonar y necesidad de ser perdonado, adicciones, codependencia. Sin embargo, «culebras» es un nombre perfecto para todos esos sufrimientos del alma, porque éstos, al igual que las culebras, nos acechan al amparo de la oscuridad, descubren nuestras debilidades y reptan sobre las antiguas defensas. Una vez que entran en el castillo, escribe santa Teresa, son muy difíciles de expulsar. ¿Quién no ha pasado una noche sin dormir por culpa de la tensión provocada por sentimientos negativos? A todos nos gustaría limpiar nuestra mente y nuestra alma de esas culebras.

Por difícil que sea echarlas del castillo una vez que han entrado, las «culebras y criaturas malignas» rara vez penetran en alguna de las moradas que están por encima de la tercera. Santa Teresa escribe que la Cuarta Morada y las siguientes son demasiado puras para ellas. Una culebra no puede sobrevivir en presencia de la luz de lo divino. En todo caso, para cuando uno está ya en disposición de pasar a la Cuarta Morada, ya ha expulsado a la mayoría de los reptiles obvios del alma, simplemente en virtud de los rigores del viaje mismo.

No obstante, en medio de esa tarea a menudo oscura pero esencial existe una constante presencia de Dios que, según santa Teresa, refuerza continuamente nuestra luz interior, nuestro coraje, nuestra fortaleza y nuestra pasión por una profunda vida interior. Por mucho que nos exija la vida interior, la recompensa es siempre mucho mayor de lo que uno imagina. Pero antes hay que pasar por un adiestramiento militar, con sus culebras y su necesidad de disciplina, dedicación y un riguroso programa de entrenamiento. No se puede esperar ver resultados de inmediato. Hay que aguantar y terminar el recorrido.

Con frecuencia he pensado que si fuera posible encontrar un modo de comunicar la calma que sobreviene cuando por fin se conoce a Dios, una calma que derrite los miedos cotidianos y reemplaza la baja autoestima con una humildad más fuerte, ésas serían las palabras más poderosas jamás escritas. Pero las palabras por sí solas jamás podrán expresar la experiencia de conocer a Dios; cada uno de nosotros ha de encontrar el camino que conduce a ese preciado estado de calma interior.

TRANSICIÓN ENTRE MUNDOS

Santa Teresa escribió *El castillo interior* para guiar a otras personas hacia una relación consciente con Dios. Hoy en día, muchas personas son propensas a decir que están comprometidas a llevar una vida consciente (no «dedicadas», sino «comprometidas», lo que no tiene implicaciones espirituales y no compromete a la persona con ningún Dios ni práctica espiritual en particular). Esto las deja libres de toda responsabilidad espiritual seria, como por ejemplo llevar una rigurosa práctica espiritual diaria. A menudo ese objetivo de llevar una vida consciente incluye el empeño en gozar de salud y autoridad, siempre con el deseo de ir un paso por delante del descontento y el malestar, y siempre buscando la realización personal.

Comprometerse a seguir un camino espiritual requiere más disciplina y rigor que la decisión de llevar una vida consciente. Sin embargo, la decisión de ser consciente exige una serie de reglas y etapas. Dedicarse a convertirse en una persona consciente es tan arduo como alcanzar la unión mística con Dios, aunque en la superficie parezca estar menos dirigido hacia Dios. Quienes se tomen en serio convertirse en personas conscientes descubrirán que es el mismo objetivo que tenían santa Teresa y sus monjas de convertirse en almas conscientes. El hecho de cambiar las palabras no cambia el viaje.

No obstante, una diferencia en la búsqueda de tales objetivos es que las monjas estaban sometidas al voto que habían hecho de llevar una vida espiritual. Nosotros no hacemos votos de practicar nuestra espiritualidad, somos libres de arrancar y parar nuestra vida espiritual, como queramos. Podemos reunir piezas diversas de las tradiciones que más nos gusten, a menudo agregando prácticas de salud holística o intuitivas y mezclándolas todas en una senda espiritual confeccionada a medida. Unos días meditamos, otros no, dependiendo de si tenemos tiempo o necesitamos desestresarnos en una clase de yoga al mediodía. Por supuesto, hay personas que son muy disciplinadas al respecto, pero constituyen minoría, y por lo general su objetivo no es conocer íntimamente a Dios, sino aumentar su autoestima o conservar un cuerpo sano y en forma, o sea: otra vez el egocentrismo.

Un voto eleva una práctica espiritual al grado de devoción. Hoy en día, para la mayoría de la gente resulta incomprensible tomar un voto ante Dios que diga: «Me dedicaré a mi práctica espiritual sin distracciones, porque me doy cuenta de que cuento con esta vida durante poco tiempo para prestar servicio divino a los demás y obtener iluminación personal con Dios.» Hacer un voto así está fuera de lugar en nuestra cultura espiritual. Estamos muy relajados en lo que se refiere a lo sagrado. No hacemos hincapié en la dedicación a lo sagrado partiendo del mismo sentido de temor reverencial que es tan común en los monasterios, pero que nada tiene que ver con que una persona se encuentre en un monasterio o no. La reverencia y la dedicación abren el alma a la intimidad con Dios y hacen mucho más que explorar las cuestiones personales de la curación. Un verdadero ejercicio del alma no se puede tomar y dejar a capricho. Una vez que uno entra conscientemente en su castillo, pone en marcha un viaje que no tiene punto final. Las experiencias místicas empiezan cuando uno deja finalmente atrás los motivos personales con Dios.

No se confunda respecto de un hecho: Actualmente, nuestro monasterio es el mundo. Nuestros retos espirituales se despliegan dentro de nuestra vida personal y del mundo exterior. Cuando uno busca una relación con su alma y con Dios a través del castillo, está respondiendo a una llamada. Está siendo llamado a aumentar su robustez espiritual para poder canalizar la gracia hacia este mundo y para este mundo. Nuestro nuevo monasterio, el mundo, necesita desesperadamente la fuerza de nuestra alma.

¿DEBE USTED CRUZAR EL PUENTE LEVADIZO?

Muy frecuentemente he mirado a personas a los ojos y he visto miedo puro cuando me han preguntado por su vida. He visto con gran facilidad lo que podrían conseguir si no tuvieran tanto miedo. He visto que, ciertamente, su vida funcionaría y todo les iría bien. Sí, a Diane le resultaría un poco duro dejar su empleo y a Jack cerrar su negocio, por ejemplo, pero ellos no tenían ni idea —la más mínima— de lo extraordinaria que podría volverse su vida. Yo sí la tenía. No sabía cómo, ni qué ni cuándo, pero sabía que estaban siendo invitados a cruzar el puente levadizo. Eso les cambiaría completamente la vida. ¿Por qué iba a cambiarles la vida hacer el viaje? Hasta el momento sólo habían conocido el miedo. Por fin iban a descubrir el poder del alma.

Como preparación para entrar en el castillo, he seleccionado un poema de mi poetisa y mística favorita, Emily Dickinson. Me he tomado algunas libertades con el poema para adaptarlo al viaje al interior del castillo.

Emily Dickinson

—*¿Vienes a mí? No te conozco...*
¿Dónde pueden hallarse tu casa y tu castillo?

—*Yo soy Jesús, antes de Judea,*
ahora del Paraíso...

—*¿Tienes acaso carros para llevarme?*
Esto está muy lejos de ahí...

—*Mis brazos bastarán como carreta...*
Confía en la Omnipotencia...

—*Estoy manchada.*
—*Yo soy el Perdón.*
—*Soy pequeña.*
—*Hasta el más pequeño es el más grande en el Cielo;*
ocupa mi casa y mi castillo.

Tomado de *La poesía como oración*
del reverendo John Delli Carpini

Ahora, eche a andar por el puente levadizo y atraviese la puerta que conduce a su castillo. Mientras camina, vaya pronunciando esta plegaria:

«Abro mi ser a la inspiración divina. Rindo mi ser para convertirme en un canal para la gracia, la curación y el servicio a los demás, dirigido por Dios.»

Ahora se encuentra en el patio del castillo, en lo más hondo de su alma. Bajo sus pies, el suelo lanza destellos como si fuera un cristal grueso y compacto. Tome conciencia de sí mismo de pie firmemente sobre ese cristal, dentro de los seguros y tranquilos muros de su castillo. Aspire el silencio de su alma durante unos momentos. Ya ha empezado.

SEGUNDA PARTE

El viaje del alma

La Primera Morada

El poder de la oración, la humildad, el caos y la seducción divina

> En la humildad es donde se halla la libertad más grande.
> Mientras uno tenga que defender el yo imaginario que consi-
> dera importante, pierde un pedazo de corazón. Tan pronto
> como compara esa sombra con las sombras de otras personas,
> pierde toda la alegría, porque ha empezado a comerciar con
> cosas irreales y no hay alegría en las cosas que no existen.
>
> THOMAS MERTON

Para mí, entrar en mi castillo fue como llegar a casa. Ello se debe a que la oración —la llave del castillo— siempre ha sido una constante en mi vida. Cuando era muy pequeña, en cuanto tuve capacidad para entender instrucciones, me enseñaron que todos los días debía empezarlos y terminarlos rezando a Dios y a mi ángel de la guarda, quienes pasaban el día entero encima de mi hombro derecho para cuidar de mí. La oración ha sido como una capilla interior en la que entro cuando quiero o necesito tener una perspectiva superior de la vida. La oración me permite ver a través de la lente de lo sagrado.

Quisiera hacer hincapié en la distinción entre querer y necesitar entrar en oración para cambiar de perspectiva. Para orar, uno no siempre tiene que estar motivado por la necesidad. Más que necesitarlo, con mucha frecuencia yo quiero ver las cosas desde una perspectiva diferente. Ésa es la motivación que me llama a orar. Por medio de la oración podemos distinguir la verdad de la fantasía, y a mí me encanta la sensación liberadora de la verdad. De todos modos, cuando empecé a trabajar con la dulce presencia de santa Teresa en mi vida, me di cuenta de que no rezaba al nivel que ella describía, así que inicié una práctica de oración y contemplación más disciplinada.

Esa decisión me exigió modificar unas cuantas actividades habituales de mi hogar, empezando por la búsqueda del silencio. Normalmente, por la mañana me tomaba un par de cafés mientras veía las noticias y examinaba el correo electrónico. Solía enfurecerme al enterarme de los sucesos, paseaba por la cocina vociferando, me calmaba un poquito, me tomaba otro café, veía más noticias y luego despotricaba contra el estado del mundo ante cualquiera que entrase en mi cocina, y siempre hay alguien entrando en mi cocina. Una mañana, furiosa a causa de algún incidente político, estampé una caja contra la encimera de la cocina y una tarta de café salió volando como si fuera un cohete. Recorrió toda la cocina, dio a mi prima en la cabeza y terminó desparramándose por el piso. Ese incidente me hizo ver que estaba empezando a perder el control, como el mundo que me rodeaba, y que necesitaba recluirme a fin de escribir este libro. Necesitaba entrar en el castillo, distanciarme y rezar.

«Que mi alma vaya adonde no puedo ir yo, y que vaya sólo con Dios.» Repetí estas palabras una y otra vez. Y también repetí: «Mientras rezo me distancio. Pongo mi alma en manos de Dios para servir sólo al bien en esta situación que me siento impotente para cambiar.»

Con estas plegarias, sentí que se encendía en mi interior una minúscula luz de esperanza. La esperanza es el rostro de la gracia, y nos recuerda que el mundo, en última instancia, no está en manos de políticos avarientos, ni terroristas, ni magnates financieros, ni fundamentalistas que rezan para que llegue el Armagedón. El mundo está en las manos de Dios. Esta plegaria me devolvió a mis cabales, a mi centro, al lugar en que funciono mejor, «estando en el mundo pero sin ser del mundo».

Y por primera vez en mi vida comprendí cuál era el verdadero poder de la oración. Es la invocación de la gracia. La oración posee la capacidad de levantarnos de la Tierra a la velocidad de la luz. Como yo quería experimentar aquello sobre lo que escribe Teresa, como deseaba apasionadamente entrar en mi castillo, seguí sus instrucciones acerca de la oración.

ORACIONES PARA EL CASTILLO

No existe ningún atajo para entrar en el castillo. La única manera de entrar en él es por medio de la oración y la meditación, pero santa Teresa diferencia entre lo que ella considera oración auténtica y las «costumbres vocales de la mente». En este último caso, no somos conscientes de lo que estamos diciendo. Cuando se reza de manera automática, sin concentrarse en a quién se le está hablando y qué se está pidiendo, no se reza, por más que se muevan los labios. Santa Teresa escribe: «Mas quien tuviese de costumbre hablar con la majestad de Dios como hablaría con su esclavo, que ni mira si dice mal, sino lo que se le viene a la boca y tiene aprendido por hacerlo otras veces, no la tengo por oración.» Por otra parte, en la oración auténtica somos conscientes de la finalidad de nuestra plegaria, que es comunicarnos con Dios. Y aunque no logremos mantener esa concienciación durante una oración entera, mientras que mantengamos una actitud verdaderamente reflexiva durante parte de ese tiempo, nuestra oración será auténtica.

La oración nos arrastra al campo de energía de lo sagrado y protege nuestra alma. Como el alma reside dentro de nosotros, nunca podemos separarnos de ella, pero, según advierte santa Teresa, «recuerda que hay muchas maneras de estar en un sitio». La oración es la llave de la puerta del castillo, y abre el significado de la palabra «estar». El alma que se encuentra dentro del alma —el castillo— es otra forma de estar; es un nivel de realidad que tenemos en nuestro interior y al cual llegamos mediante la oración. El castillo es un lugar en donde estar, no donde pensar, ponderar o experimentar emociones. Es nuestro centro, en el que dejamos atrás el yo sensorial y los asuntos de nuestra vida física. Es el lugar en el que creemos en algo más grande. Es un hecho que ahí vive Dios.

Una vez que esté dentro de su castillo, imagínese el alma como una compañera con la que también se comunica por medio de la oración y la contemplación. Vaya más allá de una imagen intelectual básica del alma como esencia o conexión con la eternidad y dé vida a esa imagen, hágala tan real como un «otro yo sagrado», una parte de usted mismo. Y con esa querida compañera interior, descubrirá que su alma se transforma en el puente que lo conduce a Dios.

Dentro del castillo, cultive una perspectiva que vea más allá de las preocupaciones, las ambiciones y los asuntos corrientes de su vida. Esto no es nada fácil, pero deje de quejarse. Deje de ser pesimista. Deje de pensar que la vida le debe algo. Deje de ser perezoso y de desear todo el tiempo que las cosas fueran más fáciles. Dicho en pocas palabras: deje de desear que su vida fuera distinta de lo que es, y haga algo con la vida que tiene. Llegar a su otro yo sagrado requiere que ame o aprecie por lo menos una parte de su vida, que se esfuerce por aprovechar su vida al máximo y que reconozca que la vida es un regalo. El otro yo sagrado no es difícil de encontrar. Pero es posible que el valor y el aprecio propios de su vida sí le resulten difíciles de encontrar... y ésa es la verdad pura y dura.

Mientras va en busca de su otro yo sagrado, recuérdese a sí mismo que este viaje no requiere que se deshaga de sus pertenencias y se aparte del mundo que conoce y de todas las personas a las que ama. Más bien, su objetivo es trascender la influencia controladora que ejercen sobre usted y sobre su relación con Dios los falsos dioses del mundo exterior, como el estrés, el dinero y la presión de la sociedad. Los místicos como santa Teresa, san Francisco y san Juan de la Cruz vivían en una especie de beatitud carente de miedos; funcionaban plenamente en el mundo físico, pero su cuerpo era siervo de su alma. Con el tiempo, su mundo también se hizo siervo de su alma, a medida que sus enseñanzas iban atrayendo seguidores y a medida que iban poniendo en práctica las instrucciones que habían recibido de Dios. Un ejemplo contemporáneo de místico en el mundo fue la Madre Teresa de Calcuta. Sin tener un solo céntimo a su nombre, murió siendo una de las ciudadanas más poderosas de la India, si no del planeta.

Estas personas no preguntaban constantemente: «¿Y si no tengo bastante? ¿Qué va a pasar con mi jubilación? ¿Y si mis planes no funcionan como yo quiero?» Ellos se valían de la oración y la gracia, y veían el mundo primero con los ojos del alma, y confiaban en que los protegía una potencia mayor, una fuerza tan inmensa que ningún ser humano podía desafiarla. Paradójicamente, hay muchas otras personas que, teniendo todos los bienes materiales a su disposición, vacilan en hacer algo para cambiar el mundo. La vida de los místicos era extrema —en sus milagros, sus travesuras y sus logros— para que los demás pudieran presenciar el poder del alma en acción teniendo de compañero a lo divino.

Usted no será llamado al servicio monástico por entrar en su castillo, eso se lo prometo. Sin embargo, puede conocer a su manera la beatitud sin miedo que conocieron los monásticos. No es una gracia que puedan generar la mente o el corazón, sino que pasa a través del alma. Empieza a fluir hacia el interior de su ser a medida que usted va alimentando mediante la oración una relación con el otro yo sagrado que vive dentro de su castillo.

LAS ETAPAS DE LA ORACIÓN

La oración es la manera de conocerse uno mismo y de conocer a Dios. Para santa Teresa, la búsqueda a lo largo de toda la vida y el perfeccionamiento del conocimiento de uno mismo constituían un credo. No podía comprender que una persona dejara de explorar su alma o de saciar su curiosidad de saber qué deseaba Dios de ella.

Aunque las oraciones pueden ser sencillas, su poder y su misterio no lo son. La oración une con Dios nuestro yo consciente y nuestra alma. Altera nuestra conciencia, lo cual nos permite entrar en los siete diferentes niveles de conciencia del castillo. En la oración, abrimos nuestra alma para ponerla a disposición de Dios, para escuchar, recibir, ser. La oración suprime nuestra rabia, nos aparta del caos de las preocupaciones ordinarias o los pensamientos agresivos, y nos permite ahondar en frases espirituales y verdades trascendentales que elevan nuestra conciencia.

Lógicamente, usted se preguntará: «Pero ¿qué tipo de oraciones tengo que rezar? ¿Cuáles son las oraciones apropiadas para entrar en mi castillo? ¿Hay unas más eficaces que otras?» Santa Teresa aborda estas cuestiones cuando describe tres categorías de oraciones y cómo debemos progresar de una a otra. Para ella, la oración repetitiva, como rezar el rosario o decir un *mantra*, es la forma de oración más básica, pero es reflejo de un alma temerosa de acercarse a Dios. Cuando uno repite palabras, no tiene oportunidad de escuchar y recibir. «Cuanto más callados estamos, más oímos», escribió Ram Dass, el místico moderno autor de *Be Here Now [Aquí y ahora]*. La intención de la oración repetitiva es procurarnos consuelo, lo que sin duda consigue, pero ese consuelo está generado por uno mismo, no es producto de la gracia divina. Aunque la oración repetitiva no invoca la inspiración divina del mismo modo que la práctica de la contemplación y la oración creativa y espontánea, desde luego es útil y es bendita. Cuando usted empiece su práctica de oración diaria, podrá servirse de ella para hacer de su hora de oración una costumbre.

La **oración de *recogimiento***, como denomina santa Teresa a la primera etapa de la oración, es una forma superior de oración a la que uno accede progresivamente partiendo de la oración repetitiva. En una oración de recogimiento uno se recoge a sí mismo y reza apelando a todo su ser. Uno recoge partes de su espíritu que había descuidado, olvidado o adherido a los demás. Al llamar de vuelta a su espíritu para que se reúna con usted, se desapega de todas las influencias externas. Este tipo de oración forma parte del trabajo que realizará en las moradas de la primera a la tercera, en las que su tarea consiste en llegar a «conocerse a sí mismo», a trasponer su ego y su personalidad y descubrir el contenido y el carácter de su alma.

Como ayuda para realizar ese descubrimiento, entablará conversaciones con su alma en cada aposento. Esta oración conversacional marca el desarrollo de la valentía necesaria para abrirse a un diálogo con Dios. En el diálogo abrirá su alma a la voz de Dios. Para empezar dicha conversación, santa Teresa sugiere rezar una plegaria —incluso una repetitiva— y a continuación guardar silencio y escuchar durante un rato, como si estuviera estableciendo una práctica de diálogo. Rece y escuche. Rece y escuche. ¿Qué oye?

En ese mismo nivel, la compañera de la oración de recogimiento es la **oración de *contemplación***, en la que uno se sume en el silencio con el propósito de reflexionar sobre sí mismo. En este estado, uno puede leer textos sagrados o enseñanzas inspiradoras y pensar en cómo aplicarlas a su vida. Pero principalmente uno reflexiona sobre sus pensamientos y sus actos. Los diálogos que mantenga con su alma en cada aposento le revelarán muchas cosas, entre ellas dolor, vergüenza y otras crudas emociones y revelaciones sobre usted mismo, pero no con el fin de sentirse mal ni buscando la autocompasión o el sentimiento de culpa. Si se excavan esas emociones crudas es para poder encontrar el valor que tienen oculto dentro. Deténgase en cada descubrimiento hasta que alcance a ver el interior de la veta más áspera y distinguir el oro o la joya que guarda. En todas las ocasiones, opte por la intrepidez: no huya de lo que descubra, ya sea dolor o un talento sin explotar. Sea valiente. La valentía es beatitud.

No mida sus progresos a través de las moradas por la rapidez con la que va realizando los ejercicios. Su mente puede hacerle jugarretas y decirle muchas veces que ya ha terminado el trabajo de un aposento. Incluso puede que crea que ha terminado el trabajo en una tarde o en una hora. Pero, como pronto descubrirá, el hecho de abrir un aposento abre otros más que muestran el contenido de su vida personal.

Desde el momento en que inicie este trabajo, empezará a ver el mundo desde una perspectiva distinta, desde el punto ventajoso de su castillo, cualquiera que sea el aposento en que se encuentra. Si, por ejemplo, está trabajando en uno que examina el modo en que hace frente a los cambios, buscará ese estado mental la próxima vez que se encuentre sumido en el caos. Recurrirá automáticamente a la oración, aunque sólo sea para decir: «Ayúdame a actuar con sabiduría en medio de esta conmoción. No permitas que contamine mi alma ni el alma de ninguna persona con la que estoy en contacto.» Con esa oración, atraerá la gracia al discurrir de ese momento y pasará a la perspectiva de un aposento del castillo que le guiará para saber cómo reaccionar. Ésta es la verdadera conciencia, ésta es el alma en acción en el mundo.

Al final, el único progreso auténtico que hará será por medio de la oración. No hay manera de determinar cuánto tiempo permanecerá en una etapa de oración o en una morada; santa Teresa tardó años en avanzar de una etapa a la siguiente, aunque cuanto más esté usted en paz con la práctica mística del desapego, más avanzará y profundizará.

Después de la oración de recogimiento viene la **oración de quietud**, en la que se entra en las moradas cuarta y quinta. En este nivel, uno ha madurado hasta superar la necesidad de servirse de la oración para pedir favores o una red de seguridad personal. Se ha desembarazado de la búsqueda de sosiego psicológico o emocional y ha entrado en un estado de sosiego del alma. Las dudas y los miedos acerca de la capacidad para sobrevivir en el mundo físico han desaparecido. Uno ha pasado a experimentar una confianza incondicional que produce «quietud» mística, como la describe santa Teresa, una beatitud divina que se nos da de manera espontánea, un pedacito de cielo.

En el tercer nivel de la oración, la **oración de unión,** uno experimenta un estado místico de unión con Dios. Ésta suele corresponder a las moradas sexta y séptima. En dicho estado, los sentidos y la mente quedan adormecidos, en un estado de suspensión. En una de sus experiencias de unión mística, santa Teresa notó que cuando Dios llamaba sus sentidos querían ir con ella, pero que, al igual que su mente, eran sencillamente demasiado frágiles. Tan sólo su alma podía soportar la presencia de Dios.

La oración es la senda que nos guía en la oscuridad, la oración es nuestro camino hacia la luz, la oración es nuestro modo de mantener el campo de gracia. La oración es nuestro modo de entrar en el castillo y avanzar por su interior, y de seguir conectados a él. Permítame que le recomiende hacer uso de las plegarias de todas las tradiciones principales para que le ayuden y dedicar un día a la semana a cada una de ellas. Abra el alma a la sabiduría y la verdad de todas las tradiciones. La oración es el camino que lo llevará hasta Dios.

Recomiendo esta oración para entrar en el castillo:

Oración de entrada

Cruzo el puente y me interno en el beatífico silencio de mi castillo interior. Cierro el puente levadizo y no permito la entrada de ninguna influencia externa a este lugar sagrado que es mi alma. Aquí, en mi castillo, estoy a solas con Dios. Bajo la luz de Dios y en compañía de Él, descubro la profundidad y belleza de mi alma. Acepto el poder de la oración. Me abro a la orientación divina. Me entrego para convertirme en un canal para la gracia, la curación y el servicio a los demás, mientras Dios dirige mi vida.

Aquí acepto mi dedicación a lo divino. Y aquí hago una pausa en este silencio para dar vida a la dignidad de mi alma. Siento cómo me llama mi yo interior. Resueno hondamente, en mi propia divinidad. Ya estoy preparado para encontrarme con ella, para transformarme en ella, para dialogar con ella, que es Dios dentro de mí.

Aquí en mi castillo, mi fe se transforma en un fuego que purifica mi alma de todo temor. Cada vez que entro en mi castillo, confío más y más en la presencia y la sabiduría de Dios en mi vida. Rindo mi mente, mi corazón, mi necesidad de seguridad y mi necesidad de explicaciones racionales e instrucciones rígidas a la voluntad de Dios. Confío en que todo lo que hay en mi vida es como debe ser. Me libero de la necesidad de saber por qué las cosas suceden como suceden, ya sean dolorosas o felices. Me libero de la necesidad de hacer saber a los demás que me han herido. Me libero del miedo de ser abandonado en esta Tierra y tener que enfrentarme a la vida a solas. Me libero de mi miedo a enfermar. Me entrego en la confianza de que si estoy en esta Tierra es por algún propósito, en la confianza de que alguien me guía y me cuida, en la confianza de que mis plegarias son oídas y respondidas. Soy un canal para la gracia y me deleito en el beatífico silencio que me rodea en el sagrado centro de mi castillo, en la presencia íntima de Dios. En este silencio, la única voz que oigo es la de Dios.

Ahora usted se encuentra en el campo de energía de la primera morada. Aquí, su alma emprende el viaje hacia el conocimiento de usted mismo, la iluminación y Dios. Usted llegará a conocer, sentir y aceptar su alma trabajando en los retos espirituales y terrenales que contiene cada aposento. Cada reto o ejercicio espiritual posee una significancia y una finalidad esenciales para la evolución de su alma. Pasando por los aposentos de uno en uno, aumentará el conocimiento de sí mismo y lo irá perfeccionando despacio, paulatinamente.

Los tres primeros retos a los que se enfrentará en esta morada son el poder, el control y el ego. Santa Teresa condujo a sus monjas al interior de la Primera Morada haciéndolas pasar por la puerta de la humildad, un tema que constantemente enfatizó en sus escritos, y que también preocupó a otros muchos grandes maestros espirituales, desde Jesucristo hasta Gandhi. No hay otro lugar más apropiado por donde empezar.

EL PODER DE LA HUMILDAD

La humildad es una cualidad de la personalidad que uno debe poseer en el camino espiritual. También es la cualidad más incomprendida y malinterpretada. La mayoría de la gente confunde la humildad y la modestia con ser humillado, respecto de lo que tiene un miedo profundamente arraigado y paralizante que controla su psique, sus emociones y sus actos. La humillación es una experiencia de impotencia o de ataque a nuestra autoestima, pero la humildad, entendida dentro de un contexto espiritual, es la puerta que conduce a la liberación total.

No es de extrañar que la gente confunda la humildad con la humillación, dado que el diccionario la define, entre otras acepciones, como «bajeza». La palabra «humildad» —referida a la cualidad de ser modesto— procede del latín *humilis* y *humus*, que significa «tierra», y está emparentada con los términos griegos *chton*, «terrenal», y *chamai*, «en el suelo». La humildad no significa que uno deba tenerse a sí mismo en baja estima o que se niegue el respeto, el reconocimiento, la autoridad, el estatus o los logros. Dentro del castillo, la humildad es una virtud, y usted ha de empezar a buscarla en la planta baja de la Primera Morada.

La persona verdaderamente humilde tiene poco miedo de lo que pueda pedirle Dios, porque ninguna tarea es demasiado pequeña o insignificante, degradante o carente de valor. Muchos de los grandes místicos recibieron instrucciones extrañas y descabelladas mientras meditaban. Dichas órdenes no tenían como fin humillarlos, sino demostrar que lo extraordinario podía alcanzarse mediante la fe incondicional. Eran ejemplos vivos de fe incondicional. Muchos místicos contemporáneos que jamás serán famosos han recibido instrucciones igual de desafiantes, incluso extravagantes, que sorprenden a otras personas por considerarlas locuras o peligros. Pero su humildad y su falta de temor les ha permitido continuar a pesar de las posibles consecuencias sociales, económicas, políticas o personales.

Conozco a un hombre que se encontraba profundamente sumido en la oración cuando oyó una voz interior que le ordenaba que «llevara curación al hospital». Al principio no tenía ni idea de lo que quería decir aquello. Él no era médico ni tenía ninguna relación profesional con ningún hospital, sino que practicaba la sanación holística. Dejó que la idea fuera madurando un poco y después se acercó al hospital local a ver si la administración le pemitía impartir a las enfermeras un seminario sobre los principios básicos del sistema de energía del ser humano, el cual podría servirles de ayuda para proporcionar una atención holística a los pacientes. Le dijeron que no, así que fue a preguntar en otro hospital, y luego en otro. Por fin en uno le dijeron que sí. Su seminario se hizo tan popular, que lo invitaron a impartir otros más, y pronto estuvo impartiendo uno al mes, dirigido a enfermeras, médicos y demás personal acerca de prácticas de sanación holística, las cuales el hospital fue adoptando gradualmente.

¿Estaba asustado este hombre cuando recibió esta orden? Sí y no. Al principio estaba asustado porque sabía que era una orden auténtica y no quería fracasar. Y no sabía por dónde empezar ni qué esperar. Lo que más miedo le daba era darse cuenta de que iba a tener que valerse de su propio ingenio más de lo que se había valido de él en toda su vida, mientras sabía que contaba con el respaldo de la intervención divina. Uno no obedece una orden divina porque la tarea que va a realizar tenga el éxito garantizado, sino que la lleva a cabo de forma incondicional porque eso es lo que se le ha ordenado. Es una orden incuestionable, igual que un milagro es un favor incuestionable de Dios.

El reto, por supuesto, radica en explorar nuestras vulnerabilidades y puntos fuertes y permitirnos ser humildes al respecto. ¿Cuál percibe usted que es su poder terrenal? ¿Es una relación —romántica, económica o laboral, política, o de amistad— que le proporciona una (falsa) sensación de seguridad? ¿Es el estatus en el trabajo, o una casa, un club social, un vecindario determinado? ¿Se sentiría humillado si lo perdiera o se lo quitaran? Discernir el auténtico poder del alma constituye la base del trabajo que debe realizarse en la Primera Morada. Todo otro acto de autodescubrimiento depende de lo bien que asiente el cimiento de la humildad.

La gracia de la humildad

La gracia posee muchas cualidades y muchas expresiones, entre ellas: compasión, sabiduría, paciencia, visión, resistencia, humor, alegría, intuición, locura sagrada, fortaleza, perdón, esperanza, gratitud, beatitud, generosidad, creatividad, felicidad carente de miedo y humildad. Cada cualidad de la gracia, a su vez, tiene capacidad propia para influir, curar y provocar cambios en nuestra psique y nuestro cuerpo. La humildad, por ejemplo, nos permite conocer y aceptar todas las cualidades positivas del cuerpo, la mente y el espíritu de otra persona. La humildad desactiva la voz competitiva que nos susurra: «No hay suficiente. ¿Y tú, qué? Tú debes ir primero. Tú necesitas más. Tú mereces la recompensa, la atención, el estatus y el dinero mucho más que esa otra persona.»

Sentirse humillado por alguien a menudo puede activar nuestra sombra y, por ejemplo, fomentar sentimientos de venganza o de resentimiento, en cambio mantener una actitud de humildad nos aporta un escudo de desapego. La humildad nos permite entender las motivaciones de otra persona y trascender toda negatividad. Puede ayudarnos a comprender que los actos de una persona asustada o negativa rara vez van dirigidos contra nuestra personalidad. Para una persona que está furiosa, cualquiera puede convertirse en objetivo.

Actualmente, en nuestra cultura, resulta un reto más difícil que nunca ser humilde, porque concedemos mucho valor al individuo y al poder personal de uno. En nuestras actitudes contemporáneas, el poder personal y la humildad son extraños compañeros de cama; sin embargo, de forma paradójica, no existen dos cualidades que casen mejor. Ser humilde significa que uno no necesita negarles a los demás el respeto, la atención, el elogio o el poder porque uno lo necesita más que ellos. El hecho de ser humilde le da a uno la fuerza necesaria para desembarazarse de la necesidad de recibir elogios y (falso) poder, y para evitar el precipicio que supone ansiar aprobación. El orgullo es la peor de todas las toxinas y la fuerza contraria a la humildad. Hace presa en nosotros en un instante y nos convierte en prisioneros del ego y del mundo que nos rodea. Puede que tengamos millones de dólares, que poseamos cinco casas, tengamos doscientos empleados y nos creamos libres por ser el jefe, pero seguramente somos marionetas de nuestro orgullo, que nos exige tener todo eso para sentir que tenemos poder e identidad.

Cuando en mis seminarios contrapongo la humillación al poder de ser humilde, el público entero parece recordar de pronto alguna humillación sufrida en la infancia. Al instante se dibuja ese recuerdo en los rostros de todos los presentes, su lenguaje corporal se transforma y sobre todos se abate un sentimiento de vulnerabilidad. La humillación es pérdida de poder, pero la humildad, como enseñó santa Teresa, es un poderoso escudo para el alma. Sin humildad, uno no está en equilibrio; el más mínimo movimiento puede hacer zozobrar el barco y trastornarnos. Una persona no nos saluda como es debido; no somos los primeros de la cola; no estamos sentados en la primera fila; no nos dan mesa en un restaurante con suficiente rapidez; no nos invitan a determinada fiesta... ¡Cómo se atreven! ¿No puede uno salir a la calle con esa pinta por culpa del qué dirán? Alguien hace una observación crítica y uno se pasa hundido varias semanas, meses, tal vez años; puede que incluso necesite ayuda psicológica para superarlo. Una relación se desintegra porque el orgullo impide la reconciliación. Una persona humilde pasaría por todos estos incidentes sin que se le notara siquiera.

La verdadera humildad consiste en dejar de necesitar ganar, tener la última palabra, tener que ver siempre reforzadas nuestras inseguridades con un apoyo constante. La humildad es la capacidad de ayudar a alguien que nos ha hecho daño, de pedir perdón, de no esperar años a que la otra persona nos pida disculpas para volver a hablarle. La humildad es la capacidad de dar las gracias a las muchas personas que dedican su vida a ayudarnos a hacer realidad nuestros sueños, ya sea en una empresa en la que ganamos millones o en un pequeño negocio familiar.

Escoger el camino de la humildad —y quedarse en él— requiere reflexionar con frecuencia: «¿Dónde reside mi verdadero poder?», y «¿Qué clase de aprobación me importa más: la de los que viven fuera de mi castillo o la de quien me acompaña dentro del mismo?». Y cuando Dios nos habla, la humildad es la capacidad de decir «Sí» en lugar de «Pero ¿qué pensarán los demás si hago eso?».

No se puede llegar a dominar la humildad de una sola vez. Es algo que hay que practicar todos los días porque, sin lugar a dudas, el miedo a verse humillado es la voz más controladora que hay en nuestra psique. Santa Teresa y otros directores espirituales de otras tradiciones entendieron esa verdad básica de la naturaleza humana. Muchas personas que buscan su meta, su potencial máximo, se sienten frustradas y exhaustas a causa de dicha búsqueda porque creen no poder ver el siguiente paso que han de dar. Pero aun cuando dicho paso esté delante de ellos —cosa que sucede siempre—, la mayoría buscaría una razón para no avanzar. Algunos dirían: «Bueno, es que no es el momento oportuno», y otros: «Es que no estoy seguro.» Al final sus excusas son siempre las mismas, todas están basadas en el miedo a la humillación.

Estas personas están esperando algo que no va a llegar nunca: quieren una inspiración acordada, como un acuerdo de indemnización por despido. Y quieren que ese acuerdo contenga lo siguiente: (1) detalles concretos de lo que han de hacer y con quién, por lo general con una garantía de que las otras personas involucradas harán todo el trabajo de «alto riesgo»; (2) la garantía de que no tendrán que invertir un solo céntimo de su dinero, sino que obtendrán mucho a cambio haciendo lo mínimo; (3) la garantía de que no tendrán que trasladarse, reorganizar su vida ni sufrir incomodidades de ninguna clase; y, lo más importante de todo, (4) la garantía de que no fracasarán, de que no deben fracasar. Ah, y tampoco estaría mal que los demás los admirasen por ese «proyecto de máximo potencial».

Dicho de forma resumida, quieren garantías de que van a ganar la carrera incluso antes de correrla. En vez de enfrentarse a los temibles demonios o culebras que tienen dentro, la mayoría inventa historias y se dice a sí misma que se siente demasiado confusa, o que «no consigue oír del todo la voz que la guía», o que simplemente no es el momento adecuado para dar un paso adelante. Pero es que, mientras teman la humillación, el momento adecuado no llegará nunca.

La humildad se convierte en nuestro escudo protector porque casi nadie considera amenazante a una persona humilde. Ésa es la razón por la que los místicos humildes, pobres y descalzos, y también otras muchas personas de magnífica humildad, se convierten tan a menudo en sanadores y pacificadores. Ellos se meten en sitios en los que otros no se atreven, porque esos otros temen ser humillados, y los humildes carecen de ese temor. Así pues, a los humildes se les encargan las tareas que son verdaderamente poderosas, aunque ellos mismos den la impresión de ser poco poderosos a las personas que miran con los ojos del orgullo. Para las personas que llevan «sombras de arrogancia», esas tareas parecen sencillas, ingenuas, poco mundanas, fuera de la realidad; y los que «han nacido en un pesebre» o los que «se sientan debajo de un árbol bodhi» parecen demasiado humildes para causar agitación alguna en el mundo. Y en dicha humildad se oculta la protección de Dios. La humildad protegía a todos los grandes maestros espirituales: a Jesucristo, sin duda alguna; con la humildad, Gandhi derrotó al Imperio británico.

He aquí una verdad mística: Dios encarga tareas difíciles y estrambóticas a aquellos a los que Él elige. Y he aquí una segunda verdad mística: para poder soportar nuestras tareas, hemos de ser humildes. La humildad es nuestro mayor escudo en este mundo. Y también constituye el cimiento de una unión mística con Dios. Llévese esta verdad consigo cuando explore su Primera Morada.

Aposentos para refinar la humildad

Antes de entrar en los aposentos, cerciórese de haber tomado papel y lápiz, o bien un ordenador portátil, para escribir. Nunca debe salir de un aposento con las manos vacías. Busque en cada aposento algo que pueda llevarse consigo al mundo, y escríbalo. Si escribe que en determinado aposento le está costando trabajo llegar a su alma, agregue una explicación de por qué cree usted que está teniendo esa dificultad. No podrá vaciar totalmente un aposento en una única visita, y habrá algunos que no podrá vaciar jamás... pero sabrá lo que contienen. A medida que vayan transcurriendo los días, semanas o meses de su vida, cada aposento volverá a llenarse una y otra vez, unas más que otras, naturalmente. Y aunque he construido siete aposentos en este próximo apartado para que usted entre en ellos y los explore, siempre puede agregar otros que considere que necesita. ¡Cada morada puede ser infinita!

Observe que aunque las instrucciones se suceden de un aposento al siguiente, es usted quien decide el ritmo de avance. Puede que desee trabajar en un solo aposento por semana, por ejemplo. Estos ejercicios son rigurosos; aumentan la fuerza del alma para mover rocas espirituales a fin de hacer sitio para que pase la luz. No intente desplazarse rápidamente por el interior del castillo; en todo caso, es imposible (tal como advirtió la propia santa Teresa). Si necesita salir del castillo después de haber visitado sólo uno o dos aposentos, antes rece una oración de cierre o recite la Oración de Salida que figura al final de esta morada.

Tenga presente este pensamiento: Usted quiere conectar con su alma. Quiere conocerse a sí mismo y averiguar cuál es su relación con todas las partes de su vida, incluso aquellas que aún tiene que descubrir. Su castillo es su lugar de la verdad. Está a punto de encararse con culebras que ni siquiera se da cuenta de que viven dentro de usted, y descubrir que tiene en el alma una mazmorra en la que encierra a prisioneros, personas a las que no quiere perdonar y a las que desea castigar. En este viaje va a desvelar sus misterios. Al ir entrando en esos aposentos de uno en uno, repetidamente, llamará a su alma para que aparezca.

Cuando penetre en lo más hondo de su ser interior, más allá de la algarabía de su mente, liberará a su alma —a usted mismo— de las fantasías que la han mantenido cautiva durante toda su vida. Muchas de esas ilusiones son dolorosas, pero reconocerlas como tales resulta liberador. Al reunirse con su alma, saldrá de una cierta locura relacionada con el mundo. Se permitirá a sí mismo vivir el resto de su vida sin miedo a lo que pueda ocurrirle en esta Tierra. Eso ya de por sí es un objetivo meritorio: vivir sin miedo. Se dará cuenta de que puede cuidar de sí mismo porque está en contacto con su yo interior, distanciado de los miedos y las inseguridades cotidianas. Dentro de usted existe el deseo insaciable de vivir sin preocupaciones, liberado de las restricciones autoimpuestas que provienen del miedo a la humillación y a las opiniones de los demás, incluidas las críticas que se hace usted mismo. Eso es la beatitud sin miedo.

De modo que, con ese objetivo en mente, tómese un momento para rezar. Está iniciando el viaje al interior de su alma. Usted y su alma son uno con Dios. Bendito sea el viaje que está emprendiendo. Y bendito sea usted.

Se encuentra usted en el patio del castillo. Entra en la Primera Morada. Imagine un largo pasillo con innumerables aposentos. Y sin embargo, a pesar de esa longitud infinita, el pasillo es cómodo y agradable, no siniestro ni intimidatorio. A continuación tiene que entrar en uno de los aposentos de dicho pasillo. Eso lo hará no una sola vez, sino muchas. Cada aposento representa una búsqueda en particular, un lugar en el que puede hablar con su alma. Cada aposento está amueblado de un modo diferente: unos son elegantes, despejados, casi de estilo zen; otros están abarrotados, polvorientos, atestados de recuerdos.

EL PRIMER APOSENTO
Cómo nos controla el miedo a la humillación

Visualícese a sí mismo frente al primer aposento de ese primer pasillo. Contemple la puerta, simple y de madera. Tiene un aspecto familiar, corriente. Véase a sí mismo abriendo esa puerta y pasando al interior de ese primer aposento, que es cómodo, cálido y acogedor. Siéntase totalmente presente en él. Sin prisas, paso a paso, atravieselo para dirigirse a un agradable fuego que arde en la chimenea. Siéntese en uno de los dos cómodos sillones situados frente a frente delante de esa chimenea. Pero no se relaje; con la relajación le entrará sueño.

Imagine que su alma viene a sentarse en el sillón que tiene enfrente. De hecho, puede darle forma, ponerle su cara, su pelo y su ropa. Usted reconoce a esa alma. La conoce. Lo que pasa es que no se ha dado a sí mismo el tiempo necesario o la ocasión de verla, de reconocerla o estar con ella. Manténgase centrado y presente. Si se distrae, y se distraerá —éste no es más que el primer viaje—, regrese a la imagen en la que conversa con su alma. Después de cualquier distracción, simplemente vuelva.

Trabajo para el alma: En este aposento, su tarea consiste en examinar su miedo a la humillación y hasta qué punto ha influido en las decisiones que ha tomado en la vida. ¿Ha influido en lo que estudió en el colegio, en la carrera que escogió, en la pareja que tiene, el lugar en que vive, la religión que practica, las amistades que tiene, las obras de caridad a las que contribuye? Diga a su alma lo que le gustaría de verdad si no tuviera miedo a reconocerlo, si no temiera hacer daño a otra persona, si no tuviera miedo a los cambios. Hable con su alma como si fuera una querida compañera, un aspecto más sabio de sí mismo, que es lo que es en realidad. Permítale que responda, y anote por escrito lo que le diga. Pídale por lo menos cinco ejemplos de cómo le ha afectado el miedo a sentirse humillado. Pídale a su alma que haga memoria: ¿De qué manera ha intentado comunicarse con usted a lo largo de estos años? ¿Cómo le ha hecho saber a usted que, a consecuencia de ese miedo, usted estaba reprimiendo su voz o resistiéndose a introducir un cambio en su vida? Vaya más allá del simple hecho de identificar los puntos dolorosos. Está buscando las consecuencias de haber desconectado de su alma.

A continuación, reflexione y escriba de qué manera ese miedo a la humillación está controlando su vida en este momento. Pregunte y responda esto a través de su alma. ¿De qué modo está impidiendo que asomen a su vida los objetivos de su alma porque teme la humillación? ¿Qué es lo que anhelan expresar usted y su alma? ¿Hay alguna situación constrictiva de la que desee salir? ¿O quizás anhela tan sólo libertad para establecer su vida interior sin sentir vergüenza? Penetre en su alma, siempre penetre en su alma. La tentación estriba en dejar que su mente se encargue del diálogo, pero la mente no pertenece al castillo. Dígase a sí mismo una y otra vez: «No quiero pensar. Lo que quiero es escuchar y recibir.»

Una vez que haya escrito todo lo que haya podido, prepárese para salir de este aposento. Sin duda tendrá que regresar a él varias veces a lo largo del viaje para trabajar sobre el control que ejerce sobre usted el miedo. Esto es así para todo el mundo.

Dé gracias a su alma por las revelaciones que le ha proporcionado en este aposento y regrese al pasillo infinito cerrando la puerta tras de sí, sabiendo que ese aposento seguro y su acogedor fuego —y también su alma, con esa familiar apariencia— están a su disposición para cuando usted necesite volver.

EL SEGUNDO APOSENTO
Maneras en las que ha sido humillado

Ahora regrese al corredor del castillo iluminado con antorchas sujetas a los gruesos muros de piedra, que mantienen a raya el mundo exterior. Deténgase ante un aposento cuya puerta es igualmente simple y corriente. Cuando la abra, descubrirá que ese aposento es asimismo bastante sencillo, pero que también tiene dos cómodos sillones delante de un fuego acogedor. La chimenea está rodeada de estanterías, rincones y nichos provistos de puertecitas entreabiertas, pero están vacíos, lo que sugiere que usted ha de llenarlos con las revelaciones que obtenga en ese aposento.

Siéntese e imagine a su alma en el sillón que tiene enfrente. Su tarea consiste en recordar de qué maneras se ha sentido usted humillado. Todo el mundo se ha sentido humillado, y la mayoría recuerda esos incidentes por mucho tiempo que haya pasado. Las humillaciones dan forma a nuestra vida tanto como nuestro ADN. Sin embargo, en este aposento podrá hablar de ellas con su alma sin arriesgarse, y también del modo en que dichas experiencias han modificado su comportamiento, su personalidad, sus miedos y sus costumbres.

Trabajo para el alma: Ábrase a las revelaciones que su alma le tiene preparadas. Regístrelas por escrito. Recuerde: Usted se encuentra en este aposento para dialogar, lo cual significa tanto hablar como escuchar. Recuéstese en su sillón junto a la chimenea y deje que su alma se comunique con usted. Simplemente, ábrase. Reciba. ¿Cuán profunda es la cicatriz que le dejó esa experiencia? ¿Cómo ha influido esa experiencia en usted? Conforme vaya recordando cada incidente, póngalo en una balda de uno de los nichos. Ahora que sabe que esos recuerdos están ahí, y una vez que ha escrito de qué manera le han afectado, puede cerrar la puerta del armarito. Ya se ha encarado con ellos y ha lidiado con ellos. Ahora libérese de ellos.

Permanezca un minuto en silencio y experimente la sensación de sentirse vacío después de haberse desembarazado de tanto peso muerto: sus culebras interiores. Igual que antes, después de haberse enfrentado a todo lo que ha podido y de haberlo puesto por escrito, dé las gracias a su alma por sus recuerdos y mensajes. Ahora salga, sabiendo que si tiene más trabajo que hacer en este aposento, podrá volver a él.

Por el momento, sin embargo, le conviene regresar al pasillo, donde verá otra puerta de madera parecida a las dos primeras, sólo que ésta brilla con un barniz en el que casi se refleja uno. Éste es el aposento en el que tiene que entrar.

EL TERCER APOSENTO
De qué manera ha humillado usted a los demás

Igual que los demás le han humillado a usted, usted también ha humillado a los demás. En este aposento, usted y su alma encontrarán recuerdos de los actos mediante los cuales usted ha herido a otras personas abiertamente o en secreto. Entre en este aposento y acérquese a la ventana, delante de la cual hay dos sillones. Siéntese en uno de ellos, y su alma se sentará en el otro. La luz que entra por la ventana es suave y meditativa, perfecta para la introspección y el autoexamen.

Trabajo para el alma: Pídale a su alma que le ayude a recordar casos en que usted humilló a otras personas. Al registrarlos por escrito, anote también el motivo por el que actuó así. Prohibido servirse de la excusa de «porque tenía miedo»; ésa es una excusa general que le permite escabullirse. En el interior del castillo, el listón está colocado mucho más alto. Tiene que confesar las razones de ese comportamiento y hacerse responsable en cada uno de los aposentos del castillo. Y también debe ser completamente sincero en estos diálogos entre usted y su alma. Ésta es la práctica de la reflexión sobre uno mismo.

Cuando ya haya recordado cinco ocasiones y las haya registrado por escrito, busque un patrón en sus motivos para humillar a los demás. A continuación, cierre el cuaderno, dé las gracias a su alma por su sinceridad y salga de momento de este aposento.

De vuelta en el pasillo, verá más aposentos a los que entrar a explorar. Si necesita salir del castillo temporalmente, rece su oración de cierre o la Oración de Salida. Si desea proseguir, vaya hasta la puerta de su cuarto aposento, en la que examinará cuáles son sus asociaciones con los conceptos de humildad y modestia.

EL CUARTO APOSENTO
Diez asociaciones con la humildad

Esta puerta es diferente; son dos puertas correderas con un diseño zen de madera ligera y papel de arroz. Abra las puertas y pase al interior del aposento, austero y silencioso. Aquí va a examinar lo que usted piensa acerca de la humildad. Al penetrar en el cuarto aposento, fíjese en lo hermoso que es su suelo de madera. Es liso y limpio, y emite un tipo de resplandor que resalta el bello dibujo de la madera y su sencilla elegancia. Delante de una simple chimenea de piedra hay dos cojines redondos para que se siente usted, y así esté cerca del suelo. Invoque a su alma para que acuda a sentarse con usted.

Una vez más, sus pensamientos se orientan hacia el tema de la humildad. La humildad es gracia, una potencia del alma, pero esto es necesario creerlo y sentirlo. Si en el nivel de la personalidad/ego usted piensa que la humildad es algo que nos resta poder o que nos humilla, va de cabeza hacia un desastre espiritual. Para aceptar la gracia de la humildad, debe empezar por confrontar su incomodidad personal con el hecho de verse a sí mismo como una persona humilde en esta Tierra y lo que eso significa para usted.

Trabajo para el alma: Pregúntele a su alma qué asocia ella con ser humilde. Necesita 10 asociaciones positivas y otras 10 negativas. Si usted asocia la humildad con determinadas personas, escriba el nombre de éstas en el cuaderno y explique si las ve como humildes o como humilladas. ¿Se consideraban ellas mismas humildes, o humilladas? ¿Usted las admiraba, o las evitaba y las compadecía? ¿La pobreza forma parte necesariamente del hecho de ser humilde? ¿Usted asocia ser humilde con recibir órdenes de otros en vez de tener autoridad personal? Cuando haya terminado, márchese sabiendo que podrá volver a este apacible aposento si necesita conectar otra vez con modelos de humildad.

Abra las puertas con suavidad y ciérrelas de nuevo al regresar al pasillo, al tiempo que se prepara para entrar en el siguiente aposento y en el siguiente tema.

EL QUINTO APOSENTO
¿Qué me humillaría hoy en día?

La puerta del quinto aposento puede que se resista un poco y a lo mejor tiene que empujarla para entrar, de igual modo que puede que necesite empujarse a sí mismo para preguntar y responder las preguntas siguientes. Esta puerta está hecha de un metal fuerte, pero usted necesita atravesarla para reunirse con su alma. Una vez más, este ejercicio requiere que sea muy sincero consigo mismo. Imagine a su alma sentada frente a usted, si eso le resulta de utilidad, e inicie el diálogo. No olvide anotar sus revelaciones en el cuaderno.

Trabajo para el alma, primera parte: En asuntos privados y en situaciones públicas que pueden ser potencialmente humillantes: ¿Guarda usted un secreto que no quiere que descubran los demás, ni su cónyuge o pareja, ni sus padres, ni sus hijos y hermanos? No piense sólo en sus actos: ¿tiene pensamientos que le resultaría humillante reconocer, actitudes que sostiene pero que no quiere que sospechen los demás? ¿Tiene alguna opinión sobre otra persona que le resultaría embarazosa si esa otra persona se enterase? ¿Ha hecho algo en el trabajo o en casa que no desea admitir y que podría hacerle sentirse violento? ¿Le humillaría que le pidieran que llevara a cabo determinadas tareas? ¿Sería para usted una humillación no formar parte de determinado grupo social? ¿Le humillaría no poder vestir ropa de marca, o no poder volar en primera clase, o no disfrutar de determinados privilegios en el trabajo? ¿Le resultaría humillante tener que recibir órdenes de determinadas personas? Con estos ejemplos en mente, continúe examinando su vida y sus puntos vulnerables respecto de este tema.

Trabajo para el alma, segunda parte: En asuntos de Dios y humillación: ¿Teme que Dios le humille si entrega su vida confiando en Él? ¿Alguna vez se ha sentido «humillado espiritualmente»? Reflexione sobre las veces que ha rezado a lo largo de su vida pidiendo orientación. ¿Cuándo hizo esas peticiones: en época de crisis o cuando estaba afligido? Anótelo en el cuaderno. A continuación, recapacite profundamente sobre lo siguiente: ¿Rezó poniendo condiciones? ¿Dijo que cambiaría o que haría algo a cambio de obtener una respuesta a su oración? ¿Dudó en el momento de expresar su petición? ¿Pensó inmediatamente en aquello que no le gustaría que le dijeran que hiciera, o en algo que no podría hacer aunque se lo pidieran? Pídale a su alma que entre en su archivo de recuerdos y que abra el de usted. Sea totalmente sincero. Escriba por lo menos cinco respuestas en el cuaderno. Cuando de verdad ya le resulte imposible esforzarse en admitir ninguna más, cierre el cuaderno y dé las gracias a su alma por la ayuda prestada.

Al levantar la vista del cuaderno, advertirá que este quinto aposento conduce directamente al sexto. Con su pesada puerta metálica, es casi como si fuera una antesala del siguiente, uno de los más grandes de la Primera Morada. El sexto aposento es como un inmenso almacén, abarrotado de montones de cosas, acontecimientos y recuerdos que usted preferiría olvidar pero que ha de afrontar y eliminar.

EL SEXTO APOSENTO
Oportunidades perdidas y actos de traición a uno mismo

Aunque en la vida no se puede evitar el dolor, una gran parte del sufrimiento que experimentamos nos lo infligimos nosotros mismos. Concretamente, cuando no actuamos con honradez o no hacemos caso de los dictados de nuestra conciencia o de nuestra alma, nos causamos el dolor de la traición a nosotros mismos. A menudo lo hacemos por miedo a lo que pensarán los demás; dicho de otro modo: tememos humillarnos nosotros mismos. La traición a uno mismo puede incluir cualquier cosa, grande o pequeña, desde haber dejado pasar una oportunidad de hablar con alguien que podría haberse convertido en una amistad para toda la vida hasta no haber salido en defensa de alguien que necesitaba ayuda, o no haber expresado una idea creativa en una reunión de trabajo, o no haber hecho una buena inversión empresarial. Si usted continúa temiendo prestar atención a su alma, será una de esas personas que tan sólo reconocen los consejos de su alma una vez pasada la ocasión. «Sabía que iba a ocurrir eso» es una frase común para las personas que carecen de la valentía necesaria para estar presentes y aceptar el consejo. Muchas personas, a fin de poder vivir consigo mismas después de haber traicionado a su alma, echan la culpa a los demás —padres, hermanos, falsos amigos, profesores, ex amantes— de lo que son actualmente y de aquello en lo que se han convertido. Pero una vez que uno emprende el viaje al interior de su alma, ve que la persona que es —y el origen de buena parte del dolor que está sufriendo— se encuentra dentro de sí.

Trabajo para el alma: Dialogue con su alma acerca de las oportunidades que hubiera querido aprovechar. Haga una lista de 20 por lo menos. De esas 20, 10 deben referirse a remordimientos acerca de personas desconocidas o situaciones que no tienen nada que ver con su carrera. Después de anotar esos ejemplos, vuelva a examinarlos y pida a su alma imágenes o información de lo que podría haber ocurrido si usted hubiera actuado siquiera en una sola de esas ocasiones.

Pregunte a su alma cómo y por qué se traicionó a sí mismo. ¿En qué situaciones sigue usted traicionándose a sí mismo? ¿En qué circunstancias es posible que se traicione a sí mismo? Describa el proceso de dicha traición. ¿Cómo podría cambiarlo? Éste es un buen aposento al que regresar cada vez que esté haciendo un esfuerzo para no volver a traicionarse. Le ayudará a fortalecer su alma para afrontar y sortear el desastre que provocaron traiciones anteriores.

Después de haber anotado por lo menos cinco casos de traición a sí mismo, cierre el cuaderno y ábrase paso por entre los materiales acumulados en el aposento para salir de nuevo al pasillo limpio y bien iluminado. Ya está listo para acercarse un poco más a su alma en el séptimo aposento. Eche un vistazo al pasillo y busque la séptima puerta.

EL SÉPTIMO APOSENTO
Por qué le resulta difícil ser humilde

Esta puerta da a un aposento forrado de muchos armarios y aparadores, todos cerrados. A un lado se encuentran las razones por las que le cuesta trabajo ser humilde: al otro, las características del alma que abarcan la humildad. A pesar de las enseñanzas que nos dicen que la humildad protege y fortifica el alma, a pesar de los ejemplos que nos dan las personas humildes, poderosas de verdad, es posible que a usted todavía la humildad le resulte difícil. Desembarazarse de la influencia controladora de los demás y aferrarse a la confianza y la humildad que necesitamos para escuchar las instrucciones divinas es difícil, pero constituye la tarea de este aposento. Es posible que se sorprenda de lo difícil que le va a resultar verse a sí mismo como una persona humilde y a la vez poderosa. En este aposento, apelará a recursos que no sabía que tuviera.

Trabajo para el alma: Vuelva a la lista que confeccionó en el segundo aposento, la de personas a las que admira y sus asociaciones positivas y negativas con la humildad. A continuación, pídale a su alma que le revele 10 razones por las que es difícil ser humilde. Es posible que usted diga que es incapaz de pensar en 10 razones, pero no es cierto. Esfuércese más. Profundice más. Pídale a su alma que abra las puertas de los armarios de este aposento en los que pueda encontrar aspectos de usted mismo que aún no conoce. No enumere sólo las razones ya conocidas para sentirse orgulloso, ni por las que necesita tener razón o asumir el control.

Necesitará regresar a este aposento conforme vaya trabajando con el reto de la humildad. Debe llevarse ese reto consigo a su vida cotidiana. Obsérvese a sí mismo en acción y fíjese cada vez que reaccione negativamente en una situación o una relación dada porque percibe que está siendo humillado o que le están pidiendo que haga algo que está «por debajo» de usted. ¿Qué es lo que hace que algo esté por debajo de usted? ¿Por dónde pasa la línea que separa lo que está por debajo de usted y lo que no? ¿Cómo ha llegado a esa conclusión? Imagine la situación siguiente: Está usted vestido de arriba abajo para salir de noche con unos amigos, y cuando pasan en grupo por delante de un vagabundo, todos procuran hacer como que no ven, pero usted oye una voz que le ordena: «Ayuda a ese vagabundo, dale algo de comer. Está muerto de hambre.» ¿Qué haría usted en esa situación? ¿Continuaría andando porque sus amigos podrían decir algo sobre usted? ¿O tendría agallas suficientes para detenerse y hacer caso inmediatamente de la voz que le ha hablado?

Pregunte a su alma qué cualidades tiene que perfeccionar para poder sentirse verdaderamente humilde y poderoso. Por ejemplo, ¿necesita poseer integridad personal, o librarse de la necesidad de aprobación para sentirse bien consigo mismo? Santa Teresa describe que ella es alimentada por Dios como una fuente interior que nunca deja de manar. El verdadero respeto por uno mismo y la integridad personal son como una fuente que alimenta el poder de la humildad.

Identifique cinco cualidades dentro de su alma que necesite perfeccionar para poder alcanzar el objetivo de ser humilde. Tendrá que trabajarlas de una en una, pero identifique cinco. Luego regrese a este aposento y anote sus progresos, sus luchas, sus éxitos.

Ahora cierre la puerta y vuelva al pasillo principal. Verá una puerta brillante y reluciente por la que deseará pasar. Si le parece que por hoy ya ha trabajado bastante, salga del castillo con una oración de agradecimiento y de cierre.

EL OCTAVO APOSENTO
Aceptar las inspiraciones que está recibiendo

Usted está siempre rezando para pedir inspiración, aun cuando no sea consciente de ello. Y está recibiéndola siempre —incluso en este momento— aunque tal vez no la oiga o no se dé cuenta. En este aposento se sentará enfrente de su alma una vez más y se abrirá a su voz y presencia en su interior. Este aposento se halla situado junto a los de la humillación, porque la orientación divina cuenta con varias rutas para penetrar en el alma: nuestro sistema intuitivo (intuiciones «viscerales», de supervivencia, y síntomas orgánicos o físicos tales como un dolor en la parte baja de la espalda, ansiedad, úlceras, depresión, trastornos del sueño y otros problemas crónicos que nos indican que algo va mal), los sueños y las indicaciones auditivas y visuales (estas dos últimas poco frecuentes). Dicho en pocas palabras, la orientación siempre encuentra el modo de penetrar en nosotros. La cuestión es: ¿por qué no le hacemos caso? Por muchas que sean las maneras de responder a esta pregunta, la verdad básica es que tenemos miedo de que ello nos lleve en última instancia a nuestra ruina y humillación. Aceptar la orientación significa aceptar la presencia de Dios, la realidad de Dios, y significa aceptar la realidad de nuestro mundo interior. Aceptar lo divino quiere decir que hemos de actuar cuando recibamos esa orientación, y actuar significa cambiar. Cambiar significa perder el control, y el hecho de perder el control puede llevar a... la humillación. Así y todo, no se puede evitar el hecho de que, mientras respiremos, estaremos recibiendo instrucciones.

Trabajo para el alma: No suponga que la inspiración divina llega sólo cuando tenemos necesidad de ella. Continúa llegando siempre, tengamos o no problemas. Trasciende los problemas, los disgustos sentimentales y los traumas, fluye a través de los sueños y las iluminaciones. Esto sorprende a mucha gente, por ser un concepto completamente nuevo de su relación con Dios. Sin embargo, aparte del hecho de que la inspiración llegue en épocas de tranquilidad o de trauma, depende de nosotros tener el coraje de aceptarla, de descubrir los sistemas a través de los cuales nos habla Dios, y de reconocer cuándo una tensión física o un síntoma es, de hecho, una consecuencia de habernos resistido a la comunicación intuitiva o de haberla interpretado mal, o simplemente se debe a una indigestión o nerviosismo por algún aspecto de nuestra vida diaria. Usted es el único que puede discernir con claridad esas señales, y la forma de hacerlo es la siguiente:

1. Repase sus oraciones y sus peticiones de inspiración. No rece de manera informal, porque las plegarias no caen en oídos sordos. Y no suponga que no obtendrá respuesta a sus oraciones, porque no es verdad. De usted depende recibir y escuchar. Practique el silencio y la contemplación como un modo de estar continuamente sintonizado con la clara voz de lo divino que se halla presente en su alma.

2. Dedique un rato todos los días a repasar e interpretar su información intuitiva. ¿Qué «pistas» está recibiendo? ¿Qué información intuitiva necesita procesar e interpretar?

3. Revise sus síntomas biológicos. ¿Nota tensión alrededor del estómago? ¿En la parte baja de la espalda? ¿Está aumentando la depresión o el insomnio? ¿Qué tensiones simultáneas hay en su vida, y qué inspiración ha estado pidiendo recibir?

4. Suponga que ha recibido la respuesta a su plegaria. Si no puede discernirla con claridad, es porque usted no quiere. El paso siguiente es aceptar el consejo que menos desee oír en este preciso momento.

Una vez que acepte el consejo, siempre se le mostrarán posibles salidas, sean cuales sean las dificultades que surjan. Nunca será abandonado en medio de una oración.

Estos ejercicios le harán gradualmente receptivo al funcionamiento de sus canales intuitivos, pero más importante aún, harán que poco a poco vaya dándose cuenta de que ya sabía que sus canales intuitivos estaban funcionando todo el tiempo. Con la oración y la práctica en este aposento, aumentará su capacidad de mirar directamente hacia la luz. Y con ello, desarrollará paulatinamente la fortaleza necesaria para actuar de acuerdo con la inspiración recibida, haciendo frente a los miedos que aparezcan a lo largo del camino. Nunca se liberará del todo del miedo a la humillación, y sin embargo llegará un día, un instante, un punto en que efectivamente sentirá el poder de su voz interior, que le hablará con gran autoridad. Se trata de una experiencia mística en sí misma, porque, por primera vez en su vida, sabrá sin la menor sombra de duda que la autoridad de su alma armoniza con las instrucciones de Dios. Puede suceder con ocasión de algo muy pequeño o bien en medio de una encrucijada importante en su vida. Pero cuando ocurra, recibirá una directriz con tal sensación de lucidez que la reconocerá de inmediato como innegociable. A partir de ese momento, sabrá lo que es oír a Dios. Aunque, dicho sea de paso, eso no resuelve el desafío de seguir o no dicha voz; tan sólo incrementa la presión.

EL NOVENO APOSENTO
Desarrollar la fortaleza del alma: Hacer frente a las contradicciones

Ser congruente significa identificar nuestras contradicciones internas y a continuación realizar un esfuerzo consciente para armonizar la mente, el corazón, el cuerpo y el alma. Alcanzar la congruencia constituye un trabajo básico esencial para desarrollar un alma fuerte. Con los ejercicios de los aposentos anteriores, usted ha empezado a excavar en la profundidad e inmensidad de su yo interior, descubriendo así los retos de la conciencia; la necesidad de controlar a los demás en lugar de prestarles apoyo; las luchas de poder negativas; la opción de dañar a otros conscientemente; el mantener una adicción; y hacer caso omiso de las inspiraciones al tiempo que sigue rezando en busca de ellas. Puede que estos ejercicios le sorprendan por lo extremos, pero reflexione sobre lo siguiente: son pistas que conducen a los motivos por los que mantiene costumbres y pautas de comportamiento incongruente, culebras interiores que interfieren en su capacidad de amar y ser amado.

Trabajo para el alma: Enumere sus contradicciones. En este aposento no se trata de dominarlas o derrotarlas, sino tan sólo de enumerarlas. También debe trazar un plan de actuación que aporte armonía a su alma. Y, por amor de Dios —de verdad, por amor de Dios—, sea compasivo consigo mismo. Permita que su alma se vacíe. Ésa es la tarea que ha de llevar a cabo en este aposento. Vaciarse. Limpiarse. Esta tarea no la terminará en una sola visita, naturalmente. Pero póngase a ella y vuelva más adelante a este aposento. Usted empiece. Y anote en su cuaderno lo difícil que es llevar una vida congruente, resolver sus contradicciones internas y externas, dejar atrás las lamentaciones y fortalecer conscientemente el alma. Su tarea consiste en hacer de su castillo una realidad espiritual, un santuario interior de la gracia en el que lo sagrado acude al encuentro de usted cuando reza. Su tarea consiste en abrirse a la expresión mística de lo divino, a la fuerza necesaria para permitir que su vida entera cambie a consecuencia de profundizar en la oración y el análisis de sí mismo. Su tarea, dicho en términos sencillos, consiste en dejar que su alma alcance su máximo potencial.

Trabaje con sus contradicciones del modo siguiente: Identifique tres o cuatro contradicciones entre sus pensamientos, actitudes y conductas. Seleccione una para trabajar con ella. Contemple cómo se contradice a sí mismo, y también cuándo y cómo justifica sus pensamientos o sus actos. Obsérvese a sí mismo en su vida diaria: Cuando se siente tentado a actuar en contra de su yo más íntimo, ¿se detiene conscientemente? Descubra las raíces de sus actos y reemplácelas por otras positivas. Renuncie a la licencia para actuar de maneras negativas dictadas por el dolor y el sentimiento de culpa. Trabaje todas las contradicciones, de una en una.

Por ejemplo, cierta mujer llevaba varios años acudiendo a terapia porque se sentía traicionada por sus amigos y familiares una y otra vez. Entonces vio que ella también traicionaba y que constantemente incumplía promesas hechas a los amigos dando a conocer confidencias. Contempló el historial de aquella pauta recordando los numerosos casos en que ella había traicionado a los demás, reparando en cómo había justificado sus actos con arreglo a sus propios sentimientos heridos. Entonces llevó aquello a la práctica y se observó a sí misma en la vida diaria, fijándose en cuándo se sentía tentada a actuar traicionando —a contar un chismorreo, por ejemplo—, y en tales casos optó por guardar el secreto. Para ella, esto supuso un logro en la búsqueda de la congruencia. Siempre se había considerado una amiga leal, pero se dio cuenta de que actuaba de forma distinta. Ese descubrimiento le cambió la vida.

¿Le va resultando a usted cada vez más fácil? No necesariamente. Y no debería esperar que así fuera. No es ése el objetivo. El objetivo es ganar fuerza, resistencia, salud. La facilidad no tiene nada que ver con ello.

Un rellano entre pasillos

Ha llegado al final de su primer viaje por el primer corredor: una desafiante serie de aposentos. Sin embargo, uno jamás termina de luchar por convertirse en una persona humilde y mantenerse así, jamás. En el primer corredor hay aposentos a los que tendrá que regresar una y otra vez, conforme a su vida vayan llegando desafíos grandes y pequeños que amenacen con desequilibrarle. El hecho de recorrer un pasillo entero lleno de aposentos abrirá un lugar en su alma que continuará hablándole, recordándole siempre que ha de ser valiente, no tener miedo y confiar en las indicaciones recibidas.

En la Primera Morada hay otros dos pasillos más que le proporcionarán fuertes cimientos para continuar trabajando con su alma. Cada uno de ellos conduce a una comprensión más profunda del alma, un camino hacia la orientación divina, y ambas cosas le darán herramientas básicas para hacer frente a las crisis de la vida. Podrá regresar a ellos cuando se sienta frágil o se encuentre en una situación que tema pueda causarle humillación. No tiene más que abrirse a su castillo, volver a entrar en contacto con su alma y buscar un sitio tranquilo para reflexionar sobre cómo abordar el reto. Las moradas son en realidad infinitas en longitud y en forma, y pueden contener muchos más pasillos y aposentos de los que yo le he mostrado. Usted puede agregar tantas como desee o necesite. El castillo es suyo.

En el pasillo siguiente se enfrentará a la atracción del caos terrenal y divino en su vida. No obstante, si necesita salir del castillo, rece una oración de cierre o de salida.

LA PUGNA ENTRE DOS MUNDOS: ORIENTACIÓN DIVINA Y CAOS DIVINO

Se ha sometido a los ejercicios anteriores con el fin de encontrar su alma, su yo más íntimo, en su nivel más básico. Ha empezado a iluminar el más profundo conocimiento de sí mismo, pasando de una comprensión intelectual de la naturaleza del alma a experimentar el alma misma. Por ejemplo, usted sabe intelectualmente que está hecho a imagen y semejanza de Dios, pero cuando experimenta el significado de esa enseñanza, entonces deviene iluminado por ella. Con todo, la experiencia de conocer —de ser absorbido a la imagen y la semejanza de Dios— no es algo que se pueda captar por medio de la palabra. Se vuelve real sólo cuando es iluminada desde dentro, lo que no depende de usted, ya que esta experiencia mística sólo puede proporcionársela Dios. Hasta entonces, las palabras siguen siendo una vaga teoría teológica.

Le daré un ejemplo de iluminación que experimentó un hombre al que conozco, quien, mientras trabajaba a solas en su estudio, se vio envuelto por una sensación de calma. Interrumpió lo que estaba haciendo, se reclinó en su asiento y se puso a rezar. Entonces sintió una luz que inundaba su cuerpo y su alma. Vio dicha luz brillando en su interior. Fue iluminado, y en ese estado de conciencia supo —no creyó, sino que supo con certeza— lo que quería decir estar hecho a imagen y semejanza de Dios. Este tipo de experiencia mística y revelación del alma es lo que, según escribe santa Teresa, abunda en el castillo.

Aunque la Primera Morada contiene el potencial de la iluminación, también contiene oscuridad, porque en esta planta baja en la que estamos, el alma todavía está muy apegada a los poderes terrenales. El mundo exterior crea un caos interno y seduce al intelecto atrayéndolo en dos direcciones distintas, enfrentándolo a dos sistemas de valores distintos, dos devociones diferentes, dos lealtades y una realidad terrenal y otra divina. Para santa Teresa, la seducción del intelecto es lo mismo que Buda llamó «fantasía».

Los místicos medievales se enclaustraban y cortaban la mayor parte de sus vínculos con el mundo exterior, pero usted seguirá viviendo en el mundo aunque maniobre a través de los aposentos de su castillo. Por esta razón, la Primera Morada es donde dialogará con su alma acerca de la tensión y el caos creados por la atracción de dos mundos. ¿Qué control ejerce ese caos en su vida? ¿Cómo lo utiliza usted para beneficio suyo y en detrimento de los demás? Por ejemplo, la gente crea caos con el fin de evitar oír la verdad. Puede que usted sea una de esas personas, o que tenga una relación con una persona así. Una situación posible es la siguiente: Un alcohólico que no quiere reconocer su condición está a punto de tomarse una copa. Usted le dice que él no bebe sólo para relajarse sino que es un verdadero alcohólico. La verdad resulta tan dolorosa, tan potentemente dolorosa, que si él consiguiera oírla tendría que cambiar. Para no oír la verdad, se vale del caos como arma. Grita, vocifera, le echa la culpa a usted por haberle sugerido siquiera que es alcohólico. El caos se vuelve insoportable, casi tanto como el hecho de que beba, así que usted retrocede. Usted está dispuesto a hacer cualquier cosa para poner fin al caos, cualquier cosa.

El caos es un arma poderosa. Y todos tenemos nuestras armas para crear caos. Santa Teresa nos aconseja que reconozcamos en el caos un poder del que abusamos, y que reconozcamos que cada uno de nosotros tiene una relación real con el caos. De hecho, el caos es una fuerza que invade el universo, una entidad propia, un arquetipo de destrucción y transformación que actúa en todos los seres vivos.

La palabra «caos» proviene del término griego *jaos* y suele referirse a un estado de desorganización. En sentido metafísico, es lo contrario del orden, pero es a la vez creativo y destructivo. Sin embargo, en la Grecia clásica la palabra *jaos* significaba «el vacío primitivo, el espacio», y derivaba de una raíz indoeuropea que significaba «hueco, estar abierto de par en par». En efecto, el caos requiere que uno esté abierto a recibir instrucciones. Algunos filósofos de la Antigüedad creían que el caos era la fuente primigenia de todas las cosas. Los mitólogos escribieron que Caos dio a luz (sin pareja) a Gaia (la Tierra) y Eros. Luego Gaia dio a luz a Urano (el cielo o el paraíso). Así, de Caos nació todo lo que existe, todas las demás energías y arquetipos, incluido Eros, el amor divino, la seducción divina, el orden divino de toda la creación.

Para un místico, el caos es una expresión orgánica de lo divino. Los antiguos creían que los presagios y las visiones emergían del caos. El caos divino no puede evitarse, manipularse, aplazarse ni negociarse. Es una fuerza de seducción impersonal pero muy íntima. Se filtra en nuestra vida, toma las riendas de nuestra trayectoria vital y nos dirige conforme a su propio plan, no el nuestro. Los cambios caóticos pueden percibirse como crueles, injustos o inmerecidos, o bien como benevolentes, ya que el caos puede dar la vida y la muerte, traer comienzos y finales. Para lo divino, la muerte es una parte de la vida, no una tragedia. La vida y la muerte son una misma cosa. Aun así, aunque lo que le sucede a nuestro cuerpo es impersonal, en el sentido cósmico, para lo divino, lo que le sucede a nuestra alma es un asunto de intimidad divina.

Todo el mundo ha experimentado el caos divino, aunque en el momento no lo hayamos descrito como tal. Quizás usted todavía no advierte la mano de lo divino en los escombros, en particular si se aferra a la opinión de que lo que le ha ocurrido a usted fue injusto o inmerecido. Para poder vislumbrar la mano de Dios en el caos, debe pensar dejando a un lado su opinión personal. Lo que está bien y lo que está mal, lo que es justo o injusto no gira en torno a usted. Debe estar dispuesto a pensar que, con independencia del trauma sufrido, existe un propósito divino que se mueve en tándem con todo lo que sucede en su vida, sea doloroso o alegre. (De hecho, cuando preguntó «¿Para qué he nacido?», usted invocó al caos divino, al cambio.) Y luego tiene que trabajar en plena pugna entre dos mundos. Por ejemplo, conocí a un hombre que, tras una experiencia de iluminación, se dio cuenta de que todos somos iguales y que es un error juzgar a los demás, pero no consiguió dejar de hacerlo. Le pregunté si aquella contradicción era una fuente de estrés, y respondió: «Cuando pienso en lo que afirmo creer y cómo soy en realidad, me siento como un farsante espiritual. Me digo a mí mismo que estoy haciendo todo lo que puedo, pero sé que no es verdad. Y sé que esta pequeña conversación que estoy teniendo ahora mismo no va a hacer otra cosa que incrementar mi estrés, porque tengo que enfrentarme más directamente a esta contradicción.»

En última instancia, nosotros mismos creamos el caos cuando no resolvemos esas contradicciones espirituales. Queremos vivir en dos mundos a la vez: el exterior y el del alma. Queremos que lo divino nos oriente para poder estar a salvo en el mundo físico, pero no estamos seguros de estar preparados para vivir una experiencia directa con lo divino.

Muchos aposentos de la Primera Morada le permitirán examinar su relación con el caos y modificar las muchas maneras en que expresa el poder personal y la falta del mismo (miedo a la humillación) en el mundo físico.

Si usted siente la necesidad de centrarse antes de iniciar esta nueva exploración, rece otra vez la oración de entrada. Vuelva a verse a sí mismo en el bello e infinito pasillo de la Primera Morada. Tal vez vea un ramal nuevo de dicho pasillo, un corredor seguro, sólido y bien iluminado, o quizás una serie de aposentos rodeados por un pasillo. Si eso lo ayuda, siga visualizándose a sí mismo al tiempo que entra y sale de cada aposento. Haga aquello que le ayude a prepararse para reflexionar sobre los diversos temas y comunicarse con su alma, pero siempre abra y cierre cada aposento con una plegaria. Lleve un registro por escrito de todo el trabajo que vaya realizando.

EL PRIMER APOSENTO
Describa su relación con el caos

El caos puede implicar cambios sutiles en una relación, y también cambios importantes en la vida, tales como un empleo nuevo o la pérdida del actual, la jubilación, o catástrofes como un accidente o un desastre natural. Los cambios positivos pueden ocasionar tanto caos como los negativos. Quizá consigamos el puesto de trabajo que queremos, pero puede que tengamos que mudarnos a otra comunidad. El nacimiento de un hijo trae a un hogar amor y caos al mismo tiempo. Una herencia puede volver a una familia contra otra a pesar de poner fin al temor de no tener dinero suficiente para sobrevivir.

El cambio es algo constante, un hecho de la vida. Y nuestra intuición nos alerta de cuándo está próximo. A menudo recibimos señales, advertencias, sueños, corazonadas o sensaciones que nos ponen alerta respecto de un inevitable período de cambio. Luchar contra el cambio es lo mismo que luchar contra las instrucciones que se nos dan. En vez de luchar, aprenda a escuchar, prepárese y actúe.

Trabajo para el alma: Pregunte a su alma cuándo le ha advertido que se aproximaba un cambio. Siga ese recuerdo tan de cerca como le sea posible de principio a fin, reviviendo las sensaciones de los cambios en relación a su energía, su cuerpo, su psique y su entorno. Grábese esas señales en la memoria, porque representan comunicados procedentes del alma. A continuación, profundice en sus pensamientos y recuerdos y rememore qué cambios han ocurrido y por qué. ¿Qué necesitaba salir de su vida y qué entrar en ella? ¿Por qué? ¿Qué crecimiento necesitaba usted experimentar en aquel momento? Reflexione más profundamente todavía: ¿Fue el caos el único medio para que usted descubriera o expandiera su conciencia? ¿Tenía otras opciones, pero las rechazó porque no quiso escucharlas?

Por ejemplo, conocí a un hombre a quien amigos, familiares y médico aconsejaron que cuidara su dieta porque era diabético. Ninguna clase de afecto podía competir con la pasión que sentía por la comida ni con el hecho de no querer reconocer la gravedad de su enfermedad. Una noche tuvo un sueño en el que una hermosa mujer lo sacaba a bailar. Como era el súmmum de los ligues, se sintió halagado incluso en sueños. Pero cuando se puso de pie para aceptar la invitación de aquella mujer tan guapa, se desplomó de bruces. Sólo entonces reparó en que le habían amputado las dos piernas a causa de la diabetes. Despertó de aquel sueño en un estado de profundo terror. ¿Iba a quedarse sin piernas? ¿Era aquél un hecho cierto, o tan sólo una advertencia? Sintiéndose como quien contempla su propia tumba en compañía de un fantasma, decidió no desechar aquel sueño como una simple pesadilla. Hizo caso a su alma y tendió una mano hacia ella en el intento de evitar lo que podría haber sido un desenlace doloroso. Y aun cuando considera que su dieta de diabético, ahora muy estricta, resulta «caótica para el hedonista» que es él, se trata de un caos con el que puede vivir.

Estos ejercicios son esenciales para ayudarnos a ver cuándo se nos está avisando de un cambio, y cuándo lo hemos bloqueado o lo hemos propiciado. Repase las decisiones que ha tomado y los motivos por los que ha actuado de tal o cual manera en tales circunstancias, todas las que pueda. No culpe a otros de sus actos en ninguno de los ejercicios; nadie más que usted es el responsable de quien es y lo que hace.

Cada vez que haga caso omiso de esa «corazonada orgánica» porque quiere evitar un cambio —fútil intento—, necesitará regresar a este aposento, volver sobre sus pasos y preguntarse a sí mismo:

1. ¿Qué noté, y cuándo?
2. ¿Por qué puse trabas a lo que me decía mi conciencia?
3. ¿En qué punto empecé a poner trabas?
4. ¿Qué cambios percibí que se aproximaban, y por qué eran importantes?
5. Si hubiera hecho caso de mi conciencia en aquel momento, ¿podría haber llevado de manera más positiva el proceso y la relación con las personas involucradas en él?

6. ¿Qué aprendí de mí mismo? ¿En qué soy diferente ahora?

7. ¿Cómo ha contribuido eso a mi vida espiritual y a mi relación con mi alma?

EL SEGUNDO APOSENTO
¿En qué lugar del caos se encuentra su vida? ¿Cuál es el mensaje?

El aposento anterior tenía que ver con su pasado. Éste tiene que ver con el caos que hay actualmente en su vida. Cierto caos es más emocional y psicológico que físico, otro es más creativo y dinámico, pero siempre está acechando en algún sitio. Una parte de nuestra vida siempre estará sumida en el caos. Por esa razón, este aposento va a resultarle muy familiar.

Trabajo para el alma: El caos es siempre un mensajero. A veces su mensaje comporta un significado enorme; otras aporta una revelación más pequeña pero de todos modos valiosa. Pregunte a su alma cómo se comunica ella con usted en medio del caos. ¿Le provoca síntomas físicos, como por ejemplo un dolor de cabeza, cuando usted se da cuenta de que una conversación ha llegado a un punto irrazonable y las cosas están a punto de descontrolarse? ¿O un malestar en el estómago, cuando está esperando una información que puede cambiarle la vida? Las informaciones que pueden cambiarnos la vida suelen ejercer su efecto en el plexo solar. ¿Sufre insomnio cuando se siente inseguro de lo que debe hacer? Su cuerpo posee un radar intuitivo. Escuche; prepárese; actúe.

Acomódese en silencio en un sillón situado frente a su alma. ¿Qué información está recibiendo de sus sistemas físicos, emocionales e intuitivos? ¿Qué sueños y símbolos está recibiendo, y qué significan? ¿Qué cambios se están dando en su vida exterior, y de qué modo repercuten en su vida interior? ¿En qué asuntos espirituales significativos está trabajando que puedan afectar a su vida cotidiana? ¿Necesita actuar con arreglo a esta información?

EL TERCER APOSENTO
¿Qué áreas de su vida desea mantener sumidas en el caos?

Es posible que no quiera admitir que hay determinadas partes de su vida que mantiene deliberadamente sumidas en el caos, pero así es. Lo hace, por ejemplo, para no tener que tomar una decisión definitiva respecto de algo (nada mejor para aplazar la toma de decisiones que dejar que siga habiendo problemas en una situación o relación). También mantiene su yo interior en el caos al dar vueltas constantemente a los mismos problemas sin llegar a ninguna conclusión, hablando constantemente de una decisión que tiene que tomar pero sin llegar nunca al punto de tomarla, y quejándose constantemente de la misma persona o situación sin actuar ni ponerle remedio. Cuenta con un enorme repertorio de canciones para alimentar el caos en su vida.

Por ejemplo, sé de una mujer que siempre se involucraba en el caos de la vida de sus padres y hermanos a fin de evitar fundar ella misma una familia con su esposo. Como era la única de la familia que hablaba inglés, los demás necesitaban de su ayuda, pero ella le prometió a su marido que en cuanto aquéllos tuvieran la vida organizada se quedaría embarazada. Lo cierto era que no quería tener un hijo, y se servía del caos como excusa para no formar una familia. Otro hombre a quien conozco tenía siempre el garaje/taller hecho un desastre, abarrotado de piezas de repuesto, neumáticos, trapos sucios y herramientas, y oliendo a gasolina y aceite. De vez en cuando su mujer se asomaba por allí y le preguntaba: «Sam, ¿cuándo vas a ordenar todo esto? ¿Cómo soportas que esté así?» Y a continuación lo dejaba en paz, que era justo lo que quería él. Se valía del caos de su garaje para mantener alejada a su esposa y así no tener que enfrentarse al caos que había en su corazón.

Trabajo para el alma: Pídale a su alma que le ayude a entender qué áreas de su vida mantiene sumidas en el caos deliberadamente. ¿Por qué? ¿De qué tiene miedo? ¿Qué le están comunicando Dios y su alma con todo ese caos, aun cuando usted procure no oírlos?

Describa en su cuaderno tres pasos que va a dar ahora para resolver esa situación caótica. No salga de este aposento sin rezar una oración pidiendo valentía, aunque no acabe de ver qué ha de hacer o cómo puede hacerlo.

EL CUARTO APOSENTO
Sus métodos para crear caos

Había una mujer que chillaba mucho, un comportamiento histérico que constituía su manera de crear caos, controlar a su familia y conseguir que todo el mundo hiciera lo que ella quería. El solo hecho de acordarse de los gritos que daba bastaba para que su marido e hijos se plegaran a sus exigencias. A esta mujer, la idea de volverse una persona racional le resultaba incomprensible. Era absolutamente incapaz de imaginarse a sí misma sin chillar. De hecho, se quedó en blanco delante de mí cuando le pedí que me diera un ejemplo de un comportamiento alternativo. Si no gritaba se sentía completamente impotente, sin habla, y no estaba dispuesta a dejar de hacerlo.

Uno se aferra a sus métodos con esa misma tenacidad. Algunas de las estratagemas más comunes son el enfado, las malas caras, la histeria, la manipulación, el chismorreo, la mentira, el adulterio, una adicción, la indecisión, la falta crónica de puntualidad, la costumbre de interrumpir las conversaciones y no escuchar nunca a los demás.

Paradójicamente, creamos el caos en el intento de conservar el control y el poder sobre nuestro mundo. Sin embargo, crear caos en nuestra vida externa siempre causa otro caos dentro del alma. En última instancia, todo acto de caos divino es un intento de afirmar que en efecto existe un plan para nosotros en la Tierra. Es un método para colocarnos o mantenernos en el camino correcto. Queremos que la intervención divina nos saque de nuestro enfado o indecisión, pero, sin una garantía divina que nos mantenga a salvo, seguimos intentando ejercer nuestra voluntad.

Trabajo para el alma: Pregunte a su alma cómo crea usted el caos. ¿A quién controla usted mediante el caos? ¿Qué es lo que desencadena en usted un comportamiento desordenado? Describa con detalle por qué, en medio del caos, usted opta por no actuar siguiendo lo que le dice su conciencia. En su cuaderno, explique de qué manera va a dejar de intentar controlar el mundo exterior, paso por paso. Preste atención a cuándo, cómo y por qué actúa siguiendo pautas caóticas y cuando se pille haciéndolo, dígase: «Estoy resistiéndome a los dictados divinos. Ahora me voy a fijar bien en los mensajes que me envía mi alma.» Haga de eso una costumbre. Cierre la visita con una plegaria en la que pida valentía para cuando salga al mundo.

EL QUINTO APOSENTO
¿Dónde teme al caos divino en su vida?

¿Dónde teme usted más la fuerza y la presencia de Dios? Una persona dijo: «De Dios puedo aceptar cualquier cosa, siempre y cuando no se meta con mi familia.» Siempre estamos negociando con lo divino, siempre imaginando que tenemos más poder y autoridad sobre nuestra vida de los que tenemos en realidad. Qué engañados estamos. No tenemos control sobre nada en absoluto; ni sobre el tiempo que va a hacer, ni sobre el gobierno, ni sobre el mercado de valores, ni sobre el tráfico, apenas sobre nuestra salud y nuestras relaciones, ni sobre los millones de decisiones que se toman a cada segundo en el mundo, todo lo cual influye en nuestra vida de maneras tanto invisibles como demasiado patentes. Despertamos en medio del caos y nos acostamos en medio del caos. ¿Cómo podemos creer que somos capaces de controlar o esquivar la fuerza cósmica de lo divino?

La negación es una fuerza muy poderosa. Aun a sabiendas de estar negando conscientemente algo que necesitamos ver, seguimos negándonos a verlo. Aun cuando recibimos la inspiración que hemos solicitado, en ocasiones la rechazamos. Pero las inspiraciones rechazadas no desaparecen; se transforman en miedos inconscientes, ansiedades y tensiones. Usted está formando una asociación interna con lo divino. Sin embargo, el miedo a que Dios le haga pagar un precio por su intimidad tiene siglos de antigüedad, está profundamente arraigado en su psique. En este aposento, tendrá que sacar a la luz ese miedo a aproximarse más a Dios.

Trabajo para el alma: Pregunte a su alma qué partes de su vida considera terreno prohibido para Dios. ¿Dónde teme que Dios cree el caos en su vida? ¿Qué es lo peor que le puede suceder? Y si sucede, ¿qué? ¿Por qué da por sentado que el único tipo de caos que Dios traería a su vida sería negativo? A lo mejor me contesta que no sólo hace suposiciones negativas, pero la verdad es que sí las hace. Rara vez piensa en el caos positivo. Métase esa verdad dentro del alma y dialogue en oración acerca del miedo que le produce la intimidad con lo divino. Pregunte a su alma: «¿Qué necesitaría yo para no tener miedo de Dios?»

EL SEXTO APOSENTO
Miedos que usted alimenta

Algunos miedos los tenemos al nacer; otros los adquirimos de miembros de la familia o los desarrollamos a partir de la experiencia personal. Con fe, oración y conocimiento consciente (y también con la ayuda de un psicólogo, si fuera necesario), deberíamos ser capaces de disolver muchos de nuestros miedos. Naturalmente, el miedo irracional a la oscuridad es más fácil de superar que, por ejemplo, el miedo al rechazo que tiene su origen en un trauma de la infancia. Si no nos esforzamos en superarlos, terminan controlándonos y, en muchos casos, destruyendo nuestra calidad de vida. A menudo hablamos de nuestros temores como si estuviéramos sujetos a ellos o poseídos por ellos, como si llevaran las riendas y nosotros no tuviéramos ninguna capacidad para encararlos e impedirles que fueran los matones del patio de nuestra psique. Pero lo cierto es que algunos miedos son costumbres que alimentamos porque nos hemos habituado a ellas y simplemente no queremos hacer el esfuerzo de superarlas. Tal como dijo una mujer: «Temo liberarme de ese miedo a estar sola porque entonces sí que podría estar sola de verdad. Mi miedo a estar sola impide que esté sola, lo sé.»

Los miedos generan caos. Aunque no pueda aceptar que usted mismo alimenta sus miedos, está fuera de toda duda que por lo menos se sirve de algunos de ellos cuando cree necesitarlo. Por ejemplo, una tarde, después de un seminario, salimos en grupo a cenar a un restaurante situado en el semisótano de un edificio antiguo. En el último momento, una mujer se nos pegó sin que nadie la hubiera invitado. Cuando llegamos al restaurante, anunció: «Yo no puedo cenar en este restaurante, me dan miedo los sótanos.» A la mujer que había reservado mesa le encantaba dicho restaurante, y reconoció de inmediato que la conducta de la otra era una estratagema manipuladora para llamar la atención. Así que nuestra anfitriona la miró directamente a los ojos y le dijo elegantemente: «Pues a mí me da miedo no cenar aquí. Así que, o cenas aquí, o tendrás que buscarte un sitio de comida para llevar y reunirte con nosotros más tarde.» Nuestra invitada sorpresa volvió a guardarse su miedo a los sótanos en el bolso de las estratagemas y bajó las escaleras con el resto de nosotros.

Trabajo para el alma: Pídale a su alma que le ayude a identificar los miedos que alimenta usted mismo (de los que podría desprenderse), pero que no quiere abandonar debido a las posibles consecuencias. Para usted, esos miedos representan herramientas de poder en sociedad. Dejarlos a un lado cambiaría todas sus relaciones personales, incluida su relación con Dios y con su alma. Anote en su cuaderno la respuesta a las preguntas siguientes: ¿Por qué alimenta esos miedos? ¿Cómo los utiliza para manipular las circunstancias y a los demás? ¿Le da miedo dar la impresión de ser fuerte y saludable? ¿Teme que la gente no reaccionase de la misma manera si fuera usted fuerte? Como práctica permanente, escoja un miedo y observe qué influencia ejerce en su vida cotidiana. Su objetivo es tomar conciencia —pillarse usted mismo con las manos en la masa, por así decirlo— de que se sirve de sus miedos para controlar y ejercer poder. Después de eso, el paso siguiente consiste en romper conscientemente esa pauta, poco a poco, hasta que quede libre de ella.

Descanso entre aposentos

Hasta ahora, usted ha trabajado sobre sus miedos con cierta comodidad, en las habitaciones seguras y bien amuebladas de su Primera Morada. Pero ha llegado el momento de buscar la entrada a la mazmorra del castillo. Todo el mundo tiene una mazmorra. Allí es donde encerramos a los prisioneros. Es necesario reconocer la existencia de éstos. Tal como dijo el papa Juan Pablo II: «La peor prisión del mundo sería un corazón cerrado.»

Este viaje al conocimiento de uno mismo es necesario porque el yo desconocido es inestable; deambula sin rumbo fijo, sujeto a los caprichos de otras personas y a la fuerza controladora de lo que santa Teresa llamaba «el diablo». Podemos llamar como queramos a esta fuerza siniestra —la influencia de los demás, la sombra—, pero al final, si carecemos de un verdadero sentido de nuestras convicciones, nuestro honor y nuestra integridad, y de unos cimientos inamovibles en nuestra teología, encontraremos que este mundo es un lugar aterrador, inseguro; jamás confiaremos en nosotros mismos para protegernos y cuidarnos solos; jamás confiaremos en nosotros mismos para cumplir nuestra palabra cuando nos sintamos intimidados; tenderemos a negociar nuestro honor y a traicionarnos a cambio de seguridad terrenal. Mantendremos a otros y a nosotros mismos encerrados en nuestra mazmorra.

A menudo acumulamos feroces resentimientos a consecuencia de nuestras debilidades, porque contábamos con otras personas para que nos protegieran y fueran fuertes y valientes por nosotros. O terminamos sintiéndonos víctimas porque creíamos que nuestra bondad nos debía protección en este mundo, convencidos de que a la gente buena no pueden sucederle cosas malas. El resultado final de todo dolor y sufrimiento «injusto» es una herida y un rencor avivados por el aire de superioridad moral. Para curarnos, hemos de perdonar a las personas involucradas. Hasta que estemos dispuestos y seamos capaces de echar pelillos a la mar y perdonar del todo, llevaremos en el alma el peso de esos prisioneros.

Está a punto de entrar en lo que Jung denominaba la «sombra», es decir, las partes oscuras y desconocidas de sí mismo que funcionan alimentadas por el miedo y las intenciones egoístas. Regrese al patio de su castillo. Visualícese cruzando el patio en dirección a un rincón oscuro en el que se alza una pesada puerta de plomo. Rece una oración y ábrase a la experiencia de penetrar en su sombra.

EL SÉPTIMO APOSENTO
La mazmorra

Abra esa pesada puerta de plomo y baje las húmedas escaleras de piedra. A medida que va descendiendo, está más oscuro y hace más frío. Se encuentra ahora en la mazmorra de su alma. Conforme va avanzando, verá que hay celdas para prisioneros a lo largo de las paredes. En dichas celdas se encuentran encerradas todas las personas a las que no puede perdonar, o contra quienes alberga rencor, o a las que desea algún mal. En una están los padres a los que no puede perdonar; en otra, un socio que le engañó y hacia quien todavía siente rencor; en otra, un ex cónyuge. A veces, las personas de esa mazmorra son torturadas por el poder y la negatividad de sus recuerdos, porque los pensamientos, al igual que las oraciones, viajan. No cabe duda de que algunos de sus prisioneros también le tienen prisionero a usted.

¿Por qué tiene prisioneros? Investigue junto con su alma y, como siempre, anote el resultado en el cuaderno. Por lo general, la respuesta es que tenemos personas o cosas prisioneras porque opinamos que aún no han recibido suficiente castigo por el daño que nos hicieron. Usted debe recibir lo que le corresponde; todavía está convencido, o eso se dice a sí mismo en esta Primera Morada, de que tiene derecho a cobrarse justa venganza.

Por supuesto, su alma no es por naturaleza guardiana de prisiones. Ella le diría: «No encierres traumas ni cólera dentro de mí. No encierres en mí imágenes de venganza creyéndote moralmente superior. No intentes justificarte compadeciéndote de ti mismo y proclamando tu inocencia. Las cosas ocurren por motivos que tu razón no puede alcanzar a entender. Tu reto consiste en desarrollar la fuerza necesaria para aceptarlas tal como suceden. Aprende de ellas y sigue adelante. Tú no eres el Gran Verdugo.» Imagínese a sí mismo en las prisiones del castillo de otra persona. Eso ya es razón suficiente para dejar en libertad a todos los prisioneros que tiene encerrados en su mazmorra.

Trabajo para el alma: En compañía de su alma, dialogue con cada prisionero, uno por uno. Recuerde por qué y cuánto tiempo lleva ese prisionero encerrado en su mazmorra. Lo que intenta es descubrir su necesidad de venganza y justicia personal, y los obstáculos que le impiden perdonar. No disfrace sus motivos para la venganza con frases tales como: «Simplemente necesito zanjar este asunto.» Zanjar suele ser una manera suave de decir: «Simplemente necesito disparar la última bala. Necesito hacer daño a esa persona, y con eso daré por resuelto este incidente.» Revise el tipo de energía, emociones y pensamientos que ha generado en el interior de su alma a consecuencia de tener encerrada a esa persona en su mazmorra. ¿Qué necesita de cada una de ellas para poder dejarla en libertad? Sea sincero. ¿Necesita humillarla o hacerle daño? ¿Necesita castigarla porque le hizo daño a usted? ¿Qué necesita para liberar a esas personas? Si está esperando que ellas reconozcan que le hicieron daño, caben muchas posibilidades de que eso no ocurra nunca.

Aquí llegamos a un punto en el que usted tiene que relajarse y perdonar. Puede iniciar su plegaria diciendo: «Ayúdame a perdonar porque no quiero perdonar. Me siento con derecho a estar furioso aunque la ira me esté matando a mí en vez de a ellos. Y la verdad es que a ninguno le importa que yo esté furioso. Me está destrozando la vida a mí, no a ellos. Deseo castigar a alguien, así que castigo a mis hijos o a otras personas inocentes que jamás me han hecho daño, porque es mi manera de castigarlos a ellos. Así que en realidad no quiero perdonar, porque pienso que entonces me olvidaré de todo mi dolor, y eso resulta muy injusto. Pero ¿qué es justo? No hay ningún dolor justo. Pero es que pienso que la justicia debería girar en torno a mí. Así que ayúdame a perdonar, a una persona cada vez, empezando por ....» Ésta es la forma de empezar. A partir de aquí, continúe hasta haber vaciado la mazmorra entera. Cada vez que añada prisioneros nuevos, tendrá que hacerle otra visita.

EL OCTAVO APOSENTO
Gratitud por el caos divino

Aceptar los cambios que el caos divino ha introducido en nuestra vida incluye mostrarse agradecido por las dificultades y las pérdidas, así como por los planes que no salen como teníamos planeado. Por ejemplo, un hombre consiguió un empleo nuevo y decidió darse el capricho de irse de vacaciones antes de empezar. Sintiéndose exultante y rebosante de vida, al día siguiente renunció al trabajo que tenía y poco después se fue, con lo cual no pudo atender la llamada de teléfono que lo informaba de que el nuevo puesto de trabajo se había ido al traste. Al regresar a casa, y con la cuenta de ahorros vacía tras las vacaciones, se enteró de que estaba sin empleo. Al principio se sentó en la cocina de su casa y se puso a mirar por la ventana pensando en lo idiota que había sido. Y después pensó: «Bueno, si soy tan idiota, ¿qué es lo más idiota que podría hacer ahora mismo para salir de esta situación?» En aquel mismo instante, respiró hondo y rememoró sus sueños, cuando no tenía tanto miedo de lo que pudiera pensar la gente. Ahora que había perdido el empleo perfecto y se había enfrentado a la humillación, lo peor ya había pasado. Era libre de hacer lo que quisiera, de modo que decidió perseguir su pasión y hacerse chef. Vendió sus pertenencias y transformó el caos divino en una vida nueva.

En la aceptación está el don; hay que buscar siempre la aceptación. Rece siempre pidiendo gracia para ver el don, incluso en los momentos de mayor oscuridad.

Trabajo para el alma: Pídale a su alma revelaciones respecto de por qué se resiste a aceptar las decisiones que Dios ha tomado para usted. Lleve esas peleas con Dios al interior de su conciencia. Abandone la ruta que se había figurado recorrer y que tan seguro estaba de que era la correcta. Identifique las decisiones que ha tomado basadas en la inseguridad o el miedo; observe cuándo se ha cerrado a su alma y a los consejos sensatos de otras personas. En ocasiones, la única manera de llegar hasta usted ha sido esperar que los vientos del caos divino barrieran su vida.

Cuando el caos divino llega a causa de una crisis personal —la muerte de un ser querido, el diagnóstico de una enfermedad grave o terminal, la ruptura de una familia debido a un divorcio—, también hay que buscar la manera de dar las gracias mediante la oración y la paciencia, si no por lo sucedido, por el sistema de apoyo que se nos ha enviado o por las revelaciones que han surgido cuando las necesitábamos.

LA SEDUCCIÓN DE LO DIVINO

A pesar de nuestro miedo a la intimidad divina —y de las muchas maneras en que nos servimos del caos para crear «apagones» en el flujo de orientación—, tenemos la necesidad biológica y espiritual de experimentar el temor reverencial a lo sagrado. Por eso colocamos objetos sagrados en nuestra mesa de trabajo y en la mesilla de noche, celebramos rituales y viajamos a templos antiguos, santuarios e iglesias en las que hay santos enterrados. Deseamos tocar lo sagrado y percibir su energía, comunicarnos con ello personalmente y también a fin de conseguir nuestro propósito. Lo divino nos llama a través de esos lugares, actos y objetos, nos seduce constantemente. Aun cuando nuestro yo racional, orientado hacia la seguridad, busca maneras de distanciarnos de Dios, la seducción de lo divino sigue actuando a través de nuestro corazón, de nuestra necesidad de consuelo, amor y curación.

Pero más allá de eso, también necesitamos experimentar la verdad y la conciencia trascendentes, saber qué se siente cuando no se tiene miedo, saber que es posible liberarse de los grilletes de hierro del miedo que nos sujetan a las densas fantasías terrenales. Esto es lo que significa descubrir la experiencia mística de Dios. Éste es nuestro yo místico. El estado místico de la conciencia no es un sueño ni una fantasía, sino una realidad. A medida que vaya avanzando por el interior de su castillo, pasando de una morada a otra, de un aposento a otro, irá haciendo esa realidad más manifiesta, más parte de usted. Aun así, es un error esperar que Dios le traiga una experiencia mística. Son pocas, si es que se da alguna, las que suceden en la Primera Morada, porque en ella uno todavía no se ha comprometido al viaje con todo su corazón. Dios no nos tienta ni nos recompensa con experiencias místicas, sino que nos las da sin avisar, así sin más, pero rara vez las ofrece al peregrino que se encuentra en la Primera Morada. Santa Teresa les recordaba esto constantemente a sus monjas, y siempre agregaba que pese a la ausencia de la experiencia mística, Dios estaba en todas partes y en todos los detalles de la Primera Morada.

En el interior del castillo, uno va siendo cada vez más consciente de la gracia en la que vive el alma, y uno da forma a su alma, sus problemas y sus alegrías. Aun cuando nuestra alma esté hecha a imagen y semejanza de Dios, el Dios que conocemos en la Primera Morada es mitad real, mitad producto de nuestra imaginación y nuestra fe, que unas veces es firme y otras flaquea.

Aquí, en la Primera Morada, uno empieza a identificar el amor divino. Aquí se identifica la «divinidad orgánica», es decir, las muchas maneras en que Dios está presente y ha estado siempre presente en nuestra vida, y no sólo cuando miramos en esa dirección en busca de ayuda. Lo divino de los detalles de nuestra vida se halla presente en cada segundo, en cada movimiento, en cada pensamiento. Reconocer esto constituye una profunda experiencia mística. Esa intimidad con lo divino en las cosas básicas de la vida es lo que los místicos identifican como amor. La paradoja espiritual es que podemos existir en un universo tan inmenso e impersonal, y en cambio tan íntimamente conocido para ese ser divino, que todos los detalles de nuestra vida tienen importancia.

Así pues, como parte de su despertar místico, usted ha de atesorar cada detalle de su vida por ser algo significativo, vital y sagrado, desde lo más obvio y hermoso hasta lo que parece más insignificante y lo más doloroso. Ver a Dios en los detalles no es sólo una orden de trabajo para la Primera Morada, sino una devoción para toda la vida. Se requiere mucho coraje para buscar a Dios. Y más coraje todavía se necesita para encontrarlo.

En la siguiente serie de aposentos, usted irá al encuentro de la luz y la belleza de la Primera Morada y de lo divino que hay en usted mismo. En los pasillos anteriores encontró contradicciones y fuentes de caos, pero en estos aposentos encontrará a Dios y la belleza exquisita de su propio ser. No se dé prisa en pasar por ellos; profundice un poco, vaya tan despacio como pueda. Procure estar en su corazón y en su alma en vez de en su mente, pero si su mente se impone, haga uso de la oración para regresar a la Primera Morada.

Aposentos para encontrar a Dios

EL PRIMER APOSENTO
El silencio

Trabajar en silencio es trabajar con el idioma de Dios. Con frecuencia no sabemos qué hacer con el silencio, porque en nuestro mundo diario el silencio significa que nadie está escuchando ni respondiendo. Por error, podemos pensar que el silencio quiere decir que estamos solos, en vez de pensar que por fin estamos «solos para estar con Dios». El silencio es la disciplina del místico, la manera en que llega a conocer su naturaleza y el contenido de su alma. Enamorarse del silencio es esencial para la oración seria y la contemplación.

Trabajo para el alma: En primer lugar, introdúzcase en la energía de su alma en completo silencio y contemple lo siguiente: Estoy tranquilo y sé que soy Dios. ¿Durante cuánto tiempo puede aguardar a Dios? ¿Es usted muy impaciente? ¿Le resulta muy difícil mantener la mente en silencio, sin que divague? ¿Y le resulta muy difícil salirse de ella, meterse en un interior vacío de pensamientos? ¿Por qué es difícil el silencio? Estas cuestiones requieren horas de contemplación. Apunte sus revelaciones en el cuaderno.

Aquí, en el silencio y sin que nadie le moleste, también necesitará ahondar en dos cuestiones que apartarán su atención de su ajetreada mente y la dirigirán hacia la quietud del alma, como la llama santa Teresa: «¿Qué es Dios para mí?, y ¿Qué soy yo para Dios?».

EL SEGUNDO APOSENTO
Dios está aquí / Dios nos ama

Lo divino está siempre presente, siempre. Pocos pensamientos resultan tan reconfortantes, pero todavía los hay menos que sean más difíciles de asimilar. ¿Qué sensación produce el amor de Dios? ¿Cómo podemos experimentar el amor divino de forma tan contundente que podamos decir sin titubear: «De lo único que estoy seguro en esta vida es de que Dios me ama.»? Los místicos a menudo han expresado su experiencia del amor divino a través de la poesía, ya que los sentidos y el intelecto no son capaces de comprender la presencia sensual de Dios como amor. Mechthilde de Magdeburg, una mística del siglo XIII que era beguina, un tipo inusual y radical de mística católica, escribió varios poemas extraordinarios que captaron la unión del corazón humano y el divino. A lo mejor su poesía le sirve de inspiración para acercarse un poco más a ese amor que lleva dentro de su alma.

CÓMO HABLA EL ALMA A DIOS

Señor, tú eres mi amante,
mi deseo,
mi fuente que mana,
mi sol,
y yo soy tu reflejo.

CÓMO RESPONDE DIOS AL ALMA

Que yo te ame apasionadamente procede de mi naturaleza,
porque yo soy el amor mismo.
Que yo te ame a menudo procede de mi deseo,
porque yo deseo ser amado apasionadamente.
Que yo te ame hace mucho procede de mi ser eterno,
porque yo no tengo ni principio ni fin.

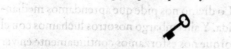

Trabajo para el alma: Rece para estar abierto a la experiencia del amor divino. Pida conocer la gracia que proviene de Dios, pida que se le permita percibirla, sentirla, saber que su fuerza está activa dentro de su cuerpo, su mente y sus emociones. El amor divino es un misterio que usted ruega que le sea revelado.

Fíjese especialmente a ver si dicho diálogo es una lucha interna. En ese caso, pida que le sean mostradas las culebras que le impiden abrazar el amor de Dios. ¿Está trabajando en el nivel mental para encontrar lugares en vez de permitirse recibir impresiones provenientes de su alma: sentimientos, golpes de intuición, imágenes y hasta asociaciones absurdas que al principio puede que no signifiquen nada? Deje que vaya revelándose su significado, que se conviertan en poesía misma.

EL TERCER APOSENTO
Dios, ¿dónde estabas cuando...? ¿Por qué me han ocurrido cosas malas?

Las experiencias difíciles pueden producirnos la sensación de que Dios nos ha abandonado. Parece que nadie responde a nuestras oraciones, los rituales sagrados parecen haber perdido la capacidad de consolarnos. El cielo parece no tener compasión. ¿Cuáles son nuestros recuerdos? Una mujer se preguntaba: «¿Dónde estaba Dios cuando mis padres estaban divorciándose y yo me sentía tan sola?» Aún está enojada con Dios, una reacción típica al sentimiento de abandono, a la muerte o el sufrimiento prolongado de un ser querido, o a una desgracia que se percibe como inmerecida.

La palabra «merecer» causa un dolor inconmensurable. Las creencias acerca de lo que deseamos hunden sus raíces en un credo de supersticiones sociales que sugiere que las cosas malas sólo deben sucederles a las personas malas. La mayoría de la gente cree que si es buena, Dios la premiará protegiéndola de todo sufrimiento inmerecido. Ésta es la lógica humana, pero no la divina. El dolor y el placer, el sufrimiento y la abundancia, son dos caras de la moneda de la experiencia vital. Lo divino nos pide que aprendamos mediante la experiencia de la vida. Y sin embargo nosotros luchamos con el concepto de merecer porque nos esforzamos continuamente en ver lógica en las cosas que nos suceden. Nos aferramos a la convicción de que la bondad es un escudo que nos protege para no tener que experimentar la injusticia o la iniquidad. Pero todas las caras de la vida son expresiones de lo divino; la cara injusta pone a prueba nuestra capacidad para confiar en una sabiduría más grande que la nuestra. Sin esa confianza, a menudo terminamos aferrándonos a los recuerdos que tenemos de habernos sentido traicionados por Dios, en la creencia de que, de algún modo, las cosas malas nos han sucedido a nosotros. Esas ideas ilusorias dan lugar a sentimiento de amargura e incapacidad para perdonar.

Trabajo para el alma: Pídale a su alma que le guíe para entender los dones que conllevan las tragedias o crisis que ha sufrido en la vida. Ha de rezar pidiendo gracia, esperar y recibir. No deje que su mente se sienta presionada para contestar; procure que el diálogo sea suave, que fluya como una ensoñación. No espere ni busque explicaciones racionales. Tome nota de cualquier impresión simbólica o palabras sueltas que se le ocurran; con frecuencia son mensajes.

Usted está buscando las raíces de esa lucha con Dios que siente en lo más profundo de sí mismo. Por muchos sufrimientos que tenga en la vida, el rencor por tener que hacer frente a un dolor inmerecido es uno de los más difíciles de curar. Y transformar el credo de «merecer» en otro de confiar en la sabiduría de Dios, de arreglárnoslas mediante la oración, la introspección y la fe, requiere devoción, porque estamos rompiendo un patrón de pensamiento que sostiene nuestro mundo, incluida nuestra idea de un Dios justo. Desprendernos de la imagen de un Dios que actúa según el código de la justicia humana es liberarse de una mentalidad restrictiva a fin de poder aceptar una figura cósmica de lo divino que no está contenida dentro de los parámetros de la ley y el orden humanos. Esto supone una importante transformación del miedo en fe, y no constituye una tarea fácil.

El poema que sigue a continuación, *Flecos*, del gran musulmán místico del siglo XIII, Rumi, es una inspiración perfecta para que usted reflexione en este aposento.

Destruyes mi tienda y mi casa, y ahora mi corazón, pero
¿Cómo puedo huir de lo que

me da la vida? Estoy cansado de preocupaciones personales,
¡estando enamorado del arte de la locura!

Rasga mi vergüenza y desvela el misterio. ¿Cuánto más
he de sufrir por

las limitaciones y el temor? Amigos, ésta es la realidad:
somos flecos cosidos en el interior

del forro de una túnica. Pronto quedaremos sueltos, una vez
desgastados los hilos que nos sujetan. El amado

es un león. Nosotros somos el manso ciervo que sujeta entre sus
patas.
¡Pensemos qué alternativas nos quedan! Asentir

cuando el Amigo diga: «Entra en mí. Deja que te muestre mi
rostro.
Ya lo viste en tu existencia anterior,

y ahora deseas más celeridad, y más rapidez.» Hemos sido
alimentados secretamente

desde más allá del espacio y el tiempo. Por esa razón buscamos
algo más que esto.

(El alma de Rumi)

El CUARTO APOSENTO
Dios, dame la gracia necesaria para resistir

La resistencia es una cualidad esencial de un alma robusta. Sin resistencia no se puede esperar a Dios ni ninguna otra cosa. Sin capacidad para resistir somos impacientes, exigentes, irritables, y tendemos a abandonar proyectos que deberíamos terminar porque no alcanzamos a ver de inmediato qué importancia tienen. Con resistencia, uno sabe que podrá sobrevivir a cualquier cosa que se le pida, ya sea un amigo o Dios quien lo pida. La resistencia nos permite escuchar mejor a Dios en el plano espiritual, seguir nuestra brújula interna. Sabemos que podemos soportar las consecuencias de las decisiones personales valientes. Resistir significa que nuestra alma es capaz de enfrentarse a la mayor adversidad y llevar a cabo tareas grandiosas e importantes, en solitario si es preciso. Tan sólo teniendo algo que soportar podemos desarrollar confianza en las razones que tenga Dios para plantearnos retos que hemos de poder superar, y sólo al final nos daremos cuenta de las bendiciones que había ocultas en ese viaje.

Trabajo para el alma: Considere este aposento un lugar sagrado para nutrir su alma y recibir la gracia. En su cuaderno, reflexione en compañía de su alma sobre lo que le ha sido dado soportar y qué siente respecto de esos retos. No se dé prisa ni se precipite en responder, ni tampoco niegue sus verdaderos sentimientos. ¿Ese reto es una enfermedad? ¿Una relación personal? ¿Cuándo le resulta más difícil soportarlo? ¿Qué está aprendiendo de ello? ¿Ha pensado que es algo injusto o inmerecido? ¿Recurre a la oración para que ésta le ayude, y pregunta a Dios: «¿Por qué a mí?» En tal caso, ¿en qué basa usted su escala de lo que es justo e injusto? Si cree que a las personas buenas sólo deben sucederles cosas buenas, pregunte por qué necesita creer eso. Esfuércese en librarse de esa superstición. ¿De qué manera la resistencia ha fortalecido su carácter? ¿Cuáles son sus puntos fuertes? Aceptar lo que a uno le ha sido dado soportar requiere rezar. Es necesario practicar el despojarse de la creencia de que nuestra vida debería haber sido distinta. No resultará fácil. Pídale a su alma la gracia necesaria para aceptarlo.

El siguiente extracto del poema *Tú pides*, del místico hindú Rabindranath Tagore, capta la esencia de la resistencia mística en su tira y afloja entre una persona y Dios:

—Tomaré lo que quieras darme, nada más te pido.

—Sí, sí, ya te conozco, mendiguito, y sé que quieres cuanto tengo.

—Si me dieras esta pequeña flor la llevaría sobre mi corazón.

—¿Y si tiene espinas?

—Las tomaría también.

—Sí, sí, ya te conozco, mendiguito, y sé que quieres cuanto tengo.

EL QUINTO APOSENTO
¿Quién es un regalo en mi vida?

¿Considera que las personas a quienes ama son regalos? Todas están en su vida obedeciendo algún propósito. Apreciar a las personas que nos aprecian no supone ningún esfuerzo. Tenemos que aprender a apreciar también a las culebras que viven en nuestra alma. Es muy, pero que muy difícil encontrar un propósito divino para las personas que nos han hecho daño, pero piense que usted también ha hecho daño a otros que estaban intentando averiguar por qué entró usted en su vida. Por debajo de todo eso existe un propósito. Podemos escoger ser derrotados por la adversidad o la crueldad, o bien seguir adelante y no ser crueles nunca. De hecho, éstos son regalos, grandes regalos. Pero entre los muchos regalos de la vida que aportan alegría y gracia al alma, uno de los mayores es optar por considerar regalos de Dios a las personas que hay en ella.

Trabajo para el alma: Pídale a su alma que le muestre la esencia de cada persona que hay en su vida. Lo que usted piensa de esas personas, lo que siente respecto de ellas y la manera en que las recuerda, todo ello repercute en la salud de su alma. Dialogue con su alma hasta que las vea a todas y cada una como un regalo. Se trata de una práctica intensa, porque son muchas las relaciones personales que están contaminadas por luchas de poder, pero identificar esa lucha es precisamente el objetivo del trabajo que debe realizar en este aposento. Pocas relaciones hay que sean fáciles, y uno puede sufrir un dolor inmenso cuando no es capaz de ver lo bueno que hay en el otro. Más difícil todavía es ver la bondad de alguien cuando ese alguien es incapaz de ver la bondad que hay en nosotros. Pero este esfuerzo corresponde al viaje de usted, no al de otra persona.

EL SEXTO APOSENTO
Expresar el amor divino

Si cree de verdad que Dios le ama, actuará en consecuencia. El amor divino es compasivo y tolerante, mudo y curativo, no juzga. ¿Cómo influye el amor divino en su vida de todos los días, incluidos sus pensamientos, actos, emociones y forma de tratar a los demás? ¿Con qué frecuencia y en qué circunstancias actúa *conscientemente* sin amor? El amor divino es el amor más difícil de llevar a la práctica en la Tierra, y sin embargo, si usted cree en el poder del amor divino, ¿qué alternativa le queda en realidad? Cualquier otra cosa que haga generará caos y contaminará los aposentos de su castillo, ¡que acaba de empezar a limpiar!

Trabajo para el alma: Nosotros no somos ni Jesucristo ni Buda; todos preferimos amar dentro de nuestra zona de comodidad, pero eso no es lo que se les pide a los que buscan conocer la naturaleza más profunda del alma. El alma es esencialmente un vehículo del amor. Como canal para el amor, usted no puede abrigar expectativas de ser amado a cambio de sus esfuerzos o como agradecimiento por los mismos. No puede juzgarse a sí mismo por no poder actuar empujado por el amor. Más bien, su tarea consiste simplemente en amar, una y otra vez.

En este aposento, dialogue con su alma —anotándolo todo en su cuaderno— acerca del reto que supone el amor divino. Examine en cada caso por qué le costó trabajo reaccionar con amor o por qué esperó gratitud de otra persona por haber actuado por amor y no haber recibido una reacción igual. El amor divino es una cualidad de la gracia que nuestra alma da de manera gratuita, igual que una paloma escapa de una jaula.

EL SÉPTIMO APOSENTO
Rendirse a Dios, encontrar el temor reverencial

Rendirnos por entero a Dios es el acto final de confianza. Uno no entrega sus pertenencias terrenales, sino más bien su confianza y lealtad a los sentidos terrenales, y también su mente lógica y su sistema para entender la naturaleza de Dios. Piense que en el huerto de Getsemaní Jesús entregó su vida a Dios después de haberle suplicado no tener que soportar el brutal sufrimiento de la muerte por crucifixión. Él quería saber *por qué* tenía que pasar por aquello, pero al ver que no le llegaba ninguna razón lógica, finalmente dijo: «Hágase tu voluntad.» Trascendió la necesidad de contar con razones terrenales y confió en lo divino, y entregó su alma a un plan que le producía pavor.

Buda, Mahoma y otros grandes iluminados se enfrentaron todos a esa misma prueba. La entrega es la iniciación a la vida mística. Dentro del trabajo que deberá realizar en la Primera Morada, empezará a encontrarse con actos de rendición personal.

Trabajo para el alma: En este aposento, rece y esté presente con lo divino. Junto con su alma, contemple lo que significa rendir sus miedos a Dios y poner su vida en sus divinas manos. ¿Por qué iba a tener miedo de eso? Explique por escrito por qué le da miedo rendirse. Deshágase de la superstición de que, como no se entrega, puede evitar que lo divino genere el caos en su vida. Sienta el temor reverencial que alumbra el lugar en el que antes habitaba el miedo.

EL OCTAVO APOSENTO
Un tiempo para rezar

A fin de engrandecer su alma, fíjese en cómo reza. En el contenido de sus oraciones figuran sus motivos personales para con Dios. En el interior de la Primera Morada, sus motivos han tendido a centrarse en sus necesidades, sus miedos, su salud y su familia, junto con alguna que otra oración de agradecimiento. Empiece a rezar diariamente por aquellos que le han hecho daño, por aquellos que no rezan por sí mismos y por el bienestar de la humanidad en su conjunto. Empiece ahora mismo; su rezo llegará a ser devoción en sí mismo dentro de la Cuarta Morada.

Trabajo para el alma: Anote en su cuaderno las luchas que sostiene con la oración. ¿Le resulta difícil estar presente con Dios a no ser que tenga una lista de motivos? Anote qué opinión le merece convertir en una práctica diaria el hábito de rezar por los demás. Busque tiempo para rezar todos los días. Busque tiempo para el silencio todos los días. Lleve el silencio en su interior. Permanezca en calma y sepa que usted es divino.

Un momento de contemplación

Su alma es su compañera más poderosa y desde luego la más íntima. ¿Por qué no iba a querer fiarse de esa compañera? Nada resulta tan consolador como saber que uno puede entrar en su castillo a voluntad. Su castillo es algo real, un lugar de presencia de lo divino, de actividad, orientación, contemplación, oración y gracia. El trabajo que ha de realizar en la Primera Morada es arduo. Usted, como observó santa Teresa, se encuentra todavía a medias en el mundo de las culebras, y también dentro del castillo, con Dios. No obstante, piense que siempre ha vivido en esos dos mundos. Ahora, la única diferencia es que ha decidido tomar conciencia de esa verdad. Ahora ha de fortalecer su alma para vivir en un nivel de conciencia más elevado. Pero ha iniciado una relación con su alma que es genuina y profundizante. Se necesita mucho coraje para aceptar la humildad como práctica del alma, requiere atención constante manejar nuestra relación con el caos, y hace falta sentir devoción pura para continuar caminando hacia Dios cuando, tal como señaló muy acertadamente santa Teresa, en la Primera Morada las recompensas son pocas y muy espaciadas. Pero es usted muy afortunado por haber descubierto que su castillo se encuentra oculto en el interior de su alma.

CÓMO SALIR DEL CASTILLO

No debe limitarse a abrir los ojos y salir del castillo. Se encuentra en lo más hondo de un pozo de gracia, aun cuando sus cinco sentidos estén plenamente activos. Usted posee un campo de energía espiritual que le rodea y que ha sido intensificado por la oración, la contemplación y la calidad de pensamiento en el que se ha sumido. Ahora tiene que retirarse del castillo de manera gradual. Piense en su alma como si hubiera estado buceando bajo el agua con usted y ahora ambos tienen que ir ajustando el oxígeno de su corriente sanguínea conforme van ascendiendo de nuevo a la superficie, el mundo exterior.

Oración de salida

Soy un canal para la gracia. Al abandonar mi castillo, la gracia me rodea y me protege. Entro en mi vida con la bendición de Dios y permanezco abierto a los consejos que pueda darme mi alma.

La Segunda Morada

Dios en los detalles:
La visión interior y los acompañantes
de espíritu

Tú eres santo, Señor,
el único Dios,
y tus actos son maravillas.
Tú eres fuerte.
Tú eres el amor.
Tú eres la sabiduría.
Tú eres la humildad.
Tú eres la paciencia.

FRANCISCO DE ASÍS

En 1881, el gran místico hindú Ramakrishna fue interpelado por un joven que con el tiempo llegaría a ser Swami Vivekananda (el maestro que llevó el hinduismo a Occidente), quien le preguntó si había visto a Dios. Ramakrishna le contestó: «Sí, veo a Dios igual que te veo a ti aquí, sólo que con mucha más intensidad.» Ramakrishna era famoso por sus visiones, y su vida estaba dedicada a la contemplación continua de Dios, de un Dios que trasciende todas las épocas y todos los lugares y que está presente en todas las religiones. Más tarde, cuando su discípulo Swami Vivekananda se marchó de la India para dirigirse a América, se dice que llevaba el Bhagavad Gita en un bolsillo y la obra *Imitación de Cristo*, de Tomás de Kempis, en el otro. Ese texto del siglo XV atrae a personas de todas las religiones y nos recuerda la necesidad de comprometernos a diario con la práctica espiritual y el conocimiento. Tal como escribió el poeta Tagore: «Nuestra adoración cotidiana de Dios no es en realidad el proceso de ir adquiriéndolo gradualmente, sino el proceso diario de entregarnos, apartando todos los obstáculos para la unión y extendiendo nuestra conciencia de él en la devoción y el servicio, en la bondad y en el amor.»

Un obstáculo es la falta de conocimiento de uno mismo. En efecto, el camino místico es un viaje hacia la iluminación a través del conocimiento de uno mismo. En la Primera Morada, usted desveló y afrontó sus luchas con el poder, el control y la humildad. En la Segunda Morada, se esforzará por iluminar los conflictos, la oscuridad y los miedos que habitan en su alma, para purificarlos. *La nube del no saber* afirma que «una persona se purifica mediante la contemplación». Usted aguzará su capacidad de observación para identificar las maneras indirectas en que pierde su centro de gravedad espiritual. Esto, a veces, puede provocar la sensación de que todo lo que está roto en nuestra vida está siendo expulsado a través de nuestras propias carnes, y usted puede preguntarse: ¿Qué fin tiene todo esto, y qué clase de Dios querría que un ser humano sufriera este dolor? La respuesta es otra paradoja divina. Dicho de forma sencilla, el propósito de la purificación es vaciarnos de las fuentes de sufrimiento: los miedos, los apegos y la duda. Esto requiere experiencias personales que nos hagan encararnos con nuestros miedos, nuestros demonios interiores y nuestra sombra.

Para alcanzar dicho fin, el alma nos proporciona experiencias que son necesarias, que nos purgan o nos limpian, No existe tal cosa como la purificación frívola, y esas experiencias pueden adoptar muchas formas conocidas, como enfermedades o sufrimientos internos persistentes. Otras pueden ser más espontáneas, resultado de un súbito «ajá» que le viene a uno a la cabeza cuando menos se lo espera. Por ejemplo, un hombre que ascendió rápidamente en el mundo empresarial obtuvo un éxito enorme, pero su arrogancia, su inseguridad y su necesidad de aprobación y atención lo hicieron insoportable. Una vez que su cuenta bancaria estuvo rebosante, declaró que Dios lo estaba llamando para que hiciera el bien en el mundo, informó a todos de que se había vuelto místico y montó una fundación para hacer el bien. Pero todo eso lo hizo con su antiguo estilo empresarial y avasallador. Por dentro no había cambiado, pero no quería reconocer que seguía siendo una persona avariciosa y controladora, a pesar de haberse declarado místico. No obstante, con el tiempo se encontró con la horma de su zapato en una mujer que trabajaba en un proyecto internacional y quien le dijo que él no reunía los requisitos para contribuir al mismo porque «tienes un alma que no es digna de confianza, y hasta que la purifiques, no podemos sentarte entre nosotros. Harías más daño que bien, a pesar de lo abultado de tu cartera». Se quedó atónito, pero terminó por admitir que detrás de sus obras de caridad había motivos personales, y dio comienzo al proceso de purificación.

En la Segunda Morada, su objetivo será el de alcanzar un mayor discernimiento de sus pensamientos, motivaciones y compañeros personales. Todos necesitamos ser más selectivos respecto de a quién permitimos entrar en los círculos que ejercen influencia sobre nuestra alma. Aparte de las amistades y las relaciones sociales, usted necesita tomar conciencia de cómo están cambiando su psique y su alma, de cómo van modificando sus percepciones. A medida que vaya estando más despierto, es posible que se vuelva psíquicamente hipersensible y reactivo a la energía emocional de otras personas, a los ambientes con mucha carga negativa, al estrés de las personas que lo rodean, incluso a las grandes tensiones del planeta. Santa Teresa advirtió a sus monjas de que conforme fueran progresando en su castillo irían haciéndose vulnerables en cierto modo a los problemas emocionales, psicológicos, mentales y espirituales de otras personas. Usted necesita aprender, como místico emergente que es, a proteger su campo de energía.

Esa hipersensibilidad puede deberse al hecho de pasar demasiado tiempo a solas en retiro, o a haber abierto demasiados aposentos interiores demasiado deprisa. En casos raros, alcanzar un estado beatífico de conciencia puede provocar sensación de volatilidad y desorientación. Más común es la experiencia de que el hecho de leer literatura sagrada y realizar otros trabajos del alma pueda transformar nuestros valores y hacer que nos sintamos muy desapegados del mundo cotidiano. En esos estados, uno necesita una mano firme a la que aferrarse y contar con la compañía de alguien que entienda el viaje del alma. Siempre tendrá necesidad de buscar recogerse en la oración y dedicar tiempo a la reflexión, pero también necesitará tender la mano hacia otra persona por lo menos, para compartir su experiencia de Dios.

La propia santa Teresa ansiaba profundamente dicha compañía, sobre todo cuando sus experiencias místicas de Dios alcanzaban un nivel cósmico que nadie más entendía. Supone un gran consuelo ser comprendido por otras personas que creen en las experiencias personales que les contamos, sobre todo aquellas en las que no ha habido testigos. No existe una experiencia mística que se pueda demostrar. Aunque las levitaciones de santa Teresa, por ejemplo, fueron presenciadas por las monjas de su comunidad, ella no pudo presentar ninguna prueba de que, durante esas experiencias, se hallara en conversación con Jesucristo. Tuvieron que fiarse de su palabra. Cuando tenía 52 años, conoció a san Juan de la Cruz, quien por entonces tenía sólo 25. Después de intercambiar sus respectivas experiencias de Dios, se reconocieron el uno al otro como acompañantes de espíritu. En Juan, Teresa encontró por fin a una persona con la que podía compartir el misterio de su vida con Dios. Después de conocerlo a él, ya no volvió a necesitar demostrar ni defender las experiencias de su alma. (Tristemente, Juan quemó toda la correspondencia entre ambos poco antes de morir.)

Santa Teresa hizo hincapié en la necesidad de llevar acompañantes en el viaje espiritual. Nadie debería viajar a solas por su castillo, escribió una y otra vez. Ella conocía de primera mano la dificultad del trabajo interior que se le exigía al peregrino del alma, que se asemejaba a una noche oscura del alma, por tomar prestada una expresión de san Juan de la Cruz, pues ella había de experimentar la luz y la gracia de la liberación.

Una de las amistades espirituales más famosas fue la que hubo entre Shams Tabrizi y Rumi, el gran poeta místico del siglo XIII. Shams viajó por todo Oriente Medio buscando y rezando por encontrar a alguien que pudiera soportar su compañía, cuando oyó una voz que le dijo que buscara a Rumi. Pasó varios años con éste, quien tras la muerte de Shams dejó constancia de su amor por él en una gran efusión de poesía. Con el tiempo, Rumi recibió la revelación interior de que él y Shams eran un solo ser, una sola alma, y elevó a Shams en su poesía hasta convertirlo en un símbolo del amor de Dios hacia la humanidad. Shams, que en árabe quiere decir «sol», pasó a significar la «luz de Dios» para uno de los poetas más grandes de la iluminación.

Otra forma de describir los cambios que pueden sufrir los místicos es que su cableado psíquico mejora o se amplía para poder alojar las infusiones de luz divina. Al parecer, tanto el cuerpo físico como la psique necesitan adaptarse a su fuerza, y en ocasiones esa luz interior tiene que ser administrada por otra persona que comprenda el poder que tiene. Por ejemplo, en la historia de Saulo cuando se encontraba camino de Damasco, con la intención de perseguir a los cristianos, éste quedó ciego durante tres días por obra de la luz divina, que lo arrojó al suelo. Después oyó la voz del Señor, que le ordenaba que fuera a dicha ciudad, en la que averiguaría lo que tenía que hacer. Los compañeros de viaje de Saulo lo vieron caer, en cambio no oyeron la voz; pero al mismo tiempo un cristiano de Damasco, Ananías, tuvo la visión de que debía ir a buscar a Saulo y devolverle la vista. Por espacio de tres días, Saulo esperó y no comió ni bebió. Cuando Ananías lo encontró y le devolvió la vista, Saulo se bautizó con el nombre de Pablo, recuperó las fuerzas y empezó una vida nueva.

Los efectos de la repentina presencia de Dios en forma de luz son por naturaleza abrumadores. También se menciona frecuentemente la luz divina en experiencias cercanas a la muerte. Miles de personas cuentan que entraron en un túnel de luz en el que se reunieron con familiares y amigos que se habían ido antes que ellos, y que sintieron la presencia de lo divino, que irradia amor y ternura de naturaleza consciente, trascendente. Esa luz es Dios, afirman, y muchos cuentan que sintieron deseos de quedarse envueltos en ella. Pero se les ordenó regresar a la vida física, tras lo cual se sintieron empujados a realizar cambios muy profundos y a buscar un camino para volver a esa luz divina.

Las revelaciones de conocimiento de uno mismo también pueden ser agotadoras en el plano emocional y en el físico. Durante ese proceso, se puede —hago énfasis en la palabra «puede»— desarrollar una enfermedad física, por ejemplo, como un cansancio extremo, una depresión, un resfriado, o incluso algo más grave o crónico, como una artritis. Muchas personas me han contado que creen que su cáncer u otras enfermedades graves en realidad tenían su origen en una transformación espiritual. Desde la perspectiva de un místico, esas dolencias físicas son el resultado de nuestro cambio en la relación con el poder, ya que uno se aparta de la autoridad terrenal y aumenta su fe en la autoridad divina. De igual modo que los cambios en la alimentación y las dietas depurativas pueden hacer que uno se sienta peor para luego sentirse mejor, la purificación del espíritu y una manera nueva de estar en nuestra piel a veces puede provocar una enfermedad auténtica.

Para que esta información sobre la sensibilidad mística no lo alarme, déjeme que le diga que usted ya conoce esa dinámica de la luz. De hecho, lleva mucho tiempo viviendo con ella. Ya sabe que cuando se da cuenta de que tiene un problema —pongamos en su matrimonio o en su trabajo—, ese acto de darse cuenta es como una luz encendida todo el tiempo. Utilizamos esa metáfora porque sabemos de manera intuitiva que la luz divina nos alerta cuando las situaciones negativas pueden perjudicar nuestra salud y bienestar. Usted sabe que tiene posibilidades de desarrollar una enfermedad física si no hace caso de su voz interior. ¿Cuántas veces ha dicho: «Debería haber hecho caso a mis tripas.»?

Muchos místicos medievales se ponían enfermos, debido a algo más que el ordinario estrés del trabajo. En parte, la razón de su enfermedad era su extraordinaria relación con Dios, pero también hay que recordar que las enfermedades y las lesiones eran algo común, no les ocurrían sólo a los místicos o a las personas dedicadas a seguir la senda espiritual. Hasta la era moderna, no existió un tratamiento eficaz para la mayoría de las enfermedades. Si los místicos hubieran contado con remedios y tratamientos eficaces, sin duda habrían hecho uso de ellos, ya que muchos, incluida santa Teresa, enseñaron que es importante cuidar del cuerpo físico.

Las transiciones espirituales son transiciones de conciencia, y, del mismo modo que el hecho de comprender por fin la seriedad de determinados problemas en casa o en una relación personal, ese despertar causa dolor. Sin embargo, también se inicia inmediatamente una curación, porque termina un período en que uno no quería reconocer que las cosas iban mal. Es común decir que ahora nuestros ojos están abiertos de par en par, después de haber comprendido cosas que antes no queríamos ver. Percibir la realidad es doloroso, pero más doloroso aún es decirnos a nosotros mismos que las mentiras son verdades. El alma no nos permite irnos de rositas con semejante traición. Cuando uno se abre a la verdad, después de haber ampliado su percepción de la realidad, ya no puede perder esa lente. El mundo ya no volverá a ser el mismo, e incluso las cosas que nos son familiares nos parecerán del todo distintas. La verdad es tan curativa y liberadora, que, por muy estresante que pueda resultar una revelación, la sanación que sigue es extraordinaria porque uno se siente libre.

Por ejemplo, una mujer descubrió que su marido la estaba engañando. La mayoría de sus amigas lo sabía, pero ninguna quería decírselo. Ella había rezado pidiendo inspiración: «Ya no me importa cuál sea la verdad, por muy desagradable que resulte. Pero muéstramela. Ya no soporto más mentiras.» Poco después, su marido le dijo que estaba saliendo con otra mujer. Y entonces, todas las conductas extrañas, lo de llegar a casa tarde por la noche y los cambios en la personalidad, incluidas las constantes corazonadas que sentía ella en las tripas, adquirieron sentido. Todo lo que había carente de sentido en su vida se reordenó al instante y se transformó en una enorme ventana clara como el agua, en la que vio que su vida había cambiado totalmente mientras rehusaba reconocer la situación. Romper aquella pauta de negación fue como haber reventado una ampolla infectada. Todavía le dolía, pero se trataba de un dolor curativo, liberador, que provenía del hecho de enfrentarse a la verdad, no de temerla.

Igual que esta mujer tuvo que pasar por abandonar sus falsas ilusiones personales, los místicos tienen que dejar atrás sus fantasías y enfrentarse a sus otras fantasías acerca de Dios y el universo. Esos descubrimientos «celestiales» pueden ser más dolorosos que los terrenales, pero sus consecuencias tienen un alcance más amplio. Piense en lo siguiente: Cada vez que se libra de una fantasía y ve algo claramente por primera vez, siente la necesidad urgente de contarle a alguien esa verdad que le va a cambiar la vida. Y al contarle a esa persona una verdad auténtica, cambiará a su vez la vida de ella. Los místicos —los místicos auténticos— están llamados a contar la verdad. Puede resultar doloroso, pero también es curativo. Prepararse para ser un canal para la verdad y la gracia a veces puede cobrarse su precio en el cuerpo, pero la oración y la gracia poseen la fuerza necesaria para levantarlo de nuevo.

Una de mis alumnas me hizo espontáneamente una observación después de un seminario sobre la Segunda Morada del castillo: «Podría evitarme todo esto con sólo dejar de trabajar en mi castillo.»

Yo la miré durante unos instantes y pensé: «¿Tú crees?» ¿Es posible abandonar la vida espiritual porque uno quiere evitar los retos que trae aparejados?

Entonces le pregunté: «Bien, entonces dime, ¿cómo vas a hacer para volver a ser inconsciente? Dime cómo tienes pensado dejar de pensar en el propósito de tu alma. ¿Cómo piensas acallar la voz de tu alma? Si eres capaz de eso, si eres capaz de encontrar una manera de volver atrás y contentarte con una vida de problemas corrientes en vez de caos divino, porque caos vas a tener siempre, eso está claro, en ese caso seré yo la que acuda a tu seminario.» Ella se rio y decidió no volver atrás.

En esta morada, entender cómo el alma que despierta empieza a afectar a nuestro campo psíquico es una prioridad. Uno ha de practicar la costumbre de ir tomando conciencia de la presencia de Dios en los detalles triviales de la vida, debe convertir en un hábito ver a Dios en todas partes, en todas las cosas, grandes y pequeñas, en todas las conversaciones y en todas las actividades de su vida. Lo divino no interviene sólo en actos espectaculares de curación o en operaciones quirúrgicas de última hora, o únicamente en situaciones que tengan sentido para nosotros. Al fin y al cabo, ¿quiénes somos nosotros para que el mundo cobre sentido para nosotros? ¿Y si eso quisiera decir que el mundo debe confundir a otra persona?

Otra práctica que debe realizarse en la Segunda Morada es la de capturar a las culebras que viven en ella. Todos tenemos retos personales, o culebras activas, pero las más sutiles son las facetas sombrías que se encuentran enterradas en nuestra mente inconsciente.

Cada uno de nosotros tiene pautas sombrías del ego que no queremos reconocer, como por ejemplo ser manipuladores. Conocí a un hombre que era un mentiroso compulsivo. Después de pillarlo ya en dos mentiras y decirle que era un embustero, él me contestó que yo debería ser más comprensiva, porque estaba atravesando una etapa de su vida en la que necesitaba mentir, debido a que sufría de baja autoestima. Perfecto.

Hay que sacar las sombras a la vista para cortarles la autoridad que ejercen sobre nosotros. Eso se llama purificarse, y no es nada fácil. Santa Teresa pasó años haciéndolo. La búsqueda de sus culebras sutiles le llevará a aposentos ocultos, y uno conducirá a otro. Permítame que le anime a añadir aposentos nuevos a los que yo le muestro en esta morada. Su intención ha de ser sacar a la luz los estados oscuros que contaminan su alma y le causan dolor —desesperación, depresión, rabia, celos—, todos y cada uno de ellos.

La Segunda Morada, al igual que la primera, aún contiene esas tentaciones, gusanos y reptiles porque el ego sigue ejerciendo más autoridad sobre usted de la que ejerce su alma. En este punto, usted todavía duda que se encuentre en un camino guiado por la divinidad. Su fe aún está fortaleciéndose, y todavía le cuesta trabajo pronunciar una plegaria de rendición total del alma. Así que, en esta Segunda Morada, trabajará para sacar a la luz aspectos sombríos de su ego y para entender la manera sutil en que éstos le controlan y alimentan falsas ilusiones acerca de Dios.

Nuestras ideas preconcebidas y expectativas acerca de Dios son mentales y prácticas porque también lo son nuestras tradiciones espirituales occidentales. Cuando cumplimos una jornada de trabajo, esperamos que se nos pague dicha jornada. Cuando pasamos un día de oración, esperamos un milagro de tamaño parecido. Si rezamos durante nueve días, esperamos un milagro mayor. Esperamos mucho de Dios. Esperamos que Él cubra nuestras necesidades físicas, esperamos que las inspiraciones que nos da sean prácticas. A algunas personas no les basta recibir la bendición de una experiencia mística de paz, cuyo mensaje divino podría ser el de: «He oído tu plegaria. Todo está bien. No tienes nada de que preocuparte.» Quieren que Dios les deletree la respuesta siguiente: «Muy bien, te he oído. Necesitas un empleo. Aquí tienes la dirección. Aquí tienes el sueldo. Aquí tienes el plan de pensiones y el seguro médico y dental. ¿Te parece bien? ¿Ahora vas a creer?»

En nuestra cultura contemporánea, el sentimiento de reivindicación a menudo contamina nuestra experiencia de Dios. Lo cierto es que no tenemos derecho a reivindicar nada, ni siquiera una experiencia mística o una curación. Todo es una bendición. El alma sabe que eso es una verdad divina, aun cuando al ego le resulta difícil aceptarlo. Deseamos y esperamos que Dios nos responda en términos razonables y prácticos, porque queremos sentir que tenemos cierta autoridad sobre nuestro destino y siempre estamos buscando pruebas de ello. También queremos creer que existe cierto orden en el universo. Éste es uno de los grandes retos a los que tendrá que enfrentarse en la Segunda Morada: abandonar esa falsa imagen de Dios, dejar de necesitar controlar el comportamiento de Dios, y quitarse la fantasía de que lo divino funciona con nuestras reglas. Esto es más difícil de lo que se imagina, porque es un mito arraigado en lo más hondo de nosotros.

Una mujer que sobrevivió a un accidente comentó: «Sé que existe una razón para que me haya sucedido esto, y estoy esperando a descubrir cuál es.» Al decir esto levantó los ojos al cielo, indicando así la esperanza que tenía de que Dios le enviara un telegrama o un correo electrónico que dijera: «Y ahora que te he salvado la vida, ya sabes a ciencia cierta que no sólo eres especial, sino muy especial. Y ahora, como tu ego necesita creer que eres muy especial, deseas que se te recompense por haber salvado la vida con una llamada increíble. ¡Qué especial eres!» Ella deseaba que yo le reforzara la idea de que Dios debía de tener en mente algo de verdad extraordinario para ella. De lo contrario, obviamente, habría muerto. Así es como funcionaba su Dios.

¿Cómo funciona el Dios de usted? En esta morada, tendrá que investigar sus mitos respecto de lo divino. Puedo asegurarle que son muchos y muy engranados en su sistema. (También puedo asegurarle que si Dios quisiera quitarle su dinero, no habría nada que usted pudiera hacer para evitarlo, por mucho que intentase llevar una vida espiritual más profunda.)

En esta morada, también se verá tentado a interrumpir su viaje por el castillo. Aquí, su trabajo de sacar a la luz el conocimiento de sí mismo se hace más difícil, y las experiencias místicas siguen siendo escasas. Es como si cada semana fuera ingresando pequeñas cantidades de dinero en una cuenta bancaria, y en cambio paréciera que a dicha cuenta le costase aumentar; y en realidad usted no puede hacer nada significativo con los pequeños ahorros que ha acumulado. Lo más sensato sería dejar de mirar el saldo cada semana y continuar haciendo pequeños depósitos. No haga caso de su cuenta y aguarde un poco. Más adelante, pasado un período de tiempo en que no haya interrumpido su disciplina de hacer ingresos semanales, mire el saldo. Verá que ha acumulado lo bastante para cambiar su vida.

No puede tratar este trabajo del alma como si su esfuerzo le diera derecho a obtener una recompensa. Ni siquiera debe pensar que tiene derecho a alcanzar la intimidad con Dios ni cualquier otro tipo de experiencia mística. El viaje al interior del alma tiene como fin conocer la verdad interior, no recibir recompensas. Si ha de distraerse de su viaje al interior del castillo en algún lugar, será en éste, porque aquí las exigencias serán mayores. Sin embargo, en esta morada empezará a abrirse su visión interior, pues Dios dará comienzo a los prolegómenos de la intimidad. Dios le permitirá entrar brevemente en beatíficos estados de quietud, que constituyen importantes experiencias místicas. En ello radica la naturaleza paradójica de Dios. Precisamente cuando liberamos a lo divino de nuestras expectativas, todo nos es dado. Ésa es una verdad que llegará a experimentar en la Segunda Morada. Estos estados de quietud, que se inician en esta morada, eclipsarán lo que usted pueda haber experimentado en cualquier meditación. Aunque dichas experiencias tienden a ser de corta duración, su intensidad y autenticidad mística bastarán para resolver sus dudas a la hora de comprometerse en continuar su viaje por el interior del castillo.

LA PRÁCTICA DE LA ILUMINACIÓN

Cuando aprecie a Dios en los detalles, estará practicando la iluminación, que utilizará repetidamente en la Segunda Morada. Haga una pausa y observe con aprecio todas las cosas supuestamente pequeñas del mundo que le rodea. Ponga todos sus sentidos perceptivos en cámara lenta. A medida que vaya observando y apreciando, estará buscando los efectos de la mano de Dios en cada partícula, objeto y conversación. Todo lo que hay en su vida existe gracias a la intención divina.

Dará vida a una teología interior y dirá: «Estoy exactamente donde debo estar. Todo es como debe ser. Lo divino está actuando en cada detalle. Por lo tanto, cada detalle sirve a un propósito divino y está influyendo en mi vida en este momento. Dios me está hablando a través de cada detalle.» A continuación, respire, relájese, manténgase centrado y reciba impresiones. Su mente empezará a inventar cosas, porque usted querrá respuestas o reacciones inmediatas. Pero aquiete la mente y vuelva a centrar la atención en la respiración, y la intención en recibir más que en razonar.

La práctica de la iluminación prepara el escenario para despertar la visión interior, que es la primera experiencia mística de esta morada. Practicar el ver a Dios en los detalles es más difícil de lo que puede parecer a primera vista, porque uno tiene que disminuir la velocidad. Es necesario hacer una pausa en nuestras percepciones, observar y apreciar de manera consciente lo que estamos viendo, haciendo, oyendo, pensando y diciendo. Usted tiene que aprender a ralentizar la costumbre de mirarlo todo preguntando: «¿Es seguro esto?», «¿Es mío?»; «¿Es cómodo?»; «¿Es valioso?»; «¿Es atractivo?»; «¿Es potente?» Practique acercándose a toda persona, lugar, flor o grieta en la pared como si estuvieran ahí sólo para que usted los apreciase. Y aunque le resulte imposible ver algún valor en lo que está mirando, eso en sí ya es meditación, porque ha de preguntarse a sí mismo: «¿Por qué me resulta difícil ver algún valor en esta persona, o en esta tarea, o en este momento de mi vida?» Todos los momentos de su vida tienen un valor. Como tiene que aminorar la velocidad de sus percepciones y sentidos y cambiar de marcha para volverse receptivo, aprenderá a penetrar en el misterio mismo. La práctica de la iluminación es la práctica de penetrar en el misterio. Hoy en día, con la instilación de sabiduría oriental, podríamos decir que las recomendaciones de santa Teresa son la práctica de la atención, del estar presente en todos los momentos y en todas las sensaciones. La visión interior, como la llama ella, es una práctica mística, misticismo en acción.

Oración de entrada

Cruzo el puente para internarme en el beatífico silencio de mi castillo. Cierro el puente levadizo y no permito la entrada de ninguna influencia exterior a este lugar sagrado que es mi alma. Aquí, en mi castillo, estoy a solas con Dios. Bajo la luz de Dios y en compañía de Él, descubro la profundidad y belleza de mi alma. Acepto el poder de la oración. Me abro a la orientación divina. Me entrego para convertirme en un canal para la gracia, la curación y el servicio a los demás, mientras Dios dirige mi vida.

Las emociones de la visión interior

Aquí, en la Segunda Morada, empezarán a agitarle las visiones interiores conforme vaya sintiéndose cada vez más cómodo con su vida interior. El alma comienza a elevarse y a dar a conocer su presencia y poder tanto a la mente intuitiva como a la consciente. En cierto sentido, en esta morada usted desarrollará el «equilibrio para caminar por lo místico».

Las visiones interiores y la quietud son regalos de Dios. Incluso se las podría llamar visitaciones. Estar envuelto en un estado de quietud no se parece en nada al silencio normal. La quietud mística es como un sueño tranquilo que afluye a todas las células del cuerpo, más allá de la relajación ordinaria. Uno se siente como si estuviera en suspensión en la balsámica sensación del silencio que barre todas las heridas y cicatrices ocasionadas por los duros y ruidosos sonidos de la vida. Luego, uno regresa a sus cinco sentidos sintiéndose renovado.

En este nivel también nos pueden sobrecoger experiencias espontáneas de beatitud, dándonos la sensación de que nuestra alma ha sido separada temporalmente del cuerpo. Puede que se sienta usted colmado de esperanza ilimitada, compasión y amor incondicional. Los problemas parecen insignificantes cuando uno se encuentra plenamente sumergido en su alma. Y desde ese lugar de revelación y perspectiva místicas, uno se da cuenta del regalo que supone la vida, y siente deseos de abrazar cada segundo con plena conciencia de lo que hace.

Las visiones interiores son muy diferentes de las intuiciones. La intuición es un sentido de autoprotección centrado en lo visceral. En cambio, una experiencia de visión interior es un acto de gracia que se nos da. Un estado de iluminación auténtico no puede ser inducido por uno mismo. Y sin embargo, en cierta ocasión en la que describí en un seminario varias maneras en las que puede manifestarse una visión interior, una persona me rogó: «Dígame cómo se hace eso», como si pudiera entrar en un estado místico a voluntad. Las visiones interiores, al igual que todos los estados místicos, son regalos espontáneos de Dios, no premios a largas horas de oración o a la buena conducta. No me cansaré de insistir en ello.

Santa Teresa menciona un estado de conciencia denominado sueño espiritual, en el cual sus monjas afirmaban que su alma era «intoxicada» por Dios y su cuerpo se volvía lánguido y débil. Tal vez ésta fuera una variedad de histeria espiritual, una versión etérea de chicas que se desmayan delante de bandas de rock o estrellas de cine. Santa Teresa escribió: «Y en su seso les parece arrobamiento; y llámole yo abobamiento, que no es otra cosa más de estar perdiendo tiempo allí y gastando su salud.» Y nosotros que creíamos que habíamos inventado el amor duro en el siglo XX...

No existe ningún patrón de la lógica humana que explique cómo o por qué lo divino empieza a comunicarse con nosotros. Nuestro trabajo consiste en aumentar nuestra fortaleza espiritual, porque en la Segunda Morada todavía queda mucho trabajo por hacer a fin de estar preparados para esos regalos de las visiones interiores y otros estados. Hay que seguir confrontando la oscuridad y las culebras que pueden hacernos perder el tiempo e impedir que nuestra alma se acerque a Dios. Y también tiene uno que aumentar la seguridad en sí mismo para que su luz —los regalos del alma— pueda emerger.

La visión interior es una manera de percibir el propósito más elevado de la vida y la mecánica divina que actúa entre bastidores. El diseño cósmico incluye todo un reparto de personajes divinos invisibles: ángeles, santos, la Virgen María, Buda, Shiva y los seres queridos que nos han dejado. Puede que todos ellos sean aspectos de una única fuente divina, naturalmente; pero eso aparte, nos encanta el reparto de personajes que viven del lado «luminoso». Pero no se puede aceptar un panteón de vida en la luz sin tener la «vida nocturna» correspondiente. Si hay ángeles, cabe suponer —nos guste o no— que también hay demonios. Así que, desde un punto de vista práctico, en la Segunda Morada santa Teresa nos induce a pensar que las culebras y las tentaciones destructivas (que ella llama demonios) giran en órbita alrededor de nuestra alma.

Al entrar en nuestra vida interior, atraemos las tentaciones. Esto no es tan difícil de entender, porque ya sabemos que los polos opuestos se atraen. La bondad atrae el mal, la luz atrae la oscuridad, que es una fuerza tanto interior como exterior. La oscuridad interior es nuestra sombra, o sea, nuestras culebras; la oscuridad exterior adopta muchas formas.

Para protegerse, cuando empiece a actuar como canal de la gracia y a caminar por el mundo como un místico fuera del monasterio, no sucumba a la tentación del ego de hablarle a la gente acerca de su vida interior para obtener su aprobación o impresionarla con su vida espiritual. No hará más que buscarse problemas y, cuando menos, críticas. Practique el silencio y vuele por debajo del radar. Dependa de sus acompañantes de espíritu para recibir apoyo espiritual. Santa Teresa decía que la necesidad de impresionar a los demás con nuestra vida espiritual es una tentación del diablo, un acto de orgullo, una prueba de falta de humildad. Sea consciente de esa tendencia; purifique la necesidad que siente en su interior de evangelizar o juzgar a los demás, o de adoptar una actitud de superioridad. Agudice sus sentidos ante la presencia de la oscuridad y la negatividad que existen en el mundo y en su campo de energía personal. A mí me maravilla ver cómo la gente se disgusta cuando se mencionan los demonios o la negatividad y en cambio se rodea de cristales protectores y amuletos para que las fuerzas negativas no se le acerquen.

Otra forma de tentación —un demonio que llama a nuestra puerta— es la de hacer pública una actividad espiritual como ayunar o hacer obras de caridad. Esas cosas deben permanecer en el ámbito de lo privado, entre usted y Dios. Hacer publicidad de esas actividades siempre atrae las críticas o la envidia. Son muchos los que se sienten celosos de alguien que está haciendo algo que pueda proporcionarle verdadera autoridad. Cuando perciben que existe la más mínima posibilidad de que esa persona pueda sentirse más feliz o más sana después de su ayuno o sus obras de caridad, es muy probable que busquen algún fallo en esas buenas intenciones, ya sea consciente o inconscientemente. Tal como escribió el gran poeta sufí Hafiz: «No entregues su soledad / tan deprisa. / Deja que profundice un poco más en el corte.»

Santa Teresa estaba convencida de que el diablo sabe exactamente cuándo pulsar nuestro botón de la inseguridad, por ejemplo teniendo que ser siempre los primeros o necesitando aprobación. No importa que nuestro mundo permita sólo la entrada a los ángeles y la prohíba a los demonios. Sí que importa que reconozcamos que la autoridad mística es la posesión más preciada de todas, más que la riqueza, más que cualquier cosa que podamos poseer. Por eso las grandes almas que han caminado por la Tierra —Jesucristo, Buda y otros maestros santos— fueron visitados por demonios con ocasión de su iluminación o poco después de la misma. Los demonios querían impedir que esa gran luz llegara a la Tierra, porque sabían que el poder del alma era mucho mayor que sus poderes físicos. El poder místico nos libera de todos nuestros miedos terrenales. El hecho de conocer, ver y experimentar el poder de la verdad y del alma nos libera de los miedos que llevan a otros a vender su alma a cambio de redes de seguridad ilusorias: dinero, seguridad, empleo o compañía. En el centro de la verdad se halla la naturaleza de la iluminación mística.

Aposentos de visión interior y de purificación

EL PRIMER APOSENTO
Discernir la intuición

La intuición no es un poder superior. Es una divinidad orgánica, Dios en nuestras tripas y nuestras vísceras. Los instintos viscerales están sintonizados para protegernos; son mecanismos de supervivencia, reacciones de lucha o huye, confía o sospecha. Es posible que uno pase más tiempo bloqueando su intuición que haciendo honor a sus corazonadas. La mayor parte del dolor que experimentamos proviene del hecho de actuar en contra de las instrucciones personales que recibimos porque tenemos miedo de cómo pueden afectar éstas a nuestra vida personal y profesional. La intuición es una voz constante que nos dice que hablemos con sinceridad, que actuemos con integridad, que vivamos de manera consciente y que actuemos con conciencia. Cuanto más traicionemos la voz de nuestra intuición, más acabaremos temiéndola. Es preciso despejar un canal que conduzca hasta dicha voz para no poder negarla ni pasarla por alto. Ese ejercicio requiere práctica. Hay que practicarlo todos los días y recurrir a él en cada decisión que tomemos.

Trabajo para el alma: Leer poesía, como la de Rumi o Yeats u otros autores inspiradores, puede ayudarle a centrarse mientras se prepara para llevar a cabo un ejercicio de intuición. También resulta excelente hacer inspiraciones profundas y estiramientos. Cualquier práctica que centre su atención en el momento presente le será de mucha utilidad en este aposento. Haga uso del cuaderno para describir la voz de su intuición. ¿Qué sensación le produce? ¿Cómo la distingue de su imaginación? ¿Su intuición le habla por medio del cuerpo? ¿Le llega a través del vientre, de la cabeza, el cuello o la espalda? Rememore casos en los que ha tenido golpes de intuición; descríbalos con detalle, recordando las sensaciones psíquicas y físicas. ¿En qué circunstancias ha actuado siguiendo su intuición, y en cuáles la ha reprimido? ¿Asocia usted su intuición con un sistema de advertencia en contraposición a un canal para la inspiración? Describa con detalle las razones de sus diferentes reacciones.

A continuación, deténgase un momento y escuche su intuición. ¿Qué nota ahora? Si hay en su vida una situación que requiera inspiración intuitiva, solicítela y ábrase para recibirla. La información intuitiva llega de inmediato. ¿Está abierto a las revelaciones que le pueda dar su intuición acerca de su salud o de un talento que debería cultivar? ¿Nota que su intuición le estimula para que expanda su creatividad? Es instantánea y objetiva. Una vez que la información es dirigida hacia su mente, a ella se añade una sensación de contento emocional.

EL SEGUNDO APOSENTO
Motivos particulares frente a consejos de la intuición

Su intuición puede confundirse a menudo con la voz de su ego y los motivos particulares de éste. ¿Por qué toma las decisiones que toma? Esta pregunta adquiere una importancia mucho mayor dentro del castillo, porque ahora usted debe asumir que la voz activa de Dios le llega constantemente a través de la intuición. En la Segunda Morada, el reto consiste en discernir entre esa nítida voz de la intuición y los motivos particulares que con frecuencia se alimentan del miedo o de otras emociones negativas.

Muchas veces me preguntan cómo consigo distinguir entre las voces de la imaginación, las del ego y las del alma; ¿podrían sonar todas igual? ¿Cómo se sabe qué voz es la correcta? En realidad, no es en absoluto difícil; es bien fácil. La intuición es implacable y no hay forma de moverla de su posición, mientras que al ego se lo puede convencer para que entre o salga de algo. Por ejemplo, si su intuición le dice que debe seguir su vocación de sanador, ningún ser humano de este mundo podrá convencerle de que sienta lo contrario. Podrán convencerle de que no haga caso de dicho sentimiento, pero jamás de que no lo reconozca como tal. La autorreflexión es la práctica esencial de evaluar las alternativas que tenemos frente a un criterio de conocimiento interior puro que lleva aparejados sentimientos y sensaciones. Usted sabe qué sensación le produce ese criterio interior porque sabe exactamente lo que siente al recibir un golpe de intuición pura respecto de su vida. Y también sabe cuándo ha traicionado ese sentimiento.

Trabajo para el alma: Suponga que la mitad de sus golpes de intuición proceden directamente de Dios, y que la otra mitad están basados en el miedo. Para discernir la voz con nitidez, tendrá que comprometerse a observarse a sí mismo en acción desde el momento de despertarse. Utilice el ejercicio siguiente:

1. Comience el día con una oración, y reciba y observe cualquier inspiración pertinente.

2. A lo largo del día, haga una pausa cada pocas horas para recapacitar sobre las decisiones que ha tomado hasta ese momento y los motivos para tomar dichas decisiones. ¿Está siguiendo la inspiración recibida de mañana? ¿Alguna de esas decisiones pone en peligro su honor, su integridad o su autoestima? ¿Está entrando en juegos de poder aun siendo ahora capaz de reconocer lo absurdo de esa dinámica ? ¿Qué se dice a sí mismo para permitirse irse de rositas con ese comportamiento?

3. Al cabo del día, repase la jornada en oración. Lea un texto de inspiración. Y luego extiéndase en el maravilloso viaje que supone ir por la vida rodeado por Dios y la gracia.

EL TERCER APOSENTO
Las tentaciones

Una de las oraciones más famosas del mundo es esa que dice: «No nos dejes caer en la tentación y líbranos del mal.» Nos rodean toda clase de tentaciones. Resultaría más fácil contestar a la pregunta: «¿Qué no es una tentación?» Pero en este aposento hay que dialogar con el alma sobre el tema de las tentaciones, que son mucho más que una simple palabra de una plegaria; una tentación es un arquetipo conocido para el alma. El alma espera ser tentada literal y simbólicamente; quizás en el desierto, quizás en el bar, quizás en el dormitorio. ¿Quién sabe dónde se encuentra nuestra vulnerabilidad? Lo cierto es —y ése es el propósito de esta búsqueda— que no sabemos dónde vamos a ser tentados. ¿Conoce usted sus puntos vulnerables? ¿Atacamos a las personas que son distintas de nosotros, quizá demasiado alocadas o demasiado sensuales, porque representan las formas en que quisiéramos ser tentados pero no nos atrevemos a admitir? Éste es un aposento en el que llevar a cabo un rico trabajo interior y reflexionar sobre uno mismo.

Trabajo para el alma: ¿Qué lo tienta a usted a poner en peligro su alma? ¿Cuáles son sus tentaciones? ¿A qué teme acercarse demasiado porque su alma no es todavía lo bastante fuerte para mantenerse centrada? ¿Cuáles son las causas profundas de sus tentaciones? ¿Cuáles quiere conservar en su vida porque resultan emocionantes aunque sean destructivas? ¿Cuáles de sus tentaciones le obligan a llevar una doble vida? Haga el ejercicio de sacar a la luz esos demonios anotándolos en su cuaderno o hablando de ellos con un acompañante de espíritu. Esto suele requerir el apoyo de un acompañante de espíritu.

EL CUARTO APOSENTO
Cómo reconocer nuestra luz

Nuestra luz surge del esfuerzo de sacar a la superficie las culebras que tenemos escondidas dentro del alma. Aprendemos más deprisa a amar descubriendo por qué nos daba miedo amar; aprendemos a apreciar la belleza que hay en los demás superando el miedo a que su belleza disminuya de algún modo la nuestra; y aprendemos a oír la voz de Dios superando el miedo a que sus profundas inspiraciones nos conduzcan a la oscuridad en vez de a la luz.

Todos los místicos descubrieron profundos recursos interiores del alma a medida que fueron incrementando su confianza en Dios. Sin embargo, la gente teme que su vida cambie si realmente se consagra a su pasión. Las pasiones del alma son una gracia poderosa. El hecho de saber que uno tiene dentro una fuerza así hace que se pregunte: «¿Cómo no vas a irradiar esa luz?» ¿Cómo sería eso?

Conozco una mujer que pasó la primera mitad de su vida en un espacio de 15 kilómetros cuadrados de su ciudad natal, en Irlanda. Un día reunió valor para aventurarse más allá de dicho límite y viajó primero por su país de origen y después a Oriente Medio. Una vez hecho aquello, apenas podía frenar a su nuevo yo. Se apuntó a clases de informática y participó en organismos de comunidades vecinas de su localidad. Empezó a impartir clases de informática a otras mujeres, y a partir de entonces se convirtió en una activista en defensa del cambio social. Ha llegado a ser lo que jamás hubiera podido imaginar hace cinco años, pero es que sintió una pasión y supo que tenía que «dar una oportunidad a su alma», como dijo ella misma. Me encanta esa expresión, porque admiro mucho su coraje.

A pesar de la dificultad de todo el trabajo que hay que hacer en estos numerosos aposentos de las tres primeras moradas, el fin consiste en dar al alma una oportunidad para emerger y tomar las riendas de nuestra vida.

Trabajo para el alma: La capacidad de ver bondad en otra persona proyecta una luz en el alma, así como la capacidad de ser compasivo, generoso, comprensivo y delicado. ¿Qué luz alberga usted en su alma? Su luz particular es su carisma, una clase de gracia única para cada persona que abarca su esencia espiritual. Defina su luz. ¿Cuál es la esencia de la gracia que conforma su persona? Escuche y mire profundamente dentro de su alma para identificar la fuerza de su luz. Usted posee abundantes cualidades que forman la complejidad de su ser, se lo aseguro. Y la mayoría de ellas no las conoce todavía.

Su carisma dirige su trayectoria vital, de modo que tiene que saber cuál es. La vida pasa por etapas que pueden resultar confusas, difíciles y dolorosas, o bien de una tremenda abundancia, derroche y felicidad. Uno puede perderse tan fácilmente por alcanzar la abundancia como por morirse de hambre. No obstante, puede valerse de su carisma —su yo esencial— para que lo guíe. Uno sabe cuándo se ha arriesgado un poquito más de la cuenta, cuándo no está siendo quien es de verdad. Haga caso de su carisma, e inevitablemente encontrará a su alma.

EL QUINTO APOSENTO
Su oscuridad atrae la luz

La vida es un baile constante de luz y oscuridad. Su bondad atrae oscuridad; su oscuridad atrae la luz. Así es el diseño divino, que usted ha de aprender a reconocer como principio activo de su vida, igual que la relación causa-efecto o que la atracción magnética. Nunca hay que estar demasiado seguro de uno mismo, demasiado seguro de estar por encima de la tentación o la seducción, pero tampoco se debe dudar nunca del poder de la luz interior que nos protege, sean cuales sean las circunstancias. El énfasis que ponen todos los maestros espirituales en la humildad nos recuerda que nunca estamos al margen del poder de nuestra propia sombra. La práctica del autoexamen y de la oración ha de ser una constante en nuestra vida, si queremos alimentar nuestra necesidad de tener derecho a la sabiduría y la verdad.

Trabajo para el alma: A fin de ir aumentando su agradecimiento por toda la luz que es enviada constantemente a su vida, le conviene practicar este ejercicio muchas veces para comprender el poder que poseen su gracia y su sombra en acción.

1. Escoja una cualidad positiva, por ejemplo el sentido del humor, o la paciencia, o el saber escuchar compasivamente, y considérela un canal para la gracia. Observe cómo afecta esa cualidad a la vida de quienes le rodean. Preste atención a quién se siente atraído hacia usted y por qué. Observe cualquier cambio de humor que pueda experimentar usted, o modificaciones en su conducta; es decir, ¿en qué punto se le vuelve difícil mantener esa cualidad positiva? Fíjese en cualquier cambio en el entorno que pueda haber contribuido a ello, incluidos los cambios en su propia actitud. Por ejemplo, una mujer famosa por su tremendo sentido del humor y por aligerar siempre la tensión del ambiente atraía con frecuencia a la única persona de la oficina que era conocida por ser una pesimista sin remedio, un hombre que invariablemente la buscaba para atacar su optimismo. La oscuridad de él estaba empeñada en destrozar la luz de ella. Había días en que conseguía hacer mella en su fuerza vital, pero era poco frecuente. Ella tenía demasiadas cosas por las que estar agradecida para permitir que la negatividad de él la contaminase, pero desde luego él lo intentaba a conciencia.

2. Ahora escoja una cualidad negativa que tenga usted, por ejemplo la costumbre de juzgar a otra persona o de necesitar tener la razón. Preste atención especial a ese comportamien-

to durante uno o dos días, observando cómo influye en usted y en las personas que le rodean. ¿Evita a las personas a las que juzga? ¿Habla mal de ellas? Sabiendo que podría ser amable con ellas, por lo menos en el pensamiento, ¿por qué prefiere juzgarlas? Y en plena acción o pensamiento negativo acerca de otra persona, fíjese en la infusión inmediata de luz, porque es inmediata. Fíjese, por ejemplo, en que en el instante en que juzga a una persona se siente invadido por la pregunta: «¿Estás seguro de querer mantener esa opinión?» Como si le estuvieran dando la oportunidad de borrar los efectos de una crítica negativa contra otro ser humano, detrás de un pensamiento negativo siempre viene una pregunta llena de luz. La luz divina se hace presente instantáneamente, en cuanto nos deslizamos hacia la oscuridad.

EL SEXTO APOSENTO
Resistencia a la quietud: aguardar a Dios

Resistirse a la quietud no tiene sentido, y sin embargo creamos distracciones todo el tiempo porque tememos las consecuencias de las instrucciones que recibimos. Paradójicamente, rezamos pidiendo calma y la buscamos porque anhelamos acallar nuestras distracciones.

Trabajo para el alma: Escuche sus distracciones. Observe el ruido que hacen en su mente. ¿Qué pensamientos oye cuando dedica un momento a tomar conciencia de ellos? ¿Es el estrés su ajuste por defecto, su lugar de atención automático? ¿Su inconsciente está constantemente lleno de mensajes temerosos? ¿Qué es lo que tiene Dios que le hace sentirse incómodo? Tómese media hora para esperar a Dios y fijarse en hacia dónde divaga su mente. Limítese a seguir a su mente, aguardando a Dios. Después, relájese, respire, cierre los ojos y ábrase a la gracia de la quietud. Vuelva con regularidad a este aposento y haga el ejercicio de esperar a Dios observando lo mucho que necesita su mente entretenerse, divertirse y rellenarse de pensamientos. Sírvase de su viaje espiritual para vaciar su mente del todo.

EL SÉPTIMO APOSENTO
Beatitud sin miedo

Imagine que no tiene miedo de la vida. Imagine que es libre de todas sus preocupaciones respecto de la supervivencia. Imagine que está satisfecho con su vida, e incluso más que satisfecho, exultante. Imagine que tiene la valentía de vivir su vida de forma plena, dejando a un lado las necesidades y las heridas y aprovechando el poder y la energía de su creatividad. Imagine que tiene el coraje de arriesgarse, de jugar a la carta más difícil, de ser la persona que invierte en lo desconocido y sale ganando. Éstas son descripciones de beatitud sin miedo, un estado de conciencia que se alcanza de manera gradual cuando uno se deshace del miedo a cómo puede cambiarle la vida si entra en una relación íntima con su alma. Una vida profundamente activa con el alma no supone el fin de la vida física normal. Al desprendernos del miedo, ganamos beatitud, no perfección ni acabar con los problemas, conflictos o dificultades, porque esas cosas forman parte de la vida. Pero incluso en medio de todos los problemas que conforman la vida, es posible conocer la beatitud, es posible vivir sin miedo.

Trabajo para el alma: ¿Qué sería la beatitud para usted? Cuando se imagina a sí mismo como una persona sin miedo, ¿cómo cambia la brújula de su vida? Examine el poder que tiene sobre usted el miedo respecto de la supervivencia. ¿Tiene miedo incluso de la beatitud y tal vez piensa que es una cosa descontrolada? ¿Le da miedo descubrir las muchas limitaciones que se ha impuesto a sí mismo? Haga una lista de dichas limitaciones: emocionales, intelectuales, psicológicas, físicas, sexuales, creativas y espirituales. A partir de aquí, usted es el único que se limita a sí mismo.

EL OCTAVO APOSENTO
Conocer al demonio

El mal existe en muchas formas. Sea cual sea el nombre que le pongamos a una fuerza siniestra, el hecho es que los campos de energía de la negatividad o el mal son auténticos. Los maestros espirituales siempre instruían a sus alumnos en el arte de protegerse, desde cubrirse de barro o mantener velas encendidas hasta utilizar agua bendita y aceites sagrados. Todas las tradiciones espirituales cuentan con plegarias para pedir protección, porque la sensatez dicta que la luz atrae la sombra y que la sombra adopta muchas formas.

Trabajo para el alma: Reúnase con su alma y pídale que le ayude a recordar momentos en que sintió una presencia o una fuerza de extrema negatividad o maldad. Esa sensación es real. Preste atención a ella. ¿Ha percibido un momento de debilidad, vulnerabilidad o tentación? ¿Alguna vez ha notado que algo negativo o malvado ha penetrado en su campo de energía, como por ejemplo la cólera de alguien?

A continuación, respire hondo e invoque la presencia de la luz y de la gracia. Sienta cómo las paredes de su castillo le rodean de inmediato. El mal no puede penetrar en su castillo. Dedique un rato todos los días a la oración e invoque la gracia de la protección.

EL NOVENO APOSENTO
Purificación

La purificación del alma forma parte del viaje del místico. Purificar el alma quiere decir limpiarla de todos los desechos terrenales y todas las energías de sombra que se interponen en nuestro camino hacia la iluminación. La purificación es un proceso tan natural para el alma, que incluso sin poner el pie en un camino espiritual el alma mantiene su propia dinámica de purificación a base de agitar nuestra conciencia o de plantearnos preguntas sobre el significado de nuestra vida. Para el viajero consciente, la tarea de la purificación se vuelve más rigurosa, pero también más satisfactoria y estimulante, como si lo hubieran sacado de un espacio pequeño y oscuro en el que llevaba varios años confinado. Haga uso del ejercicio de purificación como ritual curativo, o utilícelo cada vez que sienta la necesidad de trabajar en un problema, como las culebras que entran en su castillo.

Trabajo para el alma: Considere la experiencia de purificación como una sauna para el alma. Imagine que se desprende de todas las toxinas de los sentimientos negativos. Imagine las fragancias a limón o a jazmín barriendo todos sus miedos y sus preocupaciones. Deje que el calor derrita todo dolor físico o enfermedad que esté padeciendo.

EL DÉCIMO APOSENTO
El santuario

Imagine que entra en un aposento que sólo está lleno de luz. Se trata de un santuario sagrado, un recinto para la oración y la contemplación. En ese recinto se encontrará con Dios. Aquí dentro no es necesario realizar ningún trabajo, tan sólo tiene que descansar. Permanezca calmado, presente, abierto a la gracia de la iluminación.

LOS ACOMPAÑANTES DE ESPÍRITU

Un antiguo relato hindú contenido en el Mahabharata cuenta que había un grupo de hombres buscando el camino que llevaba al cielo. Con los años, a lo largo del viaje murieron todos excepto uno, así que éste tuvo que continuar acompañado tan sólo por un perro callejero. Ambos viajaron juntos, compartiendo la comida y el agua que iban encontrando, ayudándose el uno al otro en los puntos difíciles del camino. Al cabo de unos años, llegaron a las puertas del paraíso. El portero recibió al santo agotado y lo invitó a entrar, pero se negó a que pasara el perro y le dijo al hombre que se deshiciera de él. El santo tenía que entrar solo. Miró a su perro y luego el paraíso, y se acordó de todo lo que habían pasado los dos juntos, los peligros que habían afrontado, la distancia que habían recorrido, y entonces se dio media vuelta diciendo que el paraíso no merecía que él pagase el precio de traicionar a un compañero que había permanecido todo el tiempo a su lado. Cuando ambos emprendieron el regreso montaña abajo, el perro se reveló como el dios Dharma, le agradeció al hombre su amistad y sus cuidados y le concedió la entrada al cielo.

Dharma es también la práctica cotidiana de los valores espirituales, de modo que, en otras palabras, el viaje espiritual requiere un acompañante de espíritu que nos ayude tanto en las horas felices como en las dificultades. Dios se encuentra en ese compañero espiritual y nos acompaña en la búsqueda. La literatura sagrada, los mitos y las leyendas están repletos de relatos de los dioses que ponen a prueba la capacidad de los seres humanos de mostrar compasión, de reconocer la divinidad en otras personas, en desconocidos y desgraciados que conocemos de forma inesperada. Ovidio puso por escrito el hermoso mito de Baucis y Filemón, una pareja de campesinos ancianos, pobres, que acogió en su cabaña a dos viajeros exhaustos y vestidos con harapos, y compartió con ellos su exigua comida. Todos sus vecinos, ricos o pobres, se habían negado a ayudar a los dos caminantes, que en realidad eran los dioses Júpiter y Mercurio disfrazados. Como recompensa, los dos dioses, por supuesto, ofrecieron a los ancianos que pidieran lo que quisieran, y éstos pidieron tan sólo servirles como sacerdotes y seguir viviendo juntos hasta su muerte, porque nunca habían vivido solos y disfrutaban mucho de su mutua compañía. Todo eso les fue concedido, y los dioses además los instalaron en un hermoso castillo hasta el fin de sus días, cuidando el uno del alma del otro.

Santa Teresa animó a sus monjas a que compartieran entre sí sus experiencias de lo divino y se considerasen ellas mismas compañeras de viaje. Para compartir nuestra experiencia de Dios, necesitamos contar con la bendición de tener a nuestro alrededor una comunidad espiritual de almas de mentalidad semejante a la nuestra. Necesitamos un lugar donde nos hallemos cómodos espiritual y físicamente, pero no necesariamente formando parte de una religión tradicional. Naturalmente, en los tiempos de santa Teresa eso equivalía a un convento para las mujeres y un monasterio para los hombres. Hoy en día, sin embargo, los místicos sin monasterio también tienen necesidad de contar con otras personas como apoyo para el alma. La vida espiritual no tiene por qué ser solitaria, célibe, pobre o plagada de sufrimientos. Los místicos antiguos soportaban sus sufrimientos por considerarlos regalos de Dios, como una manera de hacer frente a dolencias físicas para las que no existía tratamiento alguno. De esa forma aumentaban la fortaleza de su alma. Sin embargo, usted puede vivir hoy como un místico en este mundo y dedicarse a ser artista, cantante, actor, empresario, médico, abogado, piloto, madre, padre, profesor, vendedor o experto en ordenadores. Y también puede casarse, formar una familia, tomarse vacaciones... y servir de canal para la gracia.

En el mundo actual ya no se escoge una cosa o la otra. Usted tiene tanto un cuerpo como un alma, y no escoge tener el uno o la otra. No decide aceptar el cuidado de su alma y luego dejarla en casa cuando se va a trabajar, ¿no es así? Su alma también requiere ambas cosas: un tiempo a solas para rezar y contar con acompañantes de espíritu. Usted necesita una comunidad que le rodee y le acompañe porque, a medida que su mundo interior vaya cobrando vida, querrá estar con gente que comprenda dicho viaje, no el de usted, sino el del alma. Dicha comunidad no es un grupo de apoyo emocional diseñado para contarse las penas y las adicciones, ni tampoco tiene que estar formado sólo por hombres o mujeres. Si usted necesita un grupo de apoyo para curarse, entonces busque un grupo de apoyo para curarse. Un grupo para el alma tiene como fin compartir despertares místicos y experiencias de Dios, celebrar las bendiciones que llegan a la vida de otro, explorar maneras de servir al prójimo y apoyarse unos a otros en la consecución de dicho objetivo.

Un acompañante de espíritu no es un alma gemela, sino una persona con quien uno comparte un vínculo de reverencia por el viaje espiritual en que ambos se encuentran y el modo en que han escogido caminar por la Tierra. Los acompañantes de espíritu hablan de temas que nutren el espíritu de ambos y se ayudan uno a otro a apreciar los regalos divinos que hay en su vida, incluido el formar redes de amistad que sirvan de apoyo a su mutua creatividad y trabajo en el mundo. Los acompañantes de espíritu utilizan su respectiva luz interior para encendérsela uno a otro. Usted utiliza los dones de su alma para aportar tanta verdad y sabiduría como sea posible a la vida del otro. Son espejos espirituales el uno del otro, igual que Ananías devolvió la vista a san Pablo y lo ayudó a realizar la transición a una fe nueva.

Imagine que se reúne para hablar de su vida con gente que acepta la existencia de Dios, de los ángeles, los santos y los milagros, que entiende la práctica de curar y canalizar la gracia, que se toma en serio su práctica como místicos en el mundo. Es un poco de cielo en la tierra. Sería divinamente normal formar parte de un círculo de místicos y compartir con ellos el don de la iluminación.

Santa Teresa observó que a Dios le gustaba especialmente escoger los libros que leemos y colarse en nuestras conversaciones diarias de forma inesperada. Dios es perfectamente capaz de enviarnos inspiraciones por medio de nuestros compañeros para ayudarnos, igual que nosotros les ayudamos a ellos con nuestras revelaciones. Hoy en día, a esa respuesta espontánea a una necesidad con una solución la solemos llamar «sincronicidad», que es tan sólo una palabra en clave intelectual para definir la acción divina entre bastidores. La sincronicidad aparece en anécdotas de supuestos ángeles del aparcamiento, que nos encuentran el espacio perfecto para aparcar cuando llegamos tarde; se ve también cuando justo enfrente de nosotros cae de un estante el libro que contiene la información que necesitábamos, o un amigo menciona precisamente el médico adecuado para nuestra madre o el terapeuta, programa escolar o campamento perfectos para nuestro hijo. Así que, determinadas palabras de inspiración divina pueden deslizarse en nuestras conversaciones con un amigo querido.

Practique la receptividad y el silencio con sus acompañantes de espíritu. Juntos, canalicen la quietud hacia aquellos que tengan necesidad de ella, como personas con traumas psicológicos, gente que está atravesando dificultades, gente con la que usted tiene una relación de enfrentamiento, y la comunidad global necesitada de paz. Uno de los primeros círculos de gracia que contribuí a formar era para familias con niños autistas. Todos sus componentes tienen un hijo autista. Aunque muchos no viven en la misma zona, han acordado rezar juntos a determinada hora todos los días y compartir información vía Internet. Así se mantienen unos a otros esperanzados, con optimismo y sentido del humor. En esto consiste la práctica de la iluminación mística.

Además de la bendición que suponen la amistad y el apoyo, un círculo de acompañantes de espíritu evita que uno se quede aislado emocional y psíquicamente. El trabajo dentro del castillo es un estado elevado de conciencia que para mucha gente no es real, y uno no debe intentar compartir su intenso trabajo personal ni sus experiencias místicas con cualquiera. Debe compartirlas con otras personas que se encuentren en el mismo camino que usted y que no tengan miedo de ello. En resumen, usted necesita a alguien que le crea cuando tenga una experiencia mística. Encontrar las palabras apropiadas para describir un encuentro inefable con la iluminación divina es harto difícil. Hay que conocer al menos a una persona que sepa ver la verdad que hay en nuestra experiencia.

También se necesitan acompañantes de espíritu porque las experiencias místicas pueden resultar difíciles de soportar, en especial si uno recibe una visión o una revelación que eleva su entendimiento pero también contradice creencias comunes. Por ejemplo, imagine que a su madre, hermano, esposo o hijo le han diagnosticado una enfermedad potencialmente terminal. Los miembros de la familia se reúnen, todos abrazados, compartiendo una mezcla de miedo, esperanza y fe. Aunque han buscado la mejor atención médica posible, los médicos les han dado muy pocas esperanzas realistas. El miedo y el agotamiento están cobrándose su precio en todos ustedes. Entonces, una noche, usted tiene una visión y ve que su ser querido enfermo va a recuperarse. No se le revela cómo, sólo se le dice que logrará superar la enfermedad y que dicho proceso durará cinco largos años. Y, en ese momento de iluminación, después se le dice que no debe contarle nada al resto de la familia, que ellos deben soportar esos cinco años sin saber si su ser querido conseguirá curarse o no. Usted sabe que sí, pero ha de guardarse esa revelación para sus adentros. No se le dice por qué, sólo se le dan estas instrucciones a seguir.

Al día siguiente regresa al hospital. Su familia está perdiendo la fe, llorando y desmoronándose. Usted tiene en su poder una noticia que podría poner fin a su sufrimiento porque ha «visto» lo que va a suceder. Y en cambio, no puede —no debe— revelar una sola palabra. Tal vez se lo podría contar a una sola persona, se dice a sí mismo. Esa persona, ¿le creería siquiera? ¿Merecería la pena poner en peligro la promesa que le ha hecho al cielo, sólo para descubrir que la persona a la que ha contado esa revelación no se la cree? Esa persona le preguntaría repetidamente: «¿Estás seguro? ¿De verdad ha ocurrido eso?» Usted traicionaría las instrucciones recibidas y no ayudaría a nadie con ello.

En una situación así, caería sobre usted el peso de dos realidades. Se vería obligado a callarse su vida interior, en la que tienen lugar experiencias de iluminación y revelación. Y también tendría que vivir con la realidad de su familia, que está plagada de dudas, desesperación y miedo. Usted ha de callarse el desenlace de esa situación y no revelar a nadie que su ser querido va a curarse. Usted ha de callarse la relación de profunda intimidad que sostiene con Dios y con el sagrado y bello secreto de la curación, porque ésas son sus instrucciones. ¡Cuán típico de Dios es pedir algo tan irrazonable y no explicar por qué nos regala un don tan profundo y no nos permite compartirlo! ¿Qué demonios se traerá el cielo entre manos?

Guardar silencio y obedecer esas instrucciones sería una tarea enormemente difícil. La mayoría de las personas sufriría un estallido interno por haber recibido una iluminación que podría aliviar el dolor de personas a las que ama pero que tiene que guardarse para sí. Pocos son capaces de soportar solos la carga de la luz de la «mente irrazonable de Dios». Estar con acompañantes de espíritu que también tienen en su poder secretos sagrados le ayudará a aguantar el peso de esas realidades múltiples.

Un momento de contemplación

Somos criaturas hechas para vivir en comunidad. Buscamos la compañía de los demás porque nos vemos empujados a compartir nuestra vida, a dar de nosotros y a estar a disposición unos de otros. Aunque usted no estuviera realizando un viaje por el interior de su castillo, también llegaría un punto en su vida en que ya no le bastaría charlar sobre los vecinos y la dinámica familiar, aun siendo temas de interés. Una vez que uno se encamina por la senda espiritual, empieza a anhelar una comunidad espiritual, una reunión de acompañantes de espíritu con los que poder compartir intercambios interesantes, aleccionadores, y conversaciones que lo eleven hacia una perspectiva mística que contribuya a dar sentido a nuestras relaciones personales, a nuestra vida y al mundo.

Uno desea ver la vida a través del alma, con el alma, en el alma. Uno quiere servirse de su alma para volver a dar forma al mundo en el que vive, para ayudar a que cobren sentido las grandes y pequeñas locuras de la vida... y también las que puedan surgir en la vida de un amigo querido. Uno se da cuenta de que la vida no es racional y de que su mente es limitada en su capacidad para entenderla. Cuando lo invisible se vuelve tan real como lo visible, uno ha de buscar compañeros para el alma. Cuando visite el reino invisible del espíritu, ellos podrán ayudarle a mantener los pies en el suelo. Un círculo de acompañantes de espíritu con quienes pueda compartir el inimaginable poder de la gracia es una comunidad mística en su máxima expresión; es el hogar.

La búsqueda de compañeros espirituales

EL PRIMER APOSENTO
La soledad

Estar solo y aislado es un miedo esencial del ser humano que puede resultar abrumador hasta el punto de controlar las decisiones que tomamos en la vida. Tememos quedarnos solos si hacemos caso de las inspiraciones espirituales, como los ermitaños medievales y otras personas que se apartan del mundo. Si bien este desenlace es poco probable, si no hacemos caso de las inspiraciones que hemos recibido sí que terminaremos solos, porque, aunque nos rodeemos de gente a la que queremos, nuestra alma estará vacía. La soledad del alma también puede tener su origen en el miedo de que cuando nos encontremos con Dios o descubramos nuestros sentimientos más auténticos, ya no podremos entender nuestra vida. A menudo sucede que no tenemos tanto miedo de Dios como de aproximarnos a desvelar verdades más profundas acerca de nosotros mismos. La mayoría de los místicos tradicionales estaban solos únicamente durante breves períodos de tiempo, y usted cree temer esa soledad arquetípica, pero la verdad es que lo que le da miedo es ahondar en usted mismo, algo que sólo usted puede hacer.

Trabajo para el alma: ¿Cuál es la causa de que se sienta solo, incluso estando con familiares y amigos? ¿De qué modo le controla a usted y a su vida el miedo a la soledad? ¿Ha puesto en peligro una llamada del alma por miedo a que ésta le dejara aislado? ¿Cuántas veces ha hecho caso omiso de instrucciones divinas por miedo a quedarse solo? ¿Cuáles eran concretamente esas instrucciones? ¿Se ve capaz de responder a esa llamada en este momento? Ejercítese en descubrir cómo el miedo a la soledad le distrae de rendirse a Dios. Apunte en su cuaderno cuánto de ese miedo es la causa de que usted intente librarse de los consejos de su alma. Rece pidiendo inspiración, escuche y responda. Regrese con frecuencia a este aposento para trabajar en todo ello. Sea compasivo consigo mismo, éste es un aposento muy difícil.

EL SEGUNDO APOSENTO
¿Hay pensamientos nuevos agitándose en su alma?

Entrar en el castillo es lo mismo que percibir el universo a través de la lente del alma. Cuando se busca una vida interior, se desarrollan nuevas ideas respecto del mundo que pueden resultar difíciles de incorporar a la visión del mundo que teníamos antes. Cuando uno descarta creencias que finalmente reconoce como falsas, obsoletas o gravosas, se queda abierto de par en par para captar percepciones nuevas y frescas. Algunas pueden ser bastante sorprendentes, otras ricas y cargadas de significado, y otras tan profundas que pueden cambiar el rumbo de nuestra vida. Alguien podría decir: «Esto no tiene solución», pero usted verá que siempre hay esperanza, y que la esperanza y la gracia siempre van juntas. Otra persona podría preguntar: «¿Las actitudes negativas causan acciones negativas?», pero usted verá con claridad que son la misma cosa. Guarde silencio, escuche, observe, rece. Prepárese para entrar en la novedad de su propia alma.

Trabajo para el alma: En el silencio de este aposento, pregunte a su alma qué tiene dentro que sea fresco, inspirado y novedoso. ¿Tiene algo en lo que usted no haya pensado nunca? Deje que entre la novedad. Lo novedoso puede llegar en forma de palabras, imágenes o símbolos, y no necesariamente guardar relación con algo que esté sucediendo en su vida en este momento. Permanezca abierto a revelaciones maravillosas. ¿Estaba rezando por algo en especial? Ábrase a cualquier respuesta de Dios. ¿Hay respuestas que resulten confusas o incómodas? Entre en sintonización con su alma. En este aposento, su disciplina consiste en sintonizar con perspectivas nuevas. Regrese cada vez que necesite iluminar nuevos comienzos o reconocer que ha sido enviado algo novedoso a su alma.

EL TERCER APOSENTO
¿Qué territorio desconocido podrían ayudarle a explorar sus acompañantes de espíritu?

Los acompañantes de espíritu pueden proporcionar una estructura a su práctica espiritual. Ellos le inspirarán para que cumpla su compromiso de mantener una práctica que de otro modo, si dependiera de usted, tal vez abandonaría. ¿Iría a clase de yoga o aceptaría el trabajo de sus sueños, por ejemplo, si tuviera alguien que fuera con usted? ¿O formaría un grupo de estudio de la mística?

Trabajo para el alma: ¿Cuántas veces se ha sentido atraído a probar algo nuevo dentro del campo espiritual o de la conciencia, pero ha preferido no probarlo porque no quería hacerlo solo? ¿Qué fue lo que le atraía? ¿Y qué le atrae ahora? Su atracción hacia dicha actividad puede que sea su alma, que le está diciendo lo que necesita. Busque acompañantes de espíritu, aunque sean uno o dos. Esto es esencial para continuar su viaje al interior del castillo. Lleve una lista de todo lo que le gustaría compartir. Puede empezar compartiendo este material con un par de amigos de confianza. Haga honor a su viaje haciendo honor al proceso.

EL CUARTO APOSENTO
Usted puede ser una persona difícil

Admítalo. Al igual que todo el mundo, usted posee mecanismos de defensa que lo convierten en una persona difícil de conocer. La actitud defensiva es una protección contra la humillación y la crítica, una manera de intentar controlar nuestro entorno. Detrás de nuestros mecanismos de defensa está el deseo de estar cómodo con otra gente, pero en vez de arriesgarnos al rechazo, apartamos a los demás de nosotros. Levantar nuestras defensas no nos va a ayudar a encontrar un acompañante de espíritu.

No es posible desembarazarse de los aspectos difíciles y testarudos de la propia personalidad en una única visita a este aposento. Más hondas que las razones superficiales de nuestra conducta son las razones del alma, todas ellas en función de nuestra relación con Dios y el poder. Hundir los talones en el suelo y gritar: «No pienso moverme, tendrá que moverse el mundo a mi alrededor» es sólo una manera de proyectar nuestra frustración con Dios sobre nuestros amigos, familia y todo el que se cruce en nuestro camino. Deseamos tener más control sobre nuestra vida pero no podemos, así que nos volvemos personas difíciles. Tal como recordaba un hombre obstinado a sus hijos cada otoño, «Quizá no pueda controlar el tiempo que hace ni el precio de la gasolina, pero por Dios que puedo controlar la temperatura de mi casa y la factura de la gasolinera». Con independencia del frío que llegara a hacer en otoño en el Medio Oeste, él no ponía la calefacción hasta el 15 de noviembre, y el termostato jamás subía más allá de los 18 °C.

Trabajo para el alma: ¿Qué es lo que le convierte a usted en una persona difícil de conocer? ¿Qué papel necesita desempeñar en una amistad? ¿Para usted es importante ser el sabelotodo? ¿Es importante estar siempre al mando? Aunque sea usted una persona abierta y cálida, eso no significa que resulte fácil de conocer. Examine cómo establece sus relaciones personales y las normas que exige para que funcionen las amistades. ¿Hasta qué punto le resulta difícil ceder el control? ¿Se ve a sí mismo abriéndose y permitiendo que otra persona canalice hacia usted la gracia o la inspiración espiritual? Tome nota de sus pautas difíciles y testarudas. Escoja una con la que trabajar y obsérvese a sí mismo en acción cuando dicha pauta se impone. Anote para sí: «Ahora estoy comportándome deliberadamente de forma testaruda o difícil. ¿Por qué? ¿Cuáles son mis motivos particulares respecto del poder? ¿Busco llamar la atención? ¿Deseo controlar esta situación? ¿Necesito que me consideren ganador o que me den la razón en algo?» Hacerse responsable de sus actos significa algo más que reconocerlos; significa modificar su conducta conscientemente, poco a poco.

Recuérdese a sí mismo que las contradicciones constituyen el diseño de este universo. Usted puede ser muy obstinado y a la vez muy cariñoso. Puede ser ambas cosas, la mayoría de las personas son así. Ser difícil o testarudo no le es de utilidad a usted ni a nadie. La intimidad y la categoría de acompañante de espíritu se construyen sobre un toma y daca mutuo, confianza, humor y gozo en los dones de cada uno. Traiga a este aposento sus conflictos acerca de su carácter y trabaje con ellos. Piense en el amor y en todo el bien que hace al ayudarse a investigar la razón por la que es usted testarudo.

EL QUINTO APOSENTO
Entrar en el misterio de lo desconocido

Cada segundo de nuestra vida está repleto de posibilidades desconocidas. Uno se despierta viviendo una vida y se acuesta en un mundo totalmente nuevo. Una mujer embarazada se convierte en madre con un niño en brazos; un hombre de ingresos económicos modestos compra un boleto de la lotería y se va a la cama siendo multimillonario. Un hombre entra en una funeraria para rezar una oración por el fallecido sólo porque la sala del velatorio se encontraba vacía y se le ocurrió que alguien debería decir al menos una plegaria; firma con su nombre en el libro de visitas y más tarde se entera de que ha heredado la fortuna del muerto, ya que el testamento establecía que la persona que rezara por él en su funeral heredaría sus bienes.

¿Qué sabemos realmente con seguridad acerca de nuestra vida? ¿Con qué y con quién podemos contar realmente para que esté a nuestra disposición mañana, cuando nos despertemos? Lo cierto es que el mañana es una incógnita. La alegría que lleva aparejada esta verdad es que uno nunca sabe cómo van a evolucionar los problemas. Uno nunca sabe cuándo podría conocer a alguien especial. Uno nunca sabe cuándo van a ponerse en marcha las circunstancias necesarias para desatar nuestra creatividad.

Trabajo para el alma: Empiece con la verdad siguiente: lo desconocido representa a Dios. Entrar en el misterio de lo desconocido es entrar en el misterio de Dios. Imagínese en un diálogo con Dios en el que lo único que usted sabe con seguridad es que ha de contarle a lo divino todo lo que sabe con certeza respecto de su vida. Escriba dicho diálogo en su cuaderno. Y además, realice el siguiente ejercicio escrito, que constituye una forma rica y agradable de aprender a ver a Dios en los detalles de la vida.

1. Nada más levantarse, escriba cinco cosas que tiene la completa seguridad de que van a suceder en ese día. Luego, escriba qué pasaría si esas cosas no ocurrieran.

2. ¿Cuánto control ha tenido usted en la organización de esas cinco cosas?

3. Al final del día, evalúe qué tal ha salido lo «conocido». ¿Ha ocurrido todo tal como estaba planeado?

4. Tome nota de todas las cosas desconocidas o no planificadas que han ocurrido a lo largo del día y del impacto que han ejercido en su vida, como por ejemplo conocer a una persona nueva, ir a un lugar nuevo o el acaecimiento de una nueva crisis.

5. Examine todas esas cosas planeadas y no planeadas e intente imaginarse cuáles tendrán mayor efecto en su vida en última instancia. ¿La lista será suya, o de Dios? ¿De lo conocido, o de lo desconocido?

6. Repita este ejercicio en varios días distintos.

EL SEXTO APOSENTO
Iluminar a quién y qué juzga usted

Juzgar a los demás es un acto de agresividad del ego, una necesidad de ser superior. La crítica bloquea nuestra capacidad de recibir inspiraciones acerca de lo que sea. No deseamos ser juzgados por los demás; de hecho, guardamos rencor a quienes nos han juzgado con dureza. Ilumine las tinieblas de los juicios que ha hecho, incluidos los que han tenido que ver con desafíos, experiencias, circunstancias de la vida y otras personas. Un juicio precipitado hace que uno devalúe o pase de largo incontables dones que llegan a nuestra vida, mientras que aportar luz a cada circunstancia, iluminarla, permite que resalte su importancia, su propósito divino y su dirección.

Trabajo para el alma: Rece y empiece a iluminar a quién y qué suele juzgar usted, incluidos sucesos y desafíos significativos e insignificantes. Una vez que se ponga a ello, pocas cosas pasarán por delante de sus ojos sin que usted las juzgue de algún modo. Tal como enseñan los budistas, todos los juicios dan una forma nueva al momento o suceso. Juzgar significa que uno ya está previendo quedar decepcionado o derrotado. Piense a quién juzga usted e ilumine y derrita esa tendencia. No juzgar y saber cómo disolver la tendencia a juzgar es una de las habilidades más valiosas que puede ofrecerle a un acompañante de espíritu, y uno de los regalos más plenos de gracia que puede recibir.

EL SÉPTIMO APOSENTO
Iluminar el miedo a perder una vida normal

Aunque ha entrado en el castillo, aún tiene miedo de que una vida mística le impida llevar una vida normal. Así será, pero es que usted en realidad no desea una vida normal. Usted desea una vida segura, tal vez, pero está claro que una vida normal, no, sea lo que fuere eso. Lo que le da miedo en realidad es que su vida familiar deje de resultarle atractiva o interesante. Teme perder el interés por vivir en la Tierra si, de hecho, se da cuenta de que su alma puede ser un canal para la gracia, sanar a los demás y conversar con Dios. Eso transformaría su mundo en algo bastante fuera de lo normal, en efecto. Pero ahora que sabe que eso podría sucederle a usted, ¿de verdad le gustaría volver a ser normal?

Trabajo para el alma: ¿Cuál es su definición de vida normal? Sirviéndose de su viaje espiritual, rememore los recuerdos más antiguos, década por década. Describa con detalle aquello con lo que se conformó porque temía cambiar o confiar en que dicho cambio fuera para bien. Después, imagínese entregado a una vida completamente corriente pero segura; ¿es ésa su visión de contento y de realización plena de todo el potencial de su alma?

EL OCTAVO APOSENTO
Practicar la iluminación en el momento

Cada día trae algo que puede permitir la entrada de una culebra en nuestra alma. Practique la iluminación, es decir, arroje luz sobre aquello que parezca oscuro, hasta que dicho ejercicio se convierta en algo tan natural como el respirar. Sea fuente de iluminación para los acompañantes de espíritu. Usted guarda numerosos dones en su alma, uno de los cuales es ayudar a otra persona a ver lo que ésta no puede debido al miedo a la soledad. Practique la iluminacion en el momento: haga una pausa y enmarque lo que está examinando dentro de una ventana de luz. Busque a Dios en los detalles de conversaciones, pasajes literarios, paisajes naturales y situaciones difíciles.

Trabajo para el alma: Practique respecto de una situación que hoy le ha ocasionado una pérdida de poder. Permanezca en ella hasta que esa culebra haya salido de su castillo. Busque la mano de lo divino, el don que lleva aparejado ese suceso. Aunque dicho suceso sea brutal, imagine que en algún nivel situado más allá de lo que alcanza su mente, las leyes del universo prometen que todo va a equilibrarse. Luego piense en algo insignificante, como un desconocido que haya llamado su atención en un restaurante. Recuerde a dicho desconocido y arroje luz sobre su rostro. Haga brillar la gracia sobre él y piense: «No sé quién eres y puede que no vuelva a verte nunca, pero hoy te he visto. Hemos compartido el mismo espacio y estoy enviándote un poco de gracia.» Gozará mucho de ese ejercicio y sentirá cómo la gracia lo llena también a usted.

COMPROMISO CON DIOS

Imagine que es usted un monitor de gimnasio que recibe a un grupo de personas entusiastas, todas novatas en eso de hacer ejercicio físico. Por supuesto, ellas se percatan de que usted tiene una forma física perfecta, porque hace mucho que llegó a dominar la disciplina del entrenamiento diario. De hecho, usted ya no considera que su entrenamiento diario sea una disciplina; se ha convertido simplemente en una manera de vivir que mantiene su vitalidad y su fuerza. Mientras se prepara para dar a sus nuevos alumnos una introducción de lo exigente que es en realidad el programa de ejercicios, estudia sus rostros y se pregunta cuál de ellos conseguirá llegar hasta el final. Usted sabe que todos desean tener un cuerpo bonito y saludable que no desfallezca bajo presión y que sea capaz de soportar arduas exigencias. Pero no todo el mundo tiene lo que hay que tener para comprometerse a lograrlo.

Lo primero que usted les dice a sus alumnos es que la parte más difícil del trabajo de desarrollar una buena forma física es comprometerse a hacer una serie de ejercicios diarios. Si dejan de hacer esos ejercicios un día —uno solo—, para recuperar el ritmo necesitarán una semana. «No hagas una sola excepción», escribió William James. No te apartes del camino ni dejes de moverte en ninguna circunstancia, porque luego te resultará mucho más difícil volver a empezar una y otra vez. Usted les advierte que los primeros días de entrenamiento son los más difíciles, tal como estaba previsto, porque querrán ver inmediatamente los resultados de su trabajo: pérdida de peso, mejor tono muscular y mayor fuerza física. Pero tienen que estar dispuestos a invertir tiempo en el programa sin ver resultados en los primeros días. Las auténticas transformaciones no suceden con facilidad. El éxito en cualquier cosa responde a una fórmula muy sencilla; compromiso de lograr el objetivo, fe en el resultado y confianza en el entrenador.

Al observar sus caras mientras los anima para el largo viaje que les espera, desearía encontrar la manera de que pudieran meterse en su cuerpo para probar, aunque sólo fuera un momento, la extraordinaria sensación de tener un cuerpo perfecto. Un minuto, o incluso 30 segundos, o puede que hasta menos, en el interior de su cuerpo bastaría para convencerlos de que acudir todos los días al gimnasio y comprometerse a hacer los ejercicios señalados va a merecer mucho la pena.

La propia santa Teresa se esforzó por explicar la realidad mística del alma y el viaje de ésta por un camino de oración hasta que descubrió la metáfora perfecta del castillo. Aun así, sabía que sus monjas, como todas las personas que siguen una senda espiritual, encontrarían sumamente difícil adoptar el compromiso de entrar todos los días en su castillo, porque la primera y la segunda moradas son, en el lenguaje de ella, «secas». En las primeras semanas, si no meses, de autoexploración, tras numerosas instrucciones sobre el análisis de uno mismo, después de buscar constantemente trampas para las culebras, es posible que uno tenga la impresión de estar soportando una especie de tortura diaria infligida por uno mismo. En vez de eso, piense que el trabajo que realiza en el interior del castillo es un rato que dedica cada día a penetrar en otra realidad. No piense en su castillo como disciplina. Elimine esa asociación y haga que entrar en él sea una de las partes más placenteras de cada día, incluso cuando busca culebras. Si buscar y destruir o purificar no le complace, considérelo capturar y poner en libertad. Imagine que habla del tema de cada aposento directamente con lo divino, permitiendo que todos sus sentidos participen plenamente en esa conversación. Deje que la comunicación adopte todas las formas: energética, multisensorial, imaginativa. ¡Qué precioso regalo se está haciendo a sí mismo! Ábrase a la quietud y, por encima de todo, prepárese mediante la oración a desarrollar toda clase de diálogos con Dios.

Un momento de contemplación

Piense que su viaje al interior de las primeras moradas de su castillo es un camino que va ascendiendo, desde depender simplemente de la intuición hasta recibir la iluminación y la gracia. Deshágase de sus antiguos miedos e ideas falsas acerca del aislamiento, la alienación y el no poder sobrevivir en el mundo de todos los días. Todo eso son cosas que su mente ha creado para que usted no persiga una vida verdaderamente espiritual.

Piense en su vida tal como es ahora. ¿Qué cosas de ella le gustaría cambiar? ¿De qué cosas del pasado le gustaría desembarazarse? ¿De qué miedos se libraría, y qué actitudes negativas o celos quisiera exorcizar si pudiera? ¿Su vida sería mejor o peor, si se viera libre de sus miedos? Tanto si usted continúa adelante para reunirse con Dios como si no, su vida sería mucho más rica sin las culebras que habitan en su alma.

De una forma o de otra, usted está destinado a realizar este viaje, ésa es la paradoja divina. No puede evitar enfrentarse a sí mismo, sea cual sea el camino que tome en la vida; lo único que puede escoger es avanzar por ese camino como un cuerpo solitario o como un cuerpo dotado de un alma.

En busca del compromiso con lo divino

EL PRIMER APOSENTO
Mis expectativas respecto de Dios

Todo el mundo tiene expectativas respecto de Dios. Esperamos que Dios responda a nuestras oraciones. Esperamos que ocurra un milagro si rezamos el tiempo suficiente, o si encendemos bastantes velas, o si peregrinamos a un lugar sagrado. Esperamos que Dios nos regale abundancia en la vida. Esperamos que Dios sea justo y equitativo y que obedezca las reglas de la ley y el orden terrenales. Esperamos que Dios sea un jefe benevolente, y cuando las cosas no suceden como esperábamos, esperamos que Dios nos dé una explicación. Esperamos ver un significado y un propósito en todo lo que hacemos. Nuestras expectativas respecto de Dios son interminables, un reflejo de las expectativas que proyectamos los unos sobre los otros, una espiritualidad basada en el ego.

Trabajo para el alma: Las expectativas son la manera que tiene nuestro ego de pedir responsabilidades a Dios. Bloquean la entrega personal y la confianza. ¿Qué espera usted de Dios? ¿Se siente con derecho a tener un puesto de trabajo? ¿Un hogar? ¿Buena salud? ¿Espera protección? ¿Abundancia material? ¿Un propósito y un significado en todo lo que le ocurre?

Visite este aposento para examinar y procesar la decepción que siente cuando no se cumplen sus expectativas. Cuando sufrió esa decepción, ¿qué era lo que esperaba de Dios?

Rece pidiendo inspiración para afrontar los acontecimientos de cada nuevo día sin abrigar expectativas. Cuando se sienta decepcionado, entre en este aposento y rece para dejar a un lado sus expectativas respecto de Dios. Salga de este aposento cuando se sienta otra vez centrado en la verdad de que todas las expectativas son una proyección del ego y un acto inspirado por el miedo.

EL SEGUNDO APOSENTO
Un viaje espiritual es algo irracional

Es posible que una parte de usted esté luchando de pleno contra la idea misma de realizar un viaje espiritual precisamente porque usted es una persona lógica y racional en un mundo moderno. En un viaje espiritual se emplean medios irracionales e invisibles para buscar el alma, algo más invisible aún. Se funciona teniendo fe en que dentro de uno hay algo más que la imaginación, más allá de la mente, el cuerpo, las emociones y el ego.

Trabajo para el alma: ¿Qué es lo que sabotea su viaje espiritual? ¿Cómo suele sabotearse usted mismo? ¿Por qué no tiene sentido para usted adoptar un compromiso espiritual teniendo en cuenta la vida que lleva? Identifique la voz de ese autosabotaje, de los pensamientos y las conductas derrotistas. Éste es el arquetipo del saboteador interior, que constituye un adversario formidable con el que usted se topa en el camino. Necesita averiguar cuáles son sus métodos, cuál es su manera de intentar agotarle a usted y distraerle de su cometido. En este aposento, esté alerta.

EL TERCER APOSENTO
¿Se siente usted llamado al camino místico?

Sólo usted puede decidir si se siente llamado a un camino místico. Puede preguntarse, como han hecho muchos: «Pero ¿cómo puedo saberlo con seguridad, y qué he de hacer al respecto?» Yo siempre contesto lo mismo. Tanto si ha respondido «Sí, estoy convencido de que soy un místico en este mundo» como si ha dicho «No, eso no es para mí», ¿de qué modo cambiaría su vida? ¿Rezaría menos? ¿Sería menos amable? ¿Tendría la sensación de que su mundo material y todo lo que contiene estaría más seguro? Su mundo material no cambiaría en absoluto, haya respondido sí o no. ¿O sí que cambiaría?

Trabajo para el alma: La pregunta definitiva que lo dice todo es: ¿Usted desea leer cosas sobre Dios, o desea exprimentar a Dios? Si lo que busca es la experiencia de Dios, ha cruzado el Rubicón espiritual. Si todavía se contenta con leer cosas sobre Dios, se encuentra sentado en la ribera de dicho río. En este aposento, dialogue con su alma sobre lo que significa para usted experimentar a Dios. Para ello, tiene que ir más allá de una definición rápida y visualizar el hecho de la experiencia de Dios. Bucee en ese pensamiento, explórelo rezando, permítase meditar sobre esa visualización, pasee el entendimiento de la experiencia de Dios por todas las células de su cuerpo.

EL CUARTO APOSENTO
Comprometerse con lo divino

En este último aposento, el diálogo es entre usted y Dios. Usted entra aquí para extenderse en la entrega y el compromiso con lo divino. Si es capaz de dar ese salto, deje su vida en las manos de lo divino. Aunque no sea capaz, no se rinda. Siga rezando; la puerta que lleva al alma es la oración.

Santa Teresa era sumamente compasiva en su comprensión de lo difícil que es pronunciar la plegaria de la entrega incondicional. Usted sabe en el fondo de su alma que esa plegaria es difícil porque es algo muy poderoso. Sabe que cambiará el rumbo de su vida. La gente se resiste a pronunciar esa plegaria como si con ello retuviera un permiso cósmico que evitará que Dios juege con su vida. Se aferran a la falsa ilusión de que, de algún modo, en este mundo salvajemente caótico en que nada es estable, continúan teniendo las riendas de una cosa al menos por no haber pronunciado esa plegaria: creen que tienen las riendas de Dios.

Un momento de contemplación

Acompañantes de espíritu, visión interior, la práctica de la iluminación y el compromiso con lo divino crean una textura extraordinariamente rica para el alma en la Segunda Morada. Practique la iluminación como algo que forma parte de su vida diaria. Busque a Dios en los detalles y arroje luz sobre la oscuridad en todas las oportunidades que se le presenten. Dedique un tiempo a la oración, a fin de poder abrirse a la gracia y recibirla conscientemente. Imagínese rodeado por una comunidad de acompañantes de espíritu. De igual modo que las personas que tienen una mentalidad parecida se atraen entre sí, también les pasa a las que tienen una iluminación parecida. Confíe en la labor que realiza lo divino detrás del escenario.

Oración de salida

Soy un canal para la gracia. Al abandonar mi castillo, la gracia me rodea y me protege. Entro en mi vida con la bendición de Dios y permanezco abierto a los consejos que pueda darme mi alma.

La Tercera Morada

La rendición: La derrota de la razón/ La presencia de Dios

> ¡Oh humildad, humildad! [...] que no puedo acabar de creer a quien tanto caso hace de estas sequedades, sino que es un poco de falta de ella.
>
> *El castillo interior*

> No existe juicio externo que importe de verdad. Hemos de hacernos cada vez más fuertes con la experiencia, hasta que seamos capaces de caminar entre aquellos de los que pueda decirse que su conquista del yo es definitiva y no necesitan pasar por más pruebas.
>
> SRI GYANAMATA («Madre de sabiduría»)

—Dios debe de tener una razón para todo —me dijo una mujer en un seminario. Yo le contesté:

—¿De verdad? ¿Por qué?

Mi respuesta debió de desconcertarla, atemorizarla, y finalmente decidió que le estaba tomando el pelo.

—Oh, vamos, ya sabe que Dios lo hace todo por alguna razón. O sea, si no fuera así, ¿cómo iba a poder dirigir este universo? Nada tendría sentido. Lo que debemos hacer nosotros es tener fe suficiente para averiguar cuáles son esas razones.

Yo la miré y me di cuenta de que se encontraba bajo alguna especie de hechizo, el hechizo de la razón, y el Dios de la razón. Se apoyaba en un Dios que ordena este universo según un itinerario de planes personales muy específicos para cada persona. Su adoración de la razón era su modo de contrarrestar las fuerzas del caos aleatorio o una visión más mecánica del universo y sus sistemas naturales. Si uno se encuentra en una tormenta y su barco se hunde, ¿la razón es que el barco se ha hundido por culpa de la tormenta, o debido a un plan divino que hizo que usted saliera en barco ese día sin hacer caso de las advertencias de que no iba a hacer buen tiempo para navegar? Esta mujer diría que Dios obligó a esa persona a hacer algo irrazonable y salir en barco porque ese razonamiento es el único «razonable» que encaja en su teología de la naturaleza de Dios.

En la Tercera Morada, es esencial que usted llegue a comprender cómo percibe la naturaleza de la realidad, porque eso es un reflejo del contenido de su mente: sus creencias, percepciones y prejuicios. Teresa de Ávila vivió mucho antes de la Edad de la Razón, de modo que en su época el alma era inmanente, es decir, que estaba constantemente presente y activa en el cuerpo de la persona, la comunidad y la naturaleza. Lo divino también era un compañero constante que impregnaba la vida en su totalidad, estuviera uno conversando con un amigo, en una plaza pública o en privado rezando. Al Dios de la teología de santa Teresa, activo pero invisible, era imposible guardarle secretos; la realidad de Dios se hallaba en todas partes.

No obstante, desde entonces, los maestros de la lógica y la razón —Descartes, Locke, Hobbes y demás— han roto los grilletes de la superstición y la influencia de la Iglesia. El método científico, empírico, alcanzó su edad de oro y rápidamente cambió la manera en que todo el mundo veía la realidad y lo que es cierto y lo que no. La fe en las percepciones y revelaciones personales dejó de ser suficiente, pues dichas percepciones tenían que ser reproducibles u observables por los demás. Las revelaciones espirituales del individuo no tenían tanto valor como los descubrimientos mecánicos y científicos que empujaron la cultura europea hacia la exploración del mundo, la conquista y la industria. La oficial trinidad espiritual de la Iglesia —amor, compasión y fe— fue reemplazada paulatinamente por la trinidad científica de lógica, razón y sentido práctico. Usted y yo somos hijos de ese segundo mundo, y nuestra mente y nuestras creencias son reflejo de esas actitudes. El Dios de la razón y la recompensa es el rey supremo. Créame cuando digo que la mayoría de la gente, incluido usted, necesita una razón para todo —una recompensa en la ecuación—, o de lo contrario considera que es una tarea que no merece la pena el esfuerzo, y no mueve un dedo. Éste es el mito de Dios que nos mantiene en una vida espiritualmente basada en la tierra.

Muchos utilizan para Dios el pronombre masculino porque lo cierto es que estamos convencidos de que Dios es varón. Es igual que nosotros, sólo que en una escala más grande; por ejemplo, nosotros somos criaturas cariñosas, de modo que Dios lo ama todo. Tenemos un sistema de justicia, de modo que Dios debe tener un sistema de justicia más poderoso, a escala cósmica. ¿Cómo iba a ser de otra manera? Esta visión de la realidad basada en el mito supone inmadurez espiritual, un estancamiento en una visión de la divinidad orgánica y de la relación padre-hijo. Ésta es la clase de actitud a la que se refiere Dante cuando escribe en *El Paraíso*: «Los sentidos [la mente] sólo pueden aprehender / lo que es adecuado para el intelecto. / Y por esa razón la Biblia es condescendiente / con los poderes humanos y adjudica manos y pies / a Dios, pero queriendo decir otra cosa.»

No resulta sencillo investigar el contenido de nuestra realidad y desmantelar nuestros mitos, aun cuando sepamos que posiblemente no sean ciertos. Nos aferramos a nuestros mitos porque tememos lo que pueda sucedernos si los soltamos —nuestras tendencias supersticiosas— o porque obtenemos poder de ellos —nuestra necesidad de tener fe.

En el mundo católico del siglo XVI, los debates teológicos estaban en alza. Durante siglos había ejercido una enorme influencia una tradición racionalista, así como su contraria, la búsqueda apasionada de la fe, el amor de buscar a Dios. En el siglo XIII, Tomás de Aquino describió «la erótica del saber», casando intelecto y afecto, pero el propio Dante se rebeló contra la teología intelectual, y habló en sus escritos de «esa colisión con el misterio, la insatisfacción de la mente».

Santa Teresa también luchó contra la influencia que ejercen sobre el alma la mente y sus percepciones. En la Tercera Morada, visualiza una última lista de obstáculos puestos por el ego a los que uno ha de enfrentarse antes de penetrar en la conciencia mística. Aquí el objetivo consiste en entender de qué modo percibe la mente la naturaleza de la realidad, ya que es reflejo de nuestras actitudes mentales acerca del universo —nuestro mundo y su forma de ser— y acerca de Dios. Ésta es la última morada del plano terrenal o mundo material, antes de pasar a la Cuarta Morada, el punto de inflexión de nuestro viaje.

Santa Teresa insta continuamente a sus lectores a que se despojen de la mente racional, a que «abandonemos nuestra razón y nuestros miedos» y se rindan al amor divino, pero en esta morada lo hace más apasionadamente que nunca. Muchos místicos estuvieron de acuerdo con santa Teresa en que la «simplicidad de la contemplación [la conexión interior con Dios] no puede adquirirse mediante el conocimiento o la imaginación», como escribió el autor de *La nube del no saber*. Aun así, la descripción que hace santa Teresa de Dios es menos mística en la Tercera Morada que en las dos anteriores. Aquí describe a Dios como «seco», casi ausente, casi inalcanzable, pero siempre presente. En la Tercera Morada, Dios está esperando a que nos acerquemos; en la Cuarta Morada, Dios se reúne con nosotros —y nos da la bienvenida— con abrazos físicos en la puerta. Tal vez esta sequedad de la Tercera Morada se deba a que aquí es donde uno aprende las limitaciones de sus percepciones intelectuales y de sus conceptos acerca de Dios —sus propias sequedades— y las supera a fin de alcanzar un mayor entendimiento.

Un momento de contemplación

Una y otra vez, usted siente el misterio. Rendirse es la prueba suprema de la experiencia humana. Pero ¿a qué nos rendimos en realidad? ¿Cómo se supone que una oración de rendición va a cambiarnos la vida? ¿Qué se siente al abandonarse uno mismo en los brazos místicos de lo divino? La conciencia de Cristo es una fuerza universal, la energía de la evolución espiritual, la comprensión dentro del alma de la persona de que el poder, la sabiduría y el amor han de estar equilibrados en la mente. Con la conciencia de Cristo uno experimenta la unidad del universo en su totalidad: uno como parte de un mayor despertar a Dios en el universo y el universo como Dios. La conciencia de Cristo significa que uno se vacía del ego para que pueda entrar el espíritu; tal como dijo Jesucristo, «vacíate, que yo te llenaré». Ésta es la conciencia del tercer ojo, el ojo espiritual, que identifica la visión de la mente interior y recibe información de fuentes más elevadas. Ésta es la conciencia que usted debe adoptar en la Tercera Morada, una conciencia que sobrepasa la mente racional.

Al rendirse a Dios, entrará en un estado de conciencia en el que experimentará su vida con plenitud. Perderá el miedo, estará lleno de fe y se sentirá poseído por un propósito activo, místico. Vivirá en el momento presente. Hará caso de la inspiración divina y arrojará a un lado las expectativas respecto de cuál pueda ser el resultado. Vivirá con gran fe, pero continuará con su empeño en el esfuerzo interior y la expulsión de sus culebras. Abraham, Buda, Jesucristo, Mahoma y otros muchos sufrieron profundas transformaciones al liberarse totalmente de su «derecho» a dirigir su vida, cuando renunciaron a la falsa ilusión de que podían escoger hacer caso o no de las instrucciones divinas. Nuestra rendición le dice a Dios que estamos preparados para vivir experiencias que muy pocos entenderían y que puede que no entendamos nosotros mismos. De todos modos, ¿cuántas cosas de nuestra vida entendemos realmente? Las experiencias que no son de este mundo resultan difíciles de describir empleando el lenguaje de la razón, pero usted también puede vivir esas experiencias y notar cómo van desplazando las tensiones leves, los miedos y las falsas ilusiones de su vida.

El hecho de tener experiencias místicas, momentos de quietud e iluminación, ha mejorado mi vida en verdad, no le ha quitado mérito. Cuando avanzo con esfuerzo en mi viaje por el castillo, preferiría ser arrebatada por una visión divina que quedarme junto a los que se preguntan si existe Dios, si las decisiones que toman sirven para algo. Me llena de un gran contento saber que yo sí que importo, que usted importa y que las oraciones de todos importan, y para mí es un placer rendirme a esa verdad. Si las experiencias de iluminación mística sirven para reordenar mi vida y mis prioridades, y para situar lo sobrenatural antes de lo racional, entonces no veo ninguna otra dirección que seguir.

Muchas de las monjas de santa Teresa no avanzaron más allá de la Tercera Morada en su vida espiritual, incluso teniéndola a ella —una santa viviente— residiendo a su lado para ayudarlas. Pero ella no revela eso de forma directa; alaba el gesto conmovedor de las personas que trasladan su práctica espiritual al mundo, llevan una vida ejemplar y realizan obras de caridad. ¿De qué sirve la fe sin las obras?, pregunta. Servir a Dios sirviendo al prójimo es un digno propósito en la vida.

Con todo, es posible que nuestra alma no quede satisfecha con llevar una buena vida en el mundo. Un alma que está orientada hacia la iluminación mística no se detendrá en su búsqueda porque la mente no pueda comprender o asimilar el viaje. El alma buscará el modo de salirse con la suya. Tal como señaló santa Teresa: «Mas querría yo que la tuviésemos [la razón] para no nos contentar con esta manera de servir a Dios, siempre a un paso, que nunca acabaremos de andar este camino. Y como a nuestro parecer siempre andamos y nos cansamos (porque creed que es un camino abrumador), harto bien será que no nos perdamos. Mas ¿paréceos, hijas, si yendo a una tierra desde otra pudiésemos llegar en ocho días, que sería bueno andarlo en un año por ventas y nieves y aguas y malos caminos? ¿No valdría más pasarlo de una vez?» *(El castillo interior)*.

La iluminación es el único camino verdadero, como lo fue para santa Teresa, Buda, Jesucristo y otros santos y maestros espirituales de todas las tradiciones. Todo lo demás es dar un rodeo. Usted ya se encuentra en este camino; ¿por qué no ser consciente de él? ¿Por qué no participar en la vida de su alma?

A lo mejor todavía ha de llegar a convencerse de la lógica que tiene ir cayendo cada vez más hondo en el campo de gravedad místico de su castillo. Pero su alma seguirá determinando lo que ocurra dentro de usted y alrededor de usted. Todos sus miedos y su resistencia a ver la verdad no cambiarán el hecho de que su vida sirve a las necesidades de su alma y de que lo único que persigue su alma es la iluminación activa, no la pobreza, ni la castidad, ni el sufrimiento, ni el aislamiento, sino la iluminación activa y consciente mientras permanezca en la Escuela de la Tierra, en el mundo físico. Decida no tener miedo de la iluminación.

Decida confiar en Dios. La alternativa —no fiarse de nada, ni de su Dios, ni de su mundo, ni de sus relaciones personales, ni de hacerse viejo— es desesperadamente sombría. Declare abiertamente su lealtad a la expansión de la conciencia. No le queda otro remedio que perseguir su despertar místico.

LA DERROTA DE LA RAZÓN

La peregrinación al interior de su castillo no es lógica, dado que no podemos demostrar que exista el alma. Y por la misma razón, no es lógicamente razonable querer llevar una vida mística. De todas maneras, sigue siendo interesante para usted analizar lo apegado que está al poder de la razón y la lógica y de qué maneras éstas alimentan sentimientos de arrogancia, orgullo desmedido, avaricia, santurronería y cólera. Por ejemplo, cuando piensa que le ocurren cosas malas de forma inmerecida, su mente desea contraatacar. Cuando han herido su orgullo, usted racionaliza y busca excusas para decir y hacer lo que le apetece. Una mente acicateada por el orgullo herido nunca deja de hacer daño a otras personas hasta que su propietario desarrolla un espíritu lo bastante fuerte como para ver más allá de la cólera personal, de modo que aquí el reto consiste en volverse más consciente de lo que nos une a todos, en vez de lo que nos divide.

La mente lógica pide: «Tú dime qué es lo que tengo que hacer para dar un paso radical hacia la conciencia mística. Seguro que existe un método sencillo.» Santa Teresa respondería: Vuelve a empezar por la Primera Morada. Acabo de decirte lo que tienes que hacer, deja de buscar un atajo. Deja de intentar siempre vencer al sistema. En vez de eso, lo que necesitas es vencer esa voz interior que sigue queriendo vencer al sistema.

La mente lógica es impaciente. Quiere que el camino esté despejado, que sea obvio y simple. Desea resultados y avanza mejor cuando cuenta con garantías. La lógica y la razón han dado forma a nuestro Dios y nuestra teología, una combinación de una fuerte ética del trabajo y una ética de reivindicación por cifrar nuestras esperanzas en la oración: Si rezo con suficiente devoción y me sacrifico lo bastante, merezco que mis plegarias reciban respuesta. Si soy una buena persona, merezco no sufrir. Si en mi vida hago el bien y rezo, merezco ser recompensado aquí en la Tierra con premios terrenales y en el cielo con favores divinos.

Entendemos el cosmos como algo que constantemente debemos intentar manipular y superar. Hay libros y seminarios que dicen a la gente cómo debe centrar una y otra vez sus pensamientos y energías positivas en sencillos métodos en siete pasos, o en tres, o uno solo, que garantizan el éxito en lo económico, la búsqueda de la pareja, o la recuperación de la salud. Nos dicen que todo lo que deseemos puede ser nuestro si damos con la fórmula de alquimia mental adecuada. Aun cuando miles de personas —si no millones, a estas alturas— han intentado crear su universo propio dando pasos fáciles o adoptando actitudes positivas, yo no he visto pruebas de que lo consiguieran. La popularidad de esas enseñanzas es un testimonio del hecho de que nuestra cultura practica el «narcisismo psíquico», que se ha convertido en una obsesión.

La mente racional no sólo cuestiona la existencia del alma, sino que además considera que la fe es una carga, así que intenta impedir nuestro viaje espiritual poniéndonos un obstáculo tras otro. La mente exige una razón lógica para rendirse, y también quiere tener la garantía de que dicho acto de alquimia espiritual no nos va a ocasionar pérdidas económicas o la ruina. Las personas que despiertan a la sed de Dios después de haberse educado con un Dios seco, lógico y punitivo, tendrán problemas para rendirse. Este acto místico es un anatema para la mayor parte de la teología básica de Occidente, que considera que los seres humanos ejercen el dominio —más que la administración— de todas las otras formas de vida. Para la mente racional occidental, ninguna forma de vida que no sea la humana posee conciencia, y todo fue creado para servirnos a nosotros o para ser explotado por nosotros. Incluso el Dios de esta visión occidental del mundo se somete a la persona que conserva el derecho, otorgado por Dios, de determinar —según su visión de lo que

Dios puede y no puede hacer— qué forma de vida posee conciencia, cuál merece protección, cuál es «superior» y cuál «inferior».

El Dios de este mundo racional no puede llevar a cabo actos místicos de iluminación, milagros, apariciones, actos de revelación interior y curaciones; sólo las personas emocionales o histéricas creerían que son posibles esas cosas. Científicos como Descartes han negado que existan siquiera vestigios de emoción en los animales —a pesar del vínculo existente en los primates entre padres e hijos— o de inteligencia, a pesar del hecho de que los delfines y las ballenas sí se comunican. Someten a los animales a pruebas y más pruebas, y tan sólo un número reducido de científicos acepta la (obvia) conclusión de que los animales poseen inteligencia. Si la razón trabaja horas extra para negar que cualquier otra forma de vida en la Tierra posea atributos similares o en común con los seres humanos, para mantener a los seres humanos en una posición superior, se deduce que la razón también le negaría al alma un viaje que se inicia en la humildad.

La razón no puede comprender la visión mística del mundo: que lo divino abarca el alma colectiva de la humanidad y todas las formas de vida. Una visión así es un cambio de paradigma que desmantela el esquema completo de la realidad que tiene el racionalista. ¿Podría un amante de la ley y la razón vivir de acuerdo con la verdad mística de que la más mínima acción generada por cualquier forma de vida afecta a la totalidad del universo, desde el sutil movimiento de las alas de una mariposa hasta la explosión de una bomba, o hasta la gracia que se libera al pronunciar una oración en la intimidad de su dormitorio?

La mente racional dicta que no debemos fiarnos de nadie, que este mundo no es seguro, y que hay que ahorrar para la época de las vacas flacas y para la jubilación, guardar cosas debajo del colchón y en la caja fuerte. Nuestra mente considera que toda inspiración interior es una reacción emocional excesiva. La mente quiere estudiar, trazar estrategias, no ceder nunca el control a nadie ni a nada sin la garantía de que con un acto de rendición se obtenga algún beneficio. Es mejor pecar de cauto y tomar el camino obvio y razonable: aquel que uno pueda ver, tocar, sentir, oír u oler. Todo lo demás son fantasías e insensateces, porque ¿quién va a protegernos? En última instancia, la motivación del racionalista es estar a salvo en un búnker muy bien decorado cuando por fin lleguen los años dorados.

Para el místico, eso es una locura —una paradoja divina, como mucho— porque lo que aparentemente es una ruta segura y práctica, en realidad es una fantasía; ese camino es el que toma uno cuando está motivado por el miedo. Las decisiones que tomamos están motivadas, siempre y exclusivamente, o por la fe o por el miedo. Para Dios, las decisiones que tomamos no son tan importantes como nuestras motivaciones.

Y ahora usted

Aquí en la Tercera Morada, usted debe por fin encarar sus convicciones más profundas, su visión del mundo. ¿Usted necesita un Dios que sea lógico, razonable y científico, es decir, un Dios de la ley y el orden, de lo correcto y lo incorrecto, del bien y el mal, que premia y castiga? Cuando las reglas científicas no le ayudan, ¿sólo entonces recurre a la fe? Es posible que su mente aún necesite aferrarse a esa imagen de un Dios de comportamiento perfecto cuya tarea consiste en mantener su vida en orden, tanto si usted quiere entrar en su castillo como si no. Muchas personas necesitan creer en un Dios así. Yo he hablado a muchos públicos distintos, y siempre he oído decir —a veces a un público entero— que «sabían» que su Dios era totalmente artificial, que no podía ser racional, portarse bien y seguir un sistema de premio y castigo basado en su visión particular de la justicia, pero que sin embargo necesitaban creer en ese Dios. Dicho de otro modo, mantenían conscientemente un Dios inventado. Pero eran incapaces de despojarse de ese Dios y seguir adelante, porque no estaban preparados para que Dios fuera irracional, místico y espontáneo. Para ellos, eso significaría que Dios también sería un ser informal y poco digno de confianza.

Hubo un hombre que resumió el problema bastante bien: «Mientras yo necesite que Dios juegue limpio, veré a Dios de esa forma. Si soy una buena persona, no me sucederán cosas malas. Necesito creer eso porque me permite ejercer un cierto control sobre mi vida y las cosas que pudieran ocurrirme. Si me ocurren cosas malas, ya lidiaré con ellas. Pero no estoy preparado para soltar los tornillos que sujetan la base de mi mundo recapacitando sobre mi relación con Dios y lo que pienso por dentro. Me gusta que mi mundo sea sencillo. Me gusta que las reglas sean sencillas. Yo hago esto, y Dios aquello. Si yo no hago esto, Dios no hará eso otro. Con eso me basta. No puedo ir más allá porque no quiero que Dios se fije en mí. Yo lo veo así: Dios es como el propietario de mi casa. Si le pago el alquiler puntualmente todos los meses, no hay necesidad de verlo ni posibilidad de que me eche a la calle. ¿Para qué cambiar esa situación?»

Las personas como ésta, un hombre querido y muy bueno, que practican una fe basada en el miedo con gran devoción, no se dan cuenta de que no son capaces de controlar a Dios. Fundamentalmente, no se fían de Dios, y por lo tanto depositan conscientemente su fe en un Dios que juega respetando las «normas». Están convencidas de que están obligando a Dios a cumplir un pacto que impide que lo divino lleve a cabo apariciones extravagantes, logre resurrecciones al estilo de la de Lázaro, separe las aguas como en el mar Rojo o dé noticias inesperadas por medio de arcángeles mensajeros. Es decir, cualquier forma de interferencia divina que pudiera hacer peligrar su visión racional del mundo, excepto, naturalmente, los milagros en urgencias familiares, que están permitidos en casos en los que se requiere una curación, sobre todo para un niño. A consecuencia de estas comunes concepciones erróneas del comportamiento de Dios, surgió una cultura de la duda alrededor del alma que gradualmente fue convirtiéndose en receptáculo de material de desecho psíquico supersticioso, lleno de rituales anémicos, culto a iconos y enseñanzas fundamentalistas negativas acerca del fin del mundo.

Y bien, ¿dónde se sitúa usted en todo esto? Usted tiene una relación con el mundo racional, firme, propia del hemisferio izquierdo del cerebro, pero también se halla inmerso en una búsqueda espiritual, llevando a cabo un éxodo de esa realidad del hemisferio izquierdo, apegada a la tierra. Es obvio que ha establecido contacto visual con el amplio campo de la conciencia, pero ahora necesita explorar su concepto de Dios. En la Primera y Segunda Moradas, entró en aposentos en los que examinó su comportamiento y luchas de poder, sus problemas con el ego y sus puntos sensibles a la humillación. Pero ninguno de esos aposentos ni sus preguntas le retó a examinar las raíces de su Dios mítico y la posibilidad de arrancar dichas raíces de una vez por todas.

No deseo que piense que la ciencia y su búsqueda del conocimiento son enemigos del místico. Aquí no hay enemigos, aunque pueda parecerlo. La búsqueda del conocimiento es un viaje dispuesto por lo divino también, tanto como la búsqueda del alma. Pero el poder de la razón no debe buscarse a expensas del poder del alma. Algunos racionalistas ven el mundo de lo místico como algo inmaterial, insignificante e impotente, porque no pueden medirlo. El poder místico poco puede hacer a la hora de garantizar nuestra comodidad física. De hecho, el poder místico no puede garantizar mover una sola partícula de la Tierra. En cambio, sí trasciende todos los miedos que controlan el mundo material y nos libera de las falsas ilusiones. Al final, el Dios en el que cree uno —aunque no quiera creer en dicho Dios— es reflejo de los mitos sobre el poder que tiene respecto del mundo.

Es posible que a nuestra mente, nuestro ego y nuestra personalidad ni siquiera les guste reconocer, por ejemplo, que nuestras lealtades lo son para con el camino de la razón y la lógica. Puede que usted *deseara* querer buscar una relación más mística con lo divino, pero en lo que tiene que ver con tomar decisiones a diario, descubre que simplemente no puede despegarse de la fidelidad a los denominados hechos puestos sobre el tapete. Puede que incluso haya rezado pidiendo inspiración y se le haya mostrado el camino mediante un sueño o una visión o a través de la intuición, pero cuando llegó la hora de pasar a la acción según las instrucciones recibidas, siguió sin poder dar ese salto hacia lo desconocido. Éste es exactamente el tipo de crisis —el punto de inflexión— que representa la Tercera Morada.

Sin lugar a dudas, esta situación de estar a medias en un mundo y a medias en el otro —de tener el alma ante la puerta del vuelo místico y la mente aferrada a la tierra con todas sus fuerzas— es una crisis espiritual. En la Tercera Morada, usted no es ni residente del mundo racional ni tampoco totalmente de su alma. No es ni creyente ni no creyente. Vive en una especie de piso franco supersticioso en el que puede acceder a lo divino cuando lo necesite, pero regresar a sus antiguas ideas y su antigua vida para poder sobrevivir. Pero entrar en una relación mística con Dios quiere decir que uno debe soltarse por fin de la espiritualidad supersticiosa. Uno debe abandonar los motivos privados para desear seguridad personal y los rituales de protección arraigados en el miedo. Uno deja atrás la actitud irracional de que puede controlar a Dios y el mundo que lo rodea... y a todas las personas que hay en él. Finalmente, uno puede dejar de tener miedo de su vida y su mundo. Finalmente, uno puede aprender lo que es la oración y cómo rezar, ir más allá del rezo que pide protección, explicaciones de por qué las cosas ocurren como ocurren, o la adquisición y protección de bienes terrenales. En la Tercera Morada, el misticismo es liberación.

Pero antes tiene que vencer el poder que ejerce la razón sobre su vida y ponerlo a la altura de su alma. El gran científico Blaise Pascal escribió: «La fe, ciertamente, nos dice lo que no nos dicen los sentidos, pero no lo contrario de lo que éstos ven; la fe está por encima de ellos, no contra ellos.» Y tomado de *La nube del no saber*: «Empezamos a entender lo espiritual allí donde termina el conocimiento del sentido. [...] Llegamos mucho más fácilmente a la altísima comprensión de Dios, posible en esta vida con la ayuda de la gracia, donde termina nuestro conocimiento espiritual.»

Al entrar en los aposentos que pertenecen a esta morada, usted estará alterando en unos cuantos grados el rumbo de su vida por el solo hecho de establecer un diálogo con su alma. Pero, incluso leyendo esto, podrá sentir la familiar atracción gravitacional de la razón tirando de sus pies.

Un momento de contemplación

Dedique unos instantes a respirar imaginando que entra en el castillo y a elevarse del pesado plano mental. Expulse el aire y con él la conciencia de su mente y todo el campo de energía de su cuerpo. Sienta el poder que ejerce la mente sobre usted, la autoridad que tiene dentro de usted la voz de la razón. Es capaz de ahogar el susurro de su alma, más leve. Pero su mente es un regalo muy preciado. Imagine la energía de ésta alineada con la visión de su alma.

Respire con suavidad. Sosiéguese. Recuérdese a sí mismo que se encuentra en la Tercera Morada de su castillo. Está preparándose para la conciencia mística. Sepa que puede limitar la influencia que ejercen sobre usted la razón y la lógica. Puede experimentar una fuerza trascendente de amor que abarca la humanidad entera y que transforma el corazón individual en el corazón de lo sagrado. No tema perder ese suelo familiar que nota bajo los pies. En una visión mística nunca se pierde pie, sólo se ve más y se transforma uno en más. Ésta es la naturaleza del camino de la iluminación.

Oración de entrada

Cruzo el puente para internarme en el beatífico silencio de mi castillo. Cierro el puente levadizo y no permito la entrada de ninguna influencia exterior a este lugar sagrado que es mi alma. Aquí, en mi castillo, estoy a solas con Dios. Bajo la luz de Dios y en compañía de Él, descubro la profundidad y belleza de mi alma. Acepto el poder de la oración. Me abro a la orientación divina. Me entrego para convertirme en un canal para la gracia, la curación y el servicio a los demás, mientras Dios dirige mi vida.

Los aposentos de la razón

EL PRIMER APOSENTO
Despertar al discernimiento

Todo el mundo se precipita a hacer juicios, por eso resulta esencial desarrollar el discernimiento, la capacidad refinada de la razón. El discernimiento abre un canal para la gracia. Los juicios negativos provienen del miedo y la inseguridad, de no querer que otra persona sea nuestro igual, de no querer reconocer los logros de los demás, o de no querer algo nuevo que provoque cambios. Con el discernimiento, uno practica el desapego. En lugar de mirar a través del cristal de nuestras vulnerabilidades personales, el ojo que discierne es objetivo. El discernimiento se alcanza tomando conciencia de las razones por las que juzgamos y por las que tenemos miedo de lo que es nuevo y diferente. Ya que lo divino sólo nos habla a través de percepciones nuevas, necesitamos el discernimiento para poder reconocer cuándo y cómo estamos recibiendo inspiración.

Trabajo para el alma: Desarrollar el discernimiento lleva tiempo. Saber discernir no consiste sólo en no juzgar a los demás o en estar más abierto a los cambios. Practicar el discernimiento supone el compromiso de practicar la sabiduría, una manera de pensar que se sirve de la verdad como cimiento. Nuestras decisiones están ancladas en la verdad y en los principios. Una vida sabia es una vida sencilla, tal como han enseñado muchas tradiciones espirituales.

En este aposento, se le pedirá que reflexione sobre diversas enseñanzas de sabiduría y que las aplique a su vida. Podrá escoger cualquier tradición. Seleccione una enseñanza e inclúyala en la actividad diaria de su vida, y téngala en mente en particular cada vez que aflore su tendencia a juzgar a los demás. Aplique sabiduría en vez de juzgar. Después, regrese a este aposento y anote en su cuaderno la diferencia que hay entre ver la vida con la actitud de juzgar y verla con la ayuda del discernimiento. Esta práctica le cambiará la vida.

EL SEGUNDO APOSENTO
El poder de la razón frente al perdón

De los muchos retos que se le plantean a la mente racional, pocos hay que sean más difíciles que el perdón. Para una cultura que cree en la ley y el orden, resulta difícil aceptar el imperativo espiritual de perdonar. De hecho, perdonar es la tarea espiritual más irracional que nos pueden imponer, porque está en oposición directa a todo lo que siempre nos han enseñado acerca de la equidad y la justicia. Y de las muchas heridas que resulta difícil perdonar, entre las más difíciles se encuentran las humillaciones. Pero el perdón es una necesidad mística. La mente no puede cumplir esa orden divina, y de hecho se rebela contra ella y lanza justificaciones para seguir sin perdonar y diciéndonos al mismo tiempo que deberíamos perdonar. Un verdadero acto de perdón es un salto a la conciencia mística, una iniciación por decisión propia a la confianza divina.

Trabajo para el alma: El alma es inherentemente tendente a perdonar. Luchamos contra el perdón precisamente porque queremos perdonar. Guardar rencor y no perdonar supone un esfuerzo. Semejante negatividad no llega de forma natural, sino que ha de ser alimentada, y la fuente de ese alimento es la mente. Uno tiene que darse a sí mismo continuamente razones para seguir estando enfadado. Tiene que revivir recuerdos y traumas para que siga ardiendo la hoguera de la rabia. Está claro que los traumas son tan profundos que nos persiguen y requieren una curación especial, pero incluso esas heridas tan profundas tienen que dejarse atrás. Llega un momento en el que uno necesita silenciar los motivos para no perdonar y volverse hacia el misterio del perdón.

En este aposento, reflexione sobre las dificultades a las que se enfrenta con este reto. Con cada acto de perdón, su mente elaborará una lista de pros y contras. El orgullo siempre destaca. Le corresponde a usted analizar cada situación y decidir si está preparado para apartar su alma de ese campo de batalla y entrar en el curativo misterio del perdón.

EL TERCER APOSENTO
Usted crea su realidad: fantasías, supersticiones y hechizos

A fin de poder sobrevivir mental y físicamente, usted ha organizado un archivo de cómo son las cosas en su universo y cómo deberían ser, es decir, lo que puede suceder y lo que no; lo que es verdad y lo que no; lo que debe suceder y lo que no; lo que puede tolerar y lo que no puede soportar. En su mente cuenta con toda una visión del mundo acerca de la realidad. Muchas de sus convicciones son más bien supersticiones; por ejemplo, usted agrega expresiones como «Dios no lo quiera» o «Dios mediante» o «toco madera» al final de las frases. Las supersticiones y los hechizos son culebras de la mente. Compiten con la inspiración divina. Controlan nuestro consciente y nuestro inconsciente y son capaces de superar hasta al intelecto más agudo. Admitir que se es supersticioso es difícil para una mente culta. Uno se encuentra atrapado entre dos mundos: la mente anhela ser racional y en cambio debe luchar con una espiritualidad instintiva.

A estas alturas, usted ya reconoce creencias que son fantasías pero que en realidad coreografían los acontecimientos o las relaciones personales que hay en su vida. Por ejemplo, una frase como «Si me deja, me moriré», se califica como una fantasía emocional. No se morirá si esa persona le abandona. Puede que usted desee morirse, o que quiera hacer que esa persona crea que usted va a morirse, pero no se morirá. «Tengo que ganar por lo menos 250.000 dólares al año para poder vivir con comodidad. No comprendo cómo la gente puede pasar con menos», me dijo en cierta ocasión una mujer. Eso es una fantasía; ella podría vivir con 25.000 dólares al año, o incluso con menos, si no le quedase otro remedio. Estas cosas las hace la gente todo el tiempo. «Simplemente tengo que vivir al lado del mar, para poder tener tranquilidad.» Una vez más, esto es una preferencia, una fantasía. Uno no necesita el mar para tener tranquilidad. Puede que quiera vivir cerca del mar, pero no se diga a sí mismo que su alma necesita el mar para poder alcanzar la iluminación. La iluminación se alcanza despojándose de la carga que suponen esas fantasías.

Trabajo para el alma: Respete la capacidad intelectual de su mente, pero reconozca su habilidad para fabricar fantasías. La mente se aferra a ideas irracionales y falsas creencias para impedir la expansión de su propio campo visual. Analice cómo hace esto usted con las fantasías, las supersticiones y los hechizos que alimenta en el fondo de su mente, teniendo plena conciencia de que ninguna de ellas es una verdad. En el viaje de su alma, usted persigue la verdad. Debe poner empeño en desmantelar fantasías, culebras que lo devoran desde dentro y hacen que usted negocie y ponga en peligro los consejos que recibe de su alma.

¿Hace caso a su alma y responde a los consejos que le da? ¿Qué lo controla a usted, la verdad o la fantasía? Identifique 10 fantasías, 10 convicciones activas, poderosas, autoimpuestas, que usted trata como verdades pero sabe que son ilusiones. Describa cómo la autoridad de éstas influye en su vida. A continuación, detalle de qué modo cambiaría su vida si usted desmantelara esas fantasías.

Enfréntese al siguiente reto: Aunque las fantasías le controlen, ¿se sigue considerando una persona racional? ¿Cómo reconcilia el tener esas supersticiones con el hecho de ser una persona racional?

En este aposento, describa con detalle las creencias a partir de las cuales usted construye su propia realidad. Este ejercicio le exigirá días, si no semanas de observación, oración y contemplación. Necesita observar su forma de estructurar los pensamientos, su forma de ver el mundo, la manera en que requiere que funcione el mundo. Haga de este ejercicio una práctica habitual. Por ejemplo, yo a menudo oigo a la gente quitar importancia a las pruebas cada vez más concluyentes de los drásticos efectos que está produciendo el calentamiento global en el medio ambiente. En su realidad, el medio ambiente está bien y siempre estará bien. Quitan importancia a las malas noticias que dan los defensores del medio ambiente y las tachan de exageraciones propagadas por los políticos de izquierdas... ¿o será que los datos son simplemente demasiado dolorosos para tomarlos en serio?

Para iniciar este ejercicio, tome una fantasía y «viva» el desmantelamiento de la misma. Sáquela a la arena pública de su vida y desmóntela, como un ejercicio místico. Por ejemplo, una persona llegó a aceptar el hecho de que se sentía con derecho a tener una vida mucho mejor que la que tenía. Estaba convencida de que tenía derecho a ganar más dinero, a tener un matrimonio mejor, una casa mejor, es decir, a tener más. Desmantelar el mito de la reivindicación se convirtió en su ejercicio. Lo sacó a la calle de su vida y empezó a observar en qué ocasiones ese mito se activaba en su psique, es decir, en qué momentos envidiaba lo que tenían los demás o se enfadaba porque se sentía con derecho a tener algo que faltaba en su vida. Fue desvelando un detalle tras otro acerca de sí misma, pero se ciñó valientemente a su empeño porque no quería que aquel demonio interior le causara más sufrimiento. Tal como me contó en un momento extraordinario: «Sabes, nunca me he alegrado de corazón por nadie. No es broma. No tengo ni idea de lo que se siente alegrándose por alguien, porque siempre he tenido la sensación de que hasta que consiguiera aquello a lo que considero que tengo derecho, me negaba a alegrarme por nadie. Era una niña enfurruñada con Dios. Ten por seguro que supone una gran carga no alegrarse por los demás, y que es un sufrimiento del que pocas personas hablan. Es una manera feroz de ser egoísta. Necesitaba terminar con ello, y estaba decidida a librarme de ese demonio, de esa culebra, aunque fuera lo último que hiciera en la vida.»

Observe sus mitos personales y luego actúe en consecuencia. Observe cómo cambia su vida. ¿En qué momento interfiere usted en permitir que muera lo viejo y se imponga lo nuevo? Preste atención para averiguar si hace más por mantener vivas sus fantasías que por desmantelarlas. Siempre queremos que nuestras decisiones dejen más espacio al poder de la verdad. Nada cambia, nada se cura si uno no pasa a la acción. Ni todas las inspiraciones del mundo servirán para despertarnos más si no actuamos conforme a ellas.

EL CUARTO APOSENTO
Su Dios es mejor que ningún otro Dios porque...

Aun cuando hemos tomado como itinerario la plantilla del castillo de un personaje místico católico, la finalidad de nuestro viaje no es hacerse cristiano o católico, sino encontrar nuestra alma, el alma universal, y a Dios.

La competencia en el mercado de Dios es una causa básica de las guerras y los conflictos personales. «Mi Dios es mejor y mucho más poderoso que el tuyo.» Tal vez usted no quiera reconocer que sostiene semejante creencia, sin embargo ha de analizar sus convicciones y buscar cuáles son sus fantasías particulares acerca de su Dios particular. Al fin y al cabo, pocos son los que se educan en una religión que promueva la igualdad de todas las confesiones que hay en el mundo. Ocurre más bien lo contrario: todo el que se ha criado en una religión desarrolla prejuicios. Conozco a varias personas que consideraban que estaban por encima de conflictos como las diferencias religiosas... hasta que se casaron y tuvieron hijos. Entonces estalló una guerra de religión entre familias, ya que ambas partes luchaban por decidir qué religión obtendría la custodia del alma del recién nacido. Afrontémoslo, es difícil seguir siendo racionales cuando se habla de Dios como base principal de poder.

Trabajo para el alma: Dios tiene muchas expresiones, muchos maestros y muchas escrituras. El mundo entero es una escritura divina que se despliega como una oración cósmica. Los místicos son capaces de percibir ese universo, y algunos escribieron acerca de dichas visiones. En un verso del poema *La verdadera riqueza*, el poeta Tagore describe la riqueza cósmica como «la sencilla brizna de hierba depositada sobre la misma alfombra, con el rayo de sol y las estrellas de la medianoche». Dicho de otro modo, cada uno de nosotros se enriquece con la presencia de Dios en todas partes, en cada brizna de hierba, en cada rayo de luz, en cada oración y en cada verdad de todas las escrituras.

¿Es usted capaz de ver la verdad que hay en todas las escrituras? ¿Es capaz de ver a Dios en todas las enseñanzas y religiones, no de lejos, sino a base de leer las diversas enseñanzas para apreciar los muchos lenguajes de lo divino? Éste es un aposento en el que llevar a cabo el jugoso trabajo de llegar a conocer al Dios de otras tradiciones. Seleccione varios textos sagrados y utilícelos para estudiar y reflexionar. Anote por escrito la sabiduría que cada uno de ellos tiene en común con los demás, es decir, la voz universal de Dios. Pregúntese a sí mismo qué siente respecto de la tradición que está estudiando en comparación con la suya. Si detecta el más mínimo sentimiento de superioridad, «le quedan mucho kilómetros por recorrer antes de echarse a dormir».

EL QUINTO APOSENTO
Mis mitos de poder y mis rituales de Dios

Todo el mundo tiene mitos de poder acerca de Dios. Usted tiene objetos de poder —rosarios, cuentas de oración, medallas y rituales— que está convencido de que influyen en los actos y el comportamiento de Dios. Esto no es racional, por supuesto, sino una mezcla de apego, costumbre, superstición y fe. Con todo, esos mitos pueden influir en usted más que las revelaciones de su alma. Los rituales que imploran la influencia divina formulan la pregunta siguiente: «¿Estás intentando controlar el cielo?»

Trabajo para el alma: Identifique un mínimo de cinco mitos y rituales de poder que guarden relación con el modo en que usted cree influir en lo divino y en el orden de su cosmos personal. Por ejemplo, conozco un individuo que lleva una estampa de Jesucristo en la cartera para que lo proteja de «ruina económica, enfermedades, accidentes y la mala suerte». Está convencido de que mientras lleve encima esa estampa sagrada como demostración de fe, Dios impedirá que le suceda ninguna de esas catástrofes. ¿Racional? En absoluto; pero nuestra mente cree lo que nosotros programamos que crea. Cuando le pregunté qué pasaría si se deshiciera de aquella estampa como acto de fe, se puso pálido y contestó: «Yo tengo fe. Tengo fe en esta imagen sagrada y no pienso soltarla por nada del mundo.» Este hombre no era siquiera capaz de hablar de la idea de la rendición mística.

¿Cuándo recurre usted a sus mitos de poder y a sus rituales por fe, y cuándo recurre a ellos por miedo? Describa la diferencia que hay entre lo que siente y su diálogo interior cuando reacciona con fe y cuando reacciona con miedo. ¿Qué significaría, qué sucedería, si se deshiciera de sus mitos y rituales de poder? ¿Se imagina a sí mismo arrojando a un lado esas fantasías? ¿Se imagina desembarazándose de sus ilusiones irracionales acerca de Dios?

EL SEXTO APOSENTO
Nuestra lucha con la duda

La duda es una fuerza sempiterna con la que hemos de luchar todos los días de nuestra vida. Hasta los grandes místicos sufrieron etapas de duda y desesperación. Un día nos sentimos de lo más seguros en nuestro camino, y en cuestión de un instante —una llamada telefónica, una carta— esa seguridad queda hecha pedazos. La duda influye en la mente racional causándonos indecisión, depresión, falta de resolución y malestar. Con frecuencia la duda la generamos nosotros mismos, una manera cómoda de evitar tomar una decisión y mantener nuestra vida en animación suspendida. Uno tiene que tomar una decisión; está a punto de tomarla; sólo unos cuantos detalles más; ya falta poco. Descubra cuál es la mejor ruta para su alma cuando se encuentra a escasos segundos de llegar a la encrucijada. «La primera idea es siempre la mejor» es una actitud zen que es bueno recordar cuando uno se encuentra debatiendo con la duda. La duda es resultado de recibir inspiración, no un método de impedirla. Pero uno no siempre quiere actuar según dicha inspiración. ¿Cómo puede hacer usted para deshacerse de la necesidad de alimentar sus dudas?

Trabajo para el alma: Describa cómo es su lucha con la duda. ¿Qué es lo que duda acerca de Dios y del propósito de su vida? ¿Qué es lo que le provoca momentos de duda en su vida cotidiana? ¿Qué necesita experimentar para aliviar la duda? En el pasado, cuando le asaltaban las dudas y después esas dudas y miedos desaparecían de su vida, ¿su primer pensamiento era que había intervenido Dios? ¿O eso lo pensó más adelante? ¿Con qué frecuencia oscila su péndulo entre la duda y la fe? ¿Se activa fácilmente la duda en usted?

Entréguese profundamente a la oración y la contemplación para examinar las dudas que le asalten acerca de la entrega. ¿Qué dudas tiene acerca de usted mismo respecto de la experiencia mística? ¿Qué es lo que teme? ¿Cuándo siente que perderá el control sobre su propia vida? ¿Duda usted que puede retomar su vida de todos los días y asumirlo con «normalidad» mientras alimenta su alma mística?

EL SÉPTIMO APOSENTO
La fe frente a la razón. La biblioteca de nuestro castillo

Tener fe constituye una lucha, y punto. Hasta Jesús perdió la fe momentáneamente cuando agonizaba en la cruz, y exclamó: «Dios mío, ¿por qué me has abandonado?» La fe es irrazonable, y nuestra mente racional está capacitada para «demostrar» con hechos que la fe es una insensatez. Ante un diagnóstico de cáncer terminal, por ejemplo, ¿cómo puede uno tener fe en el poder curativo de la oración y de la gracia, dadas las estadísticas científicas? Pero las remisiones espontáneas y las recuperaciones notables existen.

En la biblioteca de su castillo, tenga un cuaderno pequeño en el que vaya anotando creencias que desea fervientemente animar con la fe pero todavía no ha podido. Usted quiere ser como los místicos, como la joven Bernadette, que recibían visiones divinas o mensajes audibles y seguían las instrucciones sin preguntar: «Pero ¿por qué?» Todos deseamos creer más de lo que creemos. Deseamos tener fe en nuestras inspiraciones. Y los místicos nos dan aliento, como enseñó Buda: «En el viaje de la vida, la fe es alimento y las obras virtuosas refugio.»

Trabajo para el alma: Reflexione profundamente sobre los muchos tributarios de lo divino a quienes desearía seguir de manera incondicional. Incluya entre ellos las instrucciones divinas que parecen sencillamente irrazonables, como perdonar a la gente que nos ha ofendido o nos ha hecho daño y ofrecer la otra mejilla. Contemple el significado místico de perdonar y ofrecer la otra mejilla, lo que le ayudará a controlar el poder de su alma a fin de no desperdiciarlo en una fantasía o en luchar con la fuerza negativa de otra persona. Usted debe tener fe para poder actuar conforme a tales instrucciones, precisamente porque son irrazonables.

No puede sacar a la luz los muchos recuerdos y conflictos entre fe y razón que lleva consigo en una sola visita a este aposento. Observe sus reacciones en la vida exterior y fíjese en aquellos conflictos que afloran ahora que usted les ha dado permiso para aparecer.

EL OCTAVO APOSENTO
La llamada al servicio/La lucha con el servicio

El servicio a los demás adopta muchas formas, como yo descubrí cuando escribí *El poder invisible en acción*. Puede ser prestar servicios a la comunidad, trabajar por el bien de las personas sin techo, atender con más compasión las necesidades de su familia, dedicar 10 minutos al día o una hora a la semana a rezar por los demás. El servicio a los demás requiere darse a sí mismo haciendo un esfuerzo un poco mayor de lo que nos resulta cómodo y mejorando la vida de otra persona o de muchas. Tal como recalqué al principio de este libro, los místicos cambiaron el mundo y muchos no llegaron a salir de su monasterio, o salieron sólo durante períodos de tiempo muy breves. El poder de su alma y su fe hicieron la mayor parte del trabajo. El servicio en el nivel místico es devoción, dedicación y fe inamovible en las leyes que rigen el universo derramando gracia y oración sobre el mundo. Tal como escribió el autor de *La nube del no saber,* «tus compañeros se enriquecen maravillosamente con tus obras, aunque tú no entiendas del todo cómo lo hacen».

Ser útil al mundo es una expresión del propósito de nuestra alma, de nuestro propósito. Servir a una persona es servir a la vida. Quienes no puedan dedicarse plenamente al camino místico, aun así deben poner a trabajar su alma despierta, y pueden escoger llevar una vida de servicio en el mundo.

Si usted está siguiendo un camino espiritual, ya ha empezado a prestar un servicio activo en su vida. Ya ha sintonizado con las necesidades de las personas que le rodean y del medio ambiente. Ya se ha ensanchado su sensibilidad. Pero su alma jamás le permitirá descansar, jamás. Nunca se contentará con estar cómoda. Su alma siempre le llevará a situaciones en las que usted preferiría no meterse, porque ésa es la manera que tiene su alma de expandir su capacidad en el mundo físico. Su mente racional luchará contra esas instrucciones del alma; es probable que ya esté luchando contras las instrucciones que lo empujan a aventurarse en un territorio nuevo.

Trabajo para el alma: ¿Dónde y cómo puede usted servir a los demás, y dónde pone el límite? ¿Es consciente de haber interferido en alguna instrucción que le pedía que sirviera a los demás por no gustarle dicha instrucción? ¿Y por qué razón? ¿Le resultaba demasiado humillante? ¿Considera que el servicio a los demás es algo que debe resultar conveniente? ¿Considera que el servicio a los demás tiene que ser algo físico u orientado a la acción?

Entre en un estado profundo de oración. Escuche cómo le instruye su alma acerca de su capacidad para servir a los demás. ¿Cuáles son los dones de su alma, los dones de servicio a los demás que todavía no ha descubierto? Regrese a esta meditación hasta que desvele 10 dones que antes no sabía que tuviera. Pueden ser dones inherentes a su personalidad o talentos; el don de saber escuchar y empatizar, por ejemplo, o un talento para la música, el arte, la cocina o la costura. Ha de identificarlos y describirlos con tres frases cada uno. Con eso les dará forma firme y los traerá a su consciente.

EL NOVENO APOSENTO
Una oración irrazonable: La beatitud del místico

Su alma hace mucho que tomó la iniciativa en el viaje de su vida y le está conduciendo hacia lo divino. Pero llegados a este punto, usted debe entregar las riendas del poder al alma. Véase a sí mismo pasando de su mente racional al centro de su ser —su cámara interior— y entrar conscientemente, plenamente, en su alma.

Trabajo para el alma: Entre en su alma y visualícese a sí mismo como místico. Respire profundamente y sumérjase en esa imagen. Suprima todos los sonidos y desconecte el volumen de su mente racional. Ya basta de distracciones. Simplemente, rece. Libere su alma. Imagínese que está fuera de su cuerpo, fuera de esta Tierra, fuera de esta vida. Rece sin esfuerzo para alcanzar la beatitud del místico.

EL DESIERTO ARQUETÍPICO DEL ALMA

Un Dios seco se asocia con el desierto, donde Jesús vagó durante 40 días y los judíos durante 40 años. La lucha arquetípica de los que son enviados al desierto es simple: No se haga mi voluntad, sino la tuya. Uno queda abandonado a vagar todo el tiempo que sea necesario, hasta que por fin sea capaz de renunciar al control de la trayectoria de su vida.

Pero ¿qué significa eso? La rendición es un ritual místico, arquetípico, de transformación. En ella y mediante ella, la autoridad de nuestra vida pasa de nuestra mente racional-ego a nuestra visión mística y del alma. Las personas que han llevado a cabo el viaje de transformación en su totalidad siempre son rebautizadas, se les da un nombre del espíritu. Uno ya no se dirige a ellas por el nombre que identifica su ego. Jesús es el hombre, Cristo es el alma. Siddharta es el hombre, Buda es el alma. El acto místico de la rendición reposiciona la brújula de nuestro viaje y nos desvía de los planes que teníamos en mente para orientarnos hacia otros planes más adecuados a las capacidades y talentos de nuestra alma. Por supuesto, nuestra vida cambia por completo cada vez que tomamos una decisión importante, ya sea mística o de otro tipo, pero aquí la diferencia estriba en que en nuestra rendición arquetípica a lo divino renunciamos a lo que más valoran los seres humanos: el control y (la falsa ilusión de) el poder. En *Imitación de Cristo*, Tomás de Kempis escribió lo siguiente: «No está siempre en la mano del hombre su camino, sino que a Dios pertenece.»

Imagine que se encuentra solo en un desierto. O vaya a un desierto si puede, o a un bosque, o a cualquier otro lugar en el que pueda estar completamente a solas, sin que lo distraigan los teléfonos móviles, los ordenadores ni la gente. Sienta, imagine, perciba cómo su alma se expande hacia fuera, se va haciendo cada vez más grande, hasta que la Tierra se vuelve tan pequeña que cabe en la palma de la mano. Y a continuación aguarde a que llegue lo divino y le encuentre. Reflexione sobre el hecho de que la vida es muy breve, muy rápida. «Se va en un golpe de cola de un caballo», escribió Confucio. El planeta es muy pequeño. Y usted es muy grande, muy eterno, y tiene mucho que dar. ¿En las manos de quién pondría su espíritu: en las de la gente de ese planeta minúsculo o en las de lo divino, que le ha enviado a usted aquí con un propósito más elevado?

Aquí, en la Tercera Morada, ha de decidir si está preparado para contener la conciencia mística. Utilizando las palabras del artista Charles Dubois: «Lo importante es poder en cualquier momento sacrificar lo que somos por lo que podemos llegar a ser.» ¿De verdad desea regresar a las comodidades temporales de una vida ordinaria? Imagine una vida sin misticismo, sin visión mística ni misterio divino. Imagine una vida sin milagros. Imagine una vida sin intervención divina. Imagine una vida en que propósito elevado y significado no quieran decir nada; una vida en la que su castillo no exista, en la que usted carezca de alma. Si puede profundizar lo suficiente en su castillo, podrá liberarse de todos sus miedos y llegar a saber que está siendo observado y vigilado hasta en el más ínfimo detalle de su vida. La mente racional no puede comprender esta verdad mística, pero una vez que usted la acepte totalmente, habrá avanzado mucho en su travesía del desierto.

Santa Teresa le diría, como dijo a sus monjas, que fuera más allá. No descanse. Este viaje es inevitable. Llega un punto en el que descansar resulta más difícil que seguir caminando, porque uno sabe a qué renuncia. Atraviese el Rubicón místico. Ríndase y deje que Dios reordene el devenir de su vida. No está abandonando su vida, sino que está reentrando en ella, con el alma en cabeza.

Un momento de contemplación

Santa Teresa no tuvo que luchar para hacer un alegato en defensa de la existencia del alma. Ésta ya era una compañera viviente para la gente de su época. Además, santa Teresa utilizaba un lenguaje que pertenece al alma, que remueve el alma, la despierta y la pone en posición de firmes, la invita a entrar para dar consejos. Nosotros hemos despreciado o retirado gran parte del vocabulario del espíritu y hemos puesto una mordaza a nuestras almas.

Términos tales como «milagro», «gracia» y «oración» forman parte de una lengua sagrada, potente, alquímica, que despierta el alma. Las palabras son poder. Son conductos de la conciencia y constituyen los ladrillos que forman la realidad. Los místicos antiguos sabían que el poder que contenían las palabras de cada oración abría el alma a la conciencia divina. Entender el lenguaje del alma y saber cómo utilizar ese vocabulario en la oración, en la curación y en la canalización de la gracia es verdaderamente desbloquear el poder de nuestra alma. Por ejemplo, la oración de entrega que es el Padrenuestro puede traducirse como lo siguiente: «Te pido valentía para salirme de mi modo de hacer las cosas, para no interferir con tus planes, para que tu gracia y tu amor puedan derramarse a través de mis actos, mis palabras y todo lo que haga hoy. Permite que considere a cada persona como una parte vital y bendita de mi vida. Permite que todo acto y pensamiento que tenga en este día sirva a los demás.»

La oración que sigue a continuación, tomada de *La nube del no saber*, puede que le sea de ayuda:

> Cuando te sientas totalmente exhausto de luchar contra tus pensamientos, dite a ti mismo: «Es inútil luchar más con ellos.» [...] Pues, al hacer esto, te encomiendas a Dios. [...] Te haces completamente dócil en las manos de Dios. Y ciertamente, cuando esta actitud es auténtica, equivale a un autoconocimiento, ya que te ves a ti mismo como realmente eres [...], menos que nada sin Dios. Es, en realidad, una humildad experiencial. Cuando Dios te ve apoyado sólo en esta verdad, no puede por menos de apresurarse a ayudarte desquitándose en tus enemigos. Luego, como padre que corre a rescatar a su hijo pequeño de las mandíbulas del jabalí o de los osos salvajes, te cogerá y te estrechará en sus brazos, enjugando tiernamente tus lágrimas espirituales.

Contemplaciones en el desierto

EL PRIMER APOSENTO
Entrar en el desierto

Usted sabe lo que es sentirse solo y con la sensación de haber sido abandonado por Dios. Usted sabe cómo es la sequedad, la desesperación y la duda. Describa su desierto. Intérnese en el horizonte sin límites de un desierto cálido y seco. Describa cómo es sentirse abrumado por la soledad. Mientras imagina ese desierto, ¿se le ocurre alguna otra experiencia árida de su vida, alguna ocasión en la que se haya sentido solo, falto de apoyo? En este desierto no hay nada que temer, salvo la voz de la mente. Este desierto es el preludio de la rendición, un derrumbe físico que antecede a un comienzo místico.

EL SEGUNDO APOSENTO
Guardar silencio: Reconozco tu voz, oh, Señor

El silencio es la práctica de retener la gracia en el corazón. Contemple en qué lugar siente que se le está dispensando gracia. Remonte ese chorro de gracia hasta su origen: ¿Qué parte de su vida interior está siendo iluminada para que la examine? ¿Qué se le está pidiendo que haga? Está recibiendo instrucciones. Identifíquelas aquí. Reconózcalas conscientemente en todas las partes de su ser, en todos sus sentidos, en la mente y en el cuerpo. Hay una respuesta para cada plegaria. Para cada pensamiento, hay un pensamiento de respuesta. Para cada acto, hay una directriz de nuestra conciencia. Nunca nos falta la inspiración divina, nunca estamos fuera de la órbita de la visión divina. Lo único que tenemos que hacer es prestar atención, observar, sentir y responder. El hecho de responder agudiza nuestros sentidos y nos sintoniza con nuestra alma. Preste atención. Ya ha recibido la inspiración. Ahora, acéptela. Dese prisa. Responda desde el interior de su castillo.

EL TERCER APOSENTO
La impaciencia

Todo el mundo quiere recibir inmediatamente la respuesta a una plegaria. Todo el mundo quiere que dicha respuesta sea obvia y segura. Dios está oculto, es recóndito, simbólico. Hay que buscarlo. Cuanto más impaciente es uno, más da la impresión de que a Dios no se le puede encontrar por ninguna parte. Pero «Ninguna parte espacialmente es todas partes espiritualmente», dice *La nube del no saber*. Usted desea que su vida cambie, pero en realidad no. Usted desea que su vida cambie, pero sólo si otra persona asume ese riesgo por usted, con usted o en nombre de usted. Se siente impaciente por cómo es su vida, y también con usted mismo y con su propia manera de ser. ¿Por qué le ha otorgado Dios los dones que tiene, además de los problemas? ¿Por qué tiene usted los talentos que tiene? ¿Y por qué carece de otros? ¿Por qué no aprovecha sus capacidades al máximo? ¿Era impaciente de pequeño, de adolescente, de joven, cuando alcanzó la mediana edad? ¿Le resulta difícil permitir que Dios se encargue de los detalles de su vida?

EL CUARTO APOSENTO
Su mente no quiere dejar de hablarle

Usted desea guardar silencio, escuchar, esperar a recibir la gracia de la quietud, pero su mente no deja de parlotear. Fíjese en qué es lo que utiliza su mente para distraerle. Cuando vuelve la atención hacia Dios, ¿qué hace su mente para interferir? ¿Cómo compite con Dios? El *Libro de la orientación particular* recomienda lo siguiente: «Trata de que no quede en tu mente consciente nada a excepción de un puro impulso dirigido hacia Dios. Desnúdala de toda idea particular sobre Dios (cómo es Él en sí mismo o en sus obras) y mantén despierta solamente la simple conciencia de que Él es como es.»

Visualícese a sí mismo en su castillo, en un lugar encantador, y observe cuándo aparece su mente para perturbar esa imagen. Cada vez que su mente le distraiga, entre en oración y apártese de esa distracción. Sea más fuerte que la distracción. Practique esto una y otra vez, ya que su mente cuenta con mucha más experiencia que su alma en captar su atención.

EL QUINTO APOSENTO
El Dios al que teme

Ahora está usted a punto de salir de la Tercera Morada y entrar en la cuarta, donde lo divino acudirá a usted llamándole por su nombre. Imagine esa experiencia. Imagine que no puede echar a correr y esconderse detrás de un temor, un ritual o una distracción. Imagine que tiene que admitir que reconoce un encuentro místico con Dios. Imagine cómo cambiaría eso su vida: Al no contar con la duda como escudo, tendría que volverse más consciente. Al no contar con la duda, sabría que cada una de sus decisiones cuenta, que todo acto significa algo en la calidad de vida que lleve en esta Tierra. Darse cuenta de que nuestro poder está contenido en el poder de Dios es algo que da miedo. Ser llamado a vivir con una divinidad tan al alcance de la mano, tan invisiblemente involucrada en los detalles de la vida cotidiana, inspira un temor reverencial. Pero usted ha sido llamado. ¿Le resulta un desafío el ser incapaz de esconderse?

Está ya muy cerca de cruzar hacia la realidad mística, pero todavía se siente empujado a preguntarle a Dios: «¿Puedo fiarme de que vas a ser justo conmigo?» Si pasa al otro lado del puente, al del cielo, si se rinde a caminar por una senda mística el resto de su vida, ¿habrá alguna recompensa por lo menos? ¿Podemos fiarnos de que Dios va a ser justo? Al fin y al cabo, lo que nos estamos planteando es entregarlo «todo», ¿no es así? Pregúntese de qué modo continúa negociando con Dios. Entre en su alma y busque su necesidad de obtener premios por el hecho de ser especial o dotado de talento. La negociación con Dios es una culebra. Sea consciente de eso, porque puede frenar del todo el viaje de su alma.

EL SEXTO APOSENTO
¿Por qué es tan difícil la vida?

La vida es difícil, y punto. Tanto si usted sigue un camino espiritual como si no, no podrá evitar los problemas que trae la vida. Por qué difícil la vida es una pregunta mística, y la mente racional jamás se contentaría con una respuesta mística. Las dificultades surgen, en parte, cuando el ego y el alma no se comunican ni trabajan juntos. Cuando uno vive dos vidas —una para el ego y otra para el alma— no es congruente. Ninguna de las dos es funcional, ninguna de las dos es completa ni saludable. ¿Dónde se encuentra usted en este espectro de congruencia? ¿Está muy distanciado su ego de su alma, y su mente de su corazón?

EL SÉPTIMO APOSENTO
Usted necesita la gracia de Dios

Puede ser que usted desee establecer un espacio en su casa como representación física de este aposento en particular. En él se preparará para el acto místico de la rendición. Cuando la configure, ya sea físicamente o para sus adentros, su intención es prepararse para rendirse de modo incondicional a la conciencia mística. Ahora se encuentra ante la puerta de la Cuarta Morada. El aposento siguiente corresponde a la meditación para la rendición. A fin de prepararse para ella, reúna los textos sagrados y la literatura de inspiración que le guste. Lea y escriba en su cuaderno mientras va preparándose para el ritual místico más importante de su viaje. Puede que dicha tarea le lleve semanas o incluso meses. Antes de entrar en la Cuarta Morada, es posible que tenga que regresar a otras y repasarlas. Ábrase a los dones de la gracia.

EL OCTAVO APOSENTO
Me rindo

Querido Dios:

Sólo hay una cosa que necesito decir. Entrego mi vida a tu amor y tu confianza. Mi vida siempre ha estado en tus manos, ¿cómo iba a ser de otra manera? Podrías llamarme a tu lado ahora mismo, pero me has retenido aquí, en esta Tierra, porque todavía tengo trabajo que hacer. Acepto este camino místico. Abandono la falsa ilusión de que soy yo quien gobierna mi vida. Estoy preparado para permitir que mi alma tome las riendas. Me rindo.

Un momento de contemplación

Con su rendición, usted marca un punto de inflexión en el viaje de su alma. Su entrada en la Cuarta Morada es una transición en su conciencia. Su vida interior será más profunda y su vida exterior cambiará. Su alma le llamará más hacia dentro a medida que su presencia, su voz y su gracia vayan volviéndose cada vez más tangibles.

Oración de salida

Soy un canal para la gracia. Al abandonar mi castillo, la gracia me rodea y me protege. Entro en mi vida con la bendición de Dios y permanezco abierto a los consejos que pueda darme mi alma.

La Cuarta Morada

El corazón místico

> Sólo quiero que estéis advertidas que, para aprovechar mucho en este camino y subir a las moradas que deseamos, no está la cosa en pensar mucho, sino en amar mucho; y así lo que más os despertare a amar, eso haced.
>
> *El castillo interior*

La tradición católica cuenta con muchos iconos e imágenes de Jesucristo. En una de ellas, el Sagrado Corazón de Jesús, se ve a Jesús mostrando su corazón envuelto en una corona de espinas. Durante la mayor parte de mi vida, esta imagen en particular, y también la mayoría de otras imágenes con sangre, me ha resultado odiosa, pero por alguna razón ésta me provocaba una incomodidad especial. Muchas personas pueden apartarse de la educación religiosa que recibieron de pequeñas y seguir adelante con su vida, pero yo no soy una de ellas. Esa imagen se me quedó grabada, y cada vez que conocía a alguien que sentía devoción por el Sagrado Corazón de Jesús, me preguntaba: «Pero ¿a qué diablos le tienes devoción? ¿A un corazón con espinas? ¿Por qué?» Sencillamente, no lo entendía. Adorar una figura sangrante colgada de una cruz me resultaba más que incómodo: era visualmente doloroso. Podía soportar la teología del Cristo cósmico, pero no al Jesús torturado y ensangrentado. No, gracias.

Poco después de escribir este libro, tuve una visión mística. Vi una imagen del Sagrado Corazón y vi cómo se transformaba en el corazón místico de lo sagrado. Por fin se me había mostrado una vislumbre —sólo una vislumbre— del significado profundo y cósmico de la fuerza mística del amor, la conciencia de Cristo, o conciencia superior. Experimenté un brevísimo instante de iluminación, en el cual entendí que si aquella clase de amor —trascendente, místico, sagrado— pudiera ser canalizado a través de los seres humanos, una gran parte de la locura del mundo se curaría ante nuestros ojos.

ENTRAR EN EL CORAZÓN DE LO SAGRADO

El amor místico se desata en el interior del alma en la Cuarta Morada. A este poder lo denominamos amor, pero es más grandioso que el amor. Por lo general, el amor es un sentimiento muy condicional, pero ¿cuántas personas han amado alguna vez sin condiciones? Hablamos de amor a la humanidad, pero resulta incomprensible amar a la humanidad entera. El corazón personal es un recipiente demasiado pequeño para el amor místico, que rompería sus paredes. En realidad, la gente teme convertirse en un canal de amor cósmico, por miedo a que se le pida amar mucho y a muchos. Nuestra alma sabe exactamente de qué estoy hablando. Hagamos una pausa. Respire hondo y pregunte a su alma cómo manejaría un amor trascendental. Si se abriera un manantial impersonal de amor, ¿sería aún capaz de amar en un nivel personal, sería aún capaz de cuidar de su familia, o eso se vería eclipsado por el amor místico? Mucha gente tiene miedo de eso.

Estar expuesto al amor místico es lo mismo que ser llamado a servir de canal para dicho amor. El amor místico no puede quedarse retenido dentro de nosotros, sino que se irradia a través de nosotros igual que una luz brillante a través de una ventana. Sencillamente, no podemos impedir que su fuerza cambie el mundo. Sin embargo, describir el amor místico simplemente como «amor» es inadecuado: se trata de un estado iluminado de conciencia a través del cual comprendemos la vida en su totalidad como un alma colectiva unificada. Imagine —sólo imagine— que puede saber que una de sus plegarias o un único pensamiento amoroso ha afectado a todos los seres vivos. Ésa es la naturaleza del amor místico: trasciende los límites de la persona y forma una corriente que fluye a través de ésta. Aquí, en la Cuarta Morada, usted se encontrará en el corazón de lo sagrado, el corazón místico del cosmos.

Oración de entrada

Cruzo el puente y me interno en el beatífico silencio de mi castillo interior. Cierro el puente levadizo y no permito la entrada de ninguna influencia externa a este lugar sagrado que es mi alma. Aquí, en mi castillo, estoy a solas con Dios. Bajo la luz de Dios y en compañía de Él, descubro la profundidad y belleza de mi alma. Acepto el poder de la oración. Me abro a la orientación divina. Me entrego para convertirme en un canal para la gracia, la curación y el servicio a los demás, mientras Dios dirige mi vida.

Para santa Teresa, entrar en la Cuarta Morada representaba cruzar otro puente más, pero esta vez dentro del castillo, donde se entra a lo que ella denominaba «el reino de lo sobrenatural».

A santa Teresa le resultaba frustrante buscar palabras para transmitir de forma adecuada la experiencia de la conciencia cósmica. Incluso hoy en día, contando con un complejo vocabulario psicológico y teológico, aún no podemos describir los éxtasis estratosféricos que refieren los místicos que han alcanzado la trascendencia. Santa Teresa, como la mayoría de los místicos, se valía de metáforas para comunicar profundas revelaciones interiores. Para ella, este estado era como si comenzara a fluir un manantial de agua celestial en lo más profundo de su ser, una fuente que siempre había estado allí. «Como comienza a producir aquella agua celestial de este manantial que digo de lo profundo de nosotros, parece que se va dilatando y ensanchando todo nuestro interior y produciendo unos bienes que no se pueden decir, ni aun el alma sabe entender qué es lo que se le da allí. [...] y aun hartas veces como he dicho participa el cuerp.» *(El castillo interior)*.

¿Cómo se entra en la Cuarta Morada? Usted ha profundizado mucho para sacar a la luz su naturaleza más baja, para expulsar culebras y descubrir el obstáculo de apegos terrenales al poder y la razón que le impedían entrar en el castillo. Se ha abierto camino a través de difíciles pasadizos para salir a un campo de gracia, como preparación para recibir a Dios.

En las moradas anteriores, usted buscaba a Dios y tuvo que apuntalarse usted mismo y su alma para perseverar en dicha búsqueda. Ahora ya está preparado para recibir a Dios. Dios le está aguardando en esta morada, esperando a llenar su alma de una luz brillante que derrite las paredes del corazón mortal y le expone a usted al misterio del amor cósmico, de la conciencia cósmica que trasciende toda forma terrenal. Amor más allá de lo personal, más allá del yo, más allá de toda forma, nombre y lugar, amor como una fuerza consciente eterna que inunda nuestro ser y que llega cuando Dios decide enviárnoslo. San Agustín escribió: «El amor me ha convertido en lo que soy, poder ser lo que no era antes.» Hay que vivir preparado para recibir ese amor. ¿Cómo se hace eso? ¿Cómo se vive estando preparado para los misterios cósmicos que nos envuelven de manera espontánea?

Existe la manera proverbial incorrecta, y la correcta. Cuanto más conscientemente se prepara uno para Dios, cosa paradójica, más interfiere el ego. Uno puede empezar a pensar que merece vivir una experiencia mística porque ha hecho todos los ejercicios de todos los aposentos, justo lo que me dijo una mujer:

«—He hecho todos los ejercicios, tal como usted me dijo, y no ha pasado nada.

—¿Que no ha pasado nada? ¿Y qué esperaba?

—Pues pensé que por lo menos merecía una curación, o algo.»

El trabajo realizado en esos aposentos requiere meses de dedicación. Tal vez años. La vida mística no es una carrera hacia la línea de meta.

Vivir preparado para Dios de la manera «correcta» quiere decir vivir dentro de la conciencia de Dios, pero sin abrigar expectativas. Ésta es la definición misma de la vida consciente y humilde. Conozco a un hombre, cuya vida comprende la humildad y la conciencia divina, que vende equipos de cine en casa, un empleo que lo pone en contacto con decenas de personas todas las semanas. Él considera a esa gente como una bendición que llega a su vida para ayudarlo, y a cambio visualiza que la gracia fluye a través de todos los componentes que vende a esas personas. Todos los días los empieza con una oración y los termina con otra, y de forma consciente pero muda se esfuerza por aportar paz a su entorno. «Eso me exige estar en todo momento concentrado en mantener mi paz interior, así que vivo con un pie en el mundo y otro en el alma.» Espera constantemente orientación y amor procedente de lo divino, «que es lo que debería esperar todo el mundo», dice, y de hecho es lo que nos proporciona lo divino, pero nada más. Vive siempre preparado para recibir a Dios.

No hay modo de saber por adelantado a quién visitará Dios. Uno puede intentar decir quién parece más preparado, dispuesto y capaz, pero al final sólo Dios decide quién, cuándo y por qué. Un hombre al que conozco bastante bien podría haber sido considerado ateo por cualquiera el día mismo en que tuvo su despertar místico. Era traficante de drogas y un matón que pegaba a la gente y le sacaba el dinero. Un día, mientras iba conduciendo, oyó la voz de Jesús, que lo llamaba. Cambió la emisora de la radio, pero Jesús seguía apareciendo en todas. Terminó pasando tres días en la habitación de un hotel de mala muerte, donde lloró al comprender la vida que había llevado. En la actualidad es un gran místico en el mundo, trabaja como entrenador físico particular y está profundamente dedicado a su vida espiritual. Nunca jamás se puede prever lo que va a hacer Dios, ni tampoco se le puede manipular actuando por nuestra cuenta.

Las imágenes de paredes, puertas y puentes levadizos sirven de sustituto sensorial para el alma. La imagen física del castillo puede representar el alma, hasta que el alma misma se vuelve real. Pero en la Cuarta Morada la imagen del castillo en sí evoluciona y deja de ser un edificio físico para convertirse en una metáfora de poder y autoridad mística. Es el trono de un rey celestial y de una majestuosa presencia cósmica, lo divino en el centro de nuestra alma. El estado de conciencia de la Cuarta Morada es donde el poder del alma se fusiona con la presencia cósmica de Dios en una unión sobrenatural, por encima y más allá de las relaciones personales terrenales. La Cuarta Morada representa la integración del alma en la conciencia divina. Aquí, uno ya no está consumido por el caos mental ni es distraído por las culebras terrenales. De hecho, las culebras no pueden penetrar en la Cuarta Morada. Uno ha desplazado su poder desde el mundo exterior que tiene delante hasta el mundo interior de su castillo.

No obstante, no se puede permanecer todo el tiempo en el estado de conciencia de esta Cuarta Morada. En nuestros diálogos internos con el alma, el centro de atención deja de ser el sacar cosas a la luz y se sitúa en el descubrimiento. Además, ahora puede encontrarse con lo divino desde el interior de su castillo. Aquí, en el reino de lo sobrenatural, la directriz mística es: «Prepárate para recibir a Dios.»

PREPÁRESE PARA RECIBIR A DIOS

Santa Teresa describe pautas de comportamiento humano en torno al tema de Dios, que son tan ciertas hoy como lo eran en su época. Por ejemplo, algunos aspirantes a místicos del medievo rezaban a lo largo de muchos días, ayunaban y hacían penitencia, en el intento de hacer que Dios llegara a ellos, pero en vez de entrar en un estado místico terminaban derrumbándose de hambre o de histeria. Bajo esos comportamientos extremos subyacen motivos personales; esos aspirantes a místicos buscaban obtener favores de Dios, y se sacrificaban a sí mismos en sus propios altares con la esperanza de que Dios les concediera lo que pedían. Hoy en día tenemos las mismas expectativas, aunque no los mismos comportamientos.

Santa Teresa escribe una oración dirigida a Dios: «¡Tomad en cuenta lo mucho que pasamos en este camino por falta de saber! Y es el mal que, como no pensamos que hay que saber más de pensar en Vos, aún no [...] entendemos qué hay que preguntar, y pásanse terribles trabajos, porque no nos entendemos, y lo que no es malo, sino bueno [...] De aquí proceden las aflicciones de mucha gente que trata de oración y el quejarse de trabajos interiores, a lo menos mucha parte en gente que no tiene letras, y vienen las melancolías y a perder la salud y aun a dejarlo del todo, porque no consideran que hay un mundo interior acá dentro; y así como no podemos tener el movimiento del cielo, sino que anda a prisa con toda velocidad, tampoco podemos tener nuestro pensamiento» *(El castillo interior)*.

Santa Teresa es astutamente consciente de la relación que existe entre vida interior y salud. Reconoce que tenemos tendencia a necesitar demasiado de Dios y demasiado pronto, lo que implica riesgos emocionales, físicos y psicológicos. En mi trabajo, he conocido a innumerables personas que se sentían frustradas y hasta furiosas por no obtener respuesta del cielo. Una mujer me dijo: «He encendido decenas de velas, he ayunado y he rezado muchísimas oraciones, y sigo sin tener ni idea de qué hacer con mi vida. Es que el cielo no me manda ninguna señal, ni nada.» Otras personas se sienten abandonadas por Dios, pues han implorado inspiración y no han recibido ninguna. ¿Qué tengo que hacer?, me preguntan. ¿Debería hacer peregrinación? ¿Debería dejar de beber? ¿Cuál es el secreto para que Dios entre en nuestra vida cuando lo llamamos?

Esas personas no dudaban de la presencia de Dios en general, pero querían saber cómo llamarlo específicamente en momentos de necesidad. A Dios no se le puede inducir a que aparezca. Al mismo tiempo, aunque uno pueda pensar que no lo ve ni lo oye, Dios está siempre presente. Aunque nosotros no podamos invocar un encuentro místico, en la Cuarta Morada uno entra en un estado elevado de conciencia que le permite estar lo suficientemente presente y tener la valentía suficiente para recibir a lo divino cuando llegue. En esta conciencia usted vivirá con un corazón abierto, en disposición para vivir un encuentro místico. Así como santa Teresa distingue entre la oración auténtica y la automática, también distingue entre los «contentos» y lo «gustoso» que resulta de la oración. Podemos adquirir contentos por medio de la meditación y las súplicas a Dios, o por medio de nuestros actos, pero ese consuelo se genera a sí mismo. Escribe santa Teresa: «Mas nacen de la misma obra virtuosa que hacemos y parece a nuestro trabajo lo hemos ganado, y con razón nos da contento habernos empleado en cosas semejantes. [...] Los gustos comienzan de Dios y siéntelos el natural y goza tanto de ellos como gozan los que tengo dichos y mucho más» *(El castillo interior)*.

Los contentos espirituales son como acueductos, cursos de agua hechos por el hombre. Lo «gustoso» fluye eternamente de una fuente divina y no requiere de la ingeniería humana. El agua es abundante y llena interminablemente el recipiente... es decir: usted.

Centrar la oración

Centrar la oración es otra práctica contemplativa de Occidente que resulta muy accesible y es muy similar a las técnicas de meditación orientales que emplean *mantras*, que son palabras o sonidos que se repiten para centrar la mente. Teresa de Ávila, al igual que el autor anónimo del gran místico clásico *La nube del no saber*, recomienda una oración para centrarse y liberar la mente de todo pensamiento que no sea el de Dios, incluso de todas nuestras ideas preconcebidas acerca de Dios. En particular, *La nube del no saber* recomienda concentrarse mudamente en una palabra de una sola sílaba, a fin de excluir todos los demás pensamientos o preguntas que surjan mientras rezamos. Las mejores son «Dios» o «paz». Pero escoja una que tenga significado para usted, y después fíjela en su mente para que se quede ahí, venga lo que venga. Esa palabra será su defensa tanto en momentos de conflicto como de paz. Si algunos pensamientos no quieren desaparecer y persisten en molestarle, no deje de responder con esa palabra. «Haz esto y te aseguro que esos pensamientos desaparecerán. ¿Por qué? Porque te has negado a desarrollarlos con una discusión.» Otra palabra que resulta de utilidad es «Om», que perfora un canal de centrado en nuestros pensamientos y genera una paz profunda y un centro de quietud en el que pueden fluir los dones de la presencia de Dios: la gracia, el amor divino y la luz. Las Escrituras dicen: «Una breve oración perfora los cielos», y *La nube del no saber* explica que eso «se debe a que es la oración del ser humano en su totalidad». Casi todas las religiones tienen una práctica parecida, desde el islam y el judaísmo hasta el budismo y el taoísmo, y funciona porque uno reza con toda la «altura, profundidad, anchura y longitud» del espíritu. La quietud de la mente y el cuerpo que resulta del hecho de centrar la oración nos permite entrar en contacto con el misterio de Dios, más allá del pensamiento. Es una manera de prepararse para recibir a Dios.

En una experiencia mística, uno es absorbido a la plenitud del momento, del ahora, de la eternidad. Uno trasciende el peso psíquico de la mortalidad y es elevado por encima del tiempo, dejando atrás los restrictivos confines de esta vida y entrando en el reino de la atemporalidad *(kairos)* o reino de lo sobrenatural.

Cada ejercicio que llevó a cabo en las primeras moradas le ayudó a recuperar los fragmentos de su espíritu que se hallaban esparcidos a causa del paso de los años y décadas de su vida. Los recuperó para poder estar entero y plenamente presente en este momento, despojado del peso de su historia, listo para recibir lo divino. Lo divino es atemporal, la fuerza de la vida en la plenitud del momento. El misterio de la sanación, el misterio de la transformación y el misterio de la experiencia mística radican en entender esta verdad esencial: Vacíe su alma de historia. Retenga el amor, la sabiduría, la bondad, la verdad, pues todas esas energías llevan consigo a las personas a quienes usted ama y los recuerdos que le hacen ser quien es. Desembarácese de todo lo que no le conduzca a ninguna parte y de todo lo que se repita continuamente pero no sirva para nada.

Y después... prepárese para recibir a Dios.

EL PODER DE SU ALMA CÓSMICA

Aquí, en la Cuarta Morada, sus facultades cósmicas —las capacidades perceptivas de su alma— se abren y extienden sobre su mente racional. A medida que vaya siendo más consciente, sus habilidades intuitivas madurarán y empezarán a canalizar la inspiración espiritual. Eso es todo lo lejos que pueden llevarle sus habilidades intuitivas, hasta la apertura de sus facultades cósmicas, que trascienden las cuestiones personales y los miedos.

Hablar de facultades perceptivas de lo cósmico es hablar de la capacidad para recibir —una vez más, la palabra operativa es «recibir»— instrucciones directas, inspiración, revelación o una visión de lo divino. Julian de Norwich, por ejemplo, veía hermosas imágenes. Hildegard de Bingen oía música, que luego transcribía a papel. Francisco de Asís oía una voz que le hablaba. Más cercana a nuestra época es Helen Schuckman, autora de *A Course in Miracles* [Un curso sobre milagros], quien oía una voz que se identificaba como Jesucristo y durante siete años hizo lo que dicha voz le dictaba. Ejemplo perfecto de mística sin monasterio, Helen fue elegida por Dios para recibir esa profunda obra sobre Jesucristo, aunque ella era judía agnóstica. Los detalles de nuestra identidad terrenal no importan, Dios otorga favores a quien él elige, porque así es su naturaleza. «Él sabe lo que es mejor», dice santa Teresa.

Nuestras capacidades ordinarias pueden transformarse en capacidades cósmicas. A una ex enfermera llamada Karen le encantaba cantar, pero no tenía buena voz (de hecho, casi no tenía voz). Estando de visita en el hospital donde su hija acababa de dar a luz a su primer nieto, sintió vivos deseos de darse una vuelta por aquella planta para ver a otros niños. Tropezó con una mujer muy joven, sola con su recién nacido, quien obviamente estaba aterrada por ser madre primeriza. Era presa del pánico porque no sabía cómo calmar al pequeño y estaba convencida de que éste la rechazaba. Karen entró en su habitación y le preguntó si podía ayudarla. La joven madre le entregó el niño de inmediato diciendo:

—No deja de llorar. Me odia.

—Oh, no te odia —replicó Karen—. Sólo está intentando orientarse. Acaba de llegar. Éste es un mundo muy grande al que hay que acostumbrarse —le dijo mientras ella misma, madre curtida que acababa de ser abuela, empezaba a mecer al pequeño y cantarle suavemente una nana. Con el tono tranquilizador de su voz y el suave balanceo, el niño se relajó.

—¿Cantar funciona? —inquirió la joven madre.

—Supongo que sí —rió Karen, pensando que un niño tan pequeño es demasiado joven para ser crítico.

Sin embargo, en aquella experiencia hubo algo que se le quedó grabado. Meses más tarde, Karen regresó al hospital para visitar de nuevo a los recién nacidos y preguntar a la jefa de enfermeras si había puestos vacantes para enfermeras que quisieran trabajar con recién nacidos. Por «casualidad», aquel hospital necesitaba con desesperación contar con más enfermeras. Karen empezó a trabajar a la semana siguiente, llevando casos de niños necesitados de cuidados urgentes y cantándoles. Más tarde me dijo: «Nada más entrar en aquella planta, me di cuenta de que Dios me había llamado para que estuviera allí, y que mi misión consistía en hacer uso de mi voz para canalizar la gracia hacia esos recién nacidos. A ellos, mi voz les resulta tranquilizadora y curativa, y tal vez les ayuda a adquirir seguridad.» Karen recibió a Dios a su manera y a la manera de Dios. Ella no estaba buscando tener una experiencia de Dios; Dios vino a llamarla a ella. En otra época se había hecho ilusiones de dedicarse profesionalmente a cantar, pero cuando llegó el momento adecuado, su voz más que corriente se transformó en un canal para transmitir una extraordinaria gracia cósmica.

La percepción cósmica nos permite absorber una experiencia mística en nuestra vida sin perder pie en la realidad. No resulta fácil estirar nuestra realidad hasta los confines del cosmos y luego volver a aprisionarla en nuestro cuerpo físico. Piense en el mucho apoyo que necesita usted cuando le sucede algo que no es ni de lejos tan extraordinario, quizás un dolor de cabeza, o una discusión con alguien, o una multa de tráfico. Esas cosas pueden resultar irritantes y tal vez requerir una aspirina o un hombro sobre el que llorar, pero son comunes y creíbles.

Sin embargo, oír una voz interior por primera vez puede resultar pasmoso, maravilloso y muy sorprendente. En la primera comunicación mística se percibe una familiaridad inmediata, y se nota una sensación de calor que ilumina el corazón, y uno se percata de un profundo sentimiento de amor hacia algo que sabe con certeza que lo está visitando pero que no es uno mismo. ¿Qué pasaría si, además de todo eso, usted recibiera unas instrucciones que obedecer, como le ocurrió a Helen Schuckman, quien durante siete años hizo caso al pie de la letra de lo que le decía un maestro invisible llamado Jesús, por quien no sentía la menor devoción?

En una situación así, usted tendría que reconocer que su vida interior —es decir, su vida espiritual mística— estaba a punto de cambiar su vida exterior. Es posible que nadie pueda validar las experiencias que vive usted (aunque, una vez más, le recomiendo que se las revele sólo a un acompañante de espíritu o a un director espiritual). No obstante, el encuentro místico de Helen Schuckman se convirtió en un canal de gracia para millones de personas de todo el mundo. Ninguno de quienes han sido «utilizados» por Dios lo ha visto venir ni tenía la menor idea de que poseía la capacidad o el talento que Dios requería de ellos. Son más bien como Karen, que sabía que le gustaba cantar pero no se había dado cuenta de que su ineptitud como cantante en público la convertía en un canal perfecto en privado.

Imagínese a sí mismo en la quietud de su castillo, recibiendo a Dios. ¿Se ve saliendo de su sorpresa inicial, entrando en el silencio y diciendo: «Estoy aquí. Estoy escuchando.»? No lo sabrá hasta que llegue ese momento. Pero ahora sí que sabe que puede vivir preparado y sabiendo que Dios vendrá a usted cuando sea el momento propicio.

Aposentos para recibir a Dios

EL PRIMER APOSENTO
Ascender a lo sobrenatural

Lo sobrenatural está por encima de nuestro mundo físico, pero es completamente natural para el mundo del alma. Usted ya está familiarizado con el reino de lo sobrenatural; puede entrar en él cuando sueña, y también entrar y salir de él ocasionalmente en sus fantasías o cuando imagina situaciones vívidamente. Cuando sueña despierto, usted se aparta automáticamente de sus sentidos. Se desliza al interior del reino de lo sobrenatural y lo atemporal de forma bastante inconsciente: sin esfuerzo alguno, en realidad.

El ejercicio que viene a continuación le ayudará a que lo sobrenatural le resulte real. Puede que no sea del todo efectivo la primera vez, o puede que ni la segunda ni la tercera. La intención es ayudarle a conseguir una cosa: la experiencia de trascender los cinco sentidos, aunque sólo sea por unos segundos.

Recuerde que se encuentra en la Cuarta Morada del castillo y que ha cruzado al reino de lo sobrenatural. Concentre su atención y recoja su alma en el tiempo presente. Acto seguido, imagine que el alma se le separa sin esfuerzo del cuerpo y flote con ella, como si usted fuera un pájaro que planea llevado por una suave corriente de aire. Aléjese, elévese cada vez más alto por encima del suelo. Usted está a salvo, seguro, a solas con su alma. Permita que su alma le hable. ¿Qué le dice? Mientras flota, ¿se van despertando otros sentidos internos? ¿Qué se siente? Cada vez que uno de sus cinco sentidos intente reunirse con el cuerpo, apártese de él para poder mantener el alma por encima del cuerpo. Cuando esté listo, permita que su alma vuelva a entrar en usted y reanude lo que estaba haciendo.

Repita este ejercicio muchas veces. Cuidar de su vida interior requiere práctica, igual que cuidar del cuerpo requiere atención diaria. Tal como recomienda *La nube del no saber*, sea moderado en todo excepto en el amor, el amor a Dios. Este trabajo exige tener una disposición sana y vigorosa, tanto de cuerpo como de espíritu.

EL SEGUNDO APOSENTO
La sensación del agua mística

Para santa Teresa, el sonido del agua era «gustoso» o gracia en sí misma. Imagine el sonido de las aguas místicas recorriendo su alma. Imagine que le recorren todo el cuerpo, empezando por la coronilla y bajando por la espalda, los brazos y las piernas, para salir por la planta de los pies. Imagine que esas aguas místicas, relucientes y cristalinas, se llevan consigo todos los desechos de su cuerpo, su mente y sus emociones. Imagine que lavan toda su historia, su dolor físico, su rigidez, su tristeza. A continuación, haga una pausa y tome aire para aspirar esa maravillosa sensación de ligereza mística.

Practique este ejercicio con regularidad. Puede que incluso quiera practicarlo cerca del agua o agregándole música. Es un ejercicio excelente para distraer los sentidos y hundirse más profundamente en el alma.

EL TERCER APOSENTO
Entrar en el corazón de lo sagrado

Aquí, en la Cuarta Morada, usted se encuentra en el reino de lo sagrado, los dominios del corazón cósmico. Imagine que está en el interior de su alma, separado de su forma física, contemplando la

Tierra desde el espacio, entre las estrellas y los planetas. Se da cuenta de que la Tierra es minúscula, que gira en un universo sin límites formado por miles de millones de estrellas y planetas. Usted está iluminado por las verdades místicas de que la vida es muy breve y que el único propósito verdadero se mide por la cantidad de amor y de gracia que permitimos que fluya a través de nuestras almas durante esta vida.

Ábrase a la sensación del amor místico. No lo imagine... no lo piense, porque no es una clase de amor que la mente pueda comprender. El amor místico es un don de la gracia. De igual modo que ha de prepararse para recibir a Dios, tiene que prepararse —estar abierto y receptivo— para recibir el amor místico.

Vea la Tierra, que vuelve a recuperar su tamaño. Vea cómo su corazón va llenándose del amor de la Tierra y de todo lo que lleva consigo. Imagine que su corazón se hace tan grande como el planeta entero. Vaya rodeando poco a poco el planeta y toda la humanidad con su corazón místico. Cierre el corazón dentro de su alma y envíe a ésta a dar un paseo, de nación en nación. Mientras su alma va visitando cada nación, permita que su corazón irradie amor místico. Sople ese amor hacia ese país y hacia el rostro de las personas que se vaya encontrando. Sienta su conexión con la humanidad. Después regrese a su castillo y sienta su unicidad con el corazón de lo sagrado y con la humanidad entera.

Que esto se convierta en una parte de la práctica mística de su alma.

EL CUARTO APOSENTO
Canalizar el amor místico

El amor místico es un poderoso agente curativo, y usted puede canalizarlo. Es un acto de servicio místico a los demás que usted realiza en privado o junto a sus acompañantes de espíritu. Manténgalo entre usted y Dios. No le diga a nadie que va a canalizar amor y gracia hacia Él o que ya lo ha hecho. Guarde siempre silencio acerca de esta práctica, y punto.

Canalizar amor místico para curar forma parte de la práctica del místico contemporáneo. La oración atrae el flujo de la gracia centrando nuestra atención y aquietando los fragmentos de energía que dan vueltas en nuestro campo psíquico. En la oración contemplativa, uno es capaz de pasar por alto los sonidos y pensamientos que pueden causar distracción. Retírese al silencio de su castillo. Céntrese en una oración, como la siguiente: «Me abro como canal para la gracia y la luz en este mundo. En este mundo en el que somos tantos, Dios conoce mi nombre. Todo pensamiento importa y toda plegaria es oída de un modo que resulta incomprensible para nuestra mente. Justo cuando pienso en que hay tanto sin sentido, de pronto veo un milagro. Una vez más se me recuerda que todo y todos importan. En el silencio de mi castillo, me aparto de las distracciones de mi mundo y descanso en paz durante un instante en compañía de lo divino, la quietud de mi alma. Cuando alcanzo esta quietud, sé que todo está bien y que una vez más he permitido que me distraigan mis fantasías. Las fantasías pasan. Dios es constante. Es la constante en la que debo apoyarme. Abro mi alma voluntariamente y con amor, para que sea un vehículo de amor místico en este mundo.»

Abra su alma y acepte el papel de canal para el amor místico en el mundo. A continuación, visualice personas que usted sepa que necesitan amor y curación. Imagine que la luz mística fluye a través de usted tan deprisa que tiene que hacerse a un lado, por dentro, para dejarla pasar. Allí donde haya odio, siembre amor. Donde haya dolor, siembre amor. Donde haya caos, siembre amor. Rece, pero no se apegue a las consecuencias de su oración. Usted es tan sólo un canal.

Esto forma parte de la práctica mística del alma.

EL QUINTO APOSENTO
Canalizar la gracia curativa

Canalizar la gracia curativa es muy parecido a canalizar el amor místico. Ambos proceden de la misma fuente, lo divino, pero llamamos de diferentes maneras a esa luz dependiendo de nuestras necesidades. Rece cada vez que se disponga a intercambiar gracia con otra persona o a canalizarla hacia ella. Esa oración es tanto para el bien de ella como para el de usted. Canalizar gracia curativa es algo muy poderoso, y, al ser usted el canal, puede hacer más por este mundo de lo que imagina. Pero tal vez sea mejor que no podamos entender plenamente el poder de la gracia.

La oración es el conducto de gracia curativa en este mundo. Abra su alma con una oración contemplativa, una plegaria que le ayude a entrar en un estado centrado. Acepte el hecho de que está trabajando desde la conciencia de la Cuarta Morada, el reino de lo sobrenatural. Con ese pensamiento en la sangre, entre en la siguiente oración de contemplación: «Con la bendición de Dios, me abro para ser un canal de gracia curativa para los demás. Dentro de las paredes de mi castillo, estoy rodeado de quietud y sosiego, y me recuerdo a mí mismo que el misterio de la curación está en manos de Dios. La dulzura de la gracia fluye a través de un corazón amoroso y abierto, que es lo único que puedo ofrecer. Dios hace uso de ese amor que yo entrego de forma voluntaria. Lo maravilloso del amor es su capacidad ilimitada para curar, para perdonar, para calmar al alma encolerizada, para reparar las relaciones rotas, para enderezar las cosas en todos los sentidos. He de confiar en el poder que tiene el amor en mi vida y servirme de su bondad, aun cuando no vea una prueba inmediata de su poder. El amor es Dios que actúa en este mundo. Yo soy un conducto para el amor y la gracia, y abro mi alma para canalizar esa fuerza curativa hacia aquellos que la necesiten.»

Si se introduce en un estado mental olvidando que se encuentra en la Cuarta Morada, recuérdese que está dentro de su alma, en su castillo, con el alma abierta a fin de que la gracia curativa viaje a través de ella. Recurra a la oración siguiente: «Regreso al centro de mi castillo, al centro de mi alma interior, donde la única voz que oigo es la voz de Dios.» Nuevamente entrará una y otra vez en los dominios de la mente, así que sea paciente consigo mismo. Visualice a las personas que necesitan curación y deje que la gracia circule a través de usted. Cierre con una plegaria de acción de gracias.

EL SEXTO APOSENTO
Mejor amar mucho que pensar mucho

En las tres primeras moradas estábamos acostumbrados a que nuestro amor tuviera un objeto: una persona, un animal de compañía, una cosa, un lugar o un pasatiempo. El amor carente de objeto u objetivo —amar por amar— resulta extraño a nuestra forma de pensar. En tal caso, el amor es personal. Cuando vemos el mundo como un objeto impersonal, compatir amor parece una necedad porque pensamos que nos vuelve vulnerables a los depredadores emocionales, profesionales y financieros. Sin embargo, ahora que se encuentra en la Cuarta Morada, su preocupación es el amor que surge en la conciencia cósmica. Aquí habrá de canalizar el amor místico hacia el mundo por medio de la oración. Además, abrazará su mente y mezclará los dones de ésta con la capacidad de su corazón. Esta unión del corazón místico y el intelecto es lo que define al alma iluminada.

En esta práctica, uno se sirve conscientemente de su alma para reencauzar a una persona o una situación por medio del amor y de la gracia. Su papel no consiste en determinar cuál va a ser el resultado ni cómo cambiará éste; su tarea es facilitar un cambio canalizando la luz divina.

Céntrese con la ayuda de una oración. Se encuentra en la Cuarta Morada. Ha cruzado al reino de lo sobrenatural. Imagine que este aposento es al que usted acude a pensar, pero lo que hay que practicar aquí es el dejar de pensar y de preocuparse por el asunto que tengamos entre manos. Aquiete su mente y conecte con su corazón. Canalice amor hacia la situación o la persona que ha escogido. Canalice amor también hacia usted mismo. Deje que el amor fluya a través de usted y penetre en las áreas de su vida en las que haya tensión. Termine con una oración de acción de gracias.

EL SÉPTIMO APOSENTO
Mensajes de lo divino

Usted está más acostumbrado a hablar con Dios que a escucharlo y oírlo. Está más acostumbrado a poner en estado de alerta sus cinco sentidos para captar respuestas que a recibir mensajes sencillos. Por lo tanto, es probable que espere recibir inspiraciones o instrucciones.

Una mujer me comentó: «Una noche, cuando estaba rezando, tuve la sensación de que alguien me envolvía de pronto en una manta de estrellas. De repente me sentí elevada sobre mi cuerpo y tuve la impresión cósmica de flotar por encima de la Tierra. Me sentí suspendida en la eternidad, completamente bañada en una sensación de amor divino, como si Dios supiera exactamente quién soy, dónde vivo y hasta lo que debo del recibo del agua. Sentí una intimidad con Dios ridícula, escandalosa. Mi deseo era quedarme allí para siempre, flotando, pero con la misma brusquedad con que fui llevada a ese mundo celestial, me devolvieron a la Tierra y a este cuerpo mío, denso, de mediana edad y con exceso de peso. De inmediato me puse a pensar: ¿Qué se supone que debo hacer con esta experiencia? Hablé de ello con mis amigas para intentar averiguar qué tenía que hacer. Luego empecé a pensar por qué ninguno de mis problemas se había resuelto a consecuencia de aquella experiencia. Quiero decir que había estado allá arriba, flotando por encima de la Tierra, bueno, ¿y qué? Seguía teniendo exceso de peso y sufriendo mucho, así que, ¿de qué me había servido aquello? Por fin —por fin— comprendí que había recibido un mensaje de Dios, un mensaje profundo, místico, en el que me había mostrado que estaba siendo observada. Yo era íntimamente conocida por aquel ser divino que una noche me sacó de la Tierra para que yo supiera que mis oraciones eran escuchadas, aquélla era la respuesta a mis oraciones, pero en su momento no lo entendí porque no era la respuesta que deseaba. Aquella respuesta no me parecía suficiente. Yo no quería una experiencia mística, sino una solución práctica. Quería que Dios me dejase delgada de repente para no tener que esforzarme en perder peso. De hecho, lo que quería de verdad era poder seguir comiendo de todo lo que se me antojase y al día siguiente despertarme siendo delgada. Quería un milagro hecho a medida, y por esa razón tardé un poco en comprender que de hecho me había sucedido un milagro. Todavía no era capaz de recibir dones de gracia místicos. Todavía quería que los regalos de Dios vinieran en envoltorios terrenales. Por suerte para mí, me puse al día y terminé comprendiendo el regalo que había recibido.»

Prepárese para recibir a Dios vaciándose de expectativas. Vea a Dios tal como es. Viva un día entero dentro de este aposento llevándose esta práctica consigo a su mundo: En diversos momentos del día, sea consciente de su entorno y véalo como si acabara de entrar en un lugar sagrado. Véase a sí mismo en su castillo, y considérelo todo y a todos como si formaran parte de un gran plan cósmico, vital para su bienestar, y usted para el de ellos. Se encuentra exactamente donde tiene que estar, igual que ellos. Aprecie cada detalle y deje que dicha apreciación se transforme en la oración siguiente: ¿Hay algo que necesites de mí en este momento, en este lugar? Después permanezca unos instantes en silencio, aguardando. Haga una inspiración profunda y reanude lo que estaba haciendo, pero mantenga la conexión con su castillo. En este punto de su viaje, puede ser místicamente activo tanto dentro de su castillo como en el mundo.

EL OCTAVO APOSENTO
Permita que su corazón se haga pedazos

Amamos a quien queremos amar hasta que somos llamados a amar a quienes no podemos alojar fácilmente o cómodamente en nuestro corazón. El hecho de que nuestro corazón se haga pedazos por la fuerza de lo sagrado y se vea envuelto por el corazón cósmico de lo divino nos convierte en siervos del amor divino. Somos guiados, dirigidos, conducidos por la fuerza de ese amor a aventurarnos por territorios que jamás pisaríamos por voluntad propia. Las paredes de nuestro corazón, que en otro tiempo nos protegían de desconocidos y rezagados, de vagabundos y ladrones, de proscritos y forasteros, se quedan desmanteladas. Uno experimenta una compasión abrumadora, sin límites. Quizá, por ejemplo, le da por atender llamadas para ayudar a las víctimas de un huracán. En ocasiones en las que antes podía marcharse tan tranquilo pensando que alguien debería ayudar a esa pobre gente, ahora ese alguien es usted.

Uno no puede iniciar ese destrozo místico. Santa Teresa tuvo muchas visitaciones místicas, y en una ocasión contó que un ángel le traspasó el corazón con una lanza y le provocó un dolor indescriptible, de proporciones sobrenaturales. Ser dirigido hacia el amor de esa manera constituye un misterio, una maravilla de Dios, que, una vez que nos hemos convertido en siervos cósmicos, dirige nuestras vidas.

En este aposento, contemple qué quiere decir ser llamado a

amar en un sitio al que uno no desearía ir. ¿A quién no puede amar usted? ¿Cómo reconocería el hecho de que su corazón se abriera y usted fuera enviado a abrazar a alguien a quien previamente tenía prohibido dejar entrar en su corazón? ¿Tiene que hacer un esfuerzo para avivar un antiguo enfado o un rencor? Es posible que su corazón esté empezando a agrietarse. ¿Habla una y otra vez de antiguas heridas y traumas, por costumbre? Es posible que esté conscientemente impidiendo a su corazón que se abra. Criticar a los demás y aferrarse a sentimientos negativos bloquea el surgimiento del amor místico. No se puede ser rencoroso y no querer perdonar y al mismo tiempo ser un conducto para el amor y la gracia. Cure su corazón. Permítale que abandone las antiguas heridas.

Practique el perdón, pero lleve también esa práctica al plano místico, porque ahora se encuentra en la Cuarta Morada. Perdonar es un acto de alquimia espiritual mediante el cual uno separa su conciencia de todo el paradigma de la justicia humana. Uno se aparta del centro de rectitud y santurronería, donde por lo general encuentra su justificación personal para cualquier conducta, por más penosa que sea. Tan sólo el alma es capaz de llevar a cabo el acto místico del perdón, en el que uno se rinde al poder de Dios y retira toda necesidad personal o deseo de permanecer apegado.

Esta capacidad de responder a los agresores con compasión trascendente es exactamente la clase de amor que descubrió san Juan de la Cruz mientras estaba en prisión, y que lo llevó a escribir *Noche oscura del alma*. Dentro de nosotros radica un amor cósmico mucho más grande y profundo, pero para descubrir este amor hemos de abrirnos paso a través del vigoroso poder de nuestro ego herido. El perdón es un verdadero misterio, ya que desafía el sentido común y el pensamiento racional que operan en nuestro interior, y sin embargo ésa es precisamente la característica del místico: trascender la razón y actuar dentro del poder del misterio divino.

Empiece con una oración como ésta: «Deseo perdonar más de lo que soy capaz de perdonar, pero todavía es más difícil no perdonar. Ayúdame a romper las paredes de mi ego y permíteme experimentar siquiera una gota del amor que transforma el resentimiento en compasión.»

EL NOVENO APOSENTO
Recibir el poder de la gracia

Esté sosegado y reciba la gracia. En este aposento no hay ningún otro objetivo. Guarde silencio. Contemple lo que quiere decir recibir a Dios, y deje que su alma divague hacia esa imagen. Apártese de sus sentidos, apártese de la mente. Muévase hacia la luz divina.

LA ORACIÓN DE RECOGIMIENTO: EL VUELO DEL ALMA

La oración de recogimiento de santa Teresa es un tesoro místico. Tal como dice ella: «Un recogimiento que también me parece sobrenatural, porque no es estar en oscuro ni cerrar los ojos, ni consiste en cosa exterior [...], y sin artificio, parece que se va labrando el edificio para la oración que queda dicha; porque estos sentidos y cosas exteriores parece que van perdiendo de su derecho porque el alma vaya cobrando el suyo que tenía perdido. [...] Dicen que "el alma se entra dentro de sí" y otras veces que "sube sobre sí". [...] Hagamos cuenta que estos sentidos y potencias (que ya he dicho que son la gente de este castillo) [...] se han ido fuera y andan con gente extraña, enemiga del bien de este castillo, días y años; y que ya se han ido, viendo su perdición, acercando a él, aunque no acaban de estar dentro porque esta costumbre es recia cosa, sino no son ya traidores y andan alrededor.»

Durante la oración de recogimiento, el alma recupera lo que había perdido: su naturaleza atemporal, su perspectiva cósmica, su grandeza de corazón y de conciencia. Uno no pierde los sentidos, sino que se aparta de ellos para que su alma y su ser anden más ligeros —iluminados—, sin las distracciones de los apegos o las sensaciones terrenales. En la Cuarta Morada uno es congruente, se encuentra cómodo viviendo a la vez en el mundo terrenal y el espiritual.

Para cuando llegó a la Cuarta Morada, santa Teresa era ya una experta en el arte del desapego, que ella denominaba «vuelo místico», la experiencia de sentir que el alma se separa del cuerpo y se eleva por encima de él, a fin de penetrar más adentro del castillo. Prácticamente todas las tradiciones espirituales registran viajes del alma o de la conciencia por encima del plano personal, hacia las otras esferas más altas, sobrenaturales, en busca de revelaciones.

Santa Teresa también se sirve de la metáfora de un templo para describir un lugar aún más inaccesible dentro del alma, inaccesible para los sentidos, claro está. Un templo sugiere un lugar del alma que es un santuario sagrado, situado más adentro del castillo de lo que uno puede llegar pasando por las tres primeras moradas, un lugar situado más allá de los sentidos, más cerca de Dios.

En esta etapa del viaje del alma, santa Teresa cambia la imaginería que quiere que utilicemos para comprender lo divino. Ya no tenemos que hacer el esfuerzo de imaginarnos que Dios habita en nosotros. Dios está efectivamente dentro de nosotros, pero no podemos fingir ni forzar la voz de Dios con nuestra imaginación. Para la senda mística no existe lógica o razón alguna, ninguna fórmula que traiga a Dios a nuestra puerta. Uno va hacia Dios penetrando cada vez más adentro en su alma —en su castillo— y apartándose del caos del mundo, aunque aún está en el mundo, y se preocupa por el mundo y por las personas a las que ama. Apartarse significa que nada de nuestro mundo exterior tiene autoridad sobre nosotros. Uno aparta el alma de su historia, de los capítulos de su vida que están terminados y cerrados. Deje que su pasado se diluya en el pasado, al que pertenece. No haga compañía a los muertos —personas, lugares ni recuerdos del pasado— que no sirvan para su bienestar. Repliegue su espíritu —recójalo— hacia el tiempo presente y sáquelo de las tierras baldías, los cementerios y las ciénagas que puedan hacer que se sienta mal física y emocionalmente.

La oración de recogimiento nos permite entrar en un estado místico de conciencia en el que se va más allá de las sensaciones físicas, incluido el dolor. Ocurre de manera espontánea, pero uno puede dar pasos para prepararse a recibirlo... y también para recibir a Dios, que lo trae consigo.

Ábrase a su alma. Sosiéguese. Guarde silencio. Abra el corazón. Note cómo va agrandándose para abarcar el mundo entero. Prepárese para sentir la abundancia de la gracia. Sienta cómo su alma se separa del cuerpo y queda suspendida por encima de él, todavía abarcándolo todo. Usted se encuentra por encima de sus sentidos, al margen de ellos. Su mente está tranquila y silenciosa. Rece para llenarse de amor y de gracia. Y después regrese a su cuerpo.

Un momento de contemplación

Una vez llegados a la Cuarta Morada, todo el trabajo interior es delicado y sereno. Hacer cualquier otra cosa, causarse uno mismo dolor o ansiedad, es dañino e innecesario. Con este encantador consejo, ahora ya puede salir de la Cuarta Morada, teniendo en cuenta que es una conciencia mística la que continúa habitando dentro de usted. Para el alma, la conciencia mística no es una ocupación de media jornada. Canalizar el amor místico o la gracia curativa es una vocación. Y ya que usted ha respondido a esa llamada, se ha convertido en un siervo cósmico, un místico sin monasterio, un ser activo en la transformación de este mundo. Ahora su alma es su mejor compañera y Dios su mayor recurso, tal como era para los místicos que vivieron hace siglos.

No es nada fácil vivir en la conciencia mística, pero todavía más difícil es vivir fuera de ella.

Salgamos de la Cuarta Morada con las inspiradoras palabras de santa Teresa, que aquí habla como una madre amorosa que prepara a sus hijos para el mundo: «Por tratar de la oración de recogimiento [...], así como se entiende claro un dilatamiento o ensanchamiento en el alma, a manera de como si el agua que mana de una fuente no tuviese corriente, sino que la misma fuente estuviese labrada de una cosa que mientras más agua manase más grande se hiciese el edificio, así parece en esta oración, y otras muchas maravillas que hace Dios en el alma, que la habilita y va disponiendo para que quepa todo en ella.

»Así esta suavidad y ensanchamiento interior se ve en el que le queda para no estar tan atada como antes en las cosas del servicio de Dios, sino con mucha más anchura. Así en no se apretar con el temor del infierno, porque aunque le queda mayor de no ofender a Dios, el servil piérdese aquí: queda con gran confianza que le ha de gozar. El que solía tener, para hacer penitencia, de perder la salud, ya le parece que todo lo podrá en Dios; tiene más deseos de hacerla que hasta allí. El temor que solía tener a los trabajos, ya va más templado; porque está más viva la fe y entiende que, si los pasa por Dios, Su Majestad le dará gracia para que los sufra con paciencia» *(El castillo interior)*.

Puede que la gracia mística esté ya próxima, pero usted ha de continuar practicando. Practique los dones místicos de la Cuarta Morada. Canalice el amor místico y la gracia curativa. Viva preparado para recibir a Dios. Regrese continuamente a los aposentos de esta morada, porque suponen un entrenamiento para el alma. Tal como escribió santa Teresa, «en esta perseverancia está todo nuestro bien».

La Quinta Morada

Disolverse en la santidad; de oruga a mariposa

¡Oh hermanas!, ¿cómo os podría yo decir la riqueza y tesoros y deleites que hay en las quintas moradas? Creo fuera
mejor no decir nada de las que faltan, pues no se ha de saber
decir ni el entendimiento lo sabe entender ni las comparacio-
nes pueden servir de declararlo, porque son muy bajas las cosas de la tierra para este fin.

TERESA DE ÁVILA
El castillo interior

En la tradición hindú, el poeta místico más grande del sur de la
India, Manikkavacagar, se fue a vivir a un templo tras una vida entera de servir a Shiva a través de la poesía. Allí fue recompensado
con una cegadora iluminación de luz divina, en la que cuentan que
se fundió... y después desapareció.

San Ignacio de Loyola tuvo una profunda experiencia de conversión en la que sus sentidos, su voluntad y todas las ambiciones
que había tenido para sí de joven se disolvieron en afanes espirlitua-
les. Antes de su conversión, fue un soldado que abrigaba sueños de
alcanzar la fama y la gloria por medio de la guerra y tuvo que ser
salvado dos veces por intercesión de la Virgen María. Pero fue gra-
vemente herido en combate y estuvo a punto de morir. Durante su

larga convalecencia, Ignacio pasaba el tiempo leyendo, y también imaginando fantasías eróticas respecto de una mujer de la nobleza cuya compañía deseaba pero no lograba alcanzar. Aunque había pedido lecturas de romances e historias dramáticas, lo único que había disponible en la casa en la que se encontraba confinado eran libros sobre la vida de Cristo y los santos. Descubrió que sus fantasías eróticas lo dejaban totalmente insatisfecho, mientras que sus reflexiones espirituales le aportaban paz. Esas lecturas despertaron su ingenio para lo que más adelante sería su sello de discernimiento espiritual, y durante la oración le fue dicho que su destino era servir a Dios y devolver al mundo un antiguo orden y una práctica de devoción. En esta búsqueda, expuesta en sus *Ejercicios espirituales*, Ignacio se disolvió totalmente en la unión de su alma con lo divino.

En cierto seminario, cuando presenté por primera vez la Quinta Morada y su reto de disolverse en la santidad, un alumno me miró y me dijo: «No consigo imaginar qué quiere decir eso, pero me seduce poderosamente la idea de disolverme en la luz divina. Cuando visualizo lo que puede ser eso, me siento como si me desembarazase de cargas y desechos y flotase en una nube divina y esponjosa. A veces envidio a esos santos, porque pienso: ¿Qué habrán experimentado ellos? ¿Quién y qué será ese Dios que los tenía cautivados? Quiero decir, estaban enamorados más allá del amor.» A aquel hombre se le notaba por la expresión de la cara que acababa de tocar el poder de esa experiencia mística.

Disolverse en la santidad quiere decir fundirse sin límites en la conciencia divina. Santa Teresa describe esta transformación del cuerpo en alma como la transformación de una oruga en mariposa. Esto puede suceder dentro del contexto de nuestra vida contemporánea cuando el alma se incendia y disuelve gran parte del paisaje familiar del ego. Esta liberación final de las garras del ego es como una oruga que rompe el capullo que la aprisiona y levanta el vuelo convertida en una hermosa mariposa.

Esta experiencia mística es posibilitada y llevada a cabo por un estado de conciencia al que santa Teresa denomina oración de unión, y a la que compara con el sacramento del matrimonio. En esta morada, uno asume una relación consciente con la atemporalidad. Una ya no duda de sus experiencias místicas, y dialoga con lo divino. Uno ya conoce el interior de su alma y cómo moverse por su castillo. Uno ya sabe cómo llegar hasta Dios. El castillo deja de ser un ejercicio de la mente y la imaginación y se convierte en una parte de la persona. Y nuestra estancia espiritual personal ha cambiado y ha pasado a ser arquetípica. Uno sigue un camino por el que ya han viajado otros.

De ese exquisito estado místico que santa Teresa llama oración de unión, escribe lo siguiente:

> No penséis que es cosa soñada, como la pasada. Digo soñada, porque así parece está el alma como adormecida, que ni bien parece está dormida ni se siente despierta. Aquí con estar todas dormidas, y bien dormidas, a las cosas del mundo y a nosotras mismas (porque en hecho de verdad se queda como sin sentido aquello poco que dura, que ni hay poder pensar, aunque quieran, aquí no es menester con artificio suspender el pensamiento; hasta el amar si lo hace no entiende cómo, ni qué es lo que ama ni qué querría; en fin, como quien de todo punto ha muerto al mundo para vivir más en Dios, que así es: una muerte sabrosa, un arrancamiento del alma de todas las operaciones que puede tener estando en el cuerpo; deleitosa, porque aunque de verdad parece se aparta el alma de él para mejor estar en Dios, de manera que aún no sé yo si le queda vida para resolgar (ahora lo estaba pensando y paréceme que no, al menos no se entiende si lo hace), todo su entendimiento se querría emplear en entender algo de lo que siente y, como no llegan sus fuerzas a esto, quédase espantado de manera que, si no se pierde del todo, no menea pie ni mano, como acá decimos de una persona que está tan desmayada que nos parece está muerta.

El castillo interior

A medida que vamos disolviendo los vínculos del mundo físico aquí, dentro de la conciencia de la Quinta Morada, vamos volviéndonos seres cósmicos y atemporales.

VIVIR EN UN ESTADO SUPERIOR

Dada la vida cotidiana que lleva usted en el mundo físico, resulta apropiado preguntarse: ¿Por qué iba a querer yo experimentar ese estado de conciencia? ¿De qué podría servirme para la vida perforar ese velo cósmico? Conforme uno va profundizando en el castillo, menos práctico le parece el viaje. Pero reflexione sobre lo siguiente: es posible que las experiencias místicas no sean gloriosas en su aspecto práctico, pero ¿acaso son prácticos los estados negativos de conciencia como la cólera, la depresión, la adicción o el resentimiento, que resultan disfuncionales o incluso perjudiciales para nuestra pantalla de radar personal y profesional? Teniendo en cuenta el poder que tienen esos estados mentales negativos y lo sumamente poco práctico que es hacerse daño a uno mismo y a los demás, yo diría que un estado místico de conciencia que me llevara a ser más compasiva, consciente y en última instancia comprometida a ser de utilidad para el mundo resulta bastante práctico.

Incluso aquí, dentro de la Quinta Morada, la naturaleza del misticismo sigue siendo un misterio. Usted, el peregrino, puede que se sienta a veces como un extranjero que intenta entrar... pero ¿en qué? ¿Está buscando una experiencia extracorporal? ¿Un vuelo informal y momentáneo hacia una luz cegadora que apunta a la inmortalidad? ¿Todo su trabajo interior es sólo para obtener experiencias místicas aleatorias, dones de la gracia de un Dios amoroso pero a menudo caprichoso?

En un viaje que hice a Sudamérica, varios de mis compañeros fueron una noche a ver a un chamán llevar a cabo un ritual con setas. Deseosos de experimentar un estado alterado de conciencia, estaban convencidos de que el hecho de participar en aquel ritual sagrado los ayudaría a alcanzar un estado místico de conciencia que les produciría visiones que a su vez resolverían las crisis de su carrera. Por supuesto, eso no sucedió. De hecho, hubo una persona que quiso un chamán distinto para la noche siguiente, empeñada en salirse con la suya y conseguir lo que buscaba con aquella experiencia. Entre los muchos problemas que supone este enfoque se encuentra el hecho de que todo el paradigma de lo sagrado de aquel ritual no tenía ningún significado sagrado auténtico para la mayoría de los visitantes no nativos. Si bien la gente puede estudiar los rituales de otra cultura, semejante cursillo rápido no facilita la reverencia ni la creencia en las tradiciones y el espíritu que activan el poder de dichos rituales. Lo máximo que pueden esperar los profanos —en general— es experimentar unas cuantas alucinaciones divertidas. Y lo que suelen obtener son dolores de cabeza. No se puede forzar la entrada a la conciencia mística, y punto.

Santa Teresa advierte a sus lectoras que no han de forzar su entrada en el castillo ni en estados místicos de conciencia. «Tan sólo el señor del castillo permite la entrada en él», escribe. Tomás de Kempis también nos recuerda lo siguiente: «A Dios pertenece procurar consuelo cuando Él lo desee, a quien desee y cuanto desee, siempre conforme a su placer, y nada más.» Y *La nube del no saber* afirma: «Dios concede el don de la contemplación de manera gratuita y sin recurrir a ningún método; [...] Los métodos por sí solos no pueden inducirla.» Dicho de otro modo, tan sólo mediante la gracia entrará usted en esta conciencia. Si no es llamado, no entre.

¿Cómo podría darse una entrada forzada? Tal vez en la época medieval los contemplativos intentaban forzar la mano de Dios haciendo ayunos prolongados o meditando y orando durante largo tiempo, lo que podía provocarles alucinaciones y crisis mentales. Tal como señaló santa Teresa, eso no es oración verdadera ni acercarse a Dios con humildad; es una práctica de vanidad personal y expectativas personales. Afortunadamente, yo puedo decir que rara vez me he encontrado con esos extremos.

Las experiencias místicas son por lo general episódicas. Normalmente no podemos concebirlas como una forma de vida. Sin embargo, los místicos sufren un cambio significativo en su relación con el poder y la realidad que también cambia su mentalidad cotidiana. Para la mayoría de las personas, el poder es una fuerza externa que perciben como que se dirige hacia ellas o las ataca, de modo que siempre se ponen a la defensiva. Pero con la conciencia mística el poder está dentro de nosotros. En vez de ir hacia usted, el poder mana de usted. Y podrá tomar decisiones mejores, más conscientes, porque está viendo más allá del ego personal.

Por ejemplo, la conciencia mística permite considerar el trauma de un divorcio o de perder un empleo como un nuevo comienzo.

Verá que ha sido obligado a salir de un capullo simbólico para cambiar y convertirse en algo nuevo. Hay cambios en la vida que en realidad son altares de transformación. La conciencia mística puede proporcionarnos la gracia necesaria para iluminarnos en todos los momentos, no sólo en los difíciles.

Las personas que tienen acceso a la conciencia mística no son necesariamente iluminados desconocidos: Bach, Beethoven, Francis Bacon, Thomas Jefferson, Einstein, Thomas Merton, Miguel Ángel, Leonardo da Vinci, Rumi, Emily Dickinson, Hellen Keller, la Madre Teresa, Nicholas Roerich y otros muchos fueron grandes canales de luz cuya aportación transformó el mundo. Fueron místicos cada uno en su campo. Claro que su misticismo no los hacía perfectos, sino que contaban con la inspiración divina. Al igual que Teresa de Ávila, eran más grandes que la vida, sus experiencias eran tan exageradas y tan excepcionales como su genio, que no sólo tenía que ver con el intelecto, sino con el alma, que trabajaba en armonía con el intelecto que posee fe y visión.

El viaje vital de ellos —lo que tuvieron que soportar—, aunque inspirador, también era intimidatorio. Emily Dickinson vivió aislada, vestía sólo de blanco y nunca salió de su casa de Amherst, Massachusetts, hasta que murió. Sus capacidades intuitivas se habían vuelto tan hipersensibles que apenas podía soportar estar cerca de otra persona sin sentir un tremendo dolor. La Madre Teresa vivió entre los pobres y, mucho antes de hacerse famosa, prescindió de muchas comidas para dar de comer a los huérfanos y los leprosos a los que estaba llamada a cuidar. La Madre Teresa no tenía miedo en absoluto a la enfermedad, al sufrimiento físico ni a su propia muerte, mientras que a la mayoría de las personas le aterran las tres cosas. Ella era un alma trascendente plenamente liberada. Por esa razón, muchas personas mantienen el genio místico de su alma encerrado en una botella en un intento de llevar una vida más normal, más segura, convencidas de que esos grandes personajes pagaron un precio demasiado alto por llegar a dominar su talento. Sin embargo, Helen Keller, que de pequeña luchó contra la ceguera y la sordera, llegó a decir que no hubiera querido que su vida hubiese sido de otra forma; abrió todo un mundo a las personas sordas e invidentes. Llevar una vida exagerada es característica de un genio iluminado.

Y ahora usted

Todos soportamos ciertas experiencias vitales exageradas en circunstancias arquetípicas. Por ejemplo, todo el mundo sufre la pérdida de algún ser querido; hay personas que incluso pierden a todos sus seres queridos y todo lo que aman. Todos experimentamos algún tipo de traición, pero hay quien es traicionado con una crueldad sobrecogedora. La mayoría pasa por períodos de aburrimiento y depresión, pero algunos parece que nunca salen de ese círculo vicioso. Las personas que se hallan en estados de extrema exageración de la experiencia humana pueden dar la impresión de estar congeladas en una estación del año, incapaces de pasar del invierno a la primavera, del verano al otoño. Pero la finalidad de estas situaciones es obligarnos a tomar una decisión entre vivir como víctimas —impotentes— y crecer de una manera nueva con una conciencia nueva, maduros para iniciar una transformación personal. Es un punto muerto cósmico: nos obliga a enfrentarnos con nuestro poder interior y a utilizarlo. Usted decide: ¿Es su vida una estancia espiritual, o sólo una existencia cotidiana para sufrirla hasta el final?

Un punto muerto cósmico podría planteársele a un alcohólico, por ejemplo, que lleva una vida en la que cada día empieza y termina de la misma forma, siempre concentrado en conseguir la siguiente copa. No importa nada más; el mundo entero existe sólo para satisfacer esa ansia. El alma no puede encontrar el camino que conduce a los circuitos intuitivos de esa persona, ni a través de la conciencia ni del sueño, que está saturado de alcohol. Entonces toca fondo. ¿Continuará estando sujeto a las excusas e historias que le cuenta su ego —que no es un alcohólico y que puede dejarlo cuando quiera—, o pondrá en acción el poder de su alma y comenzará a retirarse de la autoridad del ego y entregar las riendas a Dios? Ése es el momento de la transformación, su oportunidad para salir del capullo.

Cuando san Juan de la Cruz pasó nueve meses confinado en la celda pequeña y asfixiante de la prisión, fue visitado por consolaciones divinas que inspiraron algunas de sus poesías más hermosas, el *Cántico espiritual* y, por supuesto, *Noche oscura del alma*. San Juan pidió al cielo que lo ayudara a salir de aquel punto muerto cósmico cuando se hallaba sumido en la desesperación y el aislamiento, y también era torturado con una flagelación semanal en público. Además de recibir consuelo divino, también recibió ayuda para lo que algunos consideraron una huida milagrosa.

A lo mejor usted posee un talento o un don que anhela ser desatado y desarrollado. Usted nota cómo le corre por las venas y por la psique: Le habla en sueños y a través de la imaginación. Así es como lo inexpresado se da a conocer dentro del capullo. Sin embargo, con el tiempo, la parte de usted que no se ha realizado se vuelve impaciente; todas las mariposas deben liberarse finalmente. Usted debe decidir si va a destruir la mariposa con el capullo o le va a permitir echar a volar. Lo divino nos llama para que expresemos nuestros talentos tanto como para que expresemos nuestra alma; nuestros talentos cobran vida por la gracia del alma.

De modo que se lo pregunto otra vez, como hice al principio de este capítulo: ¿Para qué iba usted a querer experimentar estados místicos de iluminación? Y ciertamente, ¿por qué no iba a querer? Hay una parte de su vida que siempre será exagerada o difícil. Liberar su alma para que vuele hacia una conciencia más elevada requerirá probablemente más cambios en su vida. Seguramente serán beneficiosos, aunque también pueden resultar difíciles, pero es muy posible que desaten la grandeza de su vida. ¿Por qué no iba a querer usted aprovechar la oportunidad de experimentar la iluminación? ¿Por qué vivir una vida ordinaria cuando sabe en lo más hondo de su alma que puede tener una extraordinaria?

DISOLVERSE EN EL ALMA

En la conciencia de la Quinta Morada, el alma es una compañera cada vez más presente, que se encarga, cuando debe, de nuestra vida interna y externa. Su alma ya está expandiéndose hacia su vida y disolviendo poco a poco partes no esenciales de la misma. El giro notable que se da en la Quinta Morada es que uno adquiere la fuerza necesaria para permitirse a sí mismo cambiar. Uno va progresando y deja de servirse de los sentidos físicos para valerse de la sabiduría interior de su alma.

Usted ya ha recogido su fuerza vital, y ahora su alma está concentrada en expandir su receptividad hacia lo divino, y en convertirse en un gran recipiente de amor cósmico. En lugar de revisar continuamente sus apegos al mundo físico, ahora está siendo llamada a la trascendencia, a entregarse en una rendición total a lo divino. Usted acepta los requisitos de la vida interior, la práctica regular de la oración, la reflexión y la contemplación, y, lo mismo que en un matrimonio feliz, reconoce que la unión con Dios exige esfuerzo y atención constantes. Pero la verdad mística puede proporcionarnos tranquilidad, paz interior. Dicha paz interior resulta de la intención de estar por encima de conflictos, contradicciones y retos personales. Siempre estará alternando entre tranquilidad e inquietud, y siempre tendrá que esforzarse en equilibrar el ego con el alma. Pero, como místico, descubrirá que posee el poder necesario para utilizar la luz a fin de llegar a la transformación, por muy grande que sea el obstáculo.

En las moradas quinta, sexta y sobre todo en la séptima, dejamos atrás el concepto de que existe un propósito en el diseño del cosmos o en las experiencias místicas. Nos volvemos observadores de pautas de comunicación e intercambios de gracia entre el alma y Dios. La Quinta Morada fue donde el alma de santa Teresa disolvió los límites del tiempo y el espacio y se separó de su conciencia atada a la Tierra. Este cambio cósmico en las percepciones sensoriales es una consecuencia natural del hecho de progresar hacia la iluminación, que es un producto secundario de la gracia. La propia santa Teresa interpretó esas profundas experiencias místicas como apasionadamente íntimas, pero siguió siendo impersonal en sus instrucciones y trazó un plan de acción que todo el mundo pudiera seguir.

Como ejemplo de momento de trascendencia de la Quinta Morada, imagine que su alma le cierra los sentidos y le permite percibir su vida a través de una lente cósmica de gran angular. Al instante, usted es consciente de que se encuentra simultáneamente «por encima y por debajo»; siente el suelo bajo los pies, y al mismo tiempo tiene las estrellas a la altura de los ojos. Se siente uno con toda forma de vida. Sus células forman parte de todo, y todo vive dentro de usted, desde la más minúscula partícula de energía en rotación hasta un árbol que respira en el bosque o la conciencia colectiva de todas las naciones. Su conciencia se expande para abarcar las galaxias.

En los microsegundos que dura esta experiencia mística, se da cuenta de que su alma ha disuelto los límites de su mente y sus sentidos, un recipiente tan pequeño que ahora resulta doloroso embutir de nuevo el alma en el cuerpo. Pero nada más volver, su primer pensamiento es: ¿Cuándo podré salir de este cuerpo otra vez?

Durante esa experiencia, usted no recibe necesariamente dirección personal, sin embargo su campo de realidad se ha transformado. Usted ha sido agraciado con una percepción de la vitalidad entrelazada de la vida, el «entreser», la interrelación existente en el universo. La verdad universal de «tal como es arriba, es abajo» —así en la Tierra como en el cielo— está activa en su tejido biológico y en sus venas. Usted no lo sabe sólo intelectualmente, además siente la contaminación y la degeneración de la naturaleza; su respiración se vuelve entrecortada al contemplar las pluviselvas —los pulmones de la Tierra—, que le gritan al tiempo que mueren lentamente. Usted ya no se separa de la vida en su totalidad. Ha pasado a formar parte del misterio viviente, es un activista místico consciente.

Una experiencia así le proporciona una conexión íntima con el universo. ¿Posee su alma la robustez suficiente para soportar una conexión consciente con el tejido total de la vida? Su vida, su salud y su conciencia son uno con el alma y la psique del mundo, que se ven afligidas por una epidemia de depresión, ansiedad, fatiga crónica, trastorno bipolar y otros desórdenes del estado de ánimo y de la atención, enfermedades del corazón y varias dolencias psicosomáticas. Usted también está conectado al amor que une el alma colectiva de la humanidad. El sufrimiento de la humanidad es muy obvio, pero el impacto del amor y de la oración siempre se ve. Usted posee ese poder y también el potencial de cambiar muchas cosas por medio de la gracia que fluye a través suyo. Puede ver ese poder, saborearlo, conectar con él en una experiencia mística que le ata a las personas y las almas de otras tierras. Poco a poco, va despojándose de las fantasías que tiene respecto de una determinada fe, piel y nación, y las va reemplazando por la verdad de que usted forma parte del alma colectiva de todas las especies de este planeta.

Hemos entrado en la era del alma y de la psique. Sabemos que somos seres psíquicos. Sabemos que tenemos más de cinco sentidos. Sabemos que somos sensibles a los campos de energía que nos rodean, y a los de personas negativas. Llegados a este punto, podemos aceptar que tenemos un campo psíquico activo que rodea nuestro cuerpo físico; capacidad para percibir cosas desde muy lejos, fuera de las fronteras del tiempo y el espacio; capacidad para recibir información de almas que han cruzado al otro lado; capacidad para recibir información de ángeles y guías; capacidad para recibir datos energéticos relativos a problemas de salud incipientes, que pueden impedir que dichos problemas se vuelvan físicos; capacidad para canalizar la gracia a través de nuestros sistemas y enviarla al mundo físico para sanar enfermedades físicas, emocionales o, a mayor escala, políticas. En resumen, ahora somos una especie que ha de aceptar la total participación de nuestra alma en todos los aspectos de la vida.

No se puede experimentar la visión cósmica y luego regresar a la vida normal. No se puede salir del cuerpo, viajar a la atemporalidad y luego retomar la forma física sin cambiar la percepción de la realidad.

Regresemos al interior del castillo.

Oración de entrada

Cruzo el puente y me interno en el beatífico silencio de mi castillo interior. Cierro el puente levadizo y no permito la entrada de ninguna influencia externa a este lugar sagrado que es mi alma. Aquí, en mi castillo, estoy a solas con Dios. Bajo la luz de Dios y en compañía de Él, descubro la profundidad y belleza de mi alma. Acepto el poder de la oración. Me abro a la orientación divina. Me entrego para convertirme en un canal para la gracia, la curación y el servicio a los demás, mientras Dios dirige mi vida.

Aposentos donde practicar la disolución en el alma

Usted utilizará muchas veces los aposentos de la Quinta Morada; algunos los seguirá usando toda la vida. Cada día nuevo le recordará que algo viejo está muriendo, disolviéndose y saliendo de su vida. Irá despojándose de su historia, porque la naturaleza del alma es ser luz, liberada de todo peso innecesario. Imagine una urgencia en la que le dan 10 minutos para coger sólo las cosas más esenciales de su casa porque el resto va a quedar destruido en una inundación. ¿Qué salvaría? Salvaría sus tesoros, no sus heridas. Y sobreviviría y comenzaría una vida nueva.

Disolverse en el alma es una poderosa práctica espiritual. Imagine, por ejemplo, una situación de su vida cotidiana que le causa tensión. ¿Acaso no le resultaría balsámico poder disolver esa tensión antes de que penetre en sus células y destruya un día entero de su vida? ¿Por qué no iba a querer hacer uso de un poder similar para unirse con su alma?

El rasgo más difícil del trabajo que tendrá que realizar en la Quinta Morada es la llamada a levantar la vista hacia arriba, no hacia el pasado ni hacia su sombra. Aunque visitará aposentos en los que se le indicará que lleve a cabo ejercicios que requieren volver al pasado, aquí el objetivo consiste en trascender esa historia. En este trabajo del alma, usted disolverá esos vínculos viejos para unirse a su alma y ser uno con ella. Esa compañía constituye la espina dorsal de la vida mística.

Conforme vaya avanzando por los ejercicios de los aposentos siguientes, empiece siempre con una plegaria. Muchos de los ejercicios son rigurosos y le obligarán a profundizar en su interior. También necesita mantener una vida de oración diaria, que le fortalezca y le ayude sobre todo en aquellos ejercicios en los que cambiará conscientemente sus conexiones con el tiempo y el espacio. Utilizará los dones de su mente además de los de su alma, pero, como siempre, rece mientras lleva a cabo esas visualizaciones.

EL PRIMER APOSENTO
Disolver el pasado

Vivir en el pasado es como vivir en un cementerio. Los recuerdos y los asuntos sin terminar controlan nuestro bienestar emocional, nuestra mente y nuestra alma. Nos aferramos al pasado porque es conocido, pero ello desorienta al alma, que vive en el presente. Si los pensamientos y las emociones están en el pasado mientras se reza pidiendo inspiración en el presente, uno vive en demasiadas zonas horarias. Esto hace que nos resulte difícil oír la inspiración o tomar decisiones sobre qué hacer en nuestra vida presente. En realidad, está escuchando por si recibe inspiración para volver adonde ya no puede volver: ninguna oración puede ayudarle a ir allí. Aferrarse al pasado es como rogar a Dios que resucite a los muertos. Si su pasado le distrae de su vida presente, necesita disolver sus conexiones con él.

Trabajo para el alma: Concentre su conciencia interior en disolver percepciones falsas acerca de su pasado. No está disolviendo sus recuerdos ni sus imágenes de personas y lugares, sino las posibles fantasías que tiene respecto de ellos. Libérelas. Visualice cómo van derritiéndose igual que un trozo de hielo en una acera recalentada por el sol en un día de verano. Desactívelas retirándoles conscientemente la energía y el espíritu. Rodee sus recuerdos con gracia, bendiciendo cada una de esas experiencias. En este aposento, su objetivo es sustituir todas las falsas ideas de su pasado con luz y gracia. Es posible que tenga que repetir el ejercicio varias veces para hacer regresar a su alma de esa zona temporal psíquica tan distinta.

EL SEGUNDO APOSENTO
Disolver el espacio

El alma no está limitada por parámetros físicos, así que puede recibir inspiración sin verse obstaculizada por el tiempo y el espacio. La conciencia mística se comunica empleando los lenguajes arquetípicos de la intuición, los símbolos, los sueños y las experiencias. Los místicos y las personas que han vivido experiencias cercanas a la muerte conocen cómo es esa sensación en la que se disuelven las coordenadas del tiempo y el espacio. Cuando santa Teresa pasó al reino de la conciencia expandida, también tuvo la sensación de que las limitaciones del tiempo y el espacio se habían quedado atrás, en la Tierra.

¿Qué quiere Dios de usted en este momento? En el interior de su alma, Dios es presente.

Trabajo para el alma: Pregunte tanto a su alma como a su ego cómo interpretan ellos el significado y el propósito. Cada uno oye a Dios de modo diferente. ¿Cómo traza el itinerario cada uno de ellos? Por ejemplo, el ego suele seguir una ruta que refuerza nuestras inseguridades y nuestros miedos. Enumere las rutas que toma usted, pero sea muy sincero. Reflexione sobre ellas. Marque en qué punto su alma tiene posibilidades de colisionar con su ego. ¿Cómo puede resolver las diferencias?

EL TERCER APOSENTO
Rendir sus sentidos a la curación

En última instancia, es lo divino lo que determina si nos recuperaremos de una enfermedad. Una curación auténtica es una experiencia mística, no racional, y requiere un alma animada por la fe. Sin ella, no es probable que se produzca una curación completa. Sin embargo, incluso con fe, uno ha de rendirse al proceso de curación; es decir, debe depositar toda su fe en el tratamiento mediante el cual logrará la curación. Una persona enferma desea recuperarse lo más rápidamente posible, por supuesto, pero es muy frecuente que uno no alcance a ver en qué nivel se pone en marcha el proceso de curación. Al rendir nuestros sentidos, investigamos nuestra comprensión de cómo esperamos que funcione la curación entre nosotros y Dios.

Trabajo para el alma: Reflexione sobre cómo ve usted el funcionamiento de sus procesos de curación. ¿Qué surge cada vez que la vida le plantea algo que requiere curación? ¿En qué punto introduce usted dudas en su proceso de curación? ¿Cómo se atormenta usted mismo con la impaciencia? Con esta práctica de reflexión sobre usted mismo, podrá averiguar cuándo decide percibir a través de la conciencia mística en lugar del pensamiento normal. Piense en alguna cosa de su vida que necesite curar. Haga una lista de ellas, e incluya por lo menos una actitud negativa que no le es de ninguna utilidad, o una adicción, o una persona a la que necesite perdonar, y también dolores y malestares. No existe tal cosa como la escasez de cosas que curar.

Escoja una cosa en la que concentrar una práctica de curación que incluya oraciones y todo lo que haga falta. Durante los 14 días siguientes, regrese a este aposento para reflexionar sobre la influencia que está ejerciendo sobre usted como persona esa práctica de curación. (Entre los puntos que debe señalar en su evaluación, se encuentra el de si es capaz de mantener una práctica de curación durante 14 días.) Busque resultados en el reto de la curación en sí, pero también le interesa ver cómo se está viendo afectada su vida en su totalidad por esa práctica. El hecho de darse cuenta de que una práctica de curación está influyendo en su vida entera está relacionado con la naturaleza mística de la curación. El enfoque médico sólo se centra en la enfermedad.

EL CUARTO APOSENTO
Disolver la enfermedad

Santa Teresa señaló en la Quinta Morada que el cuerpo es secundario al alma, una vasija temporal que se desintegrará una vez cumplido su propósito. De todos modos, nos aconsejó que cuidásemos del cuerpo para que pueda servir al alma. En la actualidad, en cambio, vivimos en una cultura que adora el cuerpo y hace caso omiso del alma. Nos encanta la energía de conexión, el espíritu social de las prácticas espirituales de hoy. Nos encanta hablar de ellas y ser mariposas sociales que van saltando de una práctica a otra. Pero el espíritu de la mariposa social es muy diferente de la poderosa alma que habita el castillo. Tan sólo el alma puede canalizar una gracia lo bastante «caliente» para quemar la enfermedad y expulsarla de nuestro cuerpo, por ejemplo. Tan sólo el alma posee la fuerza necesaria para quemar la negativa cerradura de relojería que se encuentra alojada en los tejidos enfermos y reemplazarla por gracia atemporal.

Trabajo para el alma: Este aposento es para curarse. Necesitará practicar y practicar el arte de curarse. Necesitará aumentar la fortaleza de su alma para llegar a dominar la conciencia que se requiere para dicho arte. E incluso entonces, sólo podrá avanzar hasta aquí. Recuerde que curarse es un llamamiento que uno se hace a sí mismo.

Céntrese con una oración. Pídale a su alma que canalice «gracia caliente» hacia los tejidos que están enfermos o cansados. Repita las palabras «gracia caliente» o bien rece diciendo lo siguiente: «Soy un canal para la gracia y doy permiso al fuego curativo de la gracia para que inunde mi cuerpo y queme mi [nombre aquí lo que quiere curar].» Conserve esa imagen y perciba cómo el flujo de gracia va invadiendo su cuerpo.

Puede curar a distancia a base de canalizar la gracia caliente. Una vez que reciba permiso de una persona para trabajar con ella, entre en la conciencia de este aposento y, una vez más, céntrese con una oración. Visualice a esa persona rodeada por una luz y a continuación diga la plegaria siguiente: «Soy un canal para la gracia y abro voluntariamente mi alma como conducto para curar a (el nombre de la persona).» Mantenga a dicha persona en la luz de la gracia por espacio de entre tres y cinco minutos. Después finalice esta práctica con una oración, tal como: «Doy gracias a lo divino por la gracia curativa que ha concedido abundantemente a (el nombre de la persona). Amén.»

Al igual que ocurre con todas las prácticas que implican oración y trabajo para el alma, la repetición de ésta aumenta nuestra propia fortaleza para realizar la tarea. No se preocupe por el resultado de la misma. Confíe en que toda oración para curar trae una curación.

EL QUINTO APOSENTO
Disolver el conflicto y las luchas de poder

Usted siempre tendrá conflictos, luchas de poder y días malos en la Escuela de la Tierra, pero también alegrías y maravillas. Es posible que prefiera evitar los conflictos, pero descubrirá que va a explotar por dentro, porque ha acumulado toda la tensión y todo el resentimiento que debería haber expulsado fuera de usted. Sin embargo, el exceso de conflicto puede disolverse, y por lo tanto resolverse, valiéndose de la capacidad del alma para despegarse y ascender hacia una perspectiva cósmica. Es posible que todavía necesite confrontar a alguien del mundo de todos los días para hablar de un conflicto y resolverlo, pero usted abordará dicho conflicto viendo más allá de él, viéndolo desde un punto de vista situado por encima. En este aposento reconocerá los conflictos de poder, como hizo en las moradas anteriores, pero ahora los sobrepasará conscientemente. En las moradas anteriores estudió antiguas luchas por el poder y observó lo desentrenada que estaba su alma. Ahora debe desarrollar la capacidad de reconocerlas como falsas ilusiones del ego. Son tentaciones clásicas, como las que tuvo que afrontar Jesús en el desierto. Ahora, su tarea consiste en aprender a disolver los conflictos de inmediato, antes de que puedan encarnarse en una culebra.

Trabajo para el alma: Éste es el aposento perfecto al que venir si uno tiene una lucha de poder con alguien y se encuentra desequilibrado a consecuencia de ella. Desconectar de una lucha por el poder no quiere decir que uno huya de una situación. Esto no es como salir de un aposento dando un portazo. Disolver una conexión del alma en una lucha de poder es un acto de alquimia mística, y puede suceder en medio de una comida de trabajo. Es algo entre el alma y Dios, y mientras tanto, el trabajo y la comida pueden seguir su curso normal.

Imagine un conflicto de poder en acción. Aparte su espíritu de dicho conflicto. Para trascender a él, reconozca que es una lucha por el poder, imagínese regresando al interior del castillo, cierre el puente levadizo para sentirse protegido y disuelva conscientemente todos los hilos que le conectan con dicha situación. Aplique esta práctica a todas las situaciones de su vida. Aprenda a vivir en la conciencia de su castillo.

EL SEXTO APOSENTO
Disolver el miedo y el sentimiento de culpa

Siempre tendrá que enfrentarse a los miedos. Pero puede disolver la influencia que esos miedos tienen sobre usted del mismo modo que puede disolver todas las otras fantasías.

Trabajo para el alma: Traiga sus miedos a este aposento, de uno en uno. Imagínese en conversación con su alma, pidiéndole que le haga más plenamente consciente del impacto que tienen sus miedos sobre el entorno general de su vida.

Reflexione por qué tiene los miedos que tiene. Rece para que le sea dado un entendimiento trascendente o místico de ellos. Liberarse de sus miedos puede que no sea cuestión de aprender más de ellos o de comprender su origen; es posible que tenga que solicitar la gracia curativa para quitárselos de encima. Suponga que su plegaria ha sido respondida y que sale de este aposento con el entendimiento de que sus miedos ya no ejercen la misma autoridad sobre usted. Es posible que tenga que volver a él más adelante, cada vez que descubra que aún tiene miedos dentro. Recuerde siempre que una vez que se pronuncia una oración, dicha oración halla respuesta.

EL SÉPTIMO APOSENTO
Disolverse en Dios

Entre en este aposento como si estuviera entrando en una cámara sagrada. Imagine una bañera celestial y véase a sí mismo metiéndose desnudo en ella bajo el cielo nocturno. El cielo está reluciente, cuajado de estrellas. El aire es suave, cálido, perfumado de jazmín y rosas. Usted se encuentra solo, totalmente feliz y cómodo. Permita que su cuerpo descanse cómodamente mientras usted se vuelve hacia su interior y deja todos los sentidos fuera. Salga de su cuerpo y levante el vuelo cósmico. Sus sentidos están adormecidos, está flotando, a solas con Dios. Disuélvase en ese cielo cósmico nocturno. Libere su alma.

Cuando regrese, pronuncie una plegaria de acción de gracias, y de cierre si se dispone a salir del castillo.

CARACTERÍSTICAS DE UNA EXPERIENCIA MÍSTICA

De igual importancia que el acompañamiento del espíritu es la progresiva familiarización con el reino de lo cósmico y nuestra interconectividad con el mismo. Poco a poco, conforme va ascendiendo por las diferentes moradas, el alma se expande y aprende a confiar en las visiones del lugar que ocupa en el gran diseño cósmico. En la Cuarta Morada, el alma ascendió al corazón cósmico de lo sagrado, al amor divino. Aquí, en la Quinta Morada, los sentidos retroceden aún más y el alma adquiere fuerza para mantener percepciones cósmicas que a menudo no pueden ser reforzadas por otros seres humanos.

Las experiencias místicas son tanto personales como impersonales, y poseen características universales además de intimidades singulares compartidas entre la persona y Dios. Sin embargo, en la Quinta Morada es probable que las experiencias místicas sean más arquetípicas. Santa Teresa escribe lo siguiente:

> [En un estado de unión, el alma] ni ve ni oye ni entiende en el tiempo que está así, que siempre es breve, y aun harto más breve le parece a ella de lo que debe de ser. Fija Dios a si mismo en lo interior de aquella alma de manera que cuando torna en sí en ninguna manera pueda dudar que estuvo en Dios y Dios en ella. Con tanta firmeza le queda esta verdad, que aunque pase años sin tornarle Dios a hacer aquella merced, ni se le olvida ni puede dudar que estuvo. [...] Esto es lo que hace mucho al caso.
>
> Pues diréisme: ¿cómo lo vio o cómo lo entendió, si no ve ni entiende? No digo que lo vio entonces, sino que lo ve después claro; y no porque es visión, sino una certidumbre que queda en el alma que sólo Dios la puede poner.

El castillo interior

Y santa Teresa añade:

Hemos de dejar en todas estas cosas de buscar razones para ver cómo fue; pues no llega nuestro entendimiento a entenderlo, para ¿qué nos queremos desvanecer? Basta ver que es todopoderoso el que lo hace, y pues no somos ninguna parte por diligencias que hagamos para alcanzarlo, sino que es Dios el que lo hace, no lo queramos ser para entenderlo.

El castillo interior

En *El Paraíso* de Dante, su autor dijo asimismo: «Ni siquiera el alma más iluminada del Paraíso, / ese serafín cuyos ojos están fijos en Dios, / podría decir el porqué...»

Uno necesita tan sólo un brevísimo encuentro con Dios dentro de las paredes del alma para convencerse durante el resto de su vida de que ha sido visitado por lo divino.

Antes de embarcarse en la siguiente serie de aposentos, invoque una vez más la gracia mediante la oración y después vuelva a entrar en el castillo.

Aposentos con vistas a lo místico

EL PRIMER APOSENTO
Dios dentro de las paredes del alma

Imagine el interior de este aposento como si las paredes mismas estuvieran habitadas por Dios. Deje que las imágenes de este aposento le hablen; deje que sean imágenes vaporosas que surgen de los muros y le rodean a usted de luz. Permita que le separen de las sensaciones de su mundo exterior, como si estuviera rodeado por una nube benevolente que bloquea todos sus sentidos.

Trabajo para el alma: Esté presente para Dios. Escuche. ¿Qué le está siendo revelado? Guarde silencio y escuche. Escuche y reciba. Inhale a Dios hacia las paredes de sus pulmones, como si fueran las paredes de su alma. Incruste lo sagrado en el tejido de sus células. Y aguarde, escuche para ver qué le es revelado. Este aposento no es para preguntar. Escuche y reciba a Dios en las paredes de su alma.

EL SEGUNDO APOSENTO
La depresión mística

En *El castillo interior*, santa Teresa reconoció la depresión mística y escribió acerca de los síntomas de la misma, que podían ser, entre otros, ansiedad, cambios de humor, fatiga crónica y sensación de estar completamente desconectado —no desapegado, sino desconectado— de la vida. Uno se siente como si Dios lo hubiera abandonado.

Si usted se deprime o siente ansiedad por las dificultades de llevar una vida consciente, interrumpa todas las prácticas que requieren esfuerzo interior. Santa Teresa —e incluso los maestros zen— aconsejan trabajar en el jardín o dedicarse a otras tareas que nos pongan de pies en el suelo y nos hagan pensar en otra cosa. El camino espiritual consiste en buscar a Dios, no en buscarse a uno mismo. Si el objeto del viaje interior es uno mismo, se derrumbará y sufrirá depresión, ataques de ansiedad y descontento, porque explotará por prestar atención a sus miedos, en vez de liberarse de ellos.

San Juan de la Cruz acuñó la frase, hoy día ya famosa, de «noche oscura del alma» para la crisis espiritual que sufrió él. Cuando escribió su obra, que llevaba el mismo título, mientras se encontraba en prisión, describió los paisajes del alma, desde la oscuridad de su despertar hasta la confusión acerca de su identidad o la recepción de la luz de lo divino.

En este aposento se examinan las experiencias psicológicas y emocionales con Dios. Se trata de un ejercicio complejo, por lo que hay que realizarlo despacio y poniendo atención. También es conveniente enrolar a nuestro acompañante de espíritu o director espiritual para que nos ayude a superarlo. Los directores espirituales son profesionales expertos, a menudo de formación teológica y psicológica, que guían y asesoran a las personas que están caminando por su senda espiritual.

Trabajo para el alma: Entre en diálogo con su alma: examine la naturaleza de su psique y sus emociones. ¿Se siente deprimido con frecuencia? ¿Qué es lo que provoca esas depresiones? Describa sus depresiones con detalle. ¿Alguna vez ha considerado que una depresión pueda ser una crisis espiritual? ¿La depresión le asalta rápidamente, sin previo aviso? Hable con su alma de las causas de su depresión, pídale que le explique el significado espiritual de sus noches oscuras. ¿Cómo debería manejarlas? Si en algún momento se siente abrumado, tienda siempre una mano en busca de la ayuda adecuada.

EL TERCER APOSENTO
Escoger la conciencia mística

La conciencia mística puede derretir las falsas ilusiones que rodean los problemas ordinarios de la vida. El hecho de ver las cosas a través de una lente mística no hace que desaparezcan los problemas, pero ayuda a verlos de forma simbólica y a escoger mejores soluciones a los mismos. Con la conciencia mística, nuestra alma se convierte en una compañera de trabajo, una colega, un recurso íntimo del cual nos servimos para entender mejor el significado espiritual y simbólico que hay en la vida. Sin un modo de encontrarle significado y propósito a lo que hacemos y a nuestras experiencias, por pequeño que sea, estamos perdidos.

Trabajo para el alma: ¿Qué parte de su vida —cualquier situación o relación personal— le distrae de su alma? Busque el significado simbólico que tiene esa situación para usted. ¿Qué le enseña respecto de sus luchas de poder, o del perdón? ¿Qué revelaciones puede ofrecerle su alma para transformar esa situación o relación? ¿Qué otras preguntas acerca de su vida debería plantearse ahora, desde su perspectiva de místico? A través de la conciencia mística puede obtener revelaciones sobre cualquier situación.

EL CUARTO APOSENTO
Su búsqueda de significado y propósito

La primera vez que preguntó: «¿Cuál es el propósito de mi vida?», ¿qué le motivó a hacer esa pregunta? ¿En qué forma esperaba que le llegase la respuesta? ¿Cómo esperaba que fuera a cambiar su vida?

Trabajo para el alma: Sea muy sincero en el diálogo con su alma cuando estudie la cuestión del significado y el propósito. Note que el énfasis en estas cuestiones le devolverá al principio de su búsqueda, no al momento presente. ¿Quién era usted entonces, y quién es ahora? ¿Cómo ha cambiado y madurado desde que empezó su viaje espiritual, y qué ha descubierto acerca de su propósito en la vida? ¿Qué necesitaría oír para reconocer que le están explicando el significado y el propósito de su vida? ¿Qué está esperando oír? Si no oye nada procedente de su alma, ¿será que está bloqueando algo que no desea oír?

REMONTAR EL VUELO: LA ORUGA SE TRANSFORMA EN MARIPOSA

El gusano de seda, escribió santa Teresa, es como el alma. «Entonces comienza a tener vida este gusano, cuando con el calor del Espíritu Santo se comienza a aprovechar del auxilio general que a todos nos da Dios» *(El castillo interior)*.

El alma construye un capullo allí donde ha de morir, dice santa Teresa, sólo para remontar el vuelo cuando alcance la madurez. No podía haber escogido una metáfora más perfecta, porque la oruga no tiene más remedio que tejer un capullo y transformarse en mariposa. Ése es su destino. Lo mismo ocurre con el alma. Ésta es la metáfora perfecta para describir el fin de un ciclo de conciencia y el comienzo de otro.

Sin embargo, el período que el alma pasa dentro del capullo es difícil, porque no sabe cuánto tiempo ha de permanecer en la oscuridad. El gusano de seda se encuentra en un estado sumamente vulnerable, incapaz de protegerse, dependiendo de su camuflaje para ocultarse de los depredadores. El alma se encuentra entre dos mundos, entre dos identidades.

¿Qué capullos de seda ha tenido que soportar usted? La experiencia de morir a un determinado tipo de vida y nacer a otro es arquetípica, como el Fénix que cae sobre sus cenizas para luego renacer de ellas.

Es posible que luche por no entrar en el capullo de seda, pero si le ha llegado el momento en la vida de entrar en uno, no podrá eludirlo. No obstante, puede elegir cómo experimentar ese capullo de seda. A lo mejor se siente un poco más cómodo reconociendo que está preparándose para emerger a la luz, en vez de tener miedo de lo solo que va a estar en ese sitio oscuro y aislado. El hecho de poder iluminar sus momentos más dolorosos —o días, o meses— con la verdad mística de que está viviendo una transformación traerá a Dios al interior de las paredes de su alma.

EL QUINTO APOSENTO
Dentro del capullo

La experiencia del capullo de seda es el arquetipo de la muerte y el renacimiento, un final y un principio. Usted ya ha estado dentro de uno, y volverá a estar dentro de otro. Es la rueda de la vida. Lo que importa es lo que ocurre dentro del capullo.

Trabajo para el alma: Imagine que está envuelto por su alma en un capullo, esperando a que empiece una vida nueva. No puede ver la vida nueva que está formándose alrededor de usted, pero sí sabe que la anterior está tocando a su fin. Mientras descansa sin prisas de esa vida anterior, se da cuenta de que le están saliendo alas.

¿Qué parte de su vida necesita dejar morir? ¿Hay costumbres que tiene que abandonar o actitudes que simplemente ya no le son de utilidad? Si se encuentra dentro de un capullo, es que está muriendo algo. ¿Qué es? Trabaje con esa conciencia por muy doloroso que le resulte. Confíe en las revelaciones que recibe y en el acto místico de renacer.

EL SEXTO APOSENTO
El vuelo místico

El vuelo místico es lo que inevitablemente llega después de la experiencia dentro del capullo. Saldrá de él convertido en mariposa. Aférrese a esa imagen. El ego muere dentro del capullo para que el alma pueda levantar el vuelo.

Trabajo para el alma: ¿Qué es lo que debe usted dejar dentro del capullo de seda y quitarse de encima al salir? Su alma no puede tener secretos para usted. Pregunte a su alma si está usted dispuesto a soltarse para remontar el vuelo místico. ¿Le queda algún fragmento de ego del que necesita desembarazarse? Al salir del capullo, ¿qué es lo que ve? Descanse en el interior del capullo. Deje que se le sequen las alas nuevas. ¿Puede salir volando a la nueva luz que le rodea?

EL MATRIMONIO MÍSTICO

Para cuando santa Teresa escribió *El castillo interior*, su relación con Jesucristo se había vuelto místicamente sensual. Con frecuencia entraba en estados de tal trascendencia y beatitud con Jesús, que experimentaba lo que sólo se puede describir como «orgasmos místicos»; en efecto, se hizo famosa por tener esas experiencias en particular, y por levitar en los momentos culminantes de iluminación y éxtasis.

Y aunque sea grosera comparación, yo no hallo otra que más pueda dar a entender lo que pretendo que el sacramento del matrimonio. Porque aunque de diferente manera, porque en esto que tratamos jamás hay cosa que no sea espiritual (esto corpóreo va muy lejos, y los contentos espirituales que da el Señor, y los gustos, al que deben tener los que se desposan, van mil leguas lo uno de lo otro), porque todo es amor con amor, y sus operaciones son limpísimas y tan delicadísimas y suaves, que no hay cómo se decir, mas sabe el Señor darlas muy bien a sentir. [...] Que quiere que entienda más y que como dicen vengan a vistas y juntarla consigo.

El castillo interior

Un momento de contemplación

La unión con Dios es la unión de un alma humana y una fuerza cósmica. Tal como es arriba, es abajo. Al entrar en el castillo, usted ya no abandona el mundo, sino que se da poder a sí mismo en el mundo. Está aprendiendo a amar cielo y tierra, a Dios y al yo, a ser uno con el alma de la humanidad. La exploración de su castillo es larga, en efecto, pero supone un viaje que merece la pena.

Oración de salida

Soy un canal para la gracia. Al abandonar mi castillo, la gracia me rodea y me protege. Entro en mi vida con la bendición de Dios y permanezco abierto a los consejos que pueda darme mi alma.

La Sexta Morada

Conocimientos esenciales y el fuego final

> En esta oración no se ve nada, que se pueda decir ver,
> ni con la imaginación.
>
> TERESA DE ÁVILA
> *El castillo interior*

Yo tenía 24 años cuando vi por primera vez a un santón de la India y le oí enseñar. Como aún no había empezado mis estudios de teología, todavía no estaba abierta a los mensajes de maestros espirituales de todas las tradiciones del mundo. Aquel santón iba vestido todo de blanco y lucía una larga barba. Todavía recuerdo su sonrisa radiante. Todos los que se hallaban presentes en aquella sala lo escuchaban embobados y le hacían reverencias, lo cual en aquella época me produjo tal sensación de incomodidad que salí de la sala y escuché la disertación desde el pasillo. Distraída, alcancé a oír solamente retazos sueltos casi hasta el final, cuando me acerqué hasta el umbral de la entrada y oí preguntar a alguien: «¿Cuál es el mayor regalo que podemos hacer al mundo?» El santón sonrió, dejó escapar una risa leve y respondió: «Estar completamente sanos.»

Yo me dije: «Vaya una contestación más ridícula.»

Naturalmente, hoy en día pensaría: «Vaya una contestación más sabia.» Si cada uno de nosotros lograra estar completamente sano, el mundo sería maravilloso. Aquella alma iluminada me hizo un auténtico regalo de sabiduría que desde entonces me ha servido de orientación para intentar ayudar a los demás a encontrar su verdadero poder.

La Sexta Morada es una obra maestra de literatura mística, un archivo de instrucción y sabiduría. «Si uno no es en sí mismo un sabio ni un santo —escribió Aldous Huxley—, lo mejor que puede hacer [...] es estudiar las obras de los que sí lo fueron y que, por haber modificado su forma de ser meramente humana, fueron capaces de acumular un conocimiento algo más que meramente humano en género y en cantidad.»

Santa Teresa asciende plenamente hasta su papel de mística iluminada, pues escribe extensamente sobre las características de las experiencias místicas. En esta morada, que por sí sola podría considerarse un tratado de las experiencias del alma con Dios, santa Teresa se muestra autoritaria. En las moradas anteriores preguntaba a menudo: «Pero ¿qué sé yo?» Aquí discierne las experiencias místicas auténticas de las no auténticas, y da detalles que no se habrían apreciado en una morada anterior. Cada frase instructiva de la Sexta Morada es tan aplicable en la actualidad como lo era para las monjas a las que orientaba ella hace cuatrocientos años. Se ve que su intención era que esta morada fuera un aula de instrucción seria para aquellas alumnas que hubieran conseguido llegar hasta aquí en su peregrinación interior. En la Sexta Morada terminan las instrucciones. La Séptima Morada es la experiencia de ser «consumido» por Dios, llevado a la conciencia divina.

Santa Teresa cuenta su vida personal con Dios a lo largo de todo *El castillo interior,* pero las revelaciones que hace en la Sexta Morada a veces dan la impresión de que estuviera copiando páginas de su diario, en especial cuando escribe sobre algunos de sus encuentros más íntimos con el amado. Entre esos pasajes exquisitos hay uno que describe su aparición mística más famosa (reflejada en la escultura de Bernini denominada *El éxtasis de santa Teresa*), en la que un ángel le traspasa el corazón con una flecha y la coloca en un estado alterado de dolor y éxtasis cósmicos. Con el fin de demostrar que ninguna alma está libre de los retos de la vida ordinaria, por más íntima que sea su relación con Dios, santa Teresa incluye también entre sus experiencias místicas recuerdos de sufrimientos personales. Por ejemplo, se sintió duramente criticada por su comunidad debido a la gracia que obviamente recibía del cielo. Algunos la consideraban una exhibicionista espiritual, y hasta se la acusó de estar en consorcio con el diablo. Llegó un momento en que su director espiritual —antes de san Juan de la Cruz— dejó de aceptar su interpretación de las experiencias místicas.

De todos modos, santa Teresa mantiene su compromiso de seguir siendo humilde. Si hubiera escrito acerca de una experiencia mística tras otra, habría dado la impresión de ser una persona carente de defectos, de modo que yo sospecho que incluyó sus fallos deliberadamente. Y aun así, incluso su característico desprecio por sí misma se ve notablemente reducido en esta morada, como si dijera: «No tengo tiempo para seguir transmitiendo toda mi sabiduría.»

Aunque esta morada está sólo a un paso de la séptima, en la que se habla del matrimonio divino, el viajero místico sigue pareciendo un principiante: tan cerca de Dios y sin embargo tan lejos. El hecho de revelar tantos secretos del alma atrae tanto la luz como el mal, porque la luz atrae a la oscuridad. En esta morada aparecen las últimas pruebas y los últimos obstáculos, como si uno fuera a internarse 40 días en el desierto. Es un último camino de fuego, una última purificación. Simultáneamente, la vida interior y las revelaciones interiores se resaltan más, como si Dios estuviera estirando nuestra conciencia hasta su máxima extensión. Uno ha de abarcar su humanidad y su divinidad, su sombra y su luz, todo de forma consciente. Es posible que el alma se vea inundada de revelaciones del inconsciente colectivo o de la iluminación divina, que pueden producir dolor agudo y éxtasis. El reto consiste en buscar la fortaleza necesaria para mantener las conexiones humanas y divinas mediante la oración.

Como sucede con gran parte de los escritos de santa Teresa, entre sus profundas instrucciones místicas hay alabanzas y plegarias dirigidas a lo divino, en la forma de su amado Jesús. Esta imaginería de una relación apasionada con Jesucristo como compañero de la unión mística puede resultar difícil de comprender, hasta que uno comprende que Jesucristo es el equivalente de Buda, Krishna, el

Gran Espíritu, la Diosa o el Amado de la poesía de Rumi. Santa Teresa está describiendo una trascendencia del mundo físico de los cinco sentidos, con todas sus falsas ilusiones. Ella alcanzó la iluminación, el nirvana. Fue liberada de la rueda de samsara, o como se quiera llamar al peregrinaje cósmico de esa gran alma que en el siglo XVI se encarnó en santa Teresa de Ávila.

CINCO CONOCIMIENTOS ESENCIALES SOBRE EL ELOGIO Y LA CRÍTICA

Santa Teresa probablemente nunca pensó que sus escritos fueran a caer en manos de no católicos y ayudaran a éstos a buscar su alma y a Dios. En aquella época habría sido incomprensible, aun cuando España había sido hogar de judíos y musulmanes durante setecientos años, antes de que fueran expulsados en 1492, y aun cuando la Reforma protestante se encontraba en pleno auge tras la revuelta en 1577 de Martín Lutero. El espíritu católico de santa Teresa impregna cada una de sus palabras, pero hay que leerlo con mentalidad arquetípica. Uno no toma la imaginería de forma literal. En cierto seminario que impartí, mientras enseñaba este material, una alumna me dijo que en ocasiones se sentía ofendida por la mala imagen que estaban adquiriendo las culebras tras la caracterización que santa Teresa hacía de ellas. Esto es absurdo. Si bien su lenguaje es arcaico, subyacente al mismo se nota un profundo conocimiento del ser humano, del alma, la compasión y la conciencia cósmica. Uno puede utilizar el itinerario de la Sexta Morada en cualquier momento de su vida.

Santa Teresa comprendía el dolor de la traición, pues ella misma había sido objeto de los chismorreos y las críticas de las monjas de su convento. Pero, como ella misma señala, la alabanza es igualmente dolorosa. Tanto la alabanza como la crítica ponen a prueba el ego y el alma; las falsas ilusiones del poder terrenal pueden seducir a cualquiera que no sea capaz de seguir siendo humilde. Un aumento en el poder y el estatus siempre conlleva retos, y todos los que nos rodean —colegas profesionales, amigos o familiares— expresan opiniones sobre nuesta conducta. Pocas personas nos elogiarán, sobre todo si perciben que nuestro aumento de poder disminuye el suyo. Seremos objetivo de sus críticas, de eso no hay duda. Así pues, más nos vale saber maniobrar por entre los altibajos, los ciclos de aumento de poder y de falta del mismo. Santa Teresa da cinco normas concretas para hacer frente a la necesidad de alabanza y la vulnerabilidad a las críticas. Cada una de ellas es tan válida para toda persona que esté realizando un viaje espiritual como para cualquiera del mundo exterior, porque los problemas subyacentes tienen que ver con cómo manejar el poder, la vanidad, el ego y el control que concedemos a otras personas de nuestra vida. Éstas son sus normas, que hay que observar tanto en nuestra vida interior como en la exterior:

- No juzgue a los demás. Todo el mundo, incluido usted, se da mucha prisa en hacer juicios positivos y negativos de los demás y de las pruebas que nos manda Dios. Nunca se sabe la verdad de lo que Dios tiene en mente. Juzgar, sea lo que sea, es un error.

- Jamás envidie las experiencias de otras personas, ya sean espirituales o de otro tipo, porque la envidia denota falta de humildad. Por sus actos y su actitud, usted está exigiendo que se le dé lo que no es suyo. Envidiar las experiencias místicas, o la vida espiritual, o la llamada que han sentido otras personas hace daño al alma. La envidia es una culebra.

- Todo lo bueno que tiene usted procede de Dios: su talento, sus habilidades y sus capacidades. Así pues, no le corresponde a usted atribuirse el mérito. Alimentar su ego demuestra una falta de sensatez. Controle su ego, sea humilde respecto de sus talentos para no emplearlos mal; cuando tenga meridianamente claro que Dios es en efecto la fuente de sus talentos, cesará su lucha con el constante tironeo entre el elogio y la crítica.

- Conserve la humildad. No busque el elogio. Cuando alguien le elogie por sus talentos, no permita que la energía de dicho elogio penetre en su ego ni en su mente, porque en lugar de fortalecer su alma avivará sus inseguridades. Empezará a pensar: «¿Qué pasará si pierdo este talento?» O bien: «¿Y si fracaso?» Empezará a atormentarse pensando que los demás están juzgando sus actos. Se fijará sus propias metas en vez de escuchar las instrucciones internas y las inspiraciones respecto de cómo ha de emplear sus talentos. Pronto sus talentos quedarán bajo el control de los demás, porque usted será presa de sus críticas y perderá de vista la confianza en Dios.

- Desarrolle un aprecio especial por las personas que le critican; no sienta rencor hacia ellas. Son sus aliados. Considérelos adversarios sagrados que actúan en su vida. Le son de más utilidad que las personas que le elogian, porque afianzan su humildad. Ellos ejercen un papel espiritual en su vida. Tener rencor hacia quienes nos critican es olvidar que nosotros también hemos criticado. Recuerde hacer uso de la capacidad de su alma para iluminar sus sombras a fin de poder ver con claridad en circunstancias aparentemente negativas. Siempre, más allá de la oscuridad, está en marcha el gran plan de Dios. Ésa es la verdad en la que tiene que confiar. Es una verdad a la que se llega por medio de la oración y la seguridad de la humildad.

Oración de entrada

Cruzo el puente para internarme en el beatífico silencio de mi castillo. Cierro el puente levadizo y no permito la entrada de ninguna influencia exterior a este lugar sagrado que es mi alma. Aquí, en mi castillo, estoy a solas con Dios. Bajo la luz de Dios y en compañía de Él, descubro la profundidad y la belleza de mi alma. Acepto el poder de la oración. Me abro a la orientación divina. Me entrego para convertirme en un canal para la gracia, la curación y el servicio a los demás, mientras Dios dirige mi vida.

Aposentos de talentos

EL PRIMER APOSENTO
El origen y el significado de los talentos

La vida entera es un regalo de Dios, no sólo de nuestros talentos y nuestras capacidades. Sin embargo, ¿usted cree eso de verdad? ¿Cree usted en esa verdad, o piensa que no es más que palabrería, algo que se dice porque es lo que hay que decir? ¿Podría declarar en serio que es un regalo de Dios un sufrimiento, o una enfermedad, o una discapacidad?

¿Qué regalos ha recibido usted en esta vida? ¿Qué dones posee, además de sus obvios talentos? Un don no tiene por qué ser algo glamuroso. A lo mejor ha pasado por alto muchos de sus dones porque requiere mucho esfuerzo desarrollarlos o porque ocasionan dificultades.

Trabajo para el alma: En este aposento, reflexione sobre los muchos dones de su alma, la mayoría de los cuales incluso le han pasado inadvertidos. Los obvios ya los conoce; aún tiene que descubrir las muchas joyas que alberga su alma. Considere este aposento la despensa de su alma, el lugar al que acude para descubrir un potencial, talentos y visiones sin explorar. Cuanto más aprenda acerca de su alma, descubrirá otro talento nuevo, otra joya más. Cada vez que entre en este aposento, pídale a su alma que le revele por lo menos tres talentos nuevos que están esperando a emerger. No busque los obvios, cosa que tiende a hacer su mente racional. Ha de llevar a cabo este ejercicio como místico, como una persona que reconoce el valor de las capacidades sutiles del alma y el poder que tiene una actitud positiva. Deje que su alma le revele su potencial en este aposento. Este ejercicio le cambiará la vida cada vez que lo lleve a cabo.

EL SEGUNDO APOSENTO
¿Necesita el elogio?

En este aposento, reflexione sobre cómo reacciona al elogio. Todos los días nos enfrentamos a la crítica, y también pasamos inadvertidos o resultamos invisibles. El elogio nos gusta porque demuestra que somos visibles, que importamos. La gente dice que da regalos sin ninguna cuerda atada a ellos, pero en general tiene sus motivos ocultos. Para poder dar regalos de manera gratuita, es necesario ir más allá de la necesidad de elogio y del miedo a la crítica.

Trabajo para el alma: Pídale a su alma que le inspire. ¿Todavía busca el elogio? Ha trabajado mucho para liberarse del control que ejerce sobre usted la opinión de los demás. ¿Dónde y en qué circunstancias continúa sintiéndose herido por la falta de elogios o de reconocimiento? ¿De qué manera puede recuperar su humildad para que ésta le proteja en tales situaciones? Recuerde que el elogio y la crítica son extremos opuestos del mismo poder. Desapegarse de ambos es ser verdaderamente libre.

EL TERCER APOSENTO
Ciclos de poder

Uno nunca está totalmente autorizado ni totalmente desautorizado. La autoridad, el poder, como todas las demás fuerzas de la naturaleza, es un ciclo, pero uno siempre cuenta con el poder de la oración. Tenga en cuenta sus ciclos de poder. Cuando tenga la sensación de estar entrando en una fase de impotencia, no se asuste. No es más que un ciclo de la naturaleza. Verá cómo se le pasa y lo deja atrás.

Trabajo para el alma: Entre en un diálogo con el alma acerca de su relación con la autoridad y la impotencia. ¿Cuándo se inician y terminan esos ciclos? Estúdielos para aprender a permanecer centrado entre los dos extremos. Ninguno de los dos es permanente. Su tarea consiste en aceptar el miedo y luego reaccionar a él como si fuera un místico, recordándose a sí mismo que el poder divino es permanente.

EL CUARTO APOSENTO
La invisibilidad

Caminar por el mundo siendo invisibles pone a prueba nuestra alma. La invisibilidad significa que uno puede recibir inspiración y actuar conforme a ella en silencio, perseverando con desapego y fe.

Uno está liberado de la necesidad del ego de juzgar la importancia de nuestros actos y ver las consecuencias de los mismos. Uno puede confiar en que todo lo que hace tiene valor, o de lo contrario no habría recibido la instrucción de hacerlo.

Trabajo para el alma: Póngase a prueba en el mundo. A cada momento surgen oportunidades para servir a los demás de forma invisible, desde elevar una plegaria de ayuda hasta decir una palabra amable sobre otra persona en privado. Hay un sinfín de maneras de ser de utilidad y permanecer como una fuente invisible de gracia en este mundo.

EL QUINTO APOSENTO
Lo que no es nuestro

Si usted es envidioso, corre el peligro de verse engañado, y prostituirá su alma con todo aquel que usted crea que puede ofrecerle un atajo para llegar a lo que quiere, ya sea riqueza, felicidad, éxito, fama, poder, amor o el camino que conduce a Dios. Pero en última instancia descubrirá —y es siempre muy doloroso— que en el viaje del alma los atajos no existen. La envidia es una culebra, una fuerza peligrosa que puede empujarnos a tomar decisiones destructivas. Santa Teresa lo llamaría el mal. Y el peor sufrimiento de todos es que la envidia nos vuelve ciegos a las maravillas de nuestra propia vida.

Trabajo para el alma: ¿Ama usted su vida? Esta pregunta sirve para presentar el trabajo que ha de llevar a cabo en este aposento, que consiste en desmontar su vida, pieza por pieza, y examinar cada fragmento para descubrir su belleza, su finalidad y su valor, a fin de poder llegar a la conclusión de si ama su vida o no. O tal vez ama su vida, pero no a todas las personas que hay en ella. Amar nuestra vida con condiciones indica que estamos negociando con lo divino y que abrigamos ira y decepción por lo que nos ha tocado vivir. La incapacidad de amar nuestra vida nos hace desear la vida de otro, y de ese deseo nace la envidia. Desde una perspectiva mística, cada parte de nuestra vida es tal como debe ser, y todas sus partes son piezas móviles: una verdad sobre la que hay que reflexionar y trabajar.

Este ejercicio puede ser permanente mientras usted continúe creando relaciones nuevas y adquiriendo más bienes y más de todo. Como medio para organizar su proceso mental, pruebe a hacer una lista de todos los elementos de su vida empezando por la letra A y terminando por la Z. La haga como la haga, a medida que vaya alargándose, evalúe cada elemento como algo que ama o que no ama. Si no lo ama, ¿a qué se debe? ¿Puede cambiar de actitud hacia él? Si no es importante, no se tome la molestia. Pero si lo es, trabaje en ello. Ésta es una práctica rigurosa para descubrir cuán en serio nos tomamos el tema de amar nuestra propia vida.

EL SEXTO APOSENTO
¿Cuáles son sus deseos ocultos?

Cuando deseamos algo, a la imaginación le resulta fácil hacerse cargo de la situación y suministrar fantasías, diciéndonos lo que queremos oír. Nos volvemos vulnerables a la seducción. La imaginación no tiene capacidad para razonar ni ver con claridad a través de la sombra del deseo.

Trabajo para el alma: Examine los deseos y sentimientos ocultos que suscitan imágenes negativas y traen sólo inquietud a su mente y su alma. Si esos deseos fueran suyos por derecho, usted no se sentiría consumido por sentimientos negativos; en lugar de eso, usted recibiría inspiración sobre cómo hacerlos realidad. Esos sentimientos de desesperación son su alma, que le dice que está centrando su atención en donde no debería. ¿Qué decisiones está tomando que tienen su origen en desear lo que no es suyo? ¿A qué actos le inducen dichos deseos? ¿Qué se dice a sí mismo para intentar convencerse de que tales deseos son buenos para usted y le serán de utilidad en la vida? ¿Y por qué no hace caso de la inquietud que le nace del alma? ¿Por qué niega que dicha inquietud es inspiración?

EL SÉPTIMO APOSENTO
Liberar los dones de su alma

Es justo preguntarse el porqué de todo este riguroso trabajo de reflexión sobre uno mismo y cuidado constante del yo interior. ¿Cuál es la finalidad, a fin de cuentas? Su alma es una vasija de gracias sagradas: compasión, armonía, sabiduría, amor, resistencia, humor, paciencia, curación y visión. El duro trabajo de purificarse por dentro y aumentar su fortaleza le ha llevado a descubrir esas cualidades en usted, no como teoría sino como una realidad. Éstas pasan a constituir la auténtica sustancia de su ser en el mundo; son la esencia, los ladrillos que forman su máximo potencial.

Trabajo para el alma: Escoja una a una las cualidades del alma arriba enumeradas. Reflexione largamente sobre esa cualidad en su cuaderno, y aplique a su vida el significado y la importancia del poder que tiene. ¿Cómo cambiaría su calidad de vida esa fuerza divina? ¿Cómo cambiaría el rumbo de su vida? Entonces llévese ese poder consigo al mundo. Imagínese que está conectado a esa gracia, como si manara de usted constantemente, influyendo en sus pensamientos y sus actos. Más adelante, reflexione sobre la diferencia que ha supuesto en su vida el contar con esa gracia.

EL OCTAVO APOSENTO
El reverso de la envidia

Si usted envidia a los demás, convencido de saber lo que necesita en este mundo, ninguna de sus decisiones le dará felicidad. De la envidia viene la mala crítica. La envidia es un veneno para los ojos y para el corazón.

Trabajo del alma: En este aposento, dialogue con su alma acerca de las personas a las que envidia o ha envidiado. De una en una, vaya fijándose en sus dificultades, sus miedos o sus penurias. Medite sobre lo que han sufrido e imagínese a sí mismo en su lugar, sufriendo sus pérdidas, sus enfermedades, su dolor. ¿De verdad conoce alguien el sufrimiento que lleva usted en el alma? ¿Acaso no parece ahora absurda esa envidia?

EL NOVENO APOSENTO
¿Qué decisiones le han dado felicidad?

¿Qué parte de su felicidad es realmente resultado de alguna decisión que ha tomado? ¿O ha sido resultado de una extraña mezcla de experiencias que parecieron caídas del cielo? Algunas parecieron un desastre en su momento, y otras fueron lo mejor que le había sucedido nunca.

Trabajo para el alma: En este diálogo con su alma, examine las decisiones tomadas y compárelas con las que ha tomado Dios por usted. ¿Cuáles han funcionado mejor? ¿Cuáles han requerido que usted aceptara las circunstancias antes de que todo terminara saliendo bien?

ACERCA DEL SUFRIMIENTO

En el mundo físico no existe ningún camino que esté libre de dolor, miedo, sufrimiento, pena, pérdida y trauma. Sin embargo, está bastante claro que somos nosotros los causantes de gran parte de nuestros problemas. Puede que usted sufra un poco a consecuencia de haber decidido ser una persona consciente, pero la decisión de ampliar su conocimiento de sí mismo y de Dios no supone el principio del sufrimiento, sino un sufrimiento de tipo distinto.

Cuando usted viole su conciencia perceptiva y su conciencia moral —casos en los que sabe lo que ha de hacer pero elige obrar de otra manera—, sufrirá, efectivamente. Y el mayor sufrimiento es el que proviene de la traición a uno mismo, es decir, cuando uno oye la inspiración de la intuición pero la reprime, la niega y actúa deliberadamente en contra de ella. Desde luego, esto causa dolor, porque usted había tomado la decisión de ser más consciente, y en cambio ha traicionado a su alma, que le estaba hablando.

Para santa Teresa, el dolor y el sufrimiento se deben a que no confiamos en Dios para nuestro viaje espiritual y a que no hacemos caso de nuestra voz interior. Desconectar de esa voz supone vagar solo por la oscuridad del bosque. Se hace necesario rezar para encontrar el modo de regresar al camino.

Otra causa de dolor puede ser la traición personal y la dirección espiritual inadecuada. Cuando santa Teresa escuchaba consejos que no le servían de mucho, se sentía más aislada. Algunos, envidiosos de su vida interior, desvelaron las confidencias que ella les había hecho y explotaron sus conversaciones privadas para provocar escándalo y crear sensacionalismo. Tenga mucho cuidado antes de comentar con nadie ninguna clase de revelación, ni siquiera las no espirituales. Imagine que le ha contado a alguien un secreto muy personal, confiado en que esa persona no va a traicionar su confianza. Al día siguiente se entera de que su secreto no ha tardado ni una hora en ser dado a conocer. Usted siente dolor por dicha traición, y también por tener que hacer frente a las consecuencias de que se conozca el secreto. Puede echar la culpa a esa persona, que por supuesto es culpable, pero al mismo tiempo debe también cuestionar su sensatez a la hora de decidir contar confidencias. ¿A quién escogió, y por qué? ¿Buscaba validación emocional y atención? ¿Buscaba sentirse especial en aquel momento?

En realidad, un secreto es una unidad de poder. Uno ha de tener gran discernimiento cada vez que esté pensando en depositar esa clase de poder, ya sea espiritual, personal o económico, en las manos de otra persona. Uno debe cuestionarse los motivos, iluminar el deseo que lo mueve y la finalidad, y preguntarse: «¿Por qué estoy haciendo lo que estoy haciendo?»

Haga uso del discernimiento sobre todo cuando cuente experiencias espirituales o místicas. Esos dones de la gracia deben quedarse dentro de su alma. Deben llenarle y alimentarle durante la contemplación, como una especie de combustible divino, un maná espiritual, como lo llamaba Dante. Esa gracia da vida a revelaciones cósmicas que pueden consolar o inspirar momentos de comprensión que canalizan la gracia hacia nuestro sistema y nos dan una perspectiva que no podríamos ver normalmente. Mantenga la gracia dentro de su castillo. Practique el silencio. Aplique la gracia allí donde se necesite. Cuente sus revelaciones sólo a acompañantes del espíritu escogidos con sumo cuidado.

Aposentos de secretos

EL PRIMER APOSENTO
Secretos que usted no ha guardado y por qué

Saber guardar secretos es una encomienda divina y requiere un alma fuerte. Si su alma carece de la fortaleza necesaria para guardar un secreto, debería decírselo así a la persona que intenta confiarse con usted. «No me cuentes tu secreto, porque no soy lo bastante fuerte para guardarlo.» Y después, háblelo con su alma.

Trabajo para el alma: ¿Por qué todavía no es usted lo bastante fuerte para guardar un secreto? ¿Por qué cuenta los secretos de los demás? ¿Y si Dios le diera a usted un secreto que guardar, quizás una revelación que usted debe guardarse sólo para sí? ¿Podría ser una encomienda divina el secreto que le ha confiado alguien para que lo guarde? ¿Qué necesita hacer para prepararse a recibir secretos?

EL SEGUNDO APOSENTO
¿Es usted el objetivo, o lo es Dios?

Es posible que pierda el enfoque del viaje espiritual y pase a convertirse usted en el objetivo del mismo, en vez de la iluminación mística. Esto sucede, comprensiblemente, porque usted está dentro de su cuerpo y en su vida, y el cuerpo puede volverse débil y su vida puede resultar abrumadora. Pero su cuerpo y su vida están al servicio de su alma, ésa es la visión que usted debe esforzarse por mantener viva. Cuando pierda enfoque y se sienta abrumado por una preocupación terrenal que le causa sufrimiento, entre en diálogo con su alma y pídale que le deje ver el significado simbólico de ese sufrimiento.

Trabajo para el alma: Deje que su alma le revele el significado profundo del sufrimiento que está soportando temporalmente. Libérese del control que ejerce en este momento sobre su vida. Elévese por encima de ese sufrimiento, véalo desde arriba. Pídale a su alma que ilumine su interior, que transforme su sufrimiento en revelación y propósito. Rece por ese profundo acto de transformación.

EL TERCER APOSENTO
¿De qué modo acepta usted la gracia?

La gracia es un fuego divino, un poder cósmico que recorre nuestro ser, calma nuestro cuerpo, inspira nuestro pensamiento, cura nuestro dolor físico, impide que suframos accidentes, guía nuestro viaje interior. La gracia es el indescriptible aliento de Dios que penetra en nuestro ser cuando rezamos. La gracia es la energía que invocamos para ayudar a otra persona que necesita consuelo, curación o inspiración. Para aceptar la gracia, sea consciente de su presencia en su vida. Tenga en cuenta la realidad de su sustancia divina.

Trabajo para el alma: Pregunte a su alma cómo puede discernir la gracia como fuerza esencial en su vida. Rece y guarde silencio, para tomar conciencia de la sensación que le produce su carisma —su gracia especial— al penetrar en su sistema. Practique conscientemente aceptar la gracia con el alma. Regrese más adelante a este aposento. A medida que vaya practicando, su capacidad de contener la gracia para los demás irá incrementándose.

El mal era un verdadero adversario para santa Teresa, y tenía múltiples manifestaciones. No es que persiguiera físicamente a los demonios por los pasillos del convento, pero sí veía el mal presente en todo momento, una fuerza contra la que uno ha de estar en guardia. Las dudas y los miedos son obra del malvado; por ejemplo, dudar de nuestras experiencias internas de Dios es el mal. La fuerza del mal encuentra una debilidad en nuestra psique y se aprovecha de ella a la menor oportunidad. Si uno tiene miedo de ser rechazado, por ejemplo, el mal acicatea ese miedo cada vez que uno se siente inseguro. A uno le da por interpretar todo lo que oye en cualquier conversación a través del miedo al rechazo y ahoga todas las demás interpretaciones razonables. Este ruido que siente uno dentro de la cabeza lo lleva después a tomar decisiones erróneas en sus relaciones con los demás y en otras áreas de la vida.

La oración y la fe constituyen nuestra protección. Una vez le pedí consejo a una persona muy mística acerca de cierto asunto que requería que me reuniera con una persona a la que yo consideraba perjudicial. El consejo que me dio fue que me preparase para dicho encuentro pasando un par de horas en oración. Me dijo: «Siempre debes prepararte para enfrentarte al mal construyendo un campo de gracia mediante la oración. El mal no puede penetrar a través de la gracia.» Entonces comprendí que la persona a la que iba a ver no era el mal; alrededor de ella se había formado un campo psíquico de maldad que estaba aprovechándose de sus miedos, y a consecuencia de eso ella estaba tomando decisiones que hacían daño a mucha gente. Pero yo me construí un campo de gracia que me permitió estar cerca de ella sin perder la serenidad.

El mal es una fuerza muy real, así como la bondad es una presencia real en el mundo. No sea tan orgulloso como para creer que porque vivimos en un mundo moderno, con luz eléctrica, agua corriente y ordenadores, la oscuridad y el mal han desaparecido.

CARACTERÍSTICAS DE LAS EXPERIENCIAS MÍSTICAS

Lo divino llega al alma o le habla de forma inesperada. En la Sexta Morada, usted se abrirá a posibles encuentros místicos o visitaciones, pero sin esperarlos. Santa Teresa no esperó tener ninguna de las experiencias que tuvo con Dios, y su enseñanza de que no hemos de esperar nada es una de sus aportaciones más importantes. Si bien esos éxtasis pueden parecer milagrosos, santa Teresa nos advierte de que no debemos esperar milagros. Sea consciente de sus limitaciones, siga siendo humilde. Usted es una vasija, un conducto para la gracia, no un generador.

Una característica de la experiencia mística es el dolor que no es dolor, un fuego sensual y místico que se prende en el alma y nos devora, pero, justo antes de que uno tenga la sensación de ir a estallar en llamas, desaparece y lo deja deseando más de Dios. La experiencia termina tan bruscamente como empezó, y dura sólo segundos, no minutos. Otra experiencia similar es la de tener la sensación de estallar de repente en llamas y sentir que nos invade una potente fragancia que inunda nuestros sentidos. A diferencia del dolor que no es dolor, esta experiencia mística activa un fuego de amor divino.

Lo divino también puede hablarle al alma por medio de visiones intelectuales. Estas transmisiones se efectúan en forma de palabras totalmente nítidas que son pronunciadas «aunque él las dice en secreto». Durante una visión intelectual, uno queda desconectado del mundo, y aunque el alma es capaz de recordar la revelación con todos sus detalles, el sujeto no puede comunicarla verbalmente. Ésta es una experiencia más profunda, más personal que las de moradas anteriores, cuando lo divino aparecía en señales o símbolos que uno tenía que interpretar. Estas visiones no son fugaces ni volitivas. En el curso de una visión auténtica, se produce una fuerte agitación y después, de repente, todo queda en silencio. Sin esfuerzo alguno por parte del alma, la sapiencia supera a la inconsciencia y la certeza reemplaza todas las dudas. Santa Teresa también describe revelaciones visuales, o visiones imaginativas, que según ella son útiles porque encajan mejor con nuestra naturaleza animal: involucran a nuestros sentidos.

En las visiones intelectuales, el alma siente de pronto la presencia de Dios a su lado, no con los cinco sentidos sino a través del intelecto. Según santa Teresa, en una visión intelectual no es posible el engaño. Los efectos que crea en el alma son tan beneficiosos que el espíritu del mal nunca podría ser su causante. La visión irradia bondad. Esta experiencia no podría ser resultado de un desequilibrio mental, tampoco, porque sus efectos son demasiado gloriosos. El alma es invadida por una profunda serenidad y queda llena de un conocimiento especial de Dios. Dios nos advierte de que está siempre a nuestro lado. La constancia de la compañía divina da lugar a un tiernísimo amor hacia Dios, nos despierta a una mayor pureza de conciencia perceptiva, porque la presencia que sentimos a nuestro lado hace que el alma sea más sensible a todo.

La vocecilla que nos habla en tono quedo es un recurso común que emplea Dios para comunicarse con nosotros. Sin embargo, muchas veces he sospechado que la vocecilla que la gente me dice que oye es simplemente la de su imaginación, porque los detalles y exigencias que plantea son bastante terrenales. No obstante, de vez en cuando conozco a alguien que irradia una gracia determinada que indica una rica vida interior.

Ahora, como siempre, si uno pide tener una revelación interior, recibirá una revelación interior. Y ésta vendrá a través de sus canales interiores. No nos va a caer una carta del cielo en las manos; no va a sonar el teléfono ni vamos a encontrarnos a Dios al otro extremo de la línea; no vamos a ser transportados a la siguiente etapa de nuestra vida sin esfuerzo.

La Biblia y otros libros sagrados están llenos de historias de voces espirituales, desde Moisés y la zarza ardiente hasta la Virgen María cuando recibió el mensaje de que iba a ser la madre de Jesús. Me han contado un sinfín de relatos maravillosos sobre una voz que le decía a uno que vendiera su casa, a otro que dejase su trabajo, o a un tercero que se casara con el hombre o la mujer con quien vivía. Dos mujeres me contaron haber oído una voz que les decía que, al margen del resultado de los análisis médicos, iban a quedarse embarazadas. Y así fue.

La gente suele preguntarme: «Estoy rezando para recibir inspiración, pero no oigo nada, ¿Qué estoy haciendo mal?» Incluso

ha habido personas que me han dicho que debían de estar equivo-
cándose de oración, como si las oraciones fueran hechizos de ma-
gia. Mucha gente simplemente no está preparada para soportar las
consecuencias de recibir inspiración, así que no la oye cuando la recibe. La mayoría recibe respuestas a sus oraciones a través de la intuición, más que de una comunicación directa de Dios, que podría
resultar abrumadora. Es necesario contar con una gran fortaleza
para poder hacer frente a la experiencia de la revelación y al mensaje que entraña. Es necesario fiarse de la autenticidad de las experiencias y confiar de manera incondicional en Dios.

Santa Teresa, una de las grandes conspiradoras de Dios, oyó la
voz de Dios expresada de muchas formas. Las cinco características
de una voz espiritual auténtica son tan válidas en la actualidad como
lo eran hace medio milenio:

1. Es tan clara que el alma recuerda todo lo dicho y también
el tono empleado. Los mensajes llevan poder y autoridad divinos.

2. La voz aparece de forma inesperada. Con frecuencia estos
mensajes llegan cuando estamos absortos en otros pensamientos, y eclipsan de tal modo la habitual conversación
mente-cuerpo, que nos sobresaltan para que prestemos atención. A menudo revelan un futuro que el alma jamás creyó
que pudiera o llegara a realizarse. Si a la mente no se le había
ocurrido nunca, la imaginación no puede inventárselo. El que
esta comunicación interfiera en los pensamientos de la mente racional es una clara indicación de que dicha comunicación
no está siendo generada por uno mismo. Por otra parte, el
mensaje se traduce en un potente acto para siempre. Imagine
un momento en que se siente triste o molesto por algo. Si alguien a quien en realidad usted no importa le dice: «Venga, ya
se arreglará, no te preocupes», usted no sentirá ningún consuelo en absoluto. Pero si alguien a quien quiere y en quien
confía le dice: «No te preocupes», usted tendrá la sensación
de que esa persona ha sido enviada por Dios para entregarle
dicho mensaje. Son muchos los que me han contado casos en
que alguien a quien querían apareció en el momento oportu-

no y les dio el mensaje oportuno, una coincidencia que consideraron coreografiada por Dios. Santa Teresa oía una voz que le decía «Soy yo, no temas» en algunos de sus momentos de mayor turbación, y sabía que todo iba a salir bien.

3. Es la verdad. En una voz espiritual falsa, la imaginación nos dice lo que queremos oír. Una voz espiritual que procede de Dios deja una gran quietud en el alma. Se instala en el alma una calma más allá de la calma, que en ocasiones dura varios días. Una mujer me contó que un día, cuando iba corriendo al trabajo, desesperada porque ella y sus colegas iban a perder un negocio que acababan de emprender, vio una iglesia al pasar. Cerró los ojos y musitó una oración de rendición: «Dejo la situación en manos de Dios. Me desentiendo de todo.» Más tarde, durante una reunión en la oficina, cuando el equipo entero estaba agarrotado por el miedo, ella... «De pronto me sentí completamente envuelta por una quietud de lo más increíble, muy trascendente. Oía hablar a todos, pero sabía que alguien me había sacado de aquel tóxico campo de estrés y me había colocado en medio de una calma divina indescriptible. Comprendí de pronto la inutilidad del miedo. Siempre vuelvo a revivir esa quietud en mi memoria, aunque no sea capaz de alcanzar esa misma serenidad. El recuerdo de haber vivido un estado tan místico ya me produce una gran paz en sí mismo.» Otro hombre me relató la siguiente experiencia: «Estaba haciendo todos los preparativos clásicos para la Navidad, y ya había empezado a hartarme de tanto consumismo. Tenía que envolver regalos y terminar de hacer otras compras para mi mujer y los niños, y me di cuenta de que ella estaba poniéndose nerviosa por las vacaciones, así que me encerré en mi estudio y saqué un libro de Thomas Merton. Lo abrí al azar y leí varios renglones hasta que tropecé con la frase siguiente: "Este día no volverá." Inmediatamente levanté la vista y vi a mi mujer y a mis hijos, el árbol de Navidad, las luces, la casa, los regalos, y los imaginé ya adultos y fuera de casa, y a mi mujer y yo solos en aquella casa tan grande. De repente me invadió una gran gratitud por el hecho de que me hubieran recordado una vez más lo valioso de cada momen-

to, y entonces me sumí en una oración más profunda de agradecimiento. Luego, como si a mi estudio hubiera llegado una brisa suave y reconfortante, me sentí invadido por una profunda quietud, una quietud divina que jamás había experimentado. En aquel momento me visitó Dios.»

4. La comprensión es instantánea, como si la persona fuera trasladada a la velocidad de la luz desde un estado de no saber hasta otro de saber completo. El mensaje no se borra de la memoria, jamás, mientras que otras cosas que oímos sí las olvidamos, a veces en cuestión de minutos. Los mensajes auténticos se graban a fuego en la memoria y en el alma. Tuve el placer de conocer a un hombre que era miembro de los Hermanos del Sagrado Corazón. Me contó que había acudido a la capilla a rezar por su vocación, porque estaba muy preocupado y no sabía cómo hablar a su director espiritual acerca de sus dudas, ni siquiera cómo sacar el tema. Estuvo arrodillado frente a una estatua de Jesucristo con la cabeza inclinada, profundamente sumido en la oración, y cuando terminó y se levantó para marcharse, vio a su director espiritual sentado al fondo de la capilla. Éste se levantó para saludarlo y le dijo: «Yo también he estado rezando, cuando de pronto el Espíritu Santo me dijo que viniera a verte porque estabas preocupado. ¿Quieres que hablemos ahora?» Mi amigo rompió a llorar de sólo pensar en la perfección con que obraba Dios a través de las oraciones y las revelaciones de las personas que hay en nuestra vida. La revelación del bienestar de otra persona o de lo profundo de su dolor puede dársenos como un modo de consolarla: un verdadero regalo del espíritu.

La verdad que se transmite trasciende las palabras. En este caso, usted comunica esa verdad mediante una transformación personal o mediante cambios en su carisma o su poder espiritual. Dichos cambios a menudo resultan más visibles para los demás que para uno mismo. Muchas experiencias místicas son experiencias de la verdad que no pueden transmitirse con palabras, sino que son absorbidas y transmitidas mediante el poder del alma del místico. Uno de mis amigos más queridos tuvo una experiencia cercana a la muerte durante una grave enfermedad que lo dejó en coma durante varias semanas. Por espacio de varios meses se dudó de que fuera a recuperarse. A lo largo de su prolongada convalecencia, tuvo que valerse de su alma para juntar toda la fortaleza que le fuera posible, y como resultado de su esfuerzo espiritual interior, descubrió que había liberado la capacidad de curar. Había experimentado su inmortalidad y regresó a su cuerpo físico, y la verdad de aquella visión de la luz no sólo transformó su salud, sino que también irradió de sus manos como sanador.

Por otra parte, si una voz espiritual es producto de la imaginación, las primeras cuatro características no se dan. Tendrá que hacer un esfuerzo para acordarse de los detalles de la comunicación, y con frecuencia el mensaje le quedará poco claro. El mensaje no le traerá calma, sino agitación. La mayoría de las personas se sienten inclinadas a contar enseguida un mensaje así.

Las diferentes voces espirituales

A pesar de las muchas comunicaciones espirituales que tuvo santa Teresa, incluidas visitas de ángeles, santos y lo divino, a veces se sentía abrumada por sentimientos de soledad. Era notablemente fuerte para experimentar tan vasta vida cósmica teniéndose sólo a sí misma para validarla.

Describió cinco características de las voces espirituales:

1. Las voces espirituales tienen uno de estos tres orígenes: Dios, el mal o nuestra imaginación. No hay más.
2. Algunas voces espirituales provienen de fuera del alma, y otras de las profundidades del alma. Se pueden tener experiencias espontáneas de uno de los dos tipos o de ambos.
3. Algunas de estas experiencias se filtran desde la parte más elevada del alma; otras son tan externas que puede parecer que nos está hablando una voz con palabras audibles.
4. En ocasiones una voz espiritual es simplemente un retazo de imaginación, o producto de un desequilibrio mental. Si se

tropieza con personas que a su parecer están oyendo una falsa voz espiritual, escúchelas con compasión, pero no las anime a que continúen con sus prácticas espirituales ni a que pasen tiempo solas. Oír falsas voces espirituales es indicio de que uno carece de fortaleza suficiente para proseguir con el trabajo interior, por el momento. Es posible que necesite una vida más exterior. Si usted está oyendo esas otras voces, es una persona susceptible de sufrir ataques psíquicos, depresión y malestar espiritual, además de atraer la energía del mal. Cuando la imaginación es más fuerte que el alma, puede hacernos daño, y podemos vernos zarandeados por el miedo, la avaricia, la envidia o el orgullo.

5. Los mensajes divinos tienen una intención pura. Jamás contienen ni una hebra de crítica ni negatividad acerca de otro ser humano, pues ése no es el diálogo de Dios. Por último, descarte todo mensaje que no sostenga plenamente la verdad revelada.

Aposentos con comunicaciones divinas

EL PRIMER APOSENTO
Una voz auténtica

Escuchar por si oímos una voz auténtica requiere dedicar tiempo a la contemplación, el silencio y la oración. Y además hay que trabajar rodeados de las voces no auténticas que parlotean dentro de nuestra cabeza haciendo ruido y provocando distracciones. Todo el mundo ha dicho en una u otra ocasión que estaba actuando conforme a una revelación interior, cuando en realidad actuaba por voluntad propia.

Sea consciente de la voz de su alma; así le resultará más difícil engañarse a sí mismo. El alma es un implacable representante de Dios. Cuando se la oye una vez, ya no se puede interrumpir la conexión. Esa conexión tan nítida con nuestra alma se establece de diversas maneras, una de las cuales consiste en reconocer qué no es la voz del alma.

Trabajo para el alma: ¿Qué le dicen las voces no auténticas? ¿Qué escucha usted en su cabeza durante todo el día?

EL SEGUNDO APOSENTO
La intervención divina

Dios entra en nuestra vida de diferentes maneras y, sin duda alguna, los casos de intervención divina se encuentran entre los más sagrados y misteriosos. Son actos de intimidad mística. Dichas intervenciones pueden manifestarse de infinitas maneras: sutilmente, como cuando uno oye una voz leve y fugaz que le dice: «No digas eso» o bien «Di eso». O visiblemente, como cuando de hecho uno ve una figura que le habla. Acéptelas todas.

Trabajo para el alma: En este aposento, trabaje junto con su alma para recordar de qué modo se ha comunicado Dios con usted por medio de actos de intervención divina. Ver a Dios en los detalles de nuestra vida ayuda a reconocer que constantemente ocurren actos de intervención divina, y también a desarrollar la visión mística: la práctica deliberada de ver a Dios en las experiencias no planificadas de nuestra vida. Acéptelas todos los días y lleve un registro de las mismas en su diario espiritual.

EL TERCER APOSENTO
Ser un místico sin monasterio

Vivir en el mundo como místico sin monasterio constituye su nuevo reto. Pero no será tan difícil como pueda pensar. El misticismo y la conciencia mística son una manera de ver la totalidad de nuestra vida con visión divina y de ver la presencia de Dios en los detalles de todo lo que hacemos y en todas las personas con las que estamos. Existen un significado y un propósito hasta en las tareas más pequeñas, y sobre todo, usted posee el conocimiento de que es un canal constante para la gracia en este mundo y que puede, de manera silenciosa e invisible, iluminar todas las situaciones en las que se encuentre.

Trabajo para el alma: Entre en su mundo como un místico. Considérese un canal para la gracia, y practique la tarea de participar en la vida con desapego y sin permitir que las ordinarias culebras del pensamiento negativo penetren en su castillo. Viva en una beatitud libre de miedos y permita que lo divino despierte el potencial máximo de su alma.

EL CUARTO APOSENTO
Evalúe su fortaleza

Para tener fortaleza en el alma hace falta dedicar todos los días un rato a la oración y el examen de uno mismo, y llevar una vida mejorada por la inspiración. No basta con realizar dicha práctica una vez por semana, porque la vida discurre en ciclos de alegrías y penas, períodos de dificultades y momentos maravillosos. Cada parte de la vida debe ser absorbida y apreciada por la sabiduría que trae consigo. Y por encima de todo, usted debe permanecer siempre sintonizado con la voz de su alma.

LA EXPERIENCIA DEL RAPTO SAGRADO

El rapto es la experiencia de ser llevado espontáneamente a un estado alterado de conciencia, sacado del cuerpo y de los sentidos y ser absorbido hacia la presencia de Dios. Nadie estaba más sorprendido que santa Teresa. De sus experiencias de levitación, en particular, escribe lo siguiente: «Pues ¿hay algún remedio de poder resistir? En ninguna manera; antes es peor; [...] muy menos puede lo interior del alma detenerse en donde quiere» *(El castillo interior)*.

Hoy en día la gente tiene experiencias que santa Teresa describe como recibir la gracia de la quietud y percibir las revelaciones del alma. *La nube del no saber* observa: «Algunas personas experimentan [...] raros momentos de éxtasis denominados arrebatos, mientras que otras experimentan [a Dios] [...] en sus actividades cotidianas.» Las experiencias de rapto sagrado son poco frecuentes, pero eso no equivale a decir que no existen. Tal como santa Teresa señala tan a menudo, no corresponde a ningún ser humano decir qué experiencias va a enviar Dios a una persona.

Los tipos de rapto

Existe un tipo de rapto sagrado en el que el alma ni siquiera se encuentra en oración, pero en cambio es tocada por una palabra que recuerda y que «parece que Su Majestad desde el interior del alma hace crecer la centella que dijimos ya, movido de piedad de haberla visto padecer tanto tiempo por su deseo, que abrasada toda ella como un ave fénix queda renovada». Todos los errores son perdonados. Es una purificación. Durante este rapto, las facultades y los sentidos del cuerpo quedan como muertos, pero el alma permanece más alerta que en ningún otro estado. «Cuando estando el alma en esta suspensión, el Señor tiene por bien de mostrarle algunos secretos, como de cosas del cielo y visiones imaginarias, esto sábelo después decir, y de tal manera queda imprimido en la memoria, que nunca jamás se olvida.» Pero no puede expresarse con palabras. «Pues si no tienen imagen ni las entienden las potencias, ¿cómo se pueden acordar? Tampoco entiendo eso; mas entiendo que quedan unas verdades en esta alma tan fijas de la grandeza de Dios, que cuando no tuviera fe que le dice quién es y que está obligada a creerle por Dios, le adorara desde aquel punto por tal» *(El castillo interior)*.

En ocasiones, Dios arrebata el alma y deja a la persona sin respiración. Es posible que los sentidos sigan funcionando, pero uno no puede hablar ni moverse. Esto no es una apoplejía ni un encantamiento, porque no existe ni dolor, ni pérdida de conocimiento, ni cansancio. Tras unos breves instantes absorto, el cuerpo parece volver en sí. Después de este breve encuentro místico, la persona se siente profundamente incitada a actuar sólo por amor. Esta fuerza de voluntad y amor se mantiene por espacio de muchos días.

En otro tipo de rapto súbito, de verdad da la sensación de que el espíritu es arrebatado del cuerpo. Obviamente, uno no está muerto, pero no es capaz de decir si ha estado dentro de su cuerpo en determinados momentos. La gran velocidad a la que tiene lugar ese movimiento al principio es aterradora, y uno se siente como si hubiera estado en una zona completamente distinta de aquella en la que vive el resto de la humanidad. En esta experiencia, usted y su alma han de ser valientes y confiar en Dios. Eso es rendirse. Se le mostrará una luz tan enrarecida, que si tuviera que pasar el resto de su vida intentando imaginar esa luz y todo lo que se le ha revelado en ese lugar, sería imposible catalogarlo.

A consecuencia de los raptos sagrados, uno se vuelve más consciente de la grandeza de Dios, se vuelve humilde gracias al mayor conocimiento de sí mismo, y pierde el apetito por las cosas del mundo.

Oración para el alma: Ser levantado del suelo en un rapto sagrado, arrastrado al divino abrazo de la luz y la gracia, traspasado hasta lo más hondo de mi alma por la fuerza de tu existencia... ¿sería capaz de soportar algo así? ¿O necesito echar mano de la duda para alejarme de ello? ¿Necesito retener mi fe en la mente y no permitir que se diluya en la experiencia? Si me rindiera a la experiencia de ti —y dejara de hablar de ti, de pensar en ti, y de pensar en mí— y ascendiera a la experiencia de ti, ¿cómo sería después para mí la vida en este mundo físico? Me habría derretido a través de mi cuerpo y habría sido llevado al abrazo de la conciencia divina, sólo para ser depositado nuevamente en mi rígido cuerpo. ¿Tendría que volver a acoger todos mis miedos, sólo para poder sentirme normal otra vez? ¿Lo haría? ¿Podría de verdad adaptarme a tener un alma cósmica?

¿Me da miedo mirarte a la cara? ¿Qué cambiaría en mí el hecho de tener una visión de ti? ¿Eso me demostraría que existes? ¿Debería darme miedo? ¿Y si me encomendaras una tarea incómoda? ¿Y si recibiera una visión que no tuviera nada que ver conmigo ni me aportara nada, y en cambio mi vida cambiara a consecuencia de ello?

LA AUTÉNTICA CONTEMPLACIÓN

Algunas de las monjas de santa Teresa señalaron que podrían permanecer eternamente en su estado de éxtasis contemplativo, quizás en un intento de impresionarla con lo sentido de su contemplación. La respuesta de ella fue: «Eso es imposible.» Para santa Teresa, las experiencias místicas son espontáneas; producen una sensación atemporal pero sólo duran unos momentos; y, aunque duran sólo unos momentos, tienen una influencia mucho más duradera.

Como resultado, Dios se queda en el alma. Dios en las paredes del alma ejerce un profundo efecto en nosotros. Por ejemplo, puede que por lo general le resulte difícil meditar. La meditación consiste en buscar a Dios, y normalmente es un estado mental. Pero una vez que se ha encontrado a Dios, el alma ya no ve motivo alguno para desgastarse buscando a Dios a través del intelecto, porque ya ha encontrado una ruta directa.

Existe una antigua historia zen de un viajero que se tropieza con un monje errante que transporta una gran carga de leña a la espalda. El viajero pregunta al monje si conoce el camino que lleva a la iluminación. El monje contesta que sí con la cabeza, de modo que el viajero le pregunta de nuevo: «¿Qué ocurre cuando uno alcanza la iluminación?» De inmediato, el monje deja caer la carga. «¿Y qué ocurre después de la iluminación?», insiste el viajero. A modo de respuesta, el monje vuelve a cargar con la leña y prosigue su camino.

Tal como escribe Jack Kornfield en *After the Ecstasy, the Laundry [Después del éxtasis, la colada]*, «Todos sabemos que después de la luna de miel viene el matrimonio. Después de las elecciones viene la dura tarea de gobernar. Pues en la vida espiritual sucede lo mismo: Después del éxtasis viene hacer la colada». Incluso después de la unión mística, lo siguiente es la vida. Uno medita o reza, no para evitar la vida ni a los seres queridos, sino para enfrentarse a ellos, para estar mejor con ellos, para hacer lo mejor para ellos.

Ya no queda ningún lugar al que ir, sino entrar directamente en la Séptima Morada, directamente a los brazos de lo divino.

Oración de salida

Soy un canal para la gracia. Al abandonar mi castillo, la gracia me rodea y me protege. Entro en mi vida con la bendición de Dios y permanezco abierto a los consejos que pueda darme mi alma.

La Séptima Morada

El matrimonio divino, la curación
y el reingreso en el mundo

*Una vez mostradas a gozar de este castillo, en todas las
cosas hallaréis descanso, aunque sean de mucho trabajo, con
esperanza de tornar a él, y que no os lo puede quitar nadie.*

TERESA DE ÁVILA
El castillo interior

Una mujer me escribió una carta en la que describía una experiencia que constituye un tipo de unión mística. Una tarde, mientras escribía en su diario, se puso a pensar en las cosas que le importaban de la vida. Terminó enfrascada en un ejercicio de apreciación del que no podía salir. «Fue como si me hubieran dado una lista de todas las cosas y las personas que había en mi vida. Me sentí igual que si me hubieran preguntado cuánto me importaba cada cosa y cada persona.» Una por una, fue contestando: «Sí, esta persona es importante para mí, pero soy consciente de que mi vida interior existe mucho más allá de los límites de mi relación con esa persona, y con ese lugar, y con esa cosa.» Al terminar el ejercicio, según decía en la carta, «me quedé allí sentada, con la misma sensación que si hubiera cambiado de piel. Me sentí ingrávida, y entonces de pronto era ingrávida. Una luz traspasó mi alma y fundió mi cuerpo, y después derritió el mundo que me rodeaba. Por un instante fui una con

Dios. Aquella magnífica sensación duró un segundo, o puede que un minuto. No lo sé. Pero cuando pasó, estaba transformada. Me sentí entera, completa. Me sentí una con el cielo y la tierra, como si ambas cosas estuvieran contenidas en mí sin separación, y esa sensación ya no me ha abandonado nunca».

En la Séptima Morada, el alma se depoja de su piel terrenal y es absorbida totalmente por la presencia de Dios. Para santa Teresa, la esencia del matrimonio místico eran dos rayos de luz que penetraban en un aposento por dos ventanas y formaban un luminoso río en el que se diluían las fronteras que los separaban a ambos. También era como la lluvia cayendo en un charco de agua sin dejar rastro de cada gota individual. Con todo, a pesar de sus exquisitos intentos de elevarnos hasta su mundo místico, nosotros sólo podemos observar su experiencia e intentar comprenderla. Porque la naturaleza de la experiencia mística es una intimidad sólo entre el místico y lo divino. En última instancia, tal como posiblemente descubra usted en sus experiencias místicas, no se puede comunicar con palabras la sensación que produce lo divino al penetrar las paredes del alma, es un imposible.

Sin embargo, tener experiencias místicas o sensaciones de unión no quiere decir que se hayan acabado las dificultades para el viajero del alma. Ningún número mágico de experiencias místicas de quietud o de rapto —aunque incluyan las revelaciones divinas más extraordinarias— reducirán su necesidad de regresar a la vida diaria. Seguirá teniendo que hacer frente al ciclo de nacer y morir, amor y traición, venganza y perdón, juventud y vejez, enfermedad y salud. Imaginar que recibir la gracia de un encuentro con Dios le permitirá de algún modo manipular o evitar esos retos sería olvidar el compromiso básico con la humildad. La diferencia entre los místicos y las personas que están frente a las puertas del castillo es que los místicos están por encima de las razones por las que el sufrimiento se halla presente en sus vidas. Un místico no encuentra maneras inteligentes o mágicas de evitar el caos de la vida, sino que lo afronta con compasión, gracia, fe y confianza en Dios y en la conexión de su alma. Se esfuerza por ser un siervo de Dios en sus pensamientos y en sus actos.

Como místico, usted no debería tomar su propia experiencia, como dice el autor de *La nube del no saber*, «como criterio para los demás». No piense, hable ni haga juicios de otras personas basándose en su experiencia. «Pues, quizá por un sabio designio de Dios, puede ser que si bien al principio lucharon larga y difícilmente en la oración y sólo gustaron sus frutos ocasionalmente, puedan experimentarlos después [...] en gran abundancia. Así sucedió a Moisés. Al principio sólo se le concedió contemplar el Arca alguna que otra vez y no sin haber luchado duro en la montaña, pero después, cuando se instaló en el valle, pudo gozar de ella a placer.»

Un místico intenta trabajar con Dios y no ofenderlo con la vida que lleva, ya sea de pensamiento o de obra. Ésta puede parecer una actitud pasada de moda, medieval, que Dios pueda ofenderse por los actos de una persona. Mientras que el tío de Hamlet se preocupaba: «¡Oh, mi culpa es atroz, su hedor sube al cielo!», es posible que nosotros suspiremos solamente: «Dios, perdóname por decir esto» o «Dios se apiade de nosotros por esta guerra», e inmediatamente pasamos al pensamiento siguiente. Santa Teresa se sentía sinceramente apenada al pensar en los actos humanos que ofendían a Dios, no porque ella los criticara o le dolieran, sino porque en las revelaciones divinas había visto y sentido las consecuencias de los desmanes cometidos por la humanidad. Ella veía que el mal no era la voluntad de Dios, sino el resultado del miedo, la avaricia y la sed de venganza del ser humano. Ella veía con mucha claridad que la humanidad había podido escoger otra cosa, que el sufrimiento y la destrucción brutales causados por las guerras eran completamente innecesarios.

Todos nos hemos visto atrapados en situaciones difíciles en alguna ocasión y nos hemos quejado: «Haga lo que haga, por lo visto no cambia nada.» Santa Teresa también mascullaba lo mismo, que por mucho que haga uno, parece ser que no consigue que cambie nada en el planteamiento general de las cosas. En cambio, hizo hincapié en que, de todas formas, hemos de continuar esforzándonos y teniendo fe en que, de alguna manera, nuestros actos sí importan.

Llegado a este punto de su viaje al interior de su alma, usted ya no puede abandonar de verdad el castillo. No puede retirarse de Dios. No puede experimentar la gracia de la quietud y luego negarla. De hecho, una vez que decide entrar en el castillo, usted toma una decisión unívoca que es tan eterna en sus consecuencias como la naturaleza eterna de la propia alma. Usted se encuentra realizando un viaje continuo de madurez espiritual; está haciéndose mayor de edad espiritualmente mediante la oración, la contemplación y la ardua tarea de la introspección. Esto lo hace para comprender el poder de la creación que está contenido en su alma y para convertirse en un canal para la verdad y la gracia. Todos estos atributos los pondrá después al servicio de la humanidad de maneras grandes y pequeñas, públicas y mudas, por medio de la oración, la acción, el amor y la compasión. Toma la multitud de tópicos que ha expresado durante años —como: «La vida es un viaje espiritual» y «Yo nací por alguna razón»— y por fin vive su vida de acuerdo con esas verdades.

Hablar de estas enseñanzas espirituales y leerlas no sustituye al hecho de vivirlas todos los días en la vida real. Ha de estar dispuesto a ser espejo de su teología e iluminar el mundo que le rodea con el poder de su alma, un poder que, irónicamente, puede que ni siquiera requiera hablar. Ese poder se irradia incluso estando en silencio. El requisito del alma, el único, es comprometerse a consagrarse a su autoridad interior: a lo divino. Dicha consagración le dará la voluntad necesaria para llevar a la práctica todo lo que se le ha indicado que haga, diga y sea en esta vida.

Las enseñanzas arquetípicas de Jesús pueden contribuir a guiarnos para trabajar con nuestra alma y con Dios y no en contra de ellos: su conciencia cósmica, su llamada a amar al prójimo como a nosotros mismos, a perdonar tantas veces como sea necesario, a servir a los demás y a aliviar el sufrimiento. Esa conciencia se le quedó grabada en el alma a santa Teresa después de que le fuera traspasado el corazón por una flecha divina. Fue consumida por el corazón de lo sagrado, sumergida en amor cósmico, pero allí también pudo sentir el dolor de la humanidad que no conocía dicho amor. Para ella, eso suponía un gran sufrimiento —una aflicción mística— que intentó remediar en sus escritos y sus enseñanzas.

Un místico necesariamente regresa al mundo y lleva una vida consciente. No se queda escondido en la oración y la contemplación, sino que sale al mundo para ser útil a Dios ayudando a los demás. Ésta es la máxima realización del alma en la Tierra. Cuanto mayor es la luz que inunda el alma, más difícil es la vida, pero no porque Dios nos mande dolor y dificultades. Más bien, tal como examinaremos en el siguiente apartado, la verdad, la revelación y la conciencia mística ya suponen bastante carga en un mundo saturado de miedos y falsas ilusiones.

LA TRINIDAD MÍSTICA REVELADA

La Santísima Trinidad es una de las doctrinas fundamentales del cristianismo, la creencia misteriosa y compleja de que la naturaleza de Dios comprende el Padre, el Hijo y el Espíritu Santo. La señal de la cruz —ese ritual de bendición— hace honor a dicha creencia. Su significado simbólico es el poder metafísico y alquímico de la fusión de tres fuerzas cósmicas en una sola, representada en la compasión y la conciencia de Jesucristo, que lo abarcan todo. La fusión de la sustancia (materia) con el poder (el alma) y el conocimiento (la conciencia iluminada) es la alquimia sagrada de la conciencia de Cristo, el significado místico de la Trinidad, en la cual se unen todos los poderes.

Santa Teresa tuvo una visión en la que le fue revelado el misterio divino y el poder de la Santísima Trinidad. Fue una visión tan profunda, que ella la clasificó en una categoría especial de revelaciones que denominó inspiraciones secretas.

En la Séptima Morada, santa Teresa revela lo siguiente:

> ... metida en aquella morada, por visión intelectual, por cierta manera de representación de la verdad, se le muestra la Santísima Trinidad, todas tres personas, con una inflamación que primero viene a su espíritu a manera de una nube de grandísima claridad, y estas Personas distintas, y por una noticia admirable que se da al alma, entiende con grandísima verdad ser todas tres Personas una sustancia y un poder y un saber y un solo Dios; de manera que lo que tenemos por fe, allí lo entiende el alma, podemos decir, por vista, aunque no es vista con los ojos del cuerpo, porque no es visión imaginaria. Aquí se le comunican todas tres

Personas, y la hablan, y la dan a entender aquellas palabras que dice el Evangelio...

El castillo interior

Dios revela a santa Teresa que lo divino carece de identidad sexual o de género. Es una conciencia de luz. Para una monja católica del siglo XVI, esto era una herejía. Dios también reveló que la naturaleza de lo divino tiene tres expresiones: conocimiento, poder y sustancia. Todas las enseñanzas físicas no son otra cosa que símbolos de una verdad mucho mayor. Esto desmantela por completo la visión del Dios patriarcal. También demuestra que lo divino es una fuerza universal, unificadora —tanto cósmica como íntima— que trasciende las visiones del cristianismo y puede servir de base a cualquier religión.

Sería liberador, extraordinario y profundo que la imagen biológica de la Santísima Trinidad se convirtiera mediante la alquimia espiritual en una verdad universal, elemental, dorada. El hecho de que nos sea dada una visión tan trascendente obliga al alma a abrirse de par en par, y uno corre el peligro de perder toda conexión con la autoridad terrenal. Porque, ¿cómo podría uno escuchar las discusiones de los teólogos que debaten sobre la interpretación biológica de la Trinidad después de que la verdad misma le ha iluminado el alma? ¿Cómo podría uno mantener la misma relación con las autoridades seglares o de la Iglesia después de haber tenido semejante revelación? Después de esas experiencias, uno ha de ofrecer una fachada, vivir debajo de una máscara y tolerar con buena voluntad la brecha que existe entre lo que uno sabe que es la verdad y lo que los demás todavía necesitan creer.

Así pues, la gran percepción de santa Teresa resultaba sumamente dolorosa. No era el miedo a la Inquisición —que en su época se encontraba en pleno auge— lo que le producía ese dolor. Ella había sido elevada hasta la cumbre de la montaña, desde la que alcanzaba a ver el hermoso cielo y respirar aire no contaminado por las falsas ilusiones de la Tierra, pero no podía comunicar a otros su visión porque la mayoría de la gente simplemente no la hubiera entendido. Santa Teresa percibió místicamente el alma colectiva de la humanidad, incluido el miedo colectivo que nace de no entender o no seguir la verdad. Vio las trágicas consecuencias de la necedad humana sobre un telón de fondo cósmico y en contraste con cómo podrían ser las cosas si la humanidad escogiera un camino positivo. En cierta ocasión me dijo un monje extraordinario: «Experimentar lo divino directamente y vivir entre los que dudan de la presencia y el poder de Dios resulta insoportable.» Otro místico contemporáneo me comentó: «Experimentar el amor divino, experimentar de verdad cómo se abren las compuertas del amor y lo inundan todo, y después regresar a la vida normal en la que la gente está tan atada a sentimientos negativos y tiene tanto miedo de amar... Esto me causa verdadero sufrimiento, porque no alcanzo a encontrar el modo, el camino ni las palabras adecuadas para liberar a la gente de su prisión. Se aferran a sus miedos mucho más de lo que confían en el poder del amor.»

Otro me escribió: «He descubierto que la parte más dolorosa de mi viaje es la de reprimir mi corazón para que vuelva a caber en mi cuerpo. He experimentado el amor cósmico, un amor hacia toda la humanidad. Ese amor me ha sido dado, yo no podría haberlo alcanzado solo. Jamás podría sentir amor por toda la humanidad por mi propia cuenta. Y después ese gran amor me fue arrebatado, pero no su recuerdo ni el impacto que me produjo. En mi corazón quedó un manantial, como una invitación a seguir esa corriente hasta el océano del amor. Sin embargo, es un agua agridulce para beber, porque la humanidad sufre mucho, y amar algo que sufre mucho es cargar con ese sufrimiento. Mi único recurso es rezar mientras amo. De momento no tengo otra alternativa.»

Un momento de contemplación

Incluso en la Séptima Morada, donde santa Teresa se funde con Dios, ella nos anima a seguir siendo introspectivos y humildes en todo momento. Esto es para que cuando nos sean dadas verdades más elevadas estemos preparados para utilizarlas. Hay que estar dispuestos y preparados para hacer uso de la verdad, no sólo hablar de ella. La verdad es una herramienta, una fuerza a través de la cual hacemos avanzar la vida. Cuando uno pasa de no saber que los pensamientos y las actitudes influyen en su realidad a saberlo, está recibiendo la gracia de la verdad. Ha de cambiar de vida y vivir de acuerdo con esa verdad. No se puede hacer otra cosa. Una reacción visceral instintiva es inspiración, verdad procedente de Dios. Es posible que usted desee hacer caso omiso de esa inspiración porque resulta demasiado abrumadora y no quiere ser consciente de esa verdad en particular, pero no puede negar que tiene conocimiento de esa inspiración. Ya no puede seguir negando que ha oído la voz de Dios.

LAS RAÍCES MÍSTICAS DE LA CURACIÓN

Una curación genuina del cuerpo, el corazón y el alma es fundamentalmente una experiencia mística. Además de buscar el significado y el propósito de nuestra vida, nos esforzamos por resolver los misterios de nuestros desequilibrios psíquicos y nuestras enfermedades físicas. Sin embargo, actualmente, la necesidad de encontrar la causa primera, o el motivo, de que nos derrumbemos se ha vuelto tan obsesiva que ya es en sí misma una patología.

Durante los años en que di sesiones de medicina intuitiva, las personas a las que intentaba ayudar a menudo convertían la sesión en una «resolución del crimen», es decir, buscaban a la persona o la situación causante del estrés o la infelicidad que había dado lugar a su dolencia, depresión o lo que fuera. Muchas parecían creer que con encontrar la causa de su problema se curarían de forma automática. Además, con frecuencia su método me parecía una caza de brujas más que un intento de curarse, salvo por el hecho de que ocultaban sus demonios bajo términos como «trauma emocional» y «estrés», como si el hecho de validar sus heridas y echar la culpa a alguien los fuera a liberar por fin.

Resolver crímenes y cazar brujas no cura, como termina descubriendo mucha gente. Resolver crímenes tranquiliza durante un tiempo a la mente racional, a la que encanta el frenético festín de los datos y los detalles, sobre todo los que sirven para justificar su virtuosa ira. Y la caza de brujas puede dar motivos para quemar brujas. Muy raramente el resultado es un verdadero acto de perdón. Y el perdón es lo que cura, no el hecho de descubrir las causas ni asignar la culpa a alguien. Una curación verdadera no tiene lugar en el campo de la razón y el pensamiento racional. La mente no es un instrumento capaz de curar el cuerpo, y mucho menos curar el corazón o el alma. Para la mayoría de la gente, la mente está llena de culebras siseantes muy difíciles de silenciar: miedos, fantasías, recelos, ansiedades interminables e interpretaciones erróneas de lo que otras personas les han dicho o hecho. Sin embargo, la gente cree que ese instrumento caótico denominado mente posee la fortaleza y la concentración suficientes para disolver el cáncer en los tejidos y estabilizar todos los sistemas del cuerpo. Ni hablar.

La curación no es una experiencia racional que pueda provocarse simplemente visualizando células sanas que corren por nuestro cuerpo y sustituyen a las malignas, mientras el resto de la persona lleva una vida tan agarrotada por el miedo que es incapaz de tomar las decisiones esenciales que necesita tomar para liberar el alma y permitirle que tome las riendas. A no ser que uno esté dispuesto a dejar que su alma se haga cargo plenamente de la situación sin condiciones, jamás se curará por completo.

Una curación auténtica no es física. Es más grande que nuestra mente racional. Hay que superar los límites y las culebras de la mente racional para abrirse a la gracia que puede disolver la enfermedad. Durante la experiencia mística de una curación, el alma se vuelve más poderosa que el cuerpo, la mente y el corazón. Se libera de las normas básicas que rigen el cuerpo físico y la vida física. El alma se vuelve más poderosa que el cuerpo cuando uno se rinde de verdad, profundamente, con la vida entera, a lo divino, incluida su necesidad de saber qué va a suceder a continuación y si va a seguir sano y salvo. Uno necesita arrodillarse literalmente o simbólicamente y adoptar una postura de humildad para romper o atravesar el control que ejerce sobre él la razón. Por último, uno ha de hacer lo más irrazonable que cabe imaginar: confiar en que una fuerza invisible mucho más grande que uno mismo va a reordenar su vida entera. Dejar que Dios nos barra la casa. La oración: «Señor, quítame de en medio» ayuda a mucha gente que desea vivamente rendirse confiada pero no es capaz de hacerlo. Y después uno ha de decir: «Me relajo y cedo el control a Dios.»

Lo divino altera la relación del místico con el tiempo y el espacio. Tal como señaló santa Teresa en numerosas ocasiones, no recordaba si la experiencia de quietud le duraba segundos o minutos. El tiempo siempre deja de existir durante una experiencia mística, porque uno se desconecta de la realidad sensorial. Mejorarse es siempre cuestión de tiempo, pero curarse ya es harina de otro costal. Curarse en el sentido místico quiere decir que uno no sólo está mejor, sino que trasciende completamente la experiencia, la historia, el entorno y la enfermedad física que estaba alterando su cuerpo. Se le concede un nuevo comienzo, una nueva vida.

Y sin embargo, dicha curación no implica necesariamente que el cuerpo físico se haya recuperado, ya que en una conciencia mística el foco de la curación es el bienestar del alma. Por ejemplo, conocí a una mujer que sufría dolor crónico debido a un defecto congénito. Un día, mientras rezaba por otra persona, notó que la gracia le recorría todo el cuerpo y se llevaba el dolor, lo derritió. Su cuerpo siguió teniendo el mismo defecto, pero el dolor había desaparecido. En lo que a ella concernía, estaba completamente curada.

Una curación así puede suceder de forma instantánea. O podría tardar una semana, un mes o un año. La curación es un misterio. Pero uno no puede esperar curarse meramente por haber pronunciado determinadas oraciones o por haber peregrinado a un lugar sagrado. Esperar algo concreto de Dios, como diría santa Teresa, es una fuente de sufrimiento personal. Cuando uno aguarda en la fe, todo le será concedido. Y sí, es difícil... y sí, es espléndido.

Un momento de contemplación

Santa Teresa no escribió directamente sobre la curación, de modo que ninguna de sus moradas está dedicada a ofrecer instrucciones específicas sobre las curaciones personales. Ni tampoco experimentó personalmente ninguna curación física, aunque sufrió a lo largo de toda su vida dolores y diversos achaques crónicos. Pero el alma de santa Teresa estaba curada de incontables dolencias, y las enfermedades del alma eran las únicas que le interesaban. Las dolencias físicas por lo general se consideraban irritantes espirituales necesarios. El sufrimiento creó un lenguaje de intimidad entre los místicos medievales y Jesucristo, un medio por el cual podían abrirse paso a través del miedo y de la mente racional. La unión con lo divino constituía su único objetivo. Santa Teresa se hubiera quedado horrorizada ante la mera sugerencia de que pidiera a lo divino que le sanara un poco el cuerpo para poder gozar de los frutos del mundo cotidiano. Esa forma de pensar le resultaba totalmente ajena. Pedir a Dios que nos sane el cuerpo en vez de rogarle que se reúna con nuestra alma sería como pedirle a Shakespeare que nos enseñara a hacer pintadas en las paredes cuando está preparado para enseñarnos a ser poetas. La principal tarea de santa Teresa era conducir a otros al interior del castillo, a apartarse del mundo de la carne y llevar su alma al encuentro con Dios. El cuerpo era una vasija necesaria pero temporal para el alma, una forma que había que cuidar pero no reverenciar ni mimar. El alma era lo que había que purificar y trasladar a estados de gracia cada vez más elevados.

Hoy en día, para nosotros la curación es un estilo de vida, una industria, y buscamos maneras de curar los sentimientos, las relaciones personales, la mente, y en algunos casos hasta nuestra vida pasada. Muchas personas se apuntan a un ciclo interminable de actividades terapéuticas al estilo de resolver crímenes, para descubrir quién hizo qué a quién, y cuándo y qué hay que hacer o decir para curar esa herida, y quién está aún enfadado, y quién está esforzándose en perdonar. Hace cuatrocientos años, la gente moría joven y rápido. Contaban con pocas medicinas, epidemias frecuentes y heridas imposibles de tratar. La muerte estaba por doquier, no escondida en los hospitales y las casas de convalecencia. La curación no era un objetivo, porque pocas personas se curaban de lo que fuera.

Por otra parte, era una sabiduría aceptada en muchas tradiciones espirituales que el sufrimiento era un regalo de Dios. Hallar consuelo atribuyendo un significado y un propósito divino a una enfermedad o a otras dificultades era claramente una manera de servirse del poder de la conciencia para elevarse por encima de una enfermedad para la que no existía ningún otro tratamiento. Por lo tanto, el sufrimiento de Jesús, al que se consideraba hombre y Dios, se transformó en un arquetipo. La gente proyectaba su propio sufrimiento sobre Él, y se sentía unida a Él en un nivel humano, íntimo y divino. Esta unión de sufrimiento divino y sufrimiento humano fue un emparejamiento perfecto. El sufrimiento se volvía más tolerable y adquiría mayor significado cuando se veía como una prueba impuesta directamente por Dios, que además abría pasillos místicos. Estimulado por dicha idea, uno podía soportar lo insoportable. El significado y el propósito actuaban igual que la morfina; la oración ayuda a elevarse por encima del dolor físico.

De todas maneras, la intimidad con Dios no trae sufrimiento. El viaje de despertar a la conciencia trae consigo un poco de dolor, pero es un dolor purificante de conocimiento de uno mismo y mayor conciencia de todo, no un dolor punitivo administrado por un Dios vengativo. Cuando uno aprovecha el poder de su alma, ve el significado y el propósito de su vida, no sólo el sufrimiento. Pero este viaje también aporta una dicha infinita. En última instancia, todos los caminos llevan al castillo.

Oración de entrada

Cruzo el puente para internarme en el beatífico silencio de mi castillo. Cierro el puente levadizo y no permito la entrada de ninguna influencia exterior a este lugar sagrado que es mi alma. Aquí, en mi castillo, estoy a solas con Dios. Bajo la luz de Dios y en compañía de Él, descubro la profundidad y belleza de mi alma. Acepto el poder de la oración. Me abro a la orientación divina. Me entrego para convertirme en un canal para la gracia, la curación y el servicio a los demás, mientras Dios dirige mi vida.

Aposentos para curar

Se encuentra usted en la Séptima Morada. Está en un campo de gracia que disuelve el temor y la duda. Está en la atmósfera de lo divino. Puede entrar, por medio de la oración, en la luz de la Séptima Morada. Le cuesta trabajo imaginarse a sí mismo en esta altitud de conciencia pero puede rezar o meditar para entrar en ella. A continuación se sugiere una posible plegaria:

Aunque no puedo imaginar lo inimaginable, rindo mi alma para recibir la gracia de esta morada. Estoy dentro del abrazo de la Séptima Morada. Estoy presente con lo divino mientras repito: «Estoy tranquilo porque sé que Dios está conmigo.»

EL PRIMER APOSENTO
Su humilde petición

Entre en este aposento con la intención de declarar y liberar sus peticiones de curación. Ya debe comprender que todo es sabido, pero aquí ha de reconocer aquello que necesita sanar. Preste atención a la manera de expresar su petición, no porque al cielo le importe, sino porque le importa a usted. No le interesa hacer una petición egoísta ni pedirle al cielo que se ocupe de hacer todo el trabajo de curación. Muchas personas no quieren cambiar su estilo de vida, abandonar sus adicciones ni cambiar su dieta para cuidar de su cuerpo. No quieren perdonar, enfrentarse a heridas emocionales, dejar de quejarse, tomar decisiones difíciles en la vida, ni ser más generosas y sinceras. Simplemente quieren curarse y seguir siendo como son.

Examine lo que pide a Dios y lo que espera de Él haciéndose las preguntas siguientes:

- ¿Qué es lo que está dispuesto a cambiar de verdad?
- ¿Cuándo?
- ¿Puede cambiar de buen grado, con el corazón alegre, o va a tener que hacer que otros sepan lo difícil que le resulta cambiar de vida?
- ¿Va a esperar que Dios le cure inmediatamente? ¿Cuándo?
- ¿Qué clase de actitud adoptará si no ve resultados enseguida?
- ¿Está dispuesto a cambiar sin mirar atrás y sin abrigar expectativas?

EL SEGUNDO APOSENTO
Disolver las dudas

Entre en este aposento cada vez que esté lleno de miedos y dudas, esté enfermo o no. Hasta santa Teresa continuó teniendo luchas terrenales después de sus experiencias místicas, pero les hizo frente permaneciendo dentro del campo de gracia que es el castillo. Estar dentro del castillo ayuda a disolver las dudas y los miedos.

En este aposento, recuérdese a sí mismo lo siguiente:

- Resido en el interior de este castillo que es mi alma. Aquí, dentro de mi alma, todas mis dudas y mis miedos se disuelven y no tienen autoridad sobre mí. Mi vida está en las manos de Dios.
- Todas las dudas se crean a sí mismas. Algo ha activado esta duda, pero ni siquiera es importante saber qué ha sido. Quédese dentro del castillo, cierre el puente levadizo y no deje entrar a la culebra de la duda.
- Entre en oración y respire hondo. Guarde silencio durante unos momentos. Véase a sí mismo en un campo de gracia.
- Usted vive en el misterio. Su vida es una experiencia mística. Confíe en que el resultado de cada oración es un milagro.

EL TERCER APOSENTO
La gracia de los milagros

Los milagros son cambios instantáneos, oraciones respondidas a la velocidad de la luz. Podrían suceder a todas horas si la gente se sintiera cómoda con que sus oraciones fueran contestadas tan rápido. Por lo general, la gente prefiere recibir la respuesta al ritmo del tiempo terrenal. Para la persona que es receptora de un milagro las normas de la vida cambian, no se confunda con eso.

De todos modos, los milagros no son producto únicamente de la fe o de rezar de forma infinita, sino de una confianza incondicional en la voluntad de Dios. Los milagros indican que uno sostiene una relación íntima con Dios, que acepta los términos incondicionales de dicho milagro. Nunca jamás se le volverá a permitir tomar decisiones de conciencia menores que ésta.

Cuando entre en oración, hágalo con espíritu de humildad. Si se va a dedicar a rezar sólo «cuando tenga tiempo», compare eso entonces con el tamaño de su petición.

- No pida cosas concretas para usted ni para otras personas.
- Sea constante en la oración. Dios no es Santa Claus. Curarse

no tiene nada que ver con portarse bien y recibir un premio por ello. De lo que se trata es de saber que nuestras oraciones son respondidas inmediatamente de un modo u otro, y que nuestra misión consiste en dar gracias y aceptar la manera en que se desarrolle la respuesta en nuestra vida.

He aquí una plegaria para usted:

Tengo necesidad de curarme, y dejo en tus manos la forma de mi curación. Sé que seré agraciado con un milagro porque todo el que solicita una intervención es atendido. Me siento agradecido por mi curación. Creo en la gracia de los milagros. Sé que todo puede ser curado y que toda vida es creación tuya y Tú cuidas de ella. Mi misión consiste en confiar y hacer caso de mi inspiración dentro del contexto de cada día. De ese modo llevaré una vida propicia a los milagros. Allí donde se necesite la gracia, deja que ésta fluya abundantemente y permite que yo sirva y sea servido por ella. Como escribió la mística Julian de Norwich: «Todo será, y todo estará bien, y todas las formas de las cosas estarán bien.»

EL ALMA TRANQUILA

Aunque un alma en la Tierra nunca puede descansar, sí puede alcanzar una tranquilidad permanente. Usted sabe que su alma ha llegado, esto es, que Dios está totalmente presente dentro de las paredes de su alma, de diversas maneras: Usted siente la presencia de Dios. Usted es profundamente consciente de que la búsqueda más larga de su vida ha tocado a su fin. Los miedos y las culebras que antes le poseían han sido expulsados, y usted sabe con absoluta certeza que no volverán nunca, porque han sido exorcizados de su castillo para siempre. Su alma deja de anhelar la gratificación espiritual, sabedora de que se encuentra segura en el castillo y en su conexión con lo divino. Usted se siente satisfecho en su práctica espiritual y confía en los mensajes que recibe de Dios. En esta morada, la presión interior de la búsqueda espiritual llega a su fin.

En la Séptima Morada, usted ya no teme a la muerte ni la enfermedad. Su impresión de la eternidad y la conexión con su alma son tan auténticas, que sabe que la muerte no existe. El desapego, más que constituir un esfuerzo, se ha convertido en una práctica natural. Posee bienes terrenales que desea, pero no porque los necesite o necesite que le hagan sentirse más importante. Su desapego no quiere decir que tenga que vivir en la pobreza sino que ha adoptado el compromiso consciente de llevar su relación con el mundo material —incluida la abundancia— de forma que no sacrifique su alma para poder adquirir bienes terrenales, fama, poder, estatus o control. Ninguna adquisición de la Tierra vale un solo fragmento de su alma, pero si se siente inseguro de su capacidad para sobrevivir, no creerá tal cosa. El desapego es el poder que tiene el alma para verse libre de las fantasías terrenales.

Otros indicadores de que Dios está dentro de las paredes de su alma son la necesidad de pasar tiempo a solas, la necesidad de contemplación y la necesidad de ayudar a otras almas. Esos «impulsos sagrados», como los llama santa Teresa, vienen de dentro, como una suave presión que nos recuerda continuamente la presencia de Dios. Nuestra conexión con lo divino ya no puede romperse; es un vínculo sellado y eterno.

REGRESAR AL MUNDO

Al igual que una pieza de arte divino restaurada, los místicos sin monasterio han de volver al mundo para que los demás puedan gozar de ellos. Como he dicho, el mundo es el monasterio del místico contemporáneo. Las instrucciones que imparte santa Teresa en la Séptima Morada nos dicen cómo regresar al mundo para servir a los demás. Yo había esperado que la santa estimulara a sus lectoras a mantener una práctica más recluida, pero ella sólo quiere servir a lo divino a través de los demás y hacer que los demás actúen del mismo modo. El servicio a los demás es una parte vital del mensaje de esta morada: Saca tu alma al mundo y permite que Dios actúe a través de ti como canal para la gracia, un vehículo de poder y transformación.

Éstas son sus instrucciones:

- Rece todos los días. Mediante la oración encontrará iluminación, y ahora debe rezar por los demás, por los enfermos y por los que no rezan por sí mismos. En una de las moradas es posible que haya experimentado el poder de la oración y el impacto que ésta tiene en el mundo. La oración es poder. Haga uso de ella para servir al mundo.
- Sea virtuoso. Tenga buen corazón y sea compasivo.
- No se encoja, como diría santa Teresa. Sea valiente y defienda sus principios.
- Cuide su cuerpo físico. Es un regalo de Dios. Santa Teresa prestaba poca atención al cuerpo en las primeras moradas, pero ahora que el alma ya está lista para emerger al mundo y servir a los demás, reconoce que el cuerpo es un vehículo importante para el alma.

Usted es un recipiente de Dios en este mundo

Cada vez que las sociedades han atravesado un ciclo de crisis, han surgido místicos para dirigirse a ellas. Igual que ángeles secretos de lo divino, emergen en todas las áreas de la vida. En la actualidad, los místicos sin monasterio son esposas y madres, esposos y padres, profesores y abogados, banqueros y médicos, soldados y policías, terapeutas y escritores, trabajadores sociales y vendedores. Están en todas partes.

Los místicos salvan lo bueno de una cultura y se llevan esos tesoros al nacimiento de la cultura siguiente. Los místicos no son recipientes mudos de Dios, no se confunda. Muchos son de lo más alborotadores. Bregan con las grandes preguntas de la vida y la muerte. Le recuerdan a la gente y a la sociedad sus principios y su objetivo. Inspiran a otros mediante el ejemplo que dan al vivir de acuerdo con la dirección de su alma y mediante su intensidad y su clarividencia. Los místicos reconocen las señales que indican que el alma de una sociedad está muriendo de hambre y se ha vuelto inconsciente.

Los místicos tienen el coraje de ver más allá de los miedos comunes. Ven más allá de las llamadas a la destrucción y la violencia como un medio para solucionar problemas. Ven las contradicciones que hay en lo que afirman otros, por ejemplo que la guerra crea paz.

La única gran diferencia entre la época de santa Teresa y la nuestra es que los nuevos místicos de Dios están por todas partes. Y el nuevo místico debería llamarse, muy apropiadamente, activista místico.

Sin embargo, el viaje en sí no ha cambiado. No existe ningún atajo para llegar a Dios. Puede que hayan transcurrido siglos desde que santa Teresa escribió su obra maestra, pero su genialidad, su sabiduría y su inspiración son tan valiosas hoy como lo eran en el siglo XVI.

Hace falta mucha valentía para cruzar el puente levadizo y entrar en el castillo de cada uno. No es fácil entrar en cada aposento e iniciar un diálogo con el alma. Puede resultar tan doloroso como asombroso y fortalecedor. Es largo y arduo. Uno tiene que estar preparado para enfrentarse a su sombra y aceptar su alma. Su vida cambiará. Pero claro, es que su vida va a cambiar de todas formas, porque usted está siendo llamado.

Lo divino le encontrará a usted dentro del castillo. Dios le encontrará. Y usted debe preguntarse: «¿Para qué me quiere Dios? ¿Por qué me ha llamado?» Usted está siendo llamado hacia su interior para que después pueda salir al mundo.

A lo mejor ha sido llamado porque tiene el perfil del místico: fuerte, testarudo, independiente, un guerrero callado (o ruidoso) de temperamento fuerte y voluntad inamovible que está buscando una causa a la que servir. A lo mejor su alma, una inquieta criatura de eternidad, está obligándole por fin a buscar su máximo potencial, después de lo mucho que usted ha postergado dicha búsqueda.

Hay algo que le está empujando a querer saber más de la naturaleza de Dios. Ese deseo, esa necesidad, es lo que siente uno cuando ha sido llamado. No tiene por qué apartarse necesariamente de las influencias caóticas de este mundo hasta que la única voz que oiga sea la de lo divino. En medio de ese caos terrenal, usted descubrirá una pasión que seguir que incluso puede que le traiga más caos de momento, pero por debajo de éste hallará un orden nuevo, un orden divino.

CÓMO DESPEDIRSE

La primera vez que oí a santa Teresa —que oí su voz de verdad— fue cuando empecé a enseñar en el seminario *El castillo interior*, y me dijo: «Hija, sígueme.» La otra vez —y la última— que la oí fue cuando ambas terminamos juntas este libro.

Cuando escribí *Las siete moradas*, practicaba regularmente el silencio y la oración. Mientras trabajaba, aguardaba la llegada de santa Teresa y su inspiración, y sabía cuándo había venido por el sutil cambio en el silencio de mi oficina. En un instante, se transformaba en un silencio sagrado. Mientras estudiaba los escritos de santa Teresa y rezaba, ella se comunicaba conmigo transmitiéndome pensamientos sutiles que yo sabía que no eran míos: un pensamiento que estimulaba mi mente, del estilo de «Dios seduce en la Primera Morada». Ajá, pensé. Muy bien, entonces este capítulo trata de la seducción de Dios. Y allá que me lancé, leí, investigué, profundicé en aquella idea pensando y sopesando lo que quería decir y cómo traducirla en una práctica espiritual.

Mientras estaba enfrascada escribiendo acerca de la Séptima Morada, supe que santa Teresa y yo estábamos al final del tiempo que íbamos a pasar juntas, y me pregunté cómo sería físicamente la santa. Hasta entonces no se me había ocurrido aquella pregunta, ya que muchos grandes artistas nos han legado inspiradas pinturas y esculturas de ella. Pero dos horas después llegó Federal Express con un paquete para mí. Una artista llamada Pat Benincasa me había enviado un cartel y una tarjeta pintados por ella, un precioso díptico titulado *Las santas difíciles*. A la derecha se veía a santa Catalina de Siena, y a la izquierda a santa Teresa de Ávila. Es un retrato que guardo con gran cariño.

Por fin, cuando terminé de trabajar en la Séptima Morada, me recliné en mi asiento y rompí a llorar. Pregunté: ¿Esto es todo? ¿Aquí se acaba todo? Noté que santa Teresa deseaba que cerrara el libro con su oración favorita, y entonces oí lo siguiente: «Adiós, hija», y sentí que su delicada energía salía de mi oficina.

Una vez que se hubo marchado, deambulé por casa con la impresión de haber perdido a la más auténtica acompañante de espíritu que había conocido jamás.

Estoy muy agradecida de tener textos de santa Teresa, sobre todo *El castillo interior*. Estoy muy agradecida por la inspiración que me proporcionó, agradecida por haber sido la receptora de esas enseñanzas acerca del castillo. Me siento agradecida por lo profundo de los conocimientos que ahora tengo de mi alma y de mi vida. Espero que este libro le ayude a usted y a otras muchas personas a encontrar el camino que lleva hasta su alma y a descubrir su propósito en la vida, y que también le ayude a sacar al mundo su gracia especial de místico sin monasterio.

Es curioso, pero hasta que empecé a impartir clases acerca de los místicos medievales y del misticismo, nunca había sido una gran admiradora de santa Teresa ni de su obra. Cuando era estudiante me parecía demasiado complicada; en realidad no me gustaba mucho; era difícil.

Después de recibir la llamada de santa Teresa a entrar en el castillo y de terminar de escribir este libro, viajé a Escocia para dar un seminario sobre el castillo. Uno de los alumnos se me acercó y se presentó; era Colette, la mujer que me había enviado el punto de libro que llevaba escrita la inspiradora cita de santa Teresa al principio de mi viaje, y que me había dicho que iba a rezar por mí. Mientras escribía el libro había recibido otras dos tarjetas de ella, y allí, en el seminario, me desveló que había tenido una revelación interior que le indicó que debía rezar por mí. No sabía por qué, y reconoció que en aquella época yo no le caía muy bien. Pero había recibido una orden, así que me tuvo presente en sus oraciones. Colette me miró a los ojos y me preguntó:

—¿Y bien, ya has terminado? ¿Eso que estabas haciendo?

—Sí, he terminado —respondí.

—Bien —repuso ella—. Entonces ya puedo dejar de rezar por ti. —Se dio media vuelta con la intención de marcharse, pero se detuvo, volvió a mirarme y me dijo—: Ya sabía que iba a venir a verte. La primera vez que te vi desde lejos me pareciste una persona muy intensa y estresada. Luego oí una voz que me dijo que se me ordenaba rezar por ti y no juzgarte. He de reconocer que no eres tan mala.

Yo le tengo a usted presente en mis oraciones mientras inicia su tarea de entrar en el castillo y de abrirse camino en el mundo.

Recuerde que leer una oración es lo mismo que decirla. De un modo u otro, la gracia llegará. Para entrar en el castillo, rece leyéndolo. Lo que está pidiendo es ver su alma y ver a Dios. Y la gracia llegará.

GUÍA ESENCIAL PARA MÍSTICOS FUERA DE LAS PAREDES DEL CASTILLO

- **Siga trabajando en el castillo.** No pase demasiado tiempo alejado del trabajo interior de su castillo. Vuelva a visitar los aposentos que necesiten mayor atención, aquellos en los que pueda concluir una sola exploración cada vez. Agregue los aposentos que necesite cuando surja una crisis en su vida, y entre en esos aposentos para resolverla. Este libro pretende ser su compañero para toda la vida, o durante el tiempo que usted necesite para sentir a Dios dentro de las paredes de su alma.

- **Practique la iluminación.** No se tome su vida espiritual como si fuera una afición cualquiera. Mantenga las prácticas del castillo, entre ellas la iluminación. La vida del místico no consiste en presentarse a una sesión de meditación de 20 minutos con los ojos cerrados y escuchando música. El activismo del místico prefiere la acción; requiere dedicación y un alma robusta.

- **Desarrolle y comparta los dones de su alma.** No mantenga sus talentos ocultos a los demás. No sea tímido acerca de su capacidad para ver un problema claramente y entender el mensaje simbólico que encierra. Esté disponible para llevar la iluminación a la vida de otra persona, pero sea humilde al hacerlo. Permita que su inspiración interior le ponga alerta para actuar; si no recibe esa instrucción, guarde silencio y sirva a esa persona a través de la oración. Sea siempre humilde.

- **Manténgase alerta.** El mal existe. Y cuanto más grande sea el mal, más difícil puede ser comprenderlo, verlo. Refúgiese en su castillo, cierre el puente levadizo y entre en oración. La inseguridad y el miedo mandan, pero no dentro de su alma.

- **Vuele por debajo del radar.** Jamás se sitúe como autoridad ni suponga que es mejor que nadie. No se ponga nunca en posición de ser criticado por sus prácticas espirituales. Sea humilde en todo momento.

• **Evite las luchas por el poder.** Su misión no es ganar discusiones ni demostrar nada a nadie. Las luchas por el poder agotan el alma y sirven sólo al ego, y además de forma temporal.

• **Deje de echar la culpa a los demás.** Ningún ser humano es responsable de las decisiones que toma usted, aunque las decisiones de esa otra persona puedan haber afectado a su vida, de igual modo que las suyas afectan a los demás. Céntrese solamente en entender las motivaciones que hay detrás de las decisiones que usted toma.

• **No emplee la palabra «merecer».** Decidir quién merece qué en este mundo le sitúa a usted como juez de los demás. ¿Acaso tiene en su poder todos los datos? En absoluto. Ésa es solamente una posición cósmica. Creer que merece algo quiere decir que usted considera que tiene derecho a ese algo. Tengo derecho a curar; tengo derecho a inspirar; tengo derecho a llevar una vida cómoda. La reivindicación es una forma de sufrimiento que uno se inflige a sí mismo. Muchas veces la gente utiliza la palabra «merecer» como excusa para comprarse algo o darse un capricho especial. Como resultado, sus compras acaban en deudas y los postres dulces terminan engordando. Si usted desea algo especial, vaya a por ello. Deje a un lado el juego del «merecer». Tal como escribió santa Teresa, nunca se acerque a Dios con una expectativa. Usted no se merece ser curado porque haya rezado; no merece que sus oraciones hallen respuesta porque sea una buena persona. Creer en los derechos y en la obligación de Dios es pedir un sufrimiento impuesto por usted mismo.

• **Deje que su primera reacción en cualquier situación sea: «¿Qué puedo hacer?»** Puede que usted no sepa construir una casa o reparar un dique (aunque, para serle franca, eso no lo sabe). En ocasiones uno es llamado a actuar, y en ocasiones esa acción es lo que uno puede hacer en silencio. Es posible cambiar cualquier cosa con la oración y la fe. Jamás ha de adoptar una postura de impotencia. Inspire a los demás con esa verdad cuando resulte apropiado. Usted no es un predicador. Usted debe esperar a recibir instrucciones interiores procedentes de su alma que harán de usted un acto invisible de poder.

- **Canalice gracia a diario.** Entender que usted es un canal para la gracia constituye una parte esencial de su identidad de místico. Existen incontables maneras de canalizar la gracia; y desde luego la oración diaria es algo obligado. Convierta la oración en una parte de sus prácticas cotidianas, una prioridad, no una conveniencia. El tiempo que le dedique no es problema, pero es necesario hacerlo a diario. Dedique, por ejemplo, 10 minutos al día a abrir un canal en la rejilla cósmica.

- **Forme un círculo de gracia con acompañantes de espíritu; esos amigos son esenciales para su bienestar.** Los acompañantes de espíritu se sirven de apoyo unos a otros a lo largo del viaje. La finalidad de un círculo de gracia es dar fuerza a cada una de las personas que lo integran. En un círculo de gracia se puede canalizar la gracia para curar y para compartir inspiraciones divinas con los demás. Unos estimulan las capacidades creativas de otros, los animan a tomar decisiones valientes y a alimentar la vida espiritual. Un club de lectores puede formar parte de un círculo de gracia, porque también pueden hablar de la abundante literatura que existe sobre el alma y la espiritualidad. Cuando se junten todos, abran el círculo con una oración. Si uno de los miembros tiene una decisión que tomar o una enfermedad que curar, díganle que plantee el dilema o el problema en sí. Ábranse a la inspiración más acertada que puedan aportar a ese problema. Recen pidiendo la gracia, y canalícenla hacia esa persona o situación concreta.

- **Viva de manera congruente.** Cerciórese de que su mente y su corazón están de acuerdo con su alma en todos sus actos, sus decisiones y sus pensamientos. Mente, corazón y alma son su trinidad interior. Mantener la integridad de su alma es sumamente difícil, y requiere mucha introspección y trabajo interior. Éste es un tema perfecto para un grupo de acompañantes de espíritu.

- **Conságrese a la verdad.** Los místicos son guardianes de la verdad. Al margen de lo que usted sea o haga profesionalmente, la incondicional devoción a la verdad es una práctica esencial en su vida. Siempre ha sido parte de la tarea de un místico buscar verdades nuevas, promover nuevos retos intelectuales y desmantelar los sistemas de pensamiento anticuados y supersticiosos. Nutra su mente y su corazón con material de lectura.

- **Sea activo en el mundo.** Los místicos son siervos. No corra a esconderse de este mundo. La violencia, la contaminación y la guerra son problemas que requieren de usted una reacción que sirva al bien de la humanidad. No puede correr a esconderse y luego esperar que los demás hagan de este mundo un lugar seguro para usted.

- **Usted es una fuente de curación.** La curación se expresa de muchas maneras. Los instrumentos de la curación son la oración y la canalización de la gracia. Es posible que se encuentre en situaciones en las que se precisa su ayuda; por ejemplo, puede que quiera confiarse a usted alguien que normalmente no se abriría a nadie. En esos momentos, ruegue en silencio para recibir una bendición y visualice cómo la gracia mana de usted y se dirige hacia la persona que le está hablando. Eso es lo único que tiene que hacer. En los lugares en que haya tensión, visualice cómo la gracia que irradia usted fluye hacia la habitación bendiciendo y sanando el ambiente. Mientras haga todas estas cosas, guarde silencio.

- **Sea activo dentro de su castillo.** Haga uso de la visualización del castillo. Véase a salvo dentro de las paredes de su castillo, rodeado de amor y de las bendiciones de otras personas. Dé vida a ese amor en su vida; no alimente siempre la idea de que sólo debe protegerse. Haga uso de su castillo como una fuente de plenitud positiva, conviértalo en una fuente psíquica de amor cada vez más fuerte y en un campo de gracia creativa y serena. Vea a Dios en todas las cosas. Aprecie la presencia de lo divino en los detalles de la vida diaria.

Deje que su castillo se convierta en el terreno sagrado que pisa. Viva el poder que tiene su alma. Escuche la voz de su alma y hágale caso. Usted no está solo. En esta vida no existe ningún propósito más elevado que el de ser llamado a una relación mística con lo divino.

> *Nada te turbe;*
> *nada te espante;*
> *todo se pasa;*

Dios no se muda,
la paciencia
todo lo alcanza.
Quien a Dios tiene,
nada le falta.
Sólo Dios basta.

TERESA DE ÁVILA

Bibliografía

ACEVEDO BUTCHER, Carmen, *Incandescence: 365 Readings with Women Mystics*, Paraclete Press, Orleans, 2005.

ALIGHIERI, Dante, *La divina comedia*, Espasa-Calpe, Madrid, 2003.

ANÓNIMO, *The Cloud of Unknowing and Other Works*, Penguin Classics, Nueva York, 2002.

ARMSTRONG, Karen, *Visions of God*, Bantam, Nueva York, 1994.

BANGLEY, BERNARD (ed.), *Authentic Devotion: A Modern Interpretation of the Devout Life by Francis de Sales*, Shawbooks, Colorado Springs, 2002.

BANGLEY, Bernard, *Nearer to the Heart of God: Daily Readings from the Christian Mystics*, Paraclete Press, Orleans, 2005.

BARKS, Coleman, *The Soul of Rumi*, HarperSanFrancisco, Nueva York, 2002. [Versión en castellano: *La esencia de Rumi: una antología de sus mejores textos*, Ediciones Obelisco, Barcelona, 2002.]

BAUERSCHMIDT, Frederick, *Why the Mystics Matter Now*, Sorin Books, Notre Dame, 2003.

BISHOP, JANE y MOTHER COLUMBA Hart, *Hildegard of Bingen*, Paulist Press, Mahwah, 1990.

BLAKE, William, *The Complete Poetry and Prose of William Blake*, University of California Press, Berkeley y Los Ángeles, ed. rev. 1982. [Versión en castellano: *Poesía completa*, Edicomunicación, Barcelona, 2002.]

CATALINA DE SIENA, *Obras de Catalina de Siena: El diálogo, Ora-*

ciones y Soliloquios, Biblioteca de autores cristianos, Madrid, 1996.

COLLEDGE, E. Y J. WALSH, *Julian of Norwich, Showings*, Paulist Press, Nueva York 1978.

DE KEMPIS, Tomás, *Imitación de Cristo*, Editorial Monte Carmelo, Burgos, 2005.

DE CAUSSADE, Jean-Pierre, *El abandono de la divina providencia*, Comercial Editora de Publicaciones, Valencia, 2005.

DEJAEDGHER, Paul (ed.), *An Anthology of Christian Mysticism*, Templegate, Springfield, 1977.

DE MELLO, Anthony, Awakening. *Conversations with the Masters*, Image Books, Nueva York, 1992. [Versión en castellano: *Despertar: peligros y oportunidades de la realidad*, Promoción Popular Cristiana, Madrid, 2001.

—, The Way to Love, Image Books, Nueva York, 1991. [Versión en castellano: *Una llamada al amor*, Editorial Sal Terrae, Santander, 1992.]

DREYER, Elizabeth A., *Passionate Spirituality: Hildegard of Bingen and Hadewijch of Brabant*, Paulist Press, Mahwah, 2005.

DULLES, Avery, *The Spiritual Exercises of St. Ignatius*, Vintage, Nueva York, 2000.

ECKHART, *Obras escogidas*, Edicomunicación, Barcelona, 1988.

EGAN, H. D., *What Are They Saying about Mysticism?*, Paulist Press, Nueva York, 1982.

ERNST, C.W. Y M.A. SELLS (Prefacio), *Early Islamic Mysticism, Sufi, Qur'an Mi'rag, Poetic and Theological Writings*, Paulist Press, Mahwah, 1996.

FANNING, Steve, *Mystics of a Christian Tradition*, Routledge, Nueva York, 2001.

FAUSTINA Kowalska, *Divine Mercy in My Soul, The Diary of the Servant of God*, Marian Press, Stockbridge, 1987. [Versión en castellano: *Diario: la divina misericordia en mi alma*, Ediciones Levántate, Granada, 2003.]

FINLEY, James, *Christian Meditation*, HarperCollins, Nueva York, 2004.

FLINDERS, Carol L., *Enduring Grace: Living Portraits of Seven Women Mystics*, HarperCollins, Nueva York, 1993.

FOWLER, James, *Stages of Faith: The Psychology of Human Development*, HarperSanFrancisco, Nueva York, 1995.

FOX, Matthew, *Creation Spirituality*, HarperCollins, Nueva York, 1991.

FRANCISCO DE SALES, *Compendio del tratado del amor a Dios*, Editorial Balmes, Barcelona, 1998.

—, *Introducción a la vida devota*, Ediciones Palabra, Madrid, 2002.

GRIFFITHS, Bede Y Thomas MATUS, *Bede Griffiths: Essential Writings*, Orbis Books, Maryknoll, 2004.

—, Y Peter SPINK, *The Universal Christ: Daily Readings with Bede Griffiths*, Longman & Todd, Londres, 1990.

HADEWIJCH, *El lenguaje del deseo: poemas de Hadewijch de Amberes*, Editorial Trotta, Madrid, 1999.

HAMILTON, Edith, *Mythology*, Vintage, Nueva York, 1942. [Versión en castellano: *La Mitología*, Daimon, Barcelona, 1984.]

HAPPOLD, F. C., *Mysticism, A Study and an Anthology*, Penguin, Londres, 1963 (ed. rev. 1970).

HARVEY, Andrew, *Essential Mystics*, HarperCollins, Nueva York, 1996.

—, *Teachings of the Christian Mystics*, Shambhala, Boston, 1998. [Versión en castellano: *Enseñanzas de los místicos cristianos*, Ediciones Oniro, Barcelona, 1999.]

—, *Teachings of the Hindu Mystics*, Shambhala, Boston, 2001.

HENRY-COUANNIER, M., *Saint-François de Sales et ses amitiés*, Per Orbem, 1934.

—, *Vida y visiones de Hildegard von Bingen*, Siruela, Madrid, 1997.

IGNACIO DE LOYOLA, *Ejercicios espirituales*, Edapor, Madrid, 2005.

ISABEL DE LA TRINIDAD, *Obras completas*, Editorial de Espiritualidad, Madrid, 1986.

JAMES, W., *Varieties of Religious Experience*, Penguin, Nueva York, reimp. 1982.

JANTZEN, G. M., *Julian of Norwich, Mystic and Theologian*, Paulist Press, Mahwah, 1988.

JOHNSTON, William, *Arise, My Love: Mysticism for a New Era*, Orbis Books, Maryknoll, 2000. [Versión en castellano: *Mística para una nueva era*, Editorial Desclée de Brouwer, Bilbao, 2003.]

—, *Mystical Theology: The Science of Love*, Orbis Books, Maryknoll, 1995. [Versión en castellano: *Teología mística: la ciencia del amor*, Editorial Herder, Barcelona, 1997.]

—, *Still Point: Reflections on Zen and Christian Mysticism*. Nueva York: HarperCollins, 2000.

—, *The Cloud of Unknowing and The Book of Privy Counseling*, Doubleday, Nueva York, 1973. [Versión en castellano: *La nube del no-saber y el libro de la orientación particular*, Ediciones San Pablo, Madrid, 2006.]

JUAN CASIANO, *Obra completa*, Ediciones Rialp, Madrid.

JUAN DE LA CRUZ, *Obra completa*, Alianza Editorial, Madrid.

KEATING, Thomas, *Intimacy with God*, Crossroad Classic, Nueva York, 1996. [Versión en castellano: *Intimidad con Dios*, Editorial Desclée de Brouwer, Bilbao, 1997.]

—, *Manifesting God*, Lantern Books, Nueva York, 2005.

—, *Open Mind, Open Heart*, Continuum International Publishing Group. Harrisburg, reed. 1994. [Versión en castellano: *Mente abierta, corazón abierto*, Editorial Desclée de Brouwer, Bilbao, 2006.]

KEMPE, Margery, *The Book of Margery Kempe*, Image Books, Nueva York, 1998.

KORNFIELD, Jack, *After the Ecstasy, the Laundry*, Bantam, Nueva York, 2001. [Versión en español: *Después del éxtasis, la colada*, La Liebre de Marzo, Barcelona, 2001.]

—, *Buddha's Little Instruction Book*, Bantam Nueva York, 1994. [Versión en castellano: *Enseñanzas escogidas de Buda*, Ediciones Dharma, Alicante, 2000.]

LADINSKY, Daniel, *Love Poems from God*, Penguin, Londres, 2002.

MAESTRO ECKHAR, *El fruto de la nada (y otros escritos)*, Siruela, Madrid, 1998.

MAGILL, Frank Northen Y Ian P. MCGREAL, *Christian Spirituality: Essential Guide to the Most Influential Writings of the Christian Tradition*, HarperCollins, Nueva York, 1988.

MARION, Jim, *Putting on the Mind of Christ: The Inner Work of Christian Spirituality*, Hampton Roads, Charlottesville, 2000. [Versión en castellano: *Desde dentro de la mente de Cristo: el sendero interior de la espiritualidad cristiana*, Gaia Ediciones, Madrid, 2005.]

MATILDE DE MAGDEBURG, *La luz divina que ilumina los corazones*, Editorial Monte Carmelo, Burgos, 2004.

MCGINN, Bernard, *The Mystical Thought of Meister Eckhart: Thre Man from Whom God Hid Nothing*, Herder & Herder, Nueva York, 2003.

MERTON, Thomas, *The Ascent to Truth*, Harcourt Brace, Nueva York, 1951. [Versión en castellano: *El ascenso a la verdad*, Editorial Sudamericana, Buenos Aires, 1954.]

—, *Conjectures of a Guilty Bystander*, Image, Garden City, 1968. [Versión en castellano: *Conjeturas de un espectador culpable*, Editorial Pomaire, Buenos Aires, 1966.]

—, *Contemplation in a World of Action*, University Press of Notre Dame, Notre Dame, ed. rev. 1998. [Versión en castellano: *Acción y contemplación*, Editorial Kairós, Barcelona, 1982.]

—, *Mystics and Zen Masters*, Farrar, Straus and Giroux, Nueva York, reed. 1986.

—, *New Seeds of Contemplation*, New Directions, Nueva York, 1961. [Versión en castellano: *Nuevas semillas de contemplación*, Editorial Sal Terrae, Santander, 1993.]

—, *Run to the Mountain: The Story of a Vocation, The Journals of Thomas Merton 1*, HarperCollins, Nueva York, 1996. [Versión en castellano: *Diarios: la vida íntima de un gran maestro espiritual*, Ediciones Oniro, Barcelona, 2001.]

—, *Seeds of Contemplation*, New Directions, Norfolk, 1949.

—, *The Seven Storey Mountain*, Harcourt Brace Jovanovich, Nueva York, reimp. 1978. [Versión en castellano: *La montaña de los siete círculos*, Edhasa, Barcelona, 1981.]

—, *A Year with Thomas Merton: Daily Meditations from His Journals*, HarperSanFrancisco, Nueva York, 2004. [Versión en castellano: Un año con Thomas Merton, Editorial Sal Terrae, Santander, 2006.]

NOUWEN, Henri, *The Inner Voice of Love*, Image Books, Nueva York, 1998. [Versión en castellano: *La voz interior del amor*, Promoción Popular Cristiana, Madrid, 2001.]

—, y Wendy GREER, *The Only Necessary Thing: Living a Prayerful Life*, Crossroad Classic, Nueva York, 1999.

PAGELS, Elaine, *The Gnostic Gospels*, Vintage, Nueva York, 1981. [Versión en castellano: *Los evangelios gnósticos*, Editorial Crítica, Barcelona, 2005.]

PORETE, Marguerite, *El espejo de las almas simples*, Siruela, Madrid, 2005.

RÉSURRECTION, Laurent de la, *L'expérience de la présence de Dieu*, Édtions Le Seuil, Paris, 1997. [Versión en castellano: *La experiencia de la presencia de Dios*, Olañeta Editores, Palma de Mallorca, 2001.]

ROHR, Richard, *Everything Belongs: The Gift of Contemplative Prayer*, Crossroad General Interest, Nueva York, ed. rev. 2003.

RUMI, Yalal al-Din, *Rumi, uno magnificente*, Mandala Ediciones, Madrid, 2001.

—, *Fihi-ma-fihi: En esto está lo que está en eso*, Azul Editorial, Barcelona, 2000.

SAN AGUSTÍN, *La ciudad de Dios*, Editorial Tecnos, Madrid, 2007.

SAN BERNARDO, *Obras completas*, Biblioteca de autores cristianos, Madrid, 1947.

SHANNON, W. H. (ed.), *The Hidden Ground of Love, the Letters of Thomas Merton on Religious Experience and Social Concerns*, Farrar, Straus and Giroux, Nueva York, 1985.

SPEARING, A. C., *Revelations of Divine Love: Julian of Norwich*, Penguin, Londres, 1999.

SUZUKI, Daisetz Teitaro, *Mysticism-Christian and Buddhist-The Eastern and Western Way*, Routledge Classics, Nueva York 2002.

TEASDALE, Wayne, *The Mystic Heart*, New World Library, Novato, 1999.

—, *The Mystic Hours: A Daybook of Inspirational Wisdom and Devotion*, New World Library, Novato, 2004.

TERESA DE JESÚS, *Libro de la Vida*, Editorial Castalia, Madrid, 1991.

—, *El castillo interior o las moradas*, Abraxas, Barcelona, 1998.

—, *Camino de perfección*, Editorial Aguilar, Madrid, 2004.

TERESA DE LISIEUX, *Historia de un alma*, Editorial Monte Carmelo, Burgos, 2000.

TEILHARD DE CHARDIN, Pierre, *Himno del Universo*, Editorial Trotta, Madrid, 1996.

—, *El medio divino, ensayo de vida interior,* Alianza Editorial, Madrid, 2005.

—, *Escritos del tiempo de guerra (1915-1919)*, Taurus Ediciones, Madrid, 1967.

TETLOW, Joseph, *Ignatius of Loyola: Spiritual Exercises,* Crossroad Classic, Nueva York, 1992.

ULLMAN, Robert, Y Judyth REICHENBERG ULLMAN, *Mystics, Masters, Saints and Sages,* Conari Press, Berkeley, 2001.

UNDERHILL, Evelyn, *Mysticism*, Methuen, Londres, 1930.

—, *The Mystic Way, A Psychological Study in Christian Origins*, Dutton, Nueva York, 1998. [Versión en castellano: *La mística: estudio de la naturaleza y desarrollo de la conciencia individual,* Editorial Trotta, Madrid, 2006.]

—, *Practical Mysticism*, Ariel Press, Cincinnati, 1988.

VON BINGEN, Hildegard, *Sinfonía de la armonía de la revelaciones celestiales*, Editorial Trotta, Madrid, 2003.

Agradecimientos

Estoy en deuda con muchas personas por sus constantes regalos de amor y apoyo a la hora de sacar este libro a la luz. Como siempre, mi gratitud, mi amor y mi aprecio a mi editora, Leslie Meredith, son inconmensurables, no sólo por su excelencia como editora, sino porque una vez más me ha permitido cambiar de rumbo en medio del proyecto de un libro, abandonar el que estaba escribiendo y empezar éste faltando pocos meses para la fecha de entrega. Las palabras no alcanzan a expresar la gratitud que siento en el alma por la fe que tiene en mí. Y al equipo entero de Free Press/Simon & Shuster, mi sincero agradecimiento por vuestro apoyo en la producción de *Las siete moradas*, y muy especialmente a Andrew Paulson, ayudante editorial, que se aseguró cuidadosmente de que todos los capítulos completaran con éxito su viaje electrónico hasta mi ordenador. A mi agente, Ned Leavitt, gracias por su apoyo constante y por su atención. Y al formidable Ken Wilber, al que admiro sin medida, mi más sincero agradecimiento por escribir el prefacio de mi libro. Me siento muy honrada de tenerte conmigo en esta obra.

He sido agraciada con una familia muy cariñosa y un círculo de amigos que conforman su vida alrededor de las exigencias de mi vida creativa y mi fuerte carácter, que todavía se vuelve más fuerte cuando estoy escribiendo un libro. A las personas que siguen a continuación las considero mis ángeles en la Tierra. No sólo cada una de ellas ha apoyado con gran entusiasmo el nacimiento de este libro, razón por la cual les estaré eternamente agradecida, sino que además todas son amistades para siempre. Enriquecen mi vida. Ellos son, en palabras de santa Teresa de Ávila, acompañantes de espíritu. A Tom Lavin, un inteligente analista seguidor de Jung y aún mejor visionario, siempre pensaré que el cielo me había deparado conocerte. Y lo mismo a Mary Neville, Jim Curtan, Georgia Bailey, Tom Williams, Meryl Martin, Charles y Sue Wells, Jill Angelo, Chandra Sammons, Steve y Sarah Fanning, Linda Monaham, Peter y Eleanor Buxton, Ellen y John Gunter, Julie y Patrick Flaherty, Judi Butner, Francis Pollard, Peter Shaw, Priscilla Haddad, Lynn Bell, James Garrison, Andrew Harvey, Peter Occhiogrosso, Michael Gluck y mi querido Donald Meshirer, todo mi amor, mi gratitud y mi devoción.

Mi familia es la mayor bendición de mi vida. Abundamos en amor de los unos hacia los otros, y yo me alimento de ese sobrante constantemente, sobre todo durante los intensos períodos de creatividad. Como siempre, se han mantenido a mi disposición, empezando por mi madre, la adorada diosa cabeza de la familia. Mi cuñada Amy es también mi ayudante, y me causa un gran placer reconocer que me sería imposible funcionar sin la ayuda de la Diosa Madre y Amy y sin la de mi hermano Ed. Mi prima, Colleen Daley, es otro tesoro que llamó a mi puerta con su tabla de masajes y su equipo de salud, decidida a reducir mi nivel de estrés. No estoy segura de que lo haya conseguido, pero la adoro por haberlo intentado. Mis sobrinas —Angela, Allison, Rachel y Sarah— y mis sobrinos Joe y Eddie siguen siendo mi alegría y mis compañeros al teléfono, siempre llamando para ver si su tía se encuentra bien. Y a mis maravillosos primos Pam, Andy, Marilyn y Mitch, dejadme que os diga que me alegro mucho de que seamos familia. ¿Cómo no voy a adorar la vida que tengo?

También forma parte de mi familia David Smith, socio comercial transformado en acompañante de espíritu, gran amigo, confidente y una bendición en mi vida. David es la razón por la que soy libre para crear y enseñar, y él soporta mis cambios de humor como un soldado. David es el «hilo que lleva al cielo» por el cual este material bajó a la Tierra. No me sorprende que el cielo lo escogiera, porque es el arquetipo de la buena persona. En el verano de 2005 vino a mi casa para contarme lo que pensaba acerca del cambio de pautas que estaba observando en la conciencia humana y la manera en que dicho cambio estaba influyendo en los temas que interesaban a la gente. David, siempre optimista y en todo momento el primero en proyectar un campo de protección, me aseguró con pasión que «al CMED no le iba a pasar nada», aunque tuviéramos que atravesar por un período de transición. Después de aquella conversación, recé la oración siguiente: Y de aquí, ¿adónde? A las pocas semanas, *Las siete moradas* explotó en el mundo. Al cabo de un mes de la primera charla, empezaron a llegar a mi oficina invitaciones para llevar «el castillo» a Europa, y pocas semanas después ya estábamos haciendo planes para impartir seminarios en castillos... y finalmente en Ávila, España. Así que, mi querido David, te mando mi más profundo agradecimiento por tu constante integridad, tu valentía y tu fe en nuestro trabajo, y también por hacer caso de tu propia inspiración. Yo no habría rezado eso de «Y de aquí, ¿adónde?» si tú no hubieras venido aquella tarde de verano a preguntarme: «Y de aquí, ¿adónde?»

A Cindy Funnfsinn, que es una joya del equipo CMED, y a Chuck Hodges, mi agradecimiento por tu excelente nivel de profesionalidad al ocuparte de la parte técnica del CMED. Mis seminarios sobre *Las siete moradas* se aprovechan de tu habilidad. Esos seminarios nacieron despacio pero crecieron rápidamente a medida que fue extendiéndose el rumor del poder que tenía el viaje al interior del castillo. Nancy Levin, la gestora de eventos de Hay House, vio el potencial que tenía el libro, y como resultado de ello Hay House patrocinó la primera gira de seminarios, la cual me ayudó a presentar este material al público. Estoy en deuda con Nancy y con Hay House por su patrocinio y por la fe que depositaron en mi trabajo. Su apoyo continúa, ya que son la productora del *set* de audio de *Las siete moradas*. Gracias, Hay House.

Y por último, a Colette Newman, a quien no conocí en persona hasta que estuvo escrito este libro. Recibí una tarjeta suya el mismo día en que decidí escribirlo. Durante un buen rato había puesto en duda mi criterio, preguntándome si estaba haciendo lo correcto. Entonces abrí el correo y me encontré con un punto de libro enviado por una desconocida que me informaba de que me tenía presente en sus oraciones. Cuando le di la vuelta al punto, leí el mensaje que llevaba impreso: «Que nada te turbe. Sólo Dios basta. Santa

Teresa de Ávila.» Colette me tuvo presente en sus oraciones mientras yo escribía este libro, y yo no tenía ni idea de por qué aquella desconocida rezaba por mí. A ti, Colette, mi inmensa admiración y gratitud. Cómo admiro tu capacidad para ser una verdadera «mística y acto invisible de poder» en esta Tierra.

Caroline Myss
Oak Park, Illinois
agosto de 2006

Índice temático

«Para viajar lejos no hay mejor nave que un libro.»

Emily Dickinson

Gracias por tu lectura de este libro.

En **penguinlibros.club** encontrarás las mejores
recomendaciones de lectura.

Únete a nuestra comunidad y viaja con nosotros.

penguinlibros.club

 penguinlibros